कालिदास

के आठ महाकाव्य

१. ऋतुसंहार
२. कुमारसंभव
३. नलोदाय
४. मालविकाग्निमित्र
५. मेघदूत
६. रघुवंश
७. विक्रमोर्वशी
८. शकुन्तला

प्रो. रत्नाकर नराले

Pustak Bharati, Toronto, Canada

Author :
Dr. Ratnakar Narale
Ph.D(IIT), Ph.D(Kalidas Sanskrit Univ.);
Prof. Hindi, Ryerson University, Toronto, Canada
web : www.pustak-bharati-canada.com
email : pustak.bharati.canada@gmail.com

Book Title : कालिदास के महाकाव्य

संस्कृत महाकवि कालिदास के **ऋतुसंहार, कुमारसंभव, नलोदय, मालविकाग्निमित्र, मेघदूत, रघुवंश, विक्रमोर्वशी, शकुन्तला** आदि आठ महाकाव्यों पर आधारित रत्नाकर की काव्यमय प्रस्तुति.

Published by :
PUSTAK BHARATI (Books India)
Toronto, Ontario, Canada, M2R 3E4
email : pustak.bharati.canada@gmail.com

Copyright ©2022

ISBN 978-1-989416-23-5

ISBN 978-1-989416-23-5
9 781989 416235

© All rights reserved. No part of this book may be copied, reproduced or utilised in any manner or by any means, computerised, e-mail, scanning, photocopying or by recording in any information storage and retrieval system, without the permission in writing from the author.

लेखकीय

भारत में या अन्यत्र कहीं क्या यह संभव हो सकता है कि ऐसा भी कोई हिंदी (या अन्य) भाषा का रिसर्च-स्कालर, संशोधक, छात्र, कवि या साहित्य प्रेमी हो जिसको विश्वप्रमुख नाटककार और महाकवि कालिदास की रचनाओं से प्रेम न हो?

महान महाकवि कालिदास के उपमा और अलंकार प्रभुत्व के संबंध में कहा ही गया है :

काव्येषु नाटकं रम्यं तत्र रम्या शकुन्तला ।
विश्वसाहित्य सर्वस्वमभिज्ञानशाकुन्तलम् ।
तत्र श्लोकचतुष्टयं तत्रापि च चतुर्थोऽङ्कः ।।

श्री कालिदास जी के ऋतुसंहार, कुमारसंभव, नलोदय, मालविकाग्निमित्र, मेघदूत, रघुवंश, विक्रमोर्वशी, शकुन्तला, आदि आठ प्रमुख नाटक-महाकाव्य एक ही स्थान में सरल हिंदी में रसर्च-स्कालर, संशोधक, छात्र, कवि या साहित्य प्रेमियों के लिए यह महाकाव्य का साहित्यरत्नाकर लिखा गया है। महाकाव्य का अर्थ यह नहीं होता कि वह रचना पाँच-सौ या हजार पृष्ठ से अधिक विशाल हो। जिस काव्य रचना का नायक महावीर पुरुष हो और रचना अलंकृत हो व महाकाव्य होता है. उदाहरण, कालिदास के कई काव्य मात्र 20-25 पृष्ठ के ही हैं मगर वे महाकाव्य श्रेणि में अग्रगण्य हैं. यह काव्य सिंधु सरल हिंदी भाषा के दोहा छंद के सूत्र के अनुसार लिखा गया है। दोहा छंद का अर्थ यह नहीं कि दोहे अवधी हिंदी भाषा में ही लिखे गए हों। दोहे बोलचाल की सुलभ हिंदी भाषा में भी सुंदर लिखे जा सकते हैं।

आशा है प्रस्तुत अष्ट-महाकाव्य सागर पाठकों को रुचिकर एवं लाभदायक हो।

रत्नाकर

कालिदास के महाकाव्य
विषय सूची

आठ महाकाव्य छंद तालिका	7
नान्दी	9
गणेश वंदना	9
सरस्वती वंदना	11

१. ऋतुसंहार महाकाव्य

	ऋतुसंहार	15
	भूमिका	20
1.	ग्रीष्म ऋतु	24
2.	वर्षा ऋतु	32
3.	शरद् ऋतु	42
4.	हेमंत ऋतु	50
5.	शिशिर ऋतु	55
6.	वसंत ऋतु	61

२. कुमारसंभव महाकाव्य

पात्र परिचय		70
	आमुख	73
1.	हिमालय	76
2.	तारक	79
3.	षडानन	90
4.	युद्ध	92

३. नलोदाय महाकाव्य

पात्र परिचय		96
1.	राजा नल	99
2.	किशोर हंस	101
3.	दमयंती	103
4.	महाराजा भीम	107
5.	स्वयंवर	112
6.	कलि देव	116
7.	वनवास	117
8.	राजा ऋतुपर्ण	120

४. मालविकाग्निमित्र महाकाव्य

पात्र परिचय		125
	भूमिका	126
1.	महारानी धारिणी	129
2.	महाराजा अग्निमित्र	131
3.	मालविका	134
4.	छोटी रानी इरावती	135
5.	पटरानी धारिणी	138
6.	विदर्भ विजय	140

५. मेघदूत महाकाव्य

संज्ञा परिचय		146
	भूमिका	149
1.	पूर्वमेध	151
2.	उत्तरमेध	196

4

६. रघुवंश महाकाव्य

पात्र परिचय 229

1. राजा दिलीप 235
2. नंदिनी धेनु 242
3. महाराजा रघु 245
4. दिग्विजय 246
5. कौत्स मुनि 248
6. राजकुमारी इंदुमती 251
7. महाराजा अज 254
8. महाराजा दशरथ 257
9. श्रवण कुमार वध 260
10. श्रीराम जन्म 264
11. ताड़का वध 266
12. वनवास 270
13. पुष्पक विमान 289
14. अयोध्या आगमन 295
15. सीता देवी 298
16. महाराजा कुश 302
17. महाराजा अतिथि 305
18. महाराजा अतिथि के वंशज 306
19. राजा अग्निवर्ण 310

७. विक्रमोर्वशी महाकाव्य

पात्र परिचय 312

भूमिका 314

1. अप्सरा उर्वशी 315

5

2.	महाराजा पुरुरवा	319
3.	नववधू उर्वशी	325
4.	लाल मणि	330

८. शकुन्तला महाकाव्य

पात्र परिचय		336
	भूमिका	338
	पूर्ववृत्त	338
1.	प्रथम अंक, आश्रम प्रवेश	346
2.	द्वितीय अंक, आश्रम निवेश	376
3.	तृतीय अंक, मिलन	392
4.	चतुर्थ अंक, विदाई	408
5.	पंचम अंक, प्रत्याख्यान	426
6.	छठा अंक, पश्चाताप	447
7.	सप्तम अंक, पुनर्मिलन	466

परिशिष्ट

कालिदास के आठ महाकाव्य, पत्र परिचय संदर्भ सूची	497
संदर्भ ग्रंथ	509
लेखक परिचय	510

परिशिष्ट

कालिदास के आठ महाकाव्य, पत्र परिचय संदर्भ सूची	495
संदर्भ ग्रंथ	507
लेखक परिचय	508

कालिदास के आठ महाकाव्य
छंद तालिका

अनुष्टभ् छंद - शकुन्तला 1.5, 1.6, 1.11, 1.12, 1.25, 2.13, 2.16, 2.17, 3.1, 4.4, 4.7, 5.14, 5.28, 5.29, 6.23, 6.32, 7.13, 7.14, 7.15, 7.23, 7.28

अपरवक्त्र छंद - शकुन्तला 4.10, 5.1

आर्या छंद - शकुन्तला 1.2, 1.3, 1.13, 1.16, 1.17, 1.21, 1.24, 1.27, 1.28, 1.33, 2.1, 2.8, 3.2, 3.4, 3.5, 3.9, 3.12, 3.14, 3.15, 3.19, 4.12, 4.16, 4.21, 5.16, 5.18, 5.21, 5.28, 5.31, 6.2, 6.3, 6.7, 6.15, 6.19, 6.28, 6.31, 7.22

उद्गाथा छंद - शकुन्तला 1.4, 3.13

उपजाति छंद - शकुन्तला 2.7, 5.5, 5.24, 5.25, 6.10, 6.24, 6.26, 7.2, 7.5, 7.19, 7.31

उपेंद्रवज्रा छंद - शकुन्तला 5.4

कांचनमाला छंद - रघुवंश 13

कुण्डलिया छंद - रघुवंश 12

कूटजगति छंद - रघुवंश 10

त्रिष्टुभ् छंद - शकुन्तला 4.8

दीपक छंद - मेघदूत 20

दृतविलंबित छंद - शकुन्तला 2.11, 5.27, 6.8, 7.31

दोहा छंद - ऋतुसंहार 1

पथ्यावक्त्र छंद - शकुन्तला 3.17, 3.20, 6.14, 6.21, 6.22, 7.9

पनिश्रोणि छंद - रघुवंश 12

पुष्पिताग्रा छंद - शकुन्तला 1.31, 2.3, 6.11

पहर्षिणी छंद - शकुन्तला 6.27, 6.30

बालानंद छंद - मेघदूत 20

भ्रमरावली छंद	–	रघुवंश 12
मंदाक्रान्ता छंद	–	मेघदूत भूमिका, शकुन्तला 1.15, 1.32, 2.14, 2.15
मंदारमाला छंद	–	शकुन्तला 4.22
महेंद्रवज्रा छंद	–	रघुवंश 12
मालभारिणी छंद	–	शकुन्तला 3.21, 3.22, 7.20, 7.21
मालिनी छंद	–	शकुन्तला 1.10, 1.19, 1.20, 2.4, 3.3, 5.7, 5.8, 5.19, 5.20, 7.7, 7.34
रथोद्धता छंद	–	शकुन्तला 7.18
राम छंद	–	रघुवंश 12
रास छंद	–	रघुवंश 1
रुचिरा छंद	–	शकुन्तला 7.31
ललना छंद	–	रघुवंश 12
वंशस्थ छंद	–	शकुन्तला 1.18, 1.22, 3.11, 4.1, 5.12, 5.13, 5.15, 5.17, 6.13, 6.18, 6.29, 7.10, 7.16, 7.29, 7.30
वसंततिलका छंद	–	रघुवंश 11, शकुन्तला 1.8, 1.26, 1.30, 2.9, 2.12, 3.8, 3.18, 3.24, 4.2, 4.3, 4.11, 4.13, 4.14, 4.15, 4.20, 5.2, 5.3, 5.6, 5.22, 5.23, 6.12, 6.16, 6.20, 6.25, 7.4, 7.6, 7.25, 7.26, 7.32
विध्यंकमाला छंद	–	रघुवंश 12
शार्दूलविक्रीडित छंद	–	रघुवंश 11, शकुन्तला 1.14, 1.29, 2.2, 2.5, 2.6, 3.7, 3.23, 4.5, 4.6, 4.9, 4.17, 4.18, 5.9, 6.4, 6.5, 6.6, 6.17, 7.8, 7.11, 7.12, 7.27
शालिनी छंद	–	शकुन्तला 5.30
शिखरिणी छंद	–	रघुवंश 12, शकुन्तला 1.9, 1.23, 2.10, 3.6, 5.10, 6.9, 7.33
सुंदरी छंद	–	शकुन्तला 2.18, 6.1, 7.1
स्रग्धरा छंद	–	शकुन्तला 1.1, 1.7
हरिणी छंद	–	शकुन्तला 3.10, 4.19, 7.24

नान्दी

आदिनाथ श्री गणेश वंदना

कालिदास महाकाव्य गीतमाला, पुष्प 1

शतवारमहं वन्दे

(संस्कृत)

श्लोक छंद[1]

शतवारमहं वन्दे लम्बतुण्डिं गणेश्वरम् ।
एकदन्तं च हेरम्बं चारुकर्णं गजाननम् ।। 1

♪ रेरेरे-रेरेग- प-म- प-पप-ध- पम-गरे- ।
रे-गम-प- म ग-रे-सा- ऩिसारे-म- पम-गरे- ।।

---

[1] **श्लोक छंद :** श्लोक 32 अक्षरों का वार्णिक छन्द है । श्लोक में आठ वर्णों के चार चरण होते हैं । इसके दूसरे और चौथे (सम) चरणों के बीच वर्णों का प्रमाण समान होता है और पहले और तीसरे (विषम) चरणों के वर्णों का प्रमाण भी समान होता है, अत: इसको अर्धसम **छन्द** कहा जाता है ।

श्लोक के (1) चारों चरण में पाँचवा वर्ण लघु (ह्रस्व) और (2) छठा वर्ण गुरु (दीर्घ) होता है । (3) सम चरणों का सातवाँ वर्ण लघु और (4) विषम चरणों का सातवाँ वर्ण गुरु होता है ।

लक्षण गीत दोहा॰ अष्टवर्ण-पद चार हों, विषम पद ग ल ग अंत ।
सम चरण ल ग ल अंत का, "श्लोक" अनुष्टुप् छंद ।।

गं गं गं गं गणेशं श्रीं चतुर्बाहुं महोदरम् ।
विश्वमूर्तिं महाबुद्धिं वरेण्यं गिरिजासुतम् ।। 2

गणपतिं परब्रह्म शूर्पकर्णं करीमुखम् ।
पशुपतिमुमापुत्रं लम्बोदरं गणाधिपम् ।। 3

हस्तिमुखं महाकायं ढुण्ढिं सिद्धिविनायकम् ।
वक्रतुण्डं चिदानन्दम्–आम्बिकेयं द्विमातृजम् ।। 4

महाहनुं विरूपाक्षं ह्रस्वनेत्रं शशिप्रभम् ।
पीताम्बरं शिवानन्दं देवदेवं शुभाननम् ।। 5

सर्वमङ्गलमाङ्गल्यं प्रभुं मूषकवाहनम् ।
ऋद्धिसिद्धिप्रदातारं विघ्नहरं विनायकम् ।। 6

जगदीशं शिवापुत्रम्–आदिनाथं क्षमाकरम् ।
अनन्तं निर्गुणं वन्द्यं यशस्करं परात्परम् ।। 7

गौरीपुत्रं गणाधीशं गजवक्त्रं कृपाकरम् ।
भालचन्द्रं शिवाऽऽनन्दं पार्वतीनन्दनं भजे ।। 8

आदिपूज्यं शुभारम्भं ज्ञानेशं मोदकप्रियम् ।
प्रातः सायमहं वन्दे गणेशं च सरस्वतीम् ।। 9

प्राप्तुं ज्ञानं युवाभ्याञ्च विद्यां भाग्यं शुभान्वरान् ।
नमस्कृत्य कृताञ्जलिः–रत्नाकरो भजाम्यहम् ।। 10

कालिदास महाकाव्य गीतमाला, पुष्प 2

मंगल वंदन

खयाल : राग यमन, तीन ताल 16 मात्रा

स्थायी

मंगल वन्दन सुमिरण प्यारे,
सुखकर गान गणेश तुम्हारे ।

♫ नि–पप रे–सासा गरेमंधप रे–सा–,
नि़नि़रेरे ग–मं मंनिधप परे–सा–[2]

अंतरा–1

गणपति बाप्पा परम पियारे, गण नायक विघ्नेश दुलारे ।

♫ पगपप सां–सां– निरेंगं रेंनिरेंसां–, सांगं रेंसांसांनि धपगमंध परे–सा–

अंतरा–2

निहार सुंदर काम सुखारे, भगतन आते चरण तिहारे ।

स्वरदा देवी सरस्वती वंदना

कालिदास महाकाव्य गीतमाला, पुष्प 3

ज्ञानदा सरस्वती

आलाप

सां – रें सां – निध पम प – म ग –
गप निप रे – रे रे – ग प प – म म –

स्थायी

प–निधनि पग–गसा म–प म–,

---

[2] **स्थायी तान :** 1मंगल वन्दन गरे सानि़ ध़नि़ रेग । मंध पमं गरे सा– 2मंगल वन्दन नि़रे गमं गरे गमं । पध पमं गरे सा– 3मंगल वन्दन नि़रे गमं पध निरें । सांनि धप मंग रेसा । **अंतरा तान :** 1.गणपति बाप्पा : निसां धनि पध मंप । गमं रेग सारे नि़सा । 2गणपति बाप्पा परम पियारेऽ गरे गरे सानि़ सा– । निध निध पमं प– । गंरें गंरें सांनि धप । निनि धप मंग रेसा ।

ससा म- पधध रेंसां धनिप ध- ।

पपनिधनि पगग गसाम-प म-,

सा- म-पध- रेंसांधनिप ध- ।। सा-०

देवी सरस्वती ज्ञान दो,

हमको परम स्वर गान दो ।

हमरा अमर अभिधान हो,

माँ शारदा वरदान दो ।। दे०

आलाप

मग साग म म म म - धप मप नि नि नि नि -

रें.गं सांनि ध - नि गं रें सां - -

अंतरा-1

सांसांसां- सांसां- रेंरें गं-रेंगं-,

गंमंरें- गं सांनि धनि गंरेंगंरेंसां-,

सांसांरेंनि नि धप पप निधनिपम- ।

पप निध निप ग- गसाम-प म-,

सा- म-पध- निसांरें-नि पग ।। सा-

तुमरी करें हम आरती,

तुमरे ही सुत हम भारती,

तुमरे ही सुत हम भारती ।

सब विश्व का कल्याण हो,

माँ शारदे वरदान दो ।। दे०

अंतरा-2

तुम ही हो बुद्धि दायिनी,

तुम ही महा सुख कारिणी ।

तुम ही गुणों की खान हो,

माँ शारदे वरदान दो ।। दे॰

अंतरा–3

तुमरी कृपा से काम हो,
जग में न हम नाकाम हों ।
हमको न कभी अभिमान हो,
माँ शारदे वरदान दो ।। दे॰

अंतरा–4

तुम हो कला की देवता,
देवी हमें दो योग्यता ।
हमको हुनर परिधान हो,
माँ शारदे वरदान दो ।।

माँ शारदे वरदान दो,
माँ शारदे वरदान दो,
माँ शारदे वरदान दो ।। दे॰

नमोऽस्तुते

मुक्तछन्द

बुद्धिसिद्धिदातृभ्यो नमः

श्रीपरमात्मने नम आत्मने नमः । नमो ब्रह्मणे गायत्र्यै नमः ॥ 1
प्रकृत्यै नमः पुरुषाय नमः । नमः शिवाय पार्वत्यै नमः ॥ 2
नमो विष्णवे लक्ष्म्यै नमः । गणेशाय नमः सरस्वत्यै नमः ॥ 3
रामाय नमः सीतायै नमः । नमः कृष्णाय राधायै नमः ॥ 4
वसुदेवाय नमो वासुदेवाय नमः । भीमार्जुनयुधिष्ठिरेभ्यो नमः ॥ 5
देवकीयशोदामातृभ्यां नमः । विश्ववृक्षाय विराटरूपिणे नमः ॥ 6
देवेभ्यो नमो गुरुदेवेभ्यो नमः । मात्रे नमः पित्रे नमः ॥ 7
इन्द्राय नमो वरुणाय नमः । वायवे नमो वायुपुत्राय नमः ॥ 8
अग्नये नमो द्यवे नमः । पृथ्व्यै नमो नवग्रहेभ्यो नमः ॥ 9
पञ्चभूतेभ्यो नमस्त्रिगुणेभ्यो नमः । सर्वभूतेभ्यो नमो वनस्पतये नमः नदीभ्यो
नमः पर्वतेभ्यो नमः । सूर्याय नमश्चन्द्रमसे नमः ॥ 11
वेदेभ्यो नमः सर्वोपनिषद्भ्यो नमः । नारदाय नमो ज्ञानाय नमः ॥ 12
दत्तात्रयाय नमः स्कन्दाय नमः । प्रह्लादाय नमो ध्रुवाय नमः ॥ 13
पाणिनिपतञ्जलिभ्यां नमः । यास्काय नमः पिङ्गलाय नमः ॥ 14
वाल्मीकये नमो व्यासाय नमः । रामानन्दाय नमस्तुलसीदासाय नमः
शिवाजीप्रतापाभ्यां नमो राज्ञीलक्ष्म्यै नमः । शङ्कराचार्याय रामानुजाय
वल्लभाचार्याय वरदाचार्याय नमः । यमुनाचार्याय माधवाय नमः ॥ 17
मीरायै नमो ब्रह्मानन्दाय नमः । सत्यानन्दाय नमो विवेकानन्दाय नमः
सर्वमुनिभ्यो नमः सर्वर्षिभ्यो नमः । सर्वज्ञानिध्यानियोगिभ्यो नमः ॥
सर्वकविभ्यो नमः सर्वसुहृद्भ्यो नमः ॥ 20

॥ हरि ॐ तत् सत् ॥

कालिदास के महाकाव्य पर आधारित
दोहा छंद में संगीमय प्रस्तुति

१

रत्नाकरकृत

ऋतुसंहार

Sri Radha Krishna Temple

(The Canadian Hindu Mission Centre Scarborough)

1960 Ellesmere Road Unit 9 Scarborough ON M1H 2V9 Tel:416-431-3311

संगीताचार्य सम्मान

श्री राधाकृष्ण मंदिर, स्कारबरो, कनाडा द्वारा

प्रो. रत्नाकर नराले

को गीत-संगीत में उच्च कोटि की उपलब्धि के लिए
संगीताचार्य सम्मान प्रदान किया जाता है.

(Amar Batish)
President

(Manohar Sharma)
Secretary

(Inder Kapila)
Treasurer

महाकवि कालिदास

दोहा॰[3] उज्जयिनी दरबार के, नौ रत्नों में एक ।
कविवर कालिदास थे, रचना लिखीं अनेक ।। 1

उपमा कालिदास की, अनुपम साक्षात्कार ।
ऋतु वर्णन बेजोड़ हैं, प्रधान रस शृंगार ।। 2

कवित्व में संगीत ही, मुख्य अंग का काम ।
शंसनीय साहित्य है, रस से भरा ललाम ।। 3

अद्‌भुत प्रतिभा है मिला, सरस्वती वरदान ।
कवि शिवजी के भक्त थे, "काली" माँ का नाम ।। 4

गरीब ब्राह्मण थे पिता, उज्जयिनी था धाम ।
माता बचपमें गईं, पुत्र जपत शिव नाम ।। 5

गुरुकुल में शिक्षा हुई, सीखा बहुविध ज्ञान ।
श्रुति स्मृति रति इतिहास भी, सांख्य योग विज्ञान ।। 6

वैद्यशास्त्र वेदान्त औ, ज्योतिःशास्त्र पुराण ।
चित्रकला संगीत भी, विविध कला परिधान ।। 7

नैसर्गिक प्रतिभा मिली, दिखा राजदरबार ।
अविरत शास्त्राभ्यास से, वाणी का शृंगार ।। 8

---

[3] **दोहा छंद :** दोहे में : (1) विषम चरणों की 13 कल, मत्त अथवा मात्राएँ होती हैं । अंतिम वर्ण दीर्घ होता है । (2) सम चरणों की 11 मात्राएँ होती हैं । अंतिम वर्ण लघु होता है । (3) विषम चरणों के अंत में ज गण (। ऽ ।) नहीं आना चाहिये । (4) सम चरण के अंत में ज गण (। ऽ ।) और विषम चरण के अंत में र गण (ऽ । ऽ) उत्तम होता है ।

विनय विनोदी वृत्ति थी, वत्सल स्नेह स्वभाव ।
शब्द वैभव प्रचंड था, उपमा का न अभाव ।। 9

कालिदास का काव्य ये, शृंगार रस प्रधान ।
सुंदर "ऋतुसंहार" है, जिसे उचित अभिधान ।।10

 कालिदास महाकाव्य गीतमाला, पुष्प 4

कालिदास आराध्य देवता भजन

ॐ नम: शिवाय

राग भैरवी, कहरवा ताल 8 मात्रा

स्थायी

जैजै जैजै भक्तों बोलो, ओम् नम: शिवाय ।
ओम् नम: शिवाय, ओम् नम: शिवाय ।
ओम् नम: शिवाय, ओम् नम: शिवाय ।।

♪ सासा रेरे गग पप, प- मग- रेसा-सा-,
ग- गग गग-ग-, रे- रेनि निसा-सा- ।
म- मम मम-म-, ग- गरे निसा-सा- ।।

अंतरा-1

शिव ललाट पे चंदा साजे,
जटा काली में गंग विराजे ।
डम डम डम डम डमरू बाजे,
गूँजे नारा, नम: शिवाय ।
ओम् नम: शिवाय,
ओम् नम: शिवाय,
ओम् नम: शिवाय ।।

♫ पसां सांसांरेंसां नि- निसांरेंसां रें-रें-,

संगंरें सां-निध ध- नि-नि रेंसां-सां- ।

पसां सांसां सांरें सांनि निसांरें सां-रें - -,

रेंगंरेंसां ध-ध-, धनि- रेंसां-सां- ।

सां- - - निसां- निसां- - - सां- - -,

रें- - - सांरें- सांरें- - - रें- - -,

गं- - सांध - - निरें- - - सां- - - ।।

अंतरा-2

नटवर तांडव थैया नाचे,

डम डम डम डम डंका बाजे ।

त्रिशूल दाएँ हाथ विराजे,

गूँजे नारा, नमः शिवाय ।

ओम् नमः शिवाय, ओम् नमः शिवाय,

ओम् नमः शिवाय ।।

(रत्नाकर उवाच)

बुद्धिहीन को बुद्धि दे, अंधे को दे आँख ।

ऐसी शिक्षा कौनसी, जिसमें गुण हों लाख ।।

संस्कृत शिव साहित्य के, महाकविन के लेख ।

जिनमें अमृत मेल जो, अभिज्ञ पाए देख ।।

ऋतुसंहार
भूमिका

ऋतुएँ छह हैं वर्ष में, हरेक दो-दो मास ।
जिनमें मौसम की दशा, भाँति-भाँति की खास ।। 11

कालखंड ये अब्द का, कुदरत के अनुसार ।
तापमान वर्षा नमी, दिनमान जिस प्रकार ।। 12

पृथ्वी रवि की परिधि में, फिरती चक्राकार ।
इस कारण ऋतु साल में, आते क्रमानुसार ।। 13

जाना मौसम ग्रीष्म का, मास ज्येष्ठ-वैशाख ।
वर्षा ऋतु आषाढ़ से, सावन तक के पाख ।। 14

अवधि कहा ऋतु शरद का, भादो-अश्विन काल ।
कार्तिक-अहगन समय है, हेमंत का सुकाल ।। 15

पौष-माघ ऋतु-शिशिर के, जाने दो-दो माह ।
फागुन-चैत्र वसंत है, मौसम सबकी चाह ।। 16

छह ऋतुओं के चक्र हैं, मौसमीक बदलाव ।
नर-पशु-पक्षी-वनस्पति, सब पर पड़े प्रभाव ।। 17

कभी नीर की बूँद को, तरसे प्राणी मात्र ।
कभी भयंकर ठंड से, थरथर ठिठुरे गात्र ।। 18

कभी झुलसती भूमि पर, जल जाते हैं पाँव ।
कभी तेज सैलाब में, बह जाते हैं गाँव ।। 19

कहीं भूमि होती हरी, सुंदर पीले खेत ।

सफेद चादर से ढकी, कहीं बर्फ से श्वेत ।। 20

(ग्रीष्म)

ज्येष्ठ मास से सूर्य का, उत्तर-आयन काल ।
यहीं ग्रीष्म आरंभ है, प्राणी होत निढाल ।। 21

उत्तर आयन भानु का, लाता आतप स्त्रोत ।
तापमान बढ़ता चले, दिन भी लंबे होत ।। 22

ग्रीष्म ऋतु में कृष्ण ने, हना कालिया नाग ।
शरण माँग कर कालिया, गया नदी से भाग ।। 23

वट-सावित्री ग्रीष्म में, आता है संकल्प ।
आती है गुरु-पूर्णिमा, शीतलाष्टमी कल्प ।। 24

तैत्तरीय यजु संहिता, बतलाती दो खास ।
ग्रीष्म ऋतु में नाम हैं, शुक्र और शुचि मास ।। 25

(वर्षा)

तैत्तरीय यजु संहिता, कहती है जो खास ।
वर्षा ऋतु में नाम हैं, नभ-नभस्य दो मास ।। 26

सावन भादों हैं कहे, वर्षा ऋतु के मास ।
नव जीवन की वृद्धि का, मौसम है यह खास ।। 27

वर्षा में बँध जात हैं, नृत्य मोर के पाँव ।
पंख पसारे नाचता, अद्भुत जिसमें भाव ।। 28

नीर नदी-तालाब में, भरकर ओतप्रोत ।
वर्षा ऋतु के हाथ में, खेती का फल होत ।। 29

आती है जन्माष्टमी, कृष्ण जन्म की रात ।
मथुरा में बारिश हुई, गौकुल को सौगात ।। 30

(शरद्)

तैत्तिरीय यजु संहिता, बतलाती जो खास ।
शरद् ऋतु में नाम हैं, ईष-ऊर्ज दो मास ।। 31

शरद मनोहर है ऋतु, प्रकृति में सौंदर्य ।
निर्मल होता गगन है, विमल नीर ऐश्वर्य ।। 32

मेघ हीन आकाश में, सूरज पिंगल वर्ण ।
वृक्षों की हर शाख पर, भर जाते हैं पर्ण ।। 33

रातें शीत सुहावनी, नभ में उड्डु हजार ।
शशि की शीतल चाँदनी, दूर करे अँधकार ।। 34

कमल-फूल सौंदर्य से, भर जाते तालाब ।
भौंरे पंकज-पुष्प पर, चूसत कुसुम शराब ।। 35

विजया दशमी शरद में, आता है त्यौहार ।
आता गंगा स्नान है, शास्त्रों के अनुसार ।। 36

छठपूजा गोपाष्टमी, नवराती का पर्व ।
श्राद्ध पक्ष संकल्प भी, करते हैं जन सर्व ।। 37

(हेमंत)

तैत्तिरीय यजु संहिता, कहती है जो खास ।
हेमंत ऋतु में नाम हैं, सह-सहस्य दो मास ।। 38

वर्षा की बरसात में, पड़ जाता है खंड ।
गिरती फिर हेमंत में, मृदुल गुलाबी ठंड ।। 39

आती है दीपावली, आती करवा चौथ ।
आती त्रिपुरी पूर्णिमा, हेमंत में समोद ।। 40

(शिशिर)

तैत्तिरीय यजु संहिता, दरसाती है जो खास ।
शिशिर ऋतु में नाम हैं, तप-तपस्य दो मास ।। 41

पितरों की ऋतु शिशिर है, देने को संतोस ।
होती भीषण ठंड है, पड़े कोहरा ओस ।। 42

पतझड़ आती ठंड से, पौधे होते स्तंभ ।
उत्तर आयन सूर्य का, होता है आरंभ ।। 43

महाशिवरात्रि शिशिर में, महापर्व संक्रांत ।
शिशिर ऋतु में प्रकृति, होती है अति शाँत ।। 44

(वसंत)

तैत्तिरीय यजु संहिता, बतलाती है खास ।
वसंत ऋतु में नाम हैं, मधु-माधव दो मास ।। 45

दहन हुई थी होलिका, वसंत ऋतु के काल ।
राम जन्म की ऋतु यही, कौसल्या का लाल ।। 46

१
प्रथम सर्ग
ग्रीष्म ऋतु

(यक्ष उवाच)

दोहा॰ यक्ष एक कोई सखा, वियोग में जब दूर ।
कहता है, हे यक्षिणी! उचाट चित्त-मयूर ।। 47

॥ अथ ग्रीष्मः ॥

1.1 प्रचण्डसूर्यः स्पृहणीयचन्द्रमाः सदावगाहक्षतवारिसञ्चयः ...

(हे खुशहाल यक्षिणी!)

दोहा॰ ग्रीष्म निकट है आ चुका, मौसम उष्ण प्रचंड ।
सूर्य बहुत है तप रहा, प्रखर रूप से चंड ।। 48

सबको चंद्राऽलोक की, उपलब्धी की आश ।
शमित करे जो चित्त को, शीतल चंद्र प्रकाश ।। 49

मन कहता नद नीर में, करूँ निरंतर स्नान ।
नीर वहाँ भी घट गया, मुश्किल है जल पान ।। 50

सुषमा सायंकाल की, आती फिर-फिर याद ।
रति की इच्छा क्षीण है, दिन भर लू के बाद ।। 51

1.2 निशाः शशाङ्कक्षतनीलराजयः क्व चिद् विचित्रं जलयन्त्रमन्दिरम् ...

(हे विशाल वक्षिणी!)

दोहा॰ इस मौसम में हे सखी! अच्छी लगती रात ।
चंद्र रश्मि से युक्त जो, देता सुखद प्रभात ।। 51

फव्वारे जिस भवन में, करते जल बौछार ।
तन पर गिर कर चित्त को, देते चैन तुषार ।। 52

शीतल चंदन लेप भी, लगता है सुखकार ।
चंद्रकांत मणि की छटा, होती है दुखहार ।। 53

1.3 सुवासितं हर्म्यतलं मनोरमं प्रियामुखोच्छ्वासविकम्पितं मधु ...
(और भी, हे सजनी!)

दोहा॰ सुवासमय अट्टालिका, जहाँ प्रेमिका-वास ।
करते मन को मग्न हैं, उनके सुमधुर श्वास ।। 54

गाती जब वह रात में, कामोद्दीपक गीत ।
कामी जन के हृदय में, मधुर जगाती प्रीत ।। 55

1.4 नितम्बबिम्बैः सुदुकूलमेखलैः स्तनैः सहाराभरणैः सचन्दनैः ...
(एवं एव, हे संगिनी!)

दोहा॰ ग्रीष्म ऋतु में संगिनी, पहन रेशमी वस्त्र ।
आती है जब सामने, लिए प्रणय का शस्त्र ।। 56

धारण करके करधनी, कटि पर चमकीदार ।
नितंब के ऊपर दिखे, आकर्षक मनहार ।। 57

उरजों पर माला सजे, प्रसून खुशबूदार ।
चंदन तैल शरीर पर, केश कलाप खुमार ।। 58

प्रेमी नर के मनस की, किए उष्णता दूर ।
जगे सखी से मिलन की, इच्छा शीघ्र जरूर ।। 59

1.5 नितान्तलाक्षारसरागञ्जितैर्नितम्बिनीनां चरणैः सुनूपुरैः ...
(हे प्राणेश्वरी!)

दोहा॰ **और सुनो प्राणेश्वरी! जिनके स्थूल नितंब ।**
उनके दर्शन चाहता, प्रेमी मन अविलंब ।। 60

उभरे स्तन की रमणियाँ, पग में पायल डाल ।
लाल महावर से सजी, चले हंस की चाल ।। 61

हिलना रम्य उरोज का, करे प्रेम-आघात ।
कामोत्तेजित मन बने, संयम पर कर मात ।। 62

1.6 पयोधराश्चन्दनपङ्कचर्चितास्तुषारगौरार्पितहारशेखराः ...
(और हे हृदयेश्वरी!)

दोहा॰ **क्यों कि, हे हृदयेश्वरी! स्त्री के उभरे वक्ष ।**
अधीर प्रेमी के करे, मृदुल हृदय को भक्ष ।। 63

मोती माला से सजे, दो स्तन का दीदार ।
किस नर को ना मोह ले, स्वर्ण मेखला हार ।। 64

स्त्री के जघन विभाग का, निहार कर नग्नांग ।
कौन लालायित हुआ, मारेगा न छलांग ।। 65

1.7 समुद्गतस्वेदचिताङ्गसंधयो विमुच्य वासांसि गुरूणि सांप्रतम् ...
(हे सुहृदे!)

दोहा॰ **अंग-अंग पर ग्रीष्म में, प्रभूत आता स्वेद ।**
महीन वस्त्र अतः स्त्रियाँ, पहने बगैर-खेद ।। 66

ऊँचे-ऊँचे वक्ष पर, कपड़े जालीदार ।
धारण करतीं युवतियाँ, देने स्तन-दीदार ।। 67

1.8 सचन्दनाम्बुव्यजनोद्भवानिलैः सहारयष्टिस्तनमण्डलार्पणैः ...

(हे प्राणवल्लभे!)

दोहा॰ इस मौसम में तरुणियाँ, शीतल रखने कक्ष ।
खश के पंखों से हवा, लेत खोल कर वक्ष ॥ 68

स्तनमंडल मणि से सजा, छू कर वीणा तार ।
जिनका सुर मादक, सखी! होत जिगर से पार ॥ 69

मधुर गान इस तान का, हरता नर का भान ।
जागे निद्रित वासना, पाती सोच उड़ान ॥ 70

1.9 सितेषु हर्म्येषु निशासु योषितां सुखप्रसुप्तानि मुखानि चन्द्रमाः ...
(और, हे कामिनी!)

दोहा॰ छत पर सोयी कामिनी, इस मौसम की रात ।
नभ मंडल में हो जभी, तारों की बारात; ॥ 71

निहार इस मुखचंद्र को, उस चंदा को लाज ।
चंदा पाता पांडुता, बिगड़ा हुआ मिजाज ॥ 72

1.10 असह्यवातोद्धतरेणुमण्डला प्रचण्डसूर्यातपतापिता मही ...
(और, हे प्रिये!)

दोहा॰ तपती लू से ग्रीष्म की, उड़े हवा में धूल ।
प्रखर उष्णता सूर्य की, मन पर डाले भूल ॥ 73

जला विरह की आग में, जो नर है असहाय ।
अवश झुलसता और भी, मुख से निकले, हाय! ॥ 74

1.11 मृगाः प्रचण्डातपतापिता भृशं तृषा महत्या परिशुष्कतालवः ...
(मृगजल)

दोहा॰ गला सूख कर हिरण भी, शीघ्र बुझाने प्यास ।
दौड़ लगाते, देख कर, मृगजल का आभास ॥ 75

1.12 सविभ्रमैः सस्मितजिह्मवीक्षितैर्विलासवत्या मनसि प्रवासिनाम् ...
(हे मृगनयनी!)

दोहा॰ **सुंदर तरुण विलासिनी, दे कर मधु मुसकान ।**
मादक नैन कटाक्ष हैं, हरते नर का भान ।। 76

देते कामोत्तेजना, नर के मन को थाम ।
यथा ग्रीष्म के ताप में, शीतल शशि की शाम ।। 77

1.13 रवेर्मयूखैरभितापितो भृशं विदह्यमानः पथि तप्तपांसुभिः ...
(नाग)

दोहा॰ **झुलसे रवि के ताप से, तप्त धूलि से त्रस्त ।**
साँप ढूँढते छाँव को, सुकून हो कर अस्त ।। 78

देते उनको आसरा, उष्मा पीड़ित मोर ।
वैर-भाव को भूल कर, अभिभावक की तौर ।। 79

1.14 तृषा महत्या हतविक्रमोद्यमः श्वसन् मुहुर्भूरिविदारिताननः ...
(सिंह)

दोहा॰ **वन के राजा सिंह भी, सता रही जब प्यास ।**
निर्बल होकर श्रांँत वे, लेते ताता साँस ।। 80

मुख फैला कर हैं पड़े, निकाल बाहर जीभ ।
शिकार करने मन नहीं, हिरण शशक टिट्टीभ ।। 81

1.15 विशुष्ककण्ठाहृतशीकराम्भसो गभस्तिभिर्भानुमतोऽभितापिताः ...
(हाथी)

दोहा॰ **प्यासे हाथी घूमते, मिले कहीं पर तोय ।**
खड़े शेर भी सामने, उन्हें न चिंता कोय ।। 82

1.16 हुताग्निकल्पैः सवितुर्मरीचिभिः कलापिनः क्लान्तशरीरचेतसः ...

(मयूर)

दोहा॰ व्याकुल भीषण धूप से, आकुल-चित्त मयूर ।
प्यासे को जल चाहिये, शिकार तब न जरूर ।। 83

1.17 सभद्रमुस्तं परिपाण्डुकर्दमं सरः खनन्नायतपोत्रमण्डलैः ...
(शूकर)

दोहा॰ बेकल प्रचंड धूप से, तीव्र बुझाने प्यास ।
शूकर कीचड़ खोदते, जल पाने की आस ।। 84

मिला अगर ना जल उन्हें, भीषण जहाँ अकाल ।
लगता धरती खोद कर, जाएँगे पाताल ।। 85

1.18 विवस्वता तीक्ष्णतरांशुमालिना सपङ्कतोयात्सरसोऽभितापितः ...
(दादुर)

दोहा॰ मेंढक पीड़ित ताप से, शुष्क झील को छोड़ ।
आते फन की छाँव में, सख्य नाग से जोड़ ।। 86

1.19 समुद्धृताशेषमृणालजालकं विपन्नमीनं द्रुतभीतसारसम् ...
(हंस)

दोहा॰ जल पीने को झगड़ते, हाथी पुष्कर तीर ।
करते मृणाल नष्ट हैं, उन्हें मिले ना नीर ।। 87

कीचड़ को वे रौंद कर, करते साहिल नष्ट ।
हंसों को झष ना मिले, जीवन यापन कष्ट ।। 88

1.20 रविप्रभोद्भिन्नशिरोमणिप्रभो विलोलजिह्वाद्वयलीढमारुतः ...
(नागमणि)

दोहा॰ सूर्य किरण से कौंधतीं, मणि नागों के शीश ।
जिह्वा सूखी है पड़ी, व्याकुल हुआ फणीश ।। 89

1.21 सफेनलालावृतवक्त्रसम्पुटं विनिर्गतालोहितजिह्वमुन्मुखम्विनिःसृता ।

(महिष)

दोहा॰ **भैंसे भी मुख सूख कर, प्यासे चाहत नीर ।**
मुख ऊपर करके सड़े, चातक जैसे धीर ।। 90

1.22 पटुतरदवदाहोत्प्लुष्टशष्पप्ररोहाः परुषपवनवेगोत्क्षिप्तसंशुष्कपर्णाः ...
(दावानल)

दोहा॰ **दावानल से ग्रीष्म में, जलते सब तरु-बेल ।**
उड़ती हैं चिनगारियाँ, तहस-नहस का खेल ।। 91

नदी-ताल हैं सूखते, उग्र रूप मार्तंड ।
करने वन का अंत है, आया ताप प्रचंड ।। 92

1.23 श्वसिति विहगवर्गः शीर्णपर्णद्रुमस्थः कपिकुलमुपयाति क्लान्तमद्रेर्निकुञ्जम्
(पंछी)

दोहा॰ **पानी के बिन ग्रीष्म में, पत्ते जाते सूख ।**
पक्षी रहते पेड़ पर, सह कर तृष्णा-भूख ।। 93

1.24 विकचनवकुसुम्भस्वच्छसिन्दूरभासा प्रबलपवनवेगोद्धूतवेगेन तूर्णम् ...
(टेसू)

दोहा॰ **कुसुमित वृक्ष पलाश के, रंग अग्नि सा लाल ।**
लगता वन में आग है, ग्रीष्म ऋतु के काल ।। 94

धरती से आकाश तक, जैसे उड़ा गुलाल ।
या लगता सिंदूर से, पोता देह-कपाल ।। 95

1.25 ज्वलति पवनविद्धः पर्वतानां दरीषु स्फुटति पटुनिनादः शुष्कवंशस्थलीषु
(दावाग्नि)

दोहा॰ **शाख शाख पर रगड़ कर, कहीं लगी है आग ।**
पेड़ बाँस के जल रहे, हिरण रहे हैं भाग ।। 96

धरती से आकाश तक, जैसे उड़ा गुलाल ।

या लगता सिंदूर से, पोता देह–कपाल ।। 97

1.26 बहुतर इव जातः शाल्मलीनां वनेषु स्फुरति कनकगौरः कोटरेषु द्रुमाणाम्
(और)

दोहा॰ **वृक्ष जल रहे शाल्मली, लपटें सुवर्ण रंग ।**
ज्वाला चोटी से उठी, जुड़ी गगन के संग ।। 98

ज्वाला आगे बढ़ रही, बिना किसी भी रोक ।
भ्रमण कर रही विपिन में, जिधर हवा का झोंक ।। 99

1.27 गजगवयमृगेन्द्रा वह्निसंतप्तदेहाः सुहृद इव समेता द्वन्द्वभावं विहाय ...
(हे सुललितगीते!)

दोहा॰ **वन के पशु सब त्रस्त हैं, हाथी मृग कपि शेर ।**
भाग रहे, या हो रहे, दावानल में ढेर ।। 100

बैर आपसी भूल कर, आए हैं सब संग ।
कूद रहे नद–नीर में, ठंडा करने अंग ।। 101

1.28 कमलवनचिताम्बुः पाटलामोदरम्यः सुखसलिलनिषेकः सेव्यचन्द्रांशुजालः
सेव्यचन्द्रांशुहारः ...

दोहा॰ **ग्रीष्म ऋतु के अंत में, जब आयी बरसात ।**
कमल फूल तालाब में, महक रहे दिन–रात ।। 102

सुंदर सुमन गुलाब के, कुमुद जवा कचनार ।
जिनके सौरभ से भरी, सकल दिशाएँ चार ।। 103

अतः सुनो, हे कामिनी! हो जाओ खुशहाल ।
अटारियों पर बैठ कर, ढले ग्रीष्म का काल ।। 104

हुआ ग्रीष्म जब इस तरह, मौसम उग्र समाप्त ।
वर्षा ऋतु सुखदायिनी, हुई प्रतीक्षित प्राप्त ।। 105

॥ इति ग्रीष्मः ॥

२
द्वितीय सर्ग
वर्षा ऋतु

(यक्ष उवाच)

॥ अथ वर्षा ॥

2.1. सशीकराम्भोधरमत्तकुञ्जरस्तडित्पताकोऽशनिशब्दमर्दलः ...

(वर्षा का आगमन)

(हे यक्षिणी!)

दोहा॰

समाप्त होकर ग्रीष्म का, दुख दायक वह काल ।
वर्षा का मौसम, प्रिये! आया है सत्काल ।। 106

प्रपात से जल बिंदु के, भरे जलाशय ताल ।
जल में हाथी मत्त हैं, प्रणयीं करत कमाल ।। 107

कामी जन अनुकूल जो, करने अपने काम ।
ग्रीष्म समय की क्लिष्ट वो, करने दूर थकान ।। 108

आया अब वर्षा समाँ, बिजली को चमकाय ।
साथ वज्र की गर्जना, बादल विशालकाय ।। 109

2.2. नितान्तनीलोत्पलपत्रकान्तिभिः क्वचित्
प्रभिन्नाञ्जनरागसंनिभैःराशिसंनिभैः
(मेघ)

दोहा॰ नीलवर्ण आकाश में, कहीं मेघ हैं सान्द्र ।
श्याम वर्ण बादल कहीं, गरज रहे हैं सार्द्र ।। 110

गर्भवती के स्तन नुमा, धारण कर आकार ।
मेघों ने सब ओर से, घेर रखा आकाश ।। 111

2.3. तृषाकुलैश्चातकपक्षिणां कुलैः प्रयाचितास्तोयभरावलम्बिनः ...

दोहा॰ चातक खग की प्रार्थना, करने को स्वीकार ।
जल से पूरित मेघ हैं, पावस को तैयार ।। 112

2.4. बलाहकाश्चाशनिशब्दभीषणाः सुरेन्द्रचापं दधतस्तडिद्गुणम् ...

दोहा॰ वज्रपात रणवाद्य है, विद्युत है प्रत्यंच ।
इंद्र देव का धनुष ये, नभ है जिसका मंच ।। 113

जल धाराएँ बाण हैं, करते वर्षापात ।
प्रवासियों के अंग पर, करते क्लेशाघात ।। 114

2.5. प्रभिन्नवैदूर्यनिभैस्तृणान्कुरैः समाचिता प्रोत्थितकन्दलीदलैः ...

दोहा॰ मूँगा मणि के काँति के, चमकीले खलिहान ।
वर्षा के संभोग से, दारांगना समान ।। 115

2.6. सदा मनोज्ञं सुरतोत्सवोत्सुकं विकीर्णविस्तीर्णकलापशोभितम् ...
(मयूर गण)

दोहा॰ मेघ गर्जना के सदा, अभिलाषी खग मोर ।
केकी रव हैं कर रहे, प्रेम-पुलक की तौर ।। 116

चुंबन के व्याकुल हुए, प्रणय भाव संलग्न ।
आलिंगन प्रवृत्त हैं, मोर नृत्य में मगन ।। 117

सुंदर पृच्छकलाप को, करके शोभावान ।
वर्षा के सत्कार में, शीश किए उत्थान ।। 118

2.7. निपातयन्त्यः परितस्तटद्रुमान्प्रवृद्धवेगैः सलिलैरनिर्मलैः ...
(नदियाँ)

दोहा॰ नदियाँ भर कर नीर से, चली सिंधु की ओर ।
नखरा दिखलाती हुई, कामुक रमणी तौर ।। 119

2.8. तृणोद्गमैरुद्धतकोमलाङ्कुरैविचित्रनीलैर्हरिणीमुखक्षतैः ...
(पल्लवी)
(हे यक्षिणी)

दोहा॰ वृक्ष-लताओं पर नए, उग आए हैं पात ।
अध-खाए तृण, हिरण के, हरे मृदुल नवजात ।। 120

निहार शोभा पर्ण की, पुलकित होता चित्त ।
वर्षा ऋतु की स्तुति करें, मन से इसी निमित्त ।। 121

कालिदास महाकाव्य गीतमाला, पुष्प 5

वर्षा ऋतु

स्थायी

ऋतु वर्षा की, मोद बढ़ावे, मन का मोर नचावे ।
हरा गलीचा तले बिछावे, तरु पर रंग रचावे ।।

♫ सारे म-पप प-, प-म सांध-प-, मम प- ध-प मगरेसा- ।
मप- पप-प- धनि- धप-म-, धध धध प-म गरे-सा- ।।

अंतरा-1

सुंदर सौरभ फूल फूल पर, तितली भ्रमर भुलावे ।
मंजुल झोंका मंद पवन का, पादप बेली डुलावे ।।

♫ सा-रेरे म-मम प-ध नि-ध पम, पपध- निनिसां रेंनि-सां- ।

रें-सांनि ध-प- नि-ध पमम प-, म-पप ध-प मगरेसा- ।।

अंतरा-2

सात रंग ये इन्द्र धनुष के, क्षितिज को हार पिन्हावे ।
पल में वर्षा, पल में सूरज, बादर खेल खिलावे ।।

अंतरा-3

मधुर फलों के गुच्छ पेड़ पर, सबका मन ललचावे ।
बाल बालिका वृंद वृंद में, सावन हर्ष मनावे ।।

अंतरा-4

चाँद सितारे नील गगन के, चाँदनी रात सुहावे ।
अनूप नजारा सावन का ये, इन्द्र भी देख लजावे ।।

2.9. विलोलनेत्रोत्पलशोभिताननैर्मृगैः समन्तादुपजातसाध्वसैः ...
(हे प्रिये!)

दोहा॰ **और सुनो मुझसे, प्रिये! मृगनयनी के रंग ।**
कमललोचना चंचला, मन को देत उमंग ।। 122

वर्षा ऋतु की रम्यता, करने को दीदार ।
भोग विलासी नर सदा, रहता है तैयार ।। 123

2.10. अभीक्ष्णमुच्चैर्ध्वनतां पयोमुचां घनान्धकारीकृतशर्वरीष्वपि ...
(अभिसारिका)

दोहा॰ **पिया मिलन को जा रही, धर कर मन अनुराग ।**
रति-प्यासी अभिसारिका, प्रखर प्रेम की आग ।। 124

बादल हैं मँडरा रहे, करके रव गंभीर ।
अंधकार है मार्ग में, वर्षा और समीर ।। 125

बिजली के आलोक में, दिखे गमन की राह ।
वर्षा के माहौल में, सौदामिनी अथाह ।। 126

2.11. पयोधरैर्भीमगभीरनिःस्तडिद्भिरुद्वेजितचेतसो भृशम् ...

दोहा॰ तड़क तडित की दमक है, भीषण जिसका वेग ।
घोर गर्जना मेघ की, देती मन उद्वेग ।। 127

ऐसी वर्षा-रात में, रमणी पति के साथ ।
सोती आलिंगन किए, कस कर जकड़े हाथ ।। 128

2.12. विलोचनेन्दीवरवारिबिन्दुभिर्निषिक्तबिम्बाधरचारुपल्लवाः ...
(मगर, हे प्रिये!)

दोहा॰ मगर सुनो तुम, हे प्रिये! एक रंज की बात ।
कुछ ललनाओं की कभी, बीते दुख में रात ।। 129

नयनकमल से टिपकते, अश्रु-बिंदु के साथ ।
ओष्ठरूप किसलय धुले, बिना लगाए हाथ ।। 130

ललनाएँ जो विरह में, बैठी हुई निराश ।
गहने-चंदन त्याग कर, जो हैं हुई हताश ।। 131

2.13. विपाण्डुरं कीटरजस्तृणान्वितं भुजङ्गवद् वक्रगतिप्रसर्पितम् ...
(नूतन वर्षा)

दोहा॰ नूतन वर्षा की नयी, निकली जो जल धार ।
तृण तिनके धूली लिए, बहती सर्पाकार ।। 132

(भेक = मेंढक, दादुर)

दोहा॰ सर्पाकार प्रवाह में, देख रहे हैं भेक ।
जिसमें उनको मिल रहे, सफेद कीट अनेक ।। 133

पराग भी हैं नीर में, दादुरियों का प्रिय ।
वर्षा का नव नीर वो, सबका हितकरणीय ।। 134

2.14. विपन्नपुष्पां नलिनीं समुत्सुकां विहाय भृङ्गाः श्रुतिहारिनिःस्वनाः ...

(भ्रमर)

दोहा० **और प्रिये! वे देख लो, मूढ़ भ्रमर के झुंड ।**
पत्रहीन उन पद्म से, मोड़ रहे हैं तुंड ।। 135

मोर पिच्छ के रंग को, जान कमल के फूल ।
आ कर उन पर गिर रहे, सत्य गए हैं भूल ।। 136

2.15. वनद्विपानां नवतोयदस्वनैर्मदान्वितानां ध्वनतां मुहुर्मुहुः ...
(और)

दोहा० **सखी! और भी देख लो, इन भौंरों के हाल ।**
हाथी का मधु देख कर, जो हैं हुए निहाल ।। 137

गंडस्थलों को जान कर, मधुमय कमल पराग ।
आ कर बैठे झुंड में, मदजल से अनुराग ।। 138

2.16. सितोत्पलाभाम्बुदचुम्बितोपलाः समाचिताः प्रस्रवणैः समन्ततः ...
(श्वेत पर्वत)
(हे यक्षिणी!)

दोहा० **शुभ्र छटा के अभ्र सा, शोभित लगे पहाड़ ।**
चोटी जिसकी चूम कर, करती नभ से लाड़ ।। 139

वर्षा ऋतु में झर रहे, झरने चारों ओर ।
नाच रहे हैं मोर गण, नर्तकियों की त्तौर ।। 140

उन परियों को देख कर, जगी काम की आस ।
मगर नहीं, मेरी प्रिये! तुम हो मेरे पास ।। 141

2.17. कदम्बसर्जार्जुनकेतकीवनं विकम्पयंस्तत्कुसुमाधिवासितः ...
(क्यों की, हे यक्षिणी!)

दोहा० **क्यों की हे प्रिय यक्षिणी! कदंब-अर्जुन-साल ।**
और सुगंधित केतकी, सौरभ जिन्हें कमाल; ।। 142

तुषार कण से मिश्र वह, परिमल पुष्प सुवास ।
वर्षा ऋतु के पवन से, देता कामुक आस ।। 143

2.18. शिरोरुहैः श्रोणितटावलम्बिभिः कृतावतंसैः कुसुमैः सुगन्धिभिः ...
(और, हे प्रिये!)

दोहा॰ और सुनो तुम यक्षिणी! जिनके लंबे बाल ।
करते स्पर्श नितंब को, अपने होश सँभाल; ।। 144

और सुवासित सुमन के, गहनों का स्तन-भार ।
करती रति की वासना, मन में जागृत प्यार ।। 145

2.19. तडिल्लताः शक्रधनुर्विभूषिताः पयोधरास्तोयभरावलम्बिनः ...
(मेघ)

दोहा॰ और कहूँ मैं, हे पिये! दूजी सुंदर बात ।
मेघ प्रेरणा दे रहे, ललनाओं के साथ ।। 146

प्रत्यंचा है दामिनी, इंद्रधुष है चाप ।
सप्त सुरों की तान से, मेघ करत आलाप ।। 147

साथ छबीली रमणियाँ, नितंब को थिरकाय ।
चमकाती हैं करधनी, लेने चित्त रिझाय ।।1 148

2.20. मालाः कदम्बनवकेसरकेतकीभिरायोजितः शिरसि बिभ्रति योषितोऽद्य
(और हे यक्षिणी!)

दोहा॰ और प्रिये! वे रमणियाँ, पहन कर अलंकार ।
पुष्प-पराग कदंब के, सुंदर खुशबूदार ।। 149

मालाएँ परिधान हैं, केतकी ललाम ।
कुण्डल अर्जुन पुष्प के, कानों में अभिराम ।। 150

2.21. कालागरुप्रचुरचन्दनचर्चिताङ्ग्यः पुष्पावतंससुरभीकृतकेशपाशाः ...

(और भी)

दोहा॰ चंदन लिप्त शरीर की, केश सुमंडित नार ।
सज कर संध्याकाल में, देती है दीदार ॥ 151

वर्षा ऋतु की घात में, रंभाएँ दिलदार ।
सुन कर बादल गर्जना, आती शयनागार ॥ 152

2.22. कुवलयदलनीलैरुन्नतैस्तोयनम्रैर्मृदुपवनविधूतैर्मन्दमन्दं चलद्भिः ।
(बादल)

दोहा॰ नील कमल के रंग के, वर्षा ऋतु के मेघ ।
बोझिल जल के भार से, करते धीमा वेग ॥ 153

धीरे-धीरे चल रहे, इंद्रधनुष को धार ।
ललनाओं के गुदगुदे, हिरदय लेते हार ॥ 154

2.23. मुदित इव कदम्बैर्जातपुष्पैः समन्तात्पवनचलितशाखैः शाखिभिर्नृत्यतीव
(हे यक्षिणी!)

दोहा॰ नव वर्षा के नीर से, करके ताप समाप्त ।
कदंब-पुष्प सुगंध से, होत नंद है प्राप्त ॥ 155

प्रचलित हो कर पवन से, डोलत तरु की डाल ।
केतकी की कली नुमा, आता वर्षा काल ॥ 156

हँसता खिलता ये समाँ, लाता हर्ष हजार ।
वर्षा मौसम चित्त में, उद्भुत करता प्यार ॥ 157

2.24. शिरसि बकुलमालां मालतीभिः समेतां कुसुमितनवपुष्पैर्यूथिकाकुड्मलैश्च
(हे कामिनी!)

दोहा॰ और सुनो, हे कामिनी! वर्षा ऋतु गुण गान ।
पति के गुण उसमें सभी, पति के सम सम्मान ॥ 158

घरवाली के शीर्ष पर, फूल मालती हार ।
रक्तिम पुष्प अशोक के, कोमल खुशबूदार ।। 159

जूही की कलियाँ नयी, साथ फूल कचनार ।
कदंब पुष्पों से बने, कर्ण के अलंकार ।। 160

सुंदर कली गुलाब की, लगी बाल में लाल ।
पति समान सेवा करे, वर्षा ऋतु का काल ।। 161

कनेर कंगन हस्त में, पहने पायल पीत ।
बरखा बूँदों से बने, वर्षा ऋतु संगीत ।। 162

2.25. दधति कुचयुगाग्रैरुन्नतैर्हारयष्टिं प्रतनुसितदुकूलान्यायतैः श्रोणिबिम्बैः ।
(और, हे यक्षिणी!)

दोहा॰ उँचे उरोज नारियाँ, स्तन पर मौक्तिक माल ।
महीन पट धारण करें, जिन्हें नितंब विशाल ।। 163

वर्षा के नव-नीर से, मंगल करके स्नान ।
नग्न अंग के मध्य में, तिलक करें परिधान ।। 164

नैनन में काजल लगे, मृगनयनी के श्याम ।
कांचन के कुण्डल करें, कामदेव का काम ।। 165

2.26. नवजलकणसङ्गाच्छीततामादधानः कुसुमभरनतानां लासकः पादपानाम् ।
(समीरण)

दोहा॰ वर्षा कण छिड़काव से, शीतल शाँत समीर ।
सुमनों के संपर्क से, सुरभित सुखद शरीर ।। 166

रजमय रुचिर रुझान का, रसित रम्य रति रूप ।
वर्षा ऋतु में वात का, होता काम अनूप ।। 167

ऋतुसंहार

2.27. जलभरनमितानामश्रयोऽस्माकमुच्चैरयमिति जलसेकैस्तोयदास्तोयनम्राः
(और, हे यक्षिणी!)

दोहा॰ **और प्रिये! यह देख लो, ऊँचा विंध्य पठार ।**
देता आश्रय मेघ को, सँभालने जलभार ।। 168

दुखी ग्रीष्म की आग में, गिरि को इन्तेजार ।
वर्षा ऋतु की सब्र से, करने पत्युपकार ।। 169

वर्षा के जलपात का, करके वह सत्कार ।
हरे-भरे पादप-लता, पाते हैं शृंगार ।। 170

2.28. बहुगुणरमणीयो योषितां चित्तहारी तरुविटपलतानां बान्धवो निर्विकारः
(तथा ही, हे यक्षिणी!)

दोहा॰ **हे प्रिये! इस भाँति से, वर्षा ऋतु मनहार ।**
कामिनियों का मन हरे, देकर उनको प्यार ।। 171

वृक्ष-लता का यह सखा, प्राणी जग का प्राण ।
तुमको फल अभिलषित दे, और करे कल्याण ।। 172

॥ इति वर्षा ॥

३.
तृतीय सर्ग

शरद् ऋतु

(यक्ष उवाच)

॥ अथ शरत् ॥

3.1. काशांशुका बिकचपद्ममनोज्ञवक्त्रा

सोन्मादहंसरुतनूपुरनादरम्यारवनूपुरनादरम्या ...

(हे यक्षिणी!)

दोहा॰ **अब सुन लो, हे यक्षिणी! वर्षा ऋतु के बाद ।**
आयी है ऋतु शरद् की, रहे माह दो याद ।। 173

लिबास होता रेशमी, मुखड़ा कमल समान ।
पायल की ध्वनि मद भरी, इस ऋतु की पहचान ।।

पके धान सी सुंदरी, कृश यष्टि का शरीर ।
रमणीया यह नव वधू, देवी की तस्वीर ।। 175

3.2. काशैर्मही शिशिरदीधितिना रजन्यो हंसैर्जलानि सरितां कुमुदैः सरांसि ...

(हे सुंदरी!)

(श्लेश)

दोहा॰ **हरीभरी धरती सजे, फूलों से उद्यान ।**
हंसों से जल सरित का, खेती से खलियान ।। 176

वृक्षों से अटवी सजे, चंद्र-रश्मि से रात ।
कमलों से जल झील का, हो कर ग्रीष्म निपात ।। 177

3.3. चञ्चन्मनोज्ञशफरीरसनाकलापाःपर्यन्तसंस्थितसिताण्डजपंक्तिहाराः ...
(और हे यक्षिणी!)
(नदियाँ)

दोहा॰ **नदिया देखो, हे प्रिये! नारी मस्त समान ।**
मंद-मंद है बह रही, गाती मंजुल गान ।। 178

पहन मीन की करधनी, झाष माला परिधान ।
दो तट रूप नितंब हैं, जिन्हें विशाल उठान ।। 179

3.4. व्योम क्वचिद् रजतशङ्खमृणालगौरैस्त्यक्ताम्बुभिर्लघुतया शतशः प्रयातैः ...
(आकाश)

दोहा॰ **देखो और सुहावना, सुंदर यह आकाश ।**
गौर वर्ण के मेघ हैं, शीतल चंद्र प्रकाश ।। 180

बादल निर्जल चल रहे, जिधर हवा का झोंक ।
सेवा में आकाश की, लगे हुए बिन टोक ।। 181

3.5. भिन्नाञ्जनप्रचयकान्ति नभो मनोज्ञं बन्धूकपुष्परजसाऽरुणिता च भूमिः ...
(आकाश और पृथ्वी)

दोहा॰ **इधर-उधर काजल लगे, बादल धब्बेदार ।**
लटक रहे आकाश में, शोभा का दीदार ।। 182

दुपहरिया के फूल सी, धरती लाली-लाल ।
पके धान के खेत से, पोता जिसका भाल ।। 183

ऐसा भी नर कौन है, पत्थर जिसका पित्त ।
ऐसी सुषमा देख कर, पिघलेगा ना चित्त ।। 184

3.6. मन्दानिलाकुलितचारुतराग्रशाखः पुष्पोद्गमप्रचयकोमलपल्लवाग्रः ...
(चमरिक कचनार)

दोहा॰ **सुंदर फूलों से भरा, मधुरस का कचनार ।**
भौंरि-अलियों से घिरा, फूलों का संभार ।। 185

ऐसा भी मन है कहाँ, निष्ठुर नखरेबाज ।
ऐसी रौनक देख कर, ललचाए न मिजाज ।। 186

3.7. तारागणप्रचुरभूषणमुद्वहन्ती मेघोपरोधपरिमुक्तशशाङ्कवक्त्रा ...
(चाँदनी रात)

दोहा॰ **तारों के शृंगार से, सजा-धजा आकाश ।**
मेघ मुक्त नभ में खिला, निर्मल चंद्र प्रकाश ।। 187

वस्त्र जिसे है चाँदनी, उज्ज्वल ऐसी रात ।
शरत् काल में उभर कर, आती देर प्रभात ।। 188

3.8. कारण्डवाहनविघट्टितवीचिमालाः कादम्बसारसकुलाकुलतीरदेशाः ...
(पक्षी विशेष)

दोहा॰ **बत्तख-सारस झुंड से, शोभित जिसके तीर ।**
कमल पराग सुगंध से, सुरभित जिसका नीर ।। 189

उस सरिता के तीर पर, हँसों का परिवार ।
राजहंस की शरद् में, कलरव ध्वनि मनहार ।। 190

3.9. नेत्रोत्सवो हृदयहारिमरीचिमालः प्रह्लादकः शिशिरशीकरवारिवर्षी ...
(हे वियोगिनी!)
(चंद्रमा)

दोहा॰ **नेत्रनंदकर चंद्रमा, शशि-किरणों से शीत ।**
तुषारमणि चमकाय कर, हृदय चढ़ाता प्रीत ।। 191

पतिवियोग के बाण से, आहत है जो नार ।

उसके मन को दहन से, करता है उद्धार ।। 192

3.10. आकम्पयन् फलभरानतशालिजालानानर्तयंस्तरुवरान् कुसुमावनम्रान् ...
(समीर)

दोहा॰ झुके बीज के बोझ से, नम्र हुए तृण धान ।
समीर के पवमान से, हिल कर गाते गान ।। 193

सुमनों के संभार से, विनम्र कुरबक पेड़ ।
झुक कर करके नमन हैं, हिरदय जाते छेड़ ।। 194

कमलवनों की नलिनियाँ, पाती हैं हिंडोल ।
देख जनों के हृदय हैं, मद में जाते डोल ।। 195

3.11. सोन्मादहंसमिथुनैरुपशोभितानि स्वच्छप्रफुल्लकमलोत्पलभूषितानि ...
(और, हे यक्षिणी!)

दोहा॰ हंस युग्म मदमत्त से, सरवर सुषमामान ।
सुंदर सुमन सरोज से, सलिल शोभावान; ।। 196

मंद पवन से झील पर, निर्मल नीर तरंग ।
निहार रम्य प्रभात में, रोमांचित है अंग ।। 197

3.12. नष्टं धनुर्बलभिदो जलदोदरेषु सौदामिनी स्फुरति नाद्य वियत्पताका ...
(मगर, हे प्रिये!)

दोहा॰ मगर पिये! देखो वहाँ, इंद्रधनुष लवलीन ।
मेष गणों की कुक्षि में, मौसम के आधीन ।। 198

केतुरूप विद्युत कहीं, गई छोड़ आकाश ।
पक्षी भी नभ मार्ग से, लिए हुए अवकाश ।। 199

ऊर्ध्वमुखी न मयूर भी, कहीं दिख रहे आज ।
चातक जैसे, गगन को, तकने में नाराज ।। 200

3.13. नृत्यप्रयोगरहिताञ्शिखिनो विहाय हंसानुपैति मदनो मधुरप्रगीतान् ।
(अत:, हे यक्षिणी!)

दोहा॰ भौरों का दुख देख कर, कामदेव को कष्ट ।
नाच रहे न मयूर हैं, उछाह उनका नष्ट ।।2 201

हंसों को वह देखता, गा कर मधुतम गान ।
पुष्पित वीणा पर नयी, बजाय मोहक तान ।। 202

प्रसून उद्गम-श्री तभी, तज कर कदंब वृक्ष ।
सप्तच्छद के पेड़ पर, विराज शिव सदृक्ष ।। 203

कूटज अर्जुन शाल के, पेड़ पर नहीं फूल ।
असमंजस में पड़ गए, शरद् गए हैं भूल ।। 204

3.14. शेफालिकाकुसुमगन्धमनोहराणि स्वस्थस्थिताण्डजकुलप्रतिनादितानि ...
(परंतु, हे प्रिये!)

दोहा॰ परंतु देखो, हे प्रिये! अचरज होगा तोह ।
मृग-नयनों से, कमल ये, मन को लेगा मोह ।। 205

चहचह मधुर विहंग की, और सुमन सुगंध ।
करे मुग्धमय चित्त को, जोड़ आत्म संबंध ।। 206

3.15. कह्लारपद्मकुमुदानि मुहुर्विधुन्वंस्तत्सङ्गमादधिकशीतलतामुपेतः ...
(और, हे पिये)
(पवन)

दोहा॰ कमल-कुमुद के कुसुम को, कँपाता हुआ वात ।
सुगंध के संपर्क से, सुखद शीत को प्राप्त; ।। 207

पहले प्रहर प्रभात में, प्रेमल पवन प्रहार ।
उत्कण्ठा उत्पन्न है, करता पवन उदार ।। 208

3.16. सम्पन्नशालिनिचयावृतभूतलानि सुष्ठुस्थितप्रचुरगोकुलशोभितानि ...
(हे यक्षिणी)
(शरत् काल)

दोहा॰ **विपुल जहाँ पर धान्य है, गौ-धन भी है प्रचुर ।**
उस सीमा में देश के, जनता हृष्ट जरूर ।। 209

राजहंस सारस तथा, अन्य विहग समुदाय ।
शरत् काल में कूज से, देते हर्ष बढ़ाय ।। 210

3.17. हंसैर्जिता सुललिता गतिरङ्गनानां अम्भोरुहैर्विकसितैर्मुखचन्द्रकान्तिः ...
(हे यक्षिणी! जानती हो ...)

दोहा॰ **कामिनियों का ठुमकना, पग में घुँघरू डाल ।**
युग-युग के परिणाम से, बने हंस की चाल ।। 211

घायल करना हृदय को, मार नजर के बाण ।
सीखी हिरणी ने अदा, लेने दृग से प्राण ।। 212

ललनाएँ मुखचंद्र के, बल से दिल बहलाय ।
सीखी कमलों ने कला, "मुखकमल" कहलाय ।। 213

भामिनियों की भौंह से, नयन कटाक्ष विलास ।
जल लहारों ने छीन कर, दिया नदी को खास ।। 214

3.18. श्यामा लताः कुसुमभारनतप्रवालाः स्त्रीणां हरन्ति धृतभूषणबाहुकान्तिम्
(और, हे प्रिये!)

दोहा॰ **अलंकार धारण किए, सजना शोभावान ।**
सीख गई श्यामा लता, पाने को सम्मान ।। 215

लता लदी वह कुसुम से, दिखलाने को शान ।
गौरव पाया जगत में, और हुआ अभिमान ।। 216

मानिनियों के दंत की, देख प्रभा अभिराम ।
कली–मालती ने लिया, ललचाने का काम ।। 217

3.19. केशान्नितान्तघननीलविकुङ्चिताग्रानापूरयन्ति वनिता नवमालतीभिः ..
(परिणामवश)

दोहा॰ ललचा कर उस कौंति से, ललनाएँ हैं लुब्ध ।
डालें कलिया मालती, बालों में समृद्ध ।। 218

काले कुन्तल में कली, धवल मालती डाल ।
घुँघराले उन बाल की, काँति करै कमाल ।। 219

कानन कुण्डल कानक के, कुतल में कचनार ।
कुसुम कमल का कासनी, कर्णफूल श्रृंगार ।। 220

3.20. हारैः सचन्दनरसैः स्तनमण्डलानि श्रोणीतटं सुविपुलं रशनाकलापैः ...
(और, हे यक्षिणी)

दोहा॰ प्रसन्न मन की रमणियाँ, स्तन मंडल पर स्थूल ।
माला चंदन गंध की, पहनें मन अनुकूल ।। 221

स्वर्ण करधनी से सजे, उनके पीन नितंब ।
पायल के घुँघरू बजे, चलते ही अविलंब ।। 222

3.21. स्फुटकुमुदचितानां राजहंसास्थितानां मरकतमणिभासा वारिणा भूषितानामाम् ..
(अंबरा)

दोहा॰ विमल कमल से व्याप्त जो, राजहंस का धाम ।
मरकत मणि सम चमकता, सरवर नीर ललाम ।। 223

अंबर पर डाले छटा, मेघ हीन अवदात ।
तारा गण की चाँदनी, करती गगन सुशाँत ।। 224

ऋतुसंहार

3.22. सरसि कुमुदसङ्गाद्वायवो वान्ति शीता विगतजलदवृन्दा दिग्विभागा मनोज्ञाः ...
(हे यक्षिणी!)

दोहा॰   शरत् काल में, हे प्रिये! शीत पवन सुकुमार ।
        फूलों के संपर्क से, सौरभ करे प्रसार ।। 225

        निर्जल बादल गगन में, सभी दिशाएँ चार ।
        जल निर्मल निष्पंक है, चंद्र किरण सुखकार ।। 226

3.23. दिवसकरमयूखैर्बोध्यमानं प्रभाते वरयुवतिमुखाभं पङ्कजं जृम्भतेऽद्य ...
(और, हे प्रिये!)

दोहा॰   प्रभात के रवि रश्मि से, मुकुलित हुआ सरोज ।
        विशाल कलिका कमल की, जैसे खिला उरोज ।। 227

        चंद्रबिंब के अस्त पर, कैरव कलिका क्षीण ।
        यथा विरह में रमणियाँ, होती उमंग हीन ।। 228

3.24. असितनयनलक्ष्मीं लक्षयित्वोत्पलेषु क्वणितकनककाञ्चीं मत्तहंसस्वनेषु ...
(और, हे यक्षिणी!)

दोहा॰   बिरहा मन को चैन दें, नीले नीरज नैन ।
        प्रमत्त हंसों का लगे, कलरव सुखकर बैन ।। 229

        दुपहरिया के फूल में, दिखे प्रिया के होंठ ।
        वियोग में घायल पिया, खाते दिल पर चोट ।। 230

3.25. स्त्रीणां निधाय वदनेषु शशाङ्कलक्ष्मीं कामं च हंसवचनं मणिनूपुरेषु ...
(हे यक्षिणी!)

दोहा॰   सुंदर शोभा शरद की, स्वल्प रही है शेष ।
        निकट, प्रिये! हेमंत है, हलका शीत विशेष ।। 231

        शशि की सुषमा, सखी! स्त्री के मुख पर छोड़ ।

हंसों का कलरव दिया, पायल में है जोड़ ।। 232

दुपहरिया के पुष्प की, छाटा अधर पर डाल ।
निवेद कर हेमंत को, चला शरत् का काल ।। 233

3.26. विकचकमलवक्त्रा फुल्लनीलोत्पलाक्षी विकसितनवकाशश्वेतवासो वसाना

(अतः, हे यक्षिणी!)

दोहा॰ कमललोचना शारदा, मुखकमला उल्लसित ।
कुमुद समाना रूपिणी, शरद् बढ़ावे प्रीत ।। 234

॥ इति शरत् ॥

४
चतुर्थ सर्ग
हेमंत ऋतु

(यक्ष उवाच)

॥ अथ हेमन्तः ॥

(हे यक्षिणी!)

4.1. नवप्रवालोद्गमसस्यरम्यः प्रफुल्ललोध्रः परिपक्वशालिः ...

दोहा॰ आयी ऋतु हेमंत की, होकर शरद् व्यतीत ।
मृदुल गुलाबी ठंड है, इस मौसम में शीत ।। 235

नूतन पल्लव हैं उगे, फूल खिले मनहार ।
सफेद–रक्तिम लोध्र हैं, जिन पर दिखे तुषार ।। 236

4.2. मनोहरैः कुङ्कुमरागरक्ततुषारकुन्देन्दुनिभैश्च हारैः ...
(हे यक्षिणी!)

दोहा॰ **ऐसी मादक ठंड में, विशालस्तनी जवान ।**
करती माला कुन्द की, स्तन पर है परिधान ।। 237

4.3. न बाहुयुग्मेषु विलासिनीनां प्रयान्ति सङ्गं वलयाङ्गदानि ...
(हे यक्षिणी!)

दोहा॰ **जघनस्थान पर पहनती, युवती वस्त्र नवीन ।**
पीन स्तनों पर रेशमी, सुंदर वसन महीन ।। 238

भुजा पर नहीं पहनती, परियाँ बाजूबंद ।
शीत काल हेमंत का, देता है आनंद ।। 239

4.4. काञ्चीगुणैः काञ्चनरत्नचित्रैर्नो भूषयन्ति प्रमदा नितम्बम् ...
(हे यक्षिणी!)

दोहा॰ **प्रमदाएँ करती नहीं, नितंब–कटि के स्थान ।**
मणि मालाएँ रत्न कीं, स्वर्ण युक्त परिधान ।। 240

पग पर पायल भी नहीं, जिन पर मोर निशान ।
जिनमें ध्वनि है हंस की, कलरव शब्द समान ।। 241

4.5. गात्राणि कालीयकचर्चितानि सपत्रलेखानि मुखाम्बुजानि ...
(और, हे यक्षिणी!)

दोहा॰ **रति क्रीड़ा में यक्षिणी, लगाय काला भस्म ।**
कुन्तल काले–अगर से, करती पूरण रस्म ।। 242

4.6. रतिश्रमक्षामविपाण्डुवक्त्राः संप्राप्तहर्षाभ्युदयं तरुण्यः ...
(हे यक्षिणी!)

दोहा॰ वियोग में जो है पड़ी, तरुण यक्षिणी नार ।
वंचित वह संभोग से, उदासिनी वह दार ।। 243

हर्ष काल में भी कभी, हँस ना पाती जोर ।
खिन्नमुखी वह भामिनी, लब को रखती जोड़ ।। 244

4.7. पीनस्तनोरुस्थलभागशोभां आसाद्य तत्पीडनजातखेदः ...
(हे यक्षिणी!)

दोहा॰ पीन स्तनों के वक्ष की, युवा कामिनी नार ।
छाती की शोभा लखे, करती क्लेश विचार ।। 245

वियोगिनी को बिन पिया, मिले न पति का प्यार ।
निहार कर हेमंत ये, होता दुःख अपार ।। 246

4.8. प्रभूतशालिप्रसवैश्चितानि मृगाङ्गनायूथविभूषितानि ...
(हे यक्षिणी!)

दोहा॰ धान बालियों से भरा, मृग विभूषित प्रदेश ।
हेमंत काल में हरा, पुलकित है यह देश ।। 247

क्रौंच खगों की ध्वनि यहाँ, चित्त ले रही जीत ।
ऋतु शीतल हेमंत की, लगा रही है प्रीत ।। 248

4.9. प्रफुल्लनीलोत्पलशोभितानि सोन्मादकादम्बविभूषितानि ...
(और, हे यक्षिणी!)

दोहा॰ मुकुलित नीले पद्म के, शीतल रम्य तड़ाग ।
कलरव ध्वनि कलहंस की, निर्मल कमल पराग ।। 249

सुंदर ऋतु हेमंत में, लेते चित्त लुभाय ।
पुलकित होते युवक हैं, और युवा समुदाय ।। 250

4.10. पाकं व्रजन्ती हिमपातशीतैराधूयमाना सततं मरुद्भिः ...

(हे यक्षिणी!)

दोहा॰ तुषार कण हेमंत के, शीतल बरफ समान ।
अविरत झोंके पवन के, करे कम्पायमान ।। 251

प्रियंगु बेली थी हरी, पायी पांडुर रंग ।
जैसी अबला विरह में, खो कर सकल उमंग ।। 252

4.11. पुष्पासवामोदसुगन्धिवक्त्रो निःश्वासवातैः सुरभीकृताङ्गः ...
(हे यक्षिणी!)

दोहा॰ सुगंध पा कर पुष्प का, जिसका पुलकित देह ।
मृदुल पवन के स्पर्श से, पा कर मन में स्नेह ।। 253

कामबाण से विद्ध जो, कामी वियोगवान ।
मधुर मिलन के स्वप्न में, खोया है यजमान ।। 254

1.12. दन्तच्छदैः सव्रणदन्तचिह्नैः स्तनैश्च पाण्यग्रकृताभिलेखैः ...
(हे यक्षिणी!)

दोहा॰ नव-युवती के हृदय के, रति-विलास का ज्ञान ।
जाना जाता, हे प्रिये! निहार वक्ष निशान ।। 255

स्तन पर अंकन दंत के, नाखूनों के छाप ।
पति के निर्दय भोग का, बन जाते हैं नाप ।। 256

1.13. काचिद् विभूषयति दर्पणयुक्तहस्ता बालातपेषु वनिता वदनारविन्दम् ...
(हे यक्षिणी!)

दोहा॰ कोई बाला कामिनी, लेकर दर्पण हाथ ।
करती जाँच प्रभात में, बड़ी चाह के साथ ।। 257

प्रियतम द्वारा दाँत के, कितने पड़े निशान ।
रस पी कर पति-होठ के, क्षत चिन्ह विधान ।। 258

4.14. अन्या प्रकामसुरतश्रमखिन्नदेहा रात्रिप्रजागरविपाटलनेत्रपद्मा ...
(हे यक्षिणी!)

दोहा॰ **कोई रमणी है थकी, रति के श्रम के साथ ।**
शिथिल पड़ी वह कामिनी, निर्बल उसके हाथ; ।। 259

रात सकल वह जाग कर, नेत्र कमल हैं लाल ।
कन्धों पर लटके हुए, बिखरे उसके बाल ।। 260

प्रभात में वह सो रही, रमणी रति संतुष्ट ।
सूर्य किरण हेमंत के, करते उसको हृष्ट ।। 261

4.15. निर्माल्यदाम परिभुक्तमनोज्ञगन्धं मूर्ध्नोऽपनीय घननीलशिरोरुहान्ताः ...
(और, हे यक्षिणी!)

दोहा॰ **तरुणी सुंदर कामिनी, जिसके काले बाल ।**
घुँघराले लंबे घने; अरु हैं वक्ष विशाल ।। 262

उन्नत स्तन से वक्ष जो, नम्न हुए हैं काँत ।
उच्च स्तनी वह कामिनी, रति सुख से है शाँत ।। 263

मुरझाए हैं पुष्प जो, और हुए निर्गंध ।
उतार माला शीर्ष से, केश लिए हैं बाँध ।। 264

4.16. अन्या प्रियेण परिभुक्तमवेक्ष्य गात्रं हर्षान्विता विरचिताधररागशोभा ...
(हे यक्षिणी!)

दोहा॰ **रति सुख से उपभुक्त है, नंदित जिसका देह ।**
पहन रही है चोलिया, करके तन से स्नेह ।। 265

सँवर कर नखक्षतांगिनी, सुंदर कर अलकाव ।
तिर्यक नजर कटाक्षिणी, रतिसुख करत प्रभाव ।। 266

4.17. अन्याश्चिरं सुरतकेलिपरिश्रमेण खेदं गताः प्रशिथिलीकृतगात्रयष्ट्यः ...

(हे यक्षिणी!)

दोहा॰ उन्नत उरजों में क्षति, मृदु सहलाए केश ।
अति रति क्रीड़ा से थकी, पुष्ट जाँघ में क्लेश ।। 267

सुंदर बाला रमणियाँ, अंग मल रही तेल ।
जिसमें इत्र–पराग के, सुगंध का है मेल ।। 268

इस भाँति हेमंत का, समीप है अब अंत ।
संगम शीतल शिशिर से, साध रहा हेमंत ।। 269

4.18. बहुगुणरमणीयो योषितां चित्तहारी परिणतबहुशालिव्याकुलग्रामसीमा ..
(हे यक्षिणी!)

दोहा॰ भाँति–भाँति से रम्य ये, परियों का मनहार ।
पक्व धान का काल है, शीतल शुभ सुखकार ।। 270

क्रौंच खगों का लाड़ला, बरफ युक्त हेमंत ।
देखो सजनी! अंत है, ऋतुओं में श्रीमंत ।। 271

॥ इति हेमन्तः ॥

५
पंचम सर्ग

शिशिर ऋतु

(यक्ष उवाच)

॥ अथ शिशिरः ॥

5.1. प्ररूढशालीक्षुचयावृतक्षितिं निद्रोत्थितक्रौञ्चनिनादशोभितम् ...
(हे मनोहर जाँघों वाली यक्षिणी!)

दोहा॰ **हे सुंदर जँघायिनी! देखो ये खग क्रौंच ।**
विशाल-वक्ष-नितंबिनी! चोखी उनकी चोंच ।। 272

कलरव रव उनका सुनो, कर्णमधुर मनहार ।
बैठे हैं जो छाँव में, एक बनाय कतार ।। 273

प्रमदा जन का लाड़ला, मौसम शोभा युक्त ।
शिशिर काल है अगया, कामोत्तेजक वक्त ।। 274

5.2. निरुद्धवातायनमन्दिरोदरं हुताशनो भानुमतो गभस्तयः ...
(हे यक्षिणी!)

दोहा॰ **कामी जन इस काल में, रखें खड़कियाँ बंद ।**
सूर्य किरण का ताप या, करें आग प्रबंध ।। 275

उष्मा मोटे वस्त्र का, या युवती का भोग ।
कामी जन को चाहिये, इन्हीं सुखों का योग ।। 276

5.3. न चन्दनं चन्द्रमरीचिशीतलं न हर्म्यपृष्ठं शरदिन्दुनिर्मलम् ...
(हे यक्षिणी!)

दोहा॰ **शिशिर समय का शीत ये, ठंडा बरफ समान ।**
जनता को भाता नहीं, इसमें न समाधान ।। 277

शीतल चंदन, चंद्र भी, शीतल-सर्द समीर ।
नहीं सुहाता चित्त को, ना ही ठंडा नीर ।। 278

5.4. तुषारसंघातनिपातशीतलाः शशाङ्कभाभिः शिशिरीकृताः पुनः ...
(हे यक्षिणी!)

दोहा॰ **और सुनो, हे यक्षिणी! चंद्ररश्मि की रात्र ।**

सुंदर हो कर चाँदनी, मुदित न करती गात्र ।। 279

5.5. गृहीतताम्बूलविलेपनस्रजः पुष्पासवामोदितवक्त्रपङ्कजाः ...
(हे यक्षिणी!)

दोहा॰ **पान पत्र परिपूर्ण जो, जिसमें इत्र सुगंध ।**
चंदन मनकों से बनी, मालाएँ कटिबंध; ।। 280

मुखकमलिनी मधुभाषिणी, कामोत्सुक गौरांग ।
आती शयनागार में, करन तृप्त सर्वांग ।। 281

5.6. कृतापराधान्
बहुशोऽभितर्जितान्सवेपथून्साध्वसमन्दचेतसःसाध्वसलुप्तचेतसः
(हे यक्षिणी!)

दोहा॰ **कामकर्म अनुरक्त जो, रमणी मद उन्मत्त ।**
पति के भय से मौन हैं, जो है भ्रष्ट प्रमत्त ।। 282

परस्त्रीगामी वह पिया, अपराधी यदि होय ।
क्षमा करे अपराध सब, सखी जिया में रोय ।। 283

5.7. प्रकामकामैः सनिर्दयं निशासु दीर्घास्वतिपीडिताश्चिरम् ...
(हे यक्षिणी!)

दोहा॰ **रति के भूखे युवक जो, रति रत सारी रात ।**
ठंडी रातें शिशिर की, हफ्ते के दिन सात ।। 284

निर्दयता से भोग कर, करता है व्यभिचार ।
रात बीतते नायिका, लौटे घर लाचार ।। 285

5.8. मनोज्ञकूर्पासकपीडितस्तनाः सरागकौशेयकभूषितोरवः ...
(हे यक्षिणी!)

दोहा॰ **तंग चोलियों में कसे, स्तन जिनमें है आग ।**
रंग-रंग पट रेशमी, ढके जाँघ के भाग; ।। 286

गुलाब बालों में सजे, सुंदर पुष्प सुवास ।
मना रही है नायिका, ऋतु का शिशिर विलास ।। 287

5.9. पयोधरैः कुङ्कुमरागपिञ्जरैः सुखोपसेव्यैर्नवयौवनोष्मभिः ...
(अर्थात्, हे यक्षिणी!)

दोहा॰ विशालस्तनियों के तथा, कामिनियों के साथ ।
रतिसुख जिनको ना मिला, रहे मसलते हाथ ।। 288

सुख-सपने ही हैं जिन्हें, रतिक्रीड़ा सौगात ।
शिशिर ऋतु में जवान वे, शयन करें दिन-रात ।। 289

5.10. सुगन्धिनिःश्वासविकम्पितोत्पलं मनोहरं कामरतिप्रबोधकम् ...
(मगर, हे यक्षिणी!)

दोहा॰ पद्म-पराग सुवास का, कामदेव का मद्य ।
कामोत्तेजक सोम रस, सखा-सखी को हृद्य ।। 290

करते वल्लभ-वल्लभा, रतिक्रीड़ा रस पान ।
शिशिर ऋतु के हर्ष में, गाते हैं गुण गान ।। 291

<u>कालिदास महाकाव्य गीतमाला, पुष्प</u> 6

राग भूपाली,[4] कहरवा ताल 8 मात्रा

शिशिर ऋतु

स्थायी

शीत शिशिर ऋतु है, पतझड़ की ।

---

[4] **राग भूपाली** : यह कल्याण ठाठ का राग है । इसको **भूप राग** भी कहते हैं । इसका आरोह है : सा रे ग, प, ध सां । अवरोह है : सां ध प, ग रे सा ।

**लक्षण गीत दोहा॰ ग ध वादी संवाद हों, स्वर म नि का हो त्याग ।
"भूपाली" यह गाइये, साँझ समय का राग ।।**

मनहर है यह, प्रिय प्रियकर का ।।

सां-ध पगरे सारे प-, गरे गप ध-,

गग गरे गप धसां धसां धप गरे सा- ।

अंतरा-1

पद्म पराग सुवास कमल का,

कामोत्तेजक समय शिशिर का ।

गग ग- पप ध- सां-सांसां सांरे सां-,

ध-धध सां-रें रें सांरेंगरें सांध प- ।

अंतरा-2

गाती है गुणगान वल्लभा,

वल्लभ के सह प्रणय रुचिर का ।।

5.11. अपगतमदरागा योषिदेका प्रभाते कृतनिबिडकुचाग्रा पत्युरालिङ्गनेन ...
(हे यक्षिणी!)

दोहा॰ जिस दयिता के रात में, मीसे गए स्तनाग्र ।
पति भुक्ता वह रागिणी, रति रत रात समग्र ।। 292

प्रभात में वह कामिनी, काम वासना तृप्त ।
केलीगृह से चल पड़े, प्रसन्नता से लिप्त ।। 293

5.12. अगुरुसुरभिधूपामोदितं केशपाशं गलितकुसुममालं धुन्वती कुञ्चिताग्रम् ...
म्कुञ्चिताग्रम् वहन्ती ।
(हे यक्षिणी!)

दोहा॰ तरुणी ईत्रसुवासिता, पतली कटि की नार ।
विशालजंघा सुंदरी, चली सखा के द्वार ।। 294

5.13. कनककमलकान्तैः साद्य एताम्बुधौतैः श्रवणतटनियुक्तैः श्रवणतटनिषक्तैः
पाटलोपान्तनेत्रैः ...
(गृहलक्ष्मी)

दोहा० **उष्ण नीर से स्नान कर, पहन कर अलंकार ।**
सजी–धजी नारी लगे, लक्ष्मी का अवतार ।। 295

5.14. पृथुजघनभरार्ताः किंचिदानम्रमध्याः स्तनभरपरिखेदान् मन्दमन्दं व्रजन्त्यः
(हे यक्षिणी!)

दोहा० **विशालस्तनिनी भामिनी, स्थूल जंघिनी नार ।**
क्लेशित करता है जिसे, स्तन–नितंब का भार ।। 296

त्वरित रात्रि के वेश को, तज कर दिन का वेश ।
पहने सत्वर मानिनी, कम करने को क्लेश ।। 297

5.15. नखपदरचितभागान्वीक्ष्यमाणाः स्तनान्तानअधरकिसलयाग्रान्दन्तभिन्नं स्पृशन्त्यः ...
(हे यक्षिणी!)

दोहा० **रति सुख अवगत कामिनी, नख क्षत स्तन की नार ।**
रति रस तृप्त प्रभात में, रचे केश संभार ।। 298

5.16. प्रचुरगुडविकारः स्वादुशालीक्षुरम्यः प्रबलसुरतकेलिर्जातकन्दर्पदर्पः ...
(हे यक्षिणी!)

दोहा० **रति सुख दाता शिशिर का, समीप आया अंत ।**
अब है सुंदर आ रहा, शुभ ऋतुराज वसंत ।। 299

॥ इति शिशिरः ॥

६
छठा सर्ग

वसंत ऋतु

(यक्ष उवाच)

॥ अथ वसन्तः ॥

6.1. प्रफुल्लचूताङ्कुरतीक्ष्णसायको द्विरेफमालाविलसद्धनुर्गुणः ...
(हे यक्षिणी!)

दोहा०   वसंत ऋतु है आगया, देने को आनंद ।
        मौसम है यह कुनकुना, ठंड हो चुकी बंद ।। 300

        नवीन अंकुर आम्र के, इस ऋतु के हैं बाण ।
        प्रत्यंचा उस धनुष की, भ्रमर-पंक्ति परिमाण ।। 301

        वसंत रूपी वीर ये, आया लेने जीत ।
        विलासियों के चित्त को, और लगाने प्रीत ।। 302

कालिदास महाकाव्य गीतमाला, पुष्प 7
गीत : राग भीमपलासी, कहरवा ताल 8 मात्रा

सावन आयो

स्थायी
गरजत बरसत सावन आयो,

प्यासन दुखियन के मन भायो ।

मपनिसां निधपमप ग-गम गरेसा-,

पनिसाग रेरेसासा प- गम गरेसा- ।

अंतरा-1

सबके मन में जोश जगायो,

वन में पपीहा बहु हरषायो ।

मोर कोयलिया नाच नचायो ।।

पप प- निमप गम पनिसां सांगंरेंसां-,

निनि सांमं गंरेंसां- पनि सांसांनिधप- ।

प-गं गंरेंरेंसां- नि-नि निध-प- ।।

अंतरा-2

तरु बेली पर फूल खिलायो,

हरी हरियाली अनूप बिछायो ।

दुखी नैनन की आस बुझायो ।।

6.2. द्रुमाः सपुष्पाः सलिलं सपद्मं स्त्रियः सकामाः पवनः सुगन्धिः ...
(हे यक्षिणी!)

दोहा॰ **पेड़ पुष्प से पृक्त हैं, समीर सौरभ युक्त ।**
सुखद सौम्य दिन-रात हैं, सर्द हवा से मुक्त ।। 303

6.3. वापीजलानां मणिमेखलानां शशाङ्कभासां प्रमदाजनानाम् ...
(हे यक्षिणी!)

दोहा॰ **वसंत करता सुभगता, सहकार**[5] **को प्रदान ।**
बावलियों के नीर को, निर्मलता का दान ।। 304

चमकाता मणि-मेखला, उज्ज्वल चंद्र प्रकाश ।

---

[5] **सहकार** = आम्र वृक्ष

अंगनाओं को चारुता, सुंदरता की आस ।। 305

कालिदास महाकाव्य गीतमाला, पुष्प 8

खयाल : राग बहार, एक ताल 12 मात्रा

ऋतु बसंत

स्थायी

बिंदु बिंदु अंबु झरत,
ऋतु बसंत आई ।
शीतल पवन पुरवाई,
मन में उमँग है लाई ।।

निसां रेंसांनि सांनिधनिप पपप,
मप निपग-म मनिधनि-सां ।
निधनिपप मपग गमरे-सा,
साम म पगमनि धनि-सां- ।।

अंतरा-1

रंग-रंग मंजरियाँ,
फूल फूल चंचरीक ।
पपैया की मधुर तान,
मोरे मन भाई ।।

मगम निधनि सां-सांनिसां-,
नि- नि निसांसां निसांरेंसांनिधध ।
सांमंगंमंरेंगं रें निसांरेंसां निधध,
धधसांरेंसांसांधनिसांसांनिप मपनिनिपम गमरेसानिसा ।।

6.4. कुसुम्भरागारुणितैर्दुकूलैर्नितम्बबिम्बानि विलासिनीनाम् ...
(हे यक्षिणी!)

दोहा॰ **कुच-मंडल पर रमणियाँ, सजाय कुमकुम रंग ।**

गौर वस्त्र हैं पहनती, उत्तेजक जो ढंग ।। 306

6.5. कर्णेषु योग्यं नवकर्णिकारं चलेषु नीलेष्वलकेष्वशोकम् ...
(हे यक्षिणी!)

दोहा॰ कानन कुण्डल डालती, कुसुम कनेर प्रयोग ।
चंचल काली अलक में, लोहित फूल अशोक ।। 307

6.6. स्तनेषु हाराः सितचन्दनार्द्रा भुजेषु सङ्गं वलयाङ्गदानि ...
(और, हे यक्षिणी!)

दोहा॰ मदनातुर स्त्री पहनती, स्तन पर चंदन हार ।
जघनस्थलों पर करधनी, फूलन का शृंगार ।। 308

6.7. सपत्रलेखेषु विलासिनीनां वक्त्रेषु हेमाम्बुरुहोपमेषु ...
(हे यक्षिणी!)

दोहा॰ सुंदरियों के भाल पर, चूड़ामणि शृंगार ।
स्वेद बिंदु की धार भी, लगती मोती हार ।। 309

6.8. उच्छ्वासयन्त्यः श्लथबन्धनानि गात्राणि कन्दर्पसमाकुलानि ...
(हे यक्षिणी! वसंत ऋतु में)

दोहा॰ बंधन जिनके पा रहे, कामदेव से क्लेश ।
रह कर पति के संग भी, उत्कंठित परिवेश ।। 310

6.9. तनूनि पाण्डूनि सुकम्पितानि मुहुर्मुहुर्जृम्भणतत्पराणि ...
(और, हे यक्षिणी!)

दोहा॰ प्रमदाओं के देह को, कामदेव के बाण ।
आलस्य के प्रभाव से, कर न सके गतिमान ।। 311

6.10. नेत्रेषु लोलो मदिरालसेषु गण्डेषु पाण्डुः कठिनः स्तनेषु ...
(और भी, हे यक्षिणी!)

दोहा॰ प्रमदाओं के देह में, कामदेव का वास ।

भाँति-भाँति की रीति से, करता उन्हें उदास ।। 312

वसंत ऋतु के काल में, पांडु रंग के गाल ।
स्थूल कमर, स्तन दुख भरे, चंचल लोचन लाल ।। 313

6.11. अङ्गानि निद्रालसविभ्रमाणि वाक्यानि किंचिन्मदिरालसानि ...
(और)

दोहा॰ **इस मौसम में नारियाँ, निद्रा आलस युक्त ।**
वाणी में मद-चारुता, भौंहें कपट प्रयुक्त ।। 314

<u>कालिदास महाकाव्य गीतमाला, पुष्प</u> 9

सावन ऋतु

स्थायी

ऋतु सावन की, मोद बढ़ावे, मन का मोर नचावे ।
हरा गलीचा तले बिछावे, तरु पर रंग रचावे ।।
सारे म-पप प-, प-म सांध-प-, मम प- ध-प मगरेसा- ।
मप- पप-प- धनि- धप-म-, धध धध प-म गरे-सा- ।।

अंतरा-1

सुंदर सौरभ फूल फूल पर, तितली भ्रमर भुलावे ।
मंजुल झोंका मंद पवन का, पादप बेली डुलावे ।।
सा-रेरे म-मम प-ध नि-ध पम, पपध- निनिसां रेंनि-सां- ।
रें-सांनि ध-प- नि-ध पमम प-, म-पप ध-प मगरेसा- ।।

अंतरा-2

चह चह चिड़ियाँ पपीहे मैना, मनहर गान सुनावे ।
आम्र वृक्ष पर काली कोयल, कूहू कूहू गावे ।।

अंतरा-3

सात रंग ये इन्द्र धनुष के, क्षितिज को हार पिन्हावे ।
पल में वर्षा पल में सूरज, बादर खेल खिलावे ।।

6.12. प्रियङ्गुकालीयककुङ्कुमाक्तं स्तनेषु गौरेषु विचर्चितानिविलासिनीभिः ..
(हे यक्षिणी!)

दोहा॰ **इस मौसम में नारियाँ, स्तन पर मलती लेप ।**
कुमकुम–केसर–कस्तूरी, चंदन दिन प्रत्येक ।। 315

6.13. गुरूणि वासांसि विहाय तूर्णं तनूनि लाक्षारसरञ्जितानि ...
(हे यक्षिणी!)

दोहा॰ **वसंत में नर–नारियाँ, मोटे कपड़े छोड़ ।**
हलक कपड़े डालते, रंग भरे बेजोड़ ।। 316

रंग बना कर लाख का, सुंदर कला ललाम ।
सुवास भरते अगर का, वस्त्रों पर अभिराम ।। 317

6.14. पुंस्कोकिलश्चुतरसासवेन मत्तः प्रियां चुम्बति रागहृष्टः ...

दोहा॰ **कोकिल पक्षी आम्र पर, गा कर मंगल गान ।**
चूम रहा है कोकिला, वसंत की पहचान ।। 318

भौंरे हैं मँडरा रहे, कमलों पर मनहार ।
चूम रहे हैं भौंरियाँ, और कर रहे प्यार ।। 319

6.15. ताम्रप्रवालास्तबकावनम्राश्चूतद्रुमाः पुष्पितचारुशाखाः ...
(आम्र)

दोहा॰ **नए लाल मृदु पर्ण के, आमों के वृक्ष विशाल ।**
हिले हवा के झोंक से, तरुवर की हर डाल ।। 320

सौरभ तरु के मौर का, पवन झोंक से मंद ।
ललनाओं के हृदय को, देता है आनंद ।। 321

6.16. मत्तद्विरेफपरिचुम्बितचारुपुष्पा मन्दानिलाकुलितचारुमृदुप्रवालाः ...

दोहा॰ भौंरों ने चूसी हुई, मंजरियाँ सुकमार ।
आंदोलित जब पवन से, अदा जायकेदार ।। 322

6.17. आमूलतो विद्रुमरागताम्रं सपल्लवं पुष्पचयं दधानाः ...
(अशोक)

दोहा॰ प्रसून लाल अशोक के, मूँगा रत्न समान ।
महिलाओं के दय को, देता रम्य रुझान ।। 323

कामी जन के चित्त को, करती है बेचैन ।
वसंत ऋतु में आम्र को, ओर रसिक के नैन ।। 324

6.18. कान्तामुखद्युतिजुषामचिरोद्गतानां शोभां परां कुरबकद्रुममञ्जरीणाम् ...
(कुरबक)

दोहा॰ कुरबक तरु के अध-खिले, निहार कोंपल लाल ।
किस प्रेमी का मन न हो, उत्सुक और निहाल ।। 325

6.19. आदीप्तवह्निसदृशैरपयातपत्रैः सर्वत्र किंशुकवनैः कुसुमावनम्रैः ...
(पलाश)

दोहा॰ "वन-की-ज्वाला" जो कहे, लाल प्रसून पलाश ।
वसंत में है चमकता, पड़ते सूर्य प्रकाश ।। 326

पुष्प-भार से नम्र जो, पेड़ पलाश विशाल ।
लगे लाल परियाँ खड़ी, भू पर लिए मशाल ।। 327

6.20. किं किंशुकैः शुकमुखच्छविभिर्न भिन्नं किं कर्णिकारकुसुमैर्न कृतं नु दग्धं ...
(और)

दोहा॰ फूल पलाश के लगे, खग तोते की चोंच ।
लाल रंग वह आग सा, विदीर्ण करते सोच ।। 328

(कनेर)

दोहा॰ **कोमल कुसुम कनेर के, करते कलित कमाल ।**
कोंपल–कलियाँ ना किसे, कर देंगे बेहाल ।। 329

(कोयल)

दोहा॰ **आम्र पेड़ पर कोयलें, करती सुमधुर गान ।**
करती कर्षित चित्त को, कुहू–कुहू की तान ।। 330

6.21. पुंस्कोकिलैः कलवचोभिरुपात्थर्षैः गुञ्जद्भिरुन्मदकलानि वचांसि पुंसाम्भृङ्गैः ...

(भौंरे)

दोहा॰ **भौंरों के गुंजार से, मुग्ध सभी के कर्ण ।**
ललनाओं के गुदगुदे, होते हृदय विदीर्ण ।। 331

6.22. आकम्पयन् कुसुमिताः सहकारशाखा विस्तारयन्परभृतस्य वचांसि दिक्षु ..

(पवन)

दोहा॰ **तुषार वाला पवन ये, वसंत ऋतु का खास ।**
करता पुलकित चित्त है, करके दूर भड़ास ।। 332

6.23. कुन्दैः सविभ्रमवधूहसितावदातैरुद्योतितान्युपवनानि मनोहराणि ...

(और, हे प्रिये!)

दोहा॰ **कुन्द सुमन सुगंध से, युक्त पवन स्वच्छंद ।**
मुग्ध पुरुष के हृदय को, देता है आनंद ।। 333

6.24. आलम्बिहेमरशनाः स्तनसक्तहाराः कन्दर्पदर्पशिथिलीकृतगात्रयष्ट्यः ...

(चैत्र मास)

दोहा॰ **चैत्र मास में कोकिला, भौंरों की गुंजार ।**
सुवर्ण करधनी की स्त्रियाँ, होती हैं मनहार ।। 334

6.25. नानामनोज्ञकुसुमद्रुमभूषितान्तान्हृष्टान्यपुष्टकुलशोभितसानुदेशान् ...

(पर्वत)

दोहा॰ शोभित जिनके शिखर हैं, पुष्पवृक्ष से युक्त ।
ऐसे पर्बत देख कर, सब होते दुख मुक्त ।। 335

6.26. नेत्रे निमीलयति रोदिति याति शोकं घ्राणं करेण विरुणद्धि विरौति चोच्चैः

.

(वियोग)

दोहा॰ वियोग में है जो पिया, पीड़ित जिसका चित्त ।
सुंदर वसंत देख कर, करता दुखी कवित्त ।। 336

6.27. समदमधुकराणां कोकिलानां च नादैः कुसूमितसहकारैः कर्णिकारैश्च रम्यैः
(और)

दोहा॰ वियोग में जो है सखी, पीड़ित जिसका चित्त ।
वसंत सुंदर दुःख का, होता एक निमित्त ।। 337

6.28. आम्राशोकविकल्पिताधरमधुर्मत्तद्विरेफस्वनः कुन्दापीडविशुद्धदन्तनिकरः प्रोत्फुल्लपद्मानन: ...
(वसंत)

दोहा॰ कोमल सुगंध आम्र का; सुंदर पलाश फूल ।
नभ का निर्मल चंद्रमा, वसंत में सुख–मूल ।। 338

॥ इति वसन्तः ॥

कालिदास के महाकाव्य पर आधारित
दोहा छंद में संगीमय प्रस्तुति

२

रत्नाकरकृत कुमारसंभव

कुमारसंभव
पात्र परिचय

1. अंगीरा : अंगीरस, सप्तर्षियों में एक
2. अग्निदेव : बृहस्पति के पुत्र
3. अदिति : कश्यप की पत्नी, दक्ष की कन्या
4. अरुंधती : प्रजापति कर्दम की कन्या, वसिष्ठ मुनि की पत्नी
5. इंद्र : देवताओं के राजा. इनका शस्त्र है वज्र
6. ऐरावत : इंद्र का हाथी
7. कल्पतरु : स्वर्ग की मनोरथ पूरक पाँच वस्तुओं में एक वृक्ष. अन्य चार वस्तु हैं – मंदार, पारिजात, संतान और हरिचंद्र
8. कश्यप : प्रजापति
9. कार्तिकेय : कुमार, षडानन, शिव-पार्वती पुत्र, तारकसूदन
10. कामदेव : अनंग, कन्दर्प, ब्रह्मा का मानसपुत्र
11. कुबेर : रावण बंधु. वाहन पुष्पक यान
12. तारक : तारकासुर, असुराधिपति
13. नंदी : शिवजी का वाहन
14. नारद : देवर्षि
15. पवन देव : वायु देवता. पवन का वाहन है हरिण
16. पारिजात : देव लोक की इच्छापूरक पाँच वस्तुओं में पुष्पवृक्ष
17. पार्वती : हिमालय कन्या, शिवपत्नी
18. बृहस्पति : देवताओं के गुरु, अंगीरस पुत्र
19. ब्रह्मा : त्रिमूर्ति में एक. प्रजापति पिता
20. मेना : गिरिराज हिमालय की पत्नी
21. मैनाक : राजा हिमालय और रानी मेना का पुत्र

22. यमराज : मृत्यु देवता. इनका वाहन है भैंसा
23. रति : कामदेव की पत्नी, दक्ष प्रजापति की पत्नी
24. रुद्र : अदिति के बारह पुत्र
25. वरुण देव : कश्यप पुत्र, जल देवता. वाहन घड़ियाल (नक्र)
26. विजित्वर : इंद्र का रथ
27. वद्याधर : गंधर्व
28. विश्वावसु : गंधर्व
29. विष्णु : त्रिमूर्ति में एक. लक्ष्मीपति
30. शची : इंद्र पत्नी, पुलोमा की कन्या
31. शिव : त्रिमूर्ति में एक. कैलासपति, पार्वतीपति
32. सती : शिवजी की पूर्व जन्म में पहली पत्नी
33. सप्त ऋषि : अंगीरस, अत्री, क्रतु, पुलस्त्य, पुलह, मारीचि और वसिष्ठ
34. सरस्वती : बह्मपुत्री
35. हिमालय : गिरिवर. पार्वती के पिता. राजधानी है ओषधिप्रस्थ

आमुख

दोहा॰ महाभारती है कथा, अमर प्रेम इतिहास ।
नल-दमयंती का खरा, स्वार्थ्यत्याग विश्वास ।। 1

पति-पत्नी के धर्म का, अपूर्व है दृष्टांत ।
संस्कृति का आदर्श जो, सदाचार वृत्तांत ।। 2

कालिदास की लेखनी, कहीं न अन्य समान ।
अतः महाकविराज को, कवि-कुल-गुरु सम्मान ।। 3

कालिदास की वह कथा, वही काव्य के रंग ।
रत्नाकर की प्रस्तुति, छंद-राग के संग ।। 4

संस्कृत वाणी दिव्य है, गहन शब्द-भंडार ।
समास-संधि सुगंध का, वचनों में श्रृंगार ।। 5

हिंदी संस्कृत की सुता, भाषा गेय स्वभाव ।
पद्य सजाने शब्द का, बिलकुल नहीं अभाव ।। 6

कालिदास महाकाव्य गीतमाला, पुष्प 10

संस्कृतवाणी

श्लोक छंद

♪ ग-ग-ग गगरे- म-ग- प-प- म-म-मग-पम- ।
रे-रे-रेप- म ग-रे- सा, रे-गम-प- म ग- रेसा- ।।

भाषा सुमधुरा दिव्या, रम्या गीर्वाणभारती ।
सर्वोत्तमा च श्रेष्ठा च, देववाणी च या मता ।। 1

देशवैदेशिकानां च भाषाणां जननी शुभा ।
दोषविकारशून्या सा व्याकरणसुमंडिता ।। 2

गिरा समाधिमास्थाय साक्षात्कृता महर्षिभिः ।
आशासिता गणेशेन गीर्देव्या विश्वकर्मणा ।। 3

ज्ञानविज्ञानसंयुक्ता छंदस्सङ्गीतसंयुता ।
गेया ज्ञेया च स्मर्तव्या, वन्द्या हृद्या मनोरमा ।। 4

न कठिना न क्लिष्टा च ना न्यूना नाऽनियंत्रिता ।
सुरसा च सुबोधा च ललिता सरला तथा ।। 5

अमृता मञ्जुला पुण्या मनोज्ञा विश्ववन्दिता ।
गीता वेदेषु शास्त्रेषु रामायणे च भारते ।। 6

विरचिता गणेशेन सरस्वत्या च निर्मिता ।
वाल्मीकिना च व्यासेन, कालिदासेन गुम्फिता ।। 7

संगीतगीतपद्यैश्च चरित्रं रामकृष्णयोः ।
छन्दोरागेषु वृत्तेषु रत्नाकरेण प्रस्तुतम् ।। 8

<u>कालिदास महाकाव्य गीतमाला, पुष्प 11</u>

हिन्दी वाणी

स्थायी

वाणी सरस्वती की, है देन गणपति की ।
उज्ज्वल ये संस्कृति की, हिन्दी है राष्ट्रभाषा ।। हिन्दी है०

रे-रे- मप-मग-रे-, म प-ध- पपमग- म- ।
नि-ध- प मगरे- म-, ध-प- म ग-मरेग- ।।

अंतरा–1

सुनने में है लुभानी, गाने में है सुहानी ।
सबसे मधुर ये जानी, ब्रह्मा इसे तराशा ।। हिन्दी है०

निनिध- प म- पध-प-, सां-नि- ध प- धपम- ।

रेरेरे- ग॒प- म ग॒-म-, ध॒-प- मग॒- मरेग॒- ।। ध॒-प-

अंतरा-2

संस्कृत की ये सुता है, ऊर्दू की ये मीता है ।
मंगल सुसंगीता है, सुंदर ये हिन्दी भाषा ।। हिन्दी है०

अंतरा-3

हिन्दी ये वो जुबाँ है, जिस पर सभी लुभाँ हैं ।
दुनिया का हर सूबा ही, हिन्दी का है निबासा ।। हिन्दी है०

अंतरा-4

मनहर गुलों की क्यारी, बोली सभी से न्यारी ।
हिन्दी है सबको प्यारी, चाहे जो हो लिबासा ।। हिन्दी है०

कुमारसंभव

(कुमारसंभव महाकाव्य)

दोहा॰ शिव-पार्वती विवाह का, श्रेष्ठतम महाकाव्य ।
कार्तिकेय के कीर्ति का, कुमारसंभव श्राव्य ।। 7

कालिदास का काव्य ये, उपमामय भंडार ।
रचा अठारह सर्ग में, आध्यात्मिक सुविचार ।। 8

१
हिमालय

(हिमगिरि)

दोहा॰ भारत माँ का मुकुट है, दिव्य हिमाचल तुंग ।
उच्च अनेकों चोटियाँ, बादल से उत्तुंग ।। 9

श्लोक

वामे च दक्षिणे यस्य, रत्नाकरोस्ति पादयोः ।
हिमाद्रिर्मुकुटो शुभ्रो, भारतस्य हिमालयः ।।
ग-ग- ग- ग-गरे- पग-, प-म-गरे-सा रे-मग- ।
पप-प-पपप- म-ग-, रे-रेरे-म गरे-ऩिसा- ।।

चट्टानें हैं चमकती, महा तेज संपन्न ।

रत्न से भरे गर्भ में, विविध रंग उत्पन्न ।। 10

आभा जिनकी मेघ पर, गिरती जब द्युतिमान ।
नभ मंडल है दमकता, इंद्र कमान समान ।। 11

हिमालया की गोद है, जड़ी-बुटी भंडार ।
देवदारु उगते यहाँ, भोजपत्र आगार ।। 12

रंध्रों वाले बाँस भी, जहाँ शिखर की नोंक ।
वेणु-नाद करते, जभी, चले हवा का झोंक ।। 13

जहाँ शिखर कैलास है, शिवजी का है धाम ।
नंदी वाहन शंभु का, महादेव की शान ।। 14

नदियाँ अमृत नीर की, गंगा-यमुना स्त्रोत ।
शरयु शारदा गंडकी, ब्रह्मपुत्र सम होत ।। 15

निर्मल जल के ताल हैं, नीरज चारों ओर ।
सघन गुफाएँ गहन हैं, जहाँ अँधेरा घोर ।। 16

संन्यासी हिमप्रस्थ के, याग कर्म के तज्ञ ।
पद्म पुष्प छह रंग के, लाते करने यज्ञ ।। 17

सामग्री सब यज्ञ की, उगती गिरि पर ढेर ।
जो धरती को साँभती, दैवी माया फेर ।। 18

पावन धूसर यज्ञ के, अरण्य में सर्वत्र ।
करते प्राणी वन्य का, वातावरण पवित्र ।। 19

(पार्वती)

दोहा॰ पर्वतराज हिमेंद्र की, पत्नी मेना नाम ।
ऊँचे कुल की लाड़ली, कन्या चरित्रवान ।। 20

उनका तेजस पुत्र था, नाम जिसे मैनाक ।
कन्या उनकी पार्वती, भीषण थी दुखभाग ।। 21

बेटी यह शैलेंद्र की, गिरिजा गौरी नाम ।
दुर्गा अंबा शैलजा, रुद्राणी अभिधान ।। 22

पूर्व जन्म में थी सती, महादेव की दार ।
शैलसुता इस जन्म में, तपस्विनी है नार ।। 23

जन्मजात तेजस्विनी, सुंदर उसका अंग ।
चंद्रकला सी बढ़ रही, सोम समाना रंग ।। 24

खेल-कूद के मौज में, बीता बचपन काल ।
फिर सीखीं विद्या सभी, जब थी बच्ची बाल ।। 25

अब उसका तन खिल उठा, नील कमल से नैन ।
ओठों पर मुसकान थी, सदा मंद, दिन-रैन ।। 26

अमृतवाणी मधुर थी, मोती झरते बोल ।
ब्रह्माजी नित देखते, मोहकता अनमोल ।। 27

(देवर्षि नारद मुनि)

दोहा॰ मुनिवर नारद एक दिन, भ्रमण करत सस्नेह ।
मिलने पर्वतराज से, आए उनके गेह ।। 28

ओषधिप्रस्त निकेत है, हिमगिरि का विख्यात ।
गिरिजा का बचपन जहाँ, बीता सुख के साथ ।। 29

वहाँ देख कर पार्वती, बोले भविष्य बात ।
ब्याहेगी यह कन्यका, महादेव के साथ ।। 30

भविष्य वाणी को सुने, गिरिवर हुए प्रसन्न ।
बोले, मेरी लाड़ली, धन्य धन्य है धन्य! ।। 31

पहली पत्नी शंभु की, देवी सती सुनाम ।
जिसके असमय निधन पर, बने यती शिव सांब ।। 32

(हिमालय)

दोहा॰ हिमवत कन्या को लिए, आए शिव के पास ।
शिवजी की पूजा किए, बोले बचनन खास ।। 33

"कन्या मेरी पार्वती, ग्रहण करो, भगवान! ।
पूज सेवा तव करे, रह कर तुमरे धाम" ।। 34

दीन्ही आज्ञा ज्यों पिता, करन वही पर वास ।
रुकी पार्वती फिर वहाँ, शिव शंकर के पास ।। 35

अंबा को अच्छा लगा, भोले का कैलास ।
पूजा अर्चा सांब की, शिवजी का सहवास ।। 36

शिवजी जप-तप में लगे, रहते थे दिन-रात ।
सेवा उनकी पार्वती, करती मन के साथ ।। 37

२
तारक

(तारक)

दोहा॰ उन्हीं दिनों की बात है, मचा हुआ था शोर ।
भागो! भागो! का रहा, रोना चारों ओर ।। 38

तारक नामक दैत्य का, सभी तरफ आतंक ।
देव-देवता थे डरे, राजा हो या रंक ।। 39

तारक, सुत वज्रांग का, करता अत्याचार ।

असुरों का था अधिपति, राज्य दिशाएँ चार ॥ 40

इक दिन सुर सब देवता, गए ब्रह्म के पास ।
"हमें बचाओ, हे प्रभो!" करने को अरदास ॥ 41

कहा बृहस्पति ने, गुरो! सूर्य पवन अहि चंद्र ।
तारक-शरण समुद्र हैं, हार चुका है इंद्र ॥ 42

सबको तारक दे रहा, भीषण है संताप ।
कैद करी हैं देवियाँ, बहुत हो गया पाप ॥ 43

कृपया ऐसा दीजिए, कोई एक महान ।
सेनापति जो कर सके, तारक का अवसान ॥ 44

ब्रह्मा बोले, असुर को, शिव का है वरदान ।
जाओ तुम कैलास पर, महादेव के धाम ॥ 45

पुत्र शिवा का कर सके, तारक असुर तबाह ।
अतः शीघ्र संपन्न हो, शिव-पार्वती विवाह ॥ 46

(कामदेव)

दोहा॰ सुन कर ब्रह्मा का कहा, पड़े सोच में देव ।
करके सब ने मंत्रणा, निर्णय था अतएव ॥ 47

कामदेव के बाण से, पुलकित होकर गात्र ।
शिव के मन में पार्वती, होजाए प्रिय पात्र ॥ 48

शिवजी के मन में जगे, गिरिजा के प्रति प्यार ।
विवाह उनका सिद्ध हो, जन्मे शिवाकुमार ॥ 49

कामदेव ने योजना, कर ली जब स्वीकार ।
वसंत उसके साथ था, करने को साकार ॥ 50

रति वसंत के संग थी, करने को यह काम ।
आए सब कैलास पर, होने को कृतकाम ।। 51

(वसंत)

दोहा॰ वसंत के आते वहाँ, खिले कुसुम सब ओर ।
रंग पुष्प के देख कर, वन में नाचे मोर ।। 52

कोयल कूकत पेड़ पर, तितली अलि के झुण्ड ।
भौंरे गूँजत फूल पर, पीने मधु रस कुण्ड ।। 53

वन में पावन गंध था, तरह-तरह के रंग ।
खेल रहे थे घास पर, उलसित स्वैर कुरंग ।। 54

गान गा रहीं अप्सरा, शिव की स्तुति के गीत ।
सुंदर अनहद नाद से, जगा रहीं थी प्रीत ।। 55

कण-कण विचलित कर गए, वसंत और अनंग ।
मगर तपस्या सांब की, नहीं कर सके भंग ।। 56

कालिदास महाकाव्य गीतमाला, पुष्प 12

खयाल : राग बसंत,[6] कहरवा ताल 8 मात्रा

(बसंत बरखा)

स्थायी

रंग गुलों की शोभा न्यारी,
गंध सुगंधित हिरदय हारी ।

सां-नि ध॒प-मंग मंध॒निसां रें॒सा निसांमंध॒,

---

[6] **राग बसंत** : यह पूर्वी ठाठ का राग है । इसका आरोह है : सा ग, मं ध॒ रें॒ सां नि सां । अवरोह है : रें॒ नि ध॒ प, मं ग मं ग, मं ध॒ मं ग, रे॒ सा ।

लक्षण गीत दोहा॰ वर्ज्य स्वर प आरोह में, सा म वादि संवाद ।
कोमल रे ध बसंत के, देत बसंती का नाद ।।

कुमारसंभव

सां-नि धप-मंग गमंधमं गरेसा-

अंतरा-1

बसंत बरखा बरसत रिमझिम,
मंजुल रंगों की फुलवारी ।

गमं-ध धनिसांसां- सांसांसांसां निरेंसांसां
निरेंमंगं रेंसंसां- निध सांसांनिरेंसांनिधपमंध

अंतरा-2

मोर पपीहा कोयल कारी,
कूजत कूहु कूहु बारी-बारी ।

(शिवजी)

दोहा॰ वीरासन में सांब थे, अचल लगा कर ध्यान ।
कीन्हा देह तटस्थ था, दोनों हस्त कमान ।। 57

दृग थी केन्द्रित नाक पर, गर्दन सीधी रेख ।
निरख रहे थे आत्मा, अंतचक्षु से देख ।। 58

अभंग तप को देख कर, कामदेव को रंज ।
उसने गिरिजा को लखा, प्रेम नजर से कंज ।। 59

हुई प्रभावित पार्वती, लावण्य था स्वरूप ।
रति से भी मोहक हुआ, मादक रूप अनूप ।। 60

नंदीश्वर के साथ जब, आयी शिव के पास ।
पूजा शिवजी की किए, कठोर व्रत उपवास ।। 61

प्रभाव से उपवास के, खोले शिव ने नैन ।
लख कर सुवर्ण सुंदरी, शिवजी पाए चैन ।। 62

प्रसन्न होकर, शुभ दिया, शिवजी ने वरदान ।
"तुम्हें मिलेगा वो पति, जिसे विश्व-सम्मान ।। 63

"किसी नार को ना मिला, ऐसा उत्तम नाथ ।
त्रिलोक में जो वंद्य है," बोले भोलेनाथ ।। 64

पा कर आशीर्वाद वो, शिवजी से अभिराम ।
मुदित होगई पार्वती, लज्जित भी अविराम ।। 65

लज्जा पा कर पार्वती, लाल हुए थे गाल ।
लाल गाल की वह परी, सुंदर लगी कमाल ।। 66

रूप सुमंगल सोहना, लाल गुलाली गाल ।
शिवजी के मन भा गया, शिवजी थे बेहाल ।। 67

कामदेव के बाण औ, मादक रति के पाश ।
मोह बिछा कर कर दिए, शिवजी के तप नाश ।। 68

कालिदास महाकाव्य गीतमाला, पुष्प 13

राग आसावरी, कहरवा ताल

(लाल गुलाली)

स्थायी

लाल गुलाली गाल परी के, लगते मोहक सुंदर नीके ।

सारेम मप-प- पमप सां ध-प-, म-म मप- प- धधमप ग-रेसा

अंतरा-1

गुल उपवन के, लाल सुनहले, जिनके आगे पड़ते फीके ।

मम प-धध निध सांसांसां-गनि सां-, नि-नि निसां-सां- निसांरें सां ध-प-

अंतरा-2

सजी धजी लावण्य पार्वती, मुग्ध कर गयी, मन शिवजी के ।

अंतरा-3

शिवजी का हिरदय हर लीन्हा, रूप सुमंगल पारवती के ।

अंतरा-4

कामदेव के प्रेम बाण औ, मोह बिछाए पाश रति के ।

(मगर)

दोहा॰ आँख मूँद कर तीसरी, किया ध्यान आरंभ ।
शिवजी ने फिर से किया, घोर मौन प्रारंभ ।। 69

वसंत के उन्माद से, बना नहीं जब काम ।
उदास हो कर पार्वती, चली गई निज धाम ।। 70

घर आकर भी पार्वती, करती थी तप-जाप ।
शिवजी की आराधना, करती थी चुपचाप ।। 71

वल्कल उसका वेश था, धरती उसकी सेज ।
जपती माला रात-दिन, विलास से परहेज ।। 72

पशु-पौधों को प्रेम से, देती निर्मल नीर ।
खाती दल-फल पेड़ के, पीती गौ का क्षीर ।। 73

(एक दिन, शिवजी)

दोहा॰ इक दिन शिवजी आगए, लेकर द्विज का वेश ।
मिले पार्वती से प्रभु, करने दूर क्लेश ।। 74

द्विज के मुख पर तेज था, वाणी में था ओज ।
गिरिजा के शिवभक्ति की, थाह रहे थे खोज ।। 75

गिरिजा ने द्विज को दिया, आदर से सम्मान ।
पूजा करके हृदय से, सादर किया प्रणाम ।। 76

प्रसन्न होकर अतिथि ने, पूछे प्रश्न अनेक ।
उत्तर देती पार्वती, विनय भरा प्रत्येक ।। 77

(फिर द्विज ने कहा)

दोहा॰ द्विज ने फिर उससे कहा, ब्रह्म कुलज हैं आप ।

सुंदर अरु श्रीमंत हैं, फिर क्यों यह तप-जाप? ।। 78

न आपका सानी कहीं, सुखमय है परिवार ।
सुकीर्ति का भंडार है, खुला स्वर्ग का द्वार ।। 79

ना कछु चिंता आपको, सब कुछ मिला अपार ।
ना है पति को ढूँढना, आवे वह तव द्वार ।। 80

हीरा अपने स्थान में, बैठे तेज पसार ।
चमक ढूँढता जौहरी, आता उसके द्वार ।। 81

यदि पति पाने के लिए, करती हैं तप-जाप ।
कहो कौन है निर्दयी, किये जा रहा पाप ।। 82

या तो उसको है नहीं, हीरे की पहिचान ।
या फिर उसको है नहीं, सत्-असत् का ज्ञान ।। 83

या तो उसमें है भरा, घमंड का अज्ञान ।
पतिव्रता के योग का, नहीं उसे सम्मान ।। 84

कहिये वह शठ कौन है, क्या है उसका नाम ।
किस नगरी में है बसा, कहिये उसका धाम ।। 85

लूँगा उसकी खबर मैं, मिला अगर नादान ।
अगर दर्प से भी उसे, प्यारी अपनी जान ।। 86

(पार्वती)

दोहा॰ सुन कर ब्राह्मण अतिथि के, प्रीत भरे वे शब्द ।
लजा गयी थी पार्वती, और होगई स्तब्ध ।। 87

देने उत्तर प्रश्न का, पूर्ण सत्य समेत ।
किया उमा ने नैन से, दासी को संकेत ।। 88

दासी ने द्विज से कहा, सुनो सत्य, भगवान! ।
"जिसे चाहती पार्वती, महादेव शुभ नाम ।। 89

"रहते हैं कैलास पर, तप में सुबहो-शाम ।
उन्हीं के लिए पार्वती, करती जप-तप काम ।। 90

"उनको पाने के लिए, व्रत है लिया कठोर ।
बनी हुई है जोगिनी, महादेव की तौर ।। 91

"शिव को माना है पति, करिए जी विश्वास ।
"उसके मन में है यही, ना है यह उपहास" ।। 92

(द्विज, शिवजी)

दोहा॰ सुन कर दासी का कहा, द्विज को अति आश्चर्य ।
बोले, बहु अनुचित मुझे, लगता है यह कार्य ।। 93

रहता वह शमशान में, भूत-प्रेत के साथ ।
विभूति उसके देह पर, मलीन उसका गात ।। 94

लंबे बिखरे बाल हैं, सिर पर जटा विशाल ।
आँखे उसकी तीन हैं, रहती बंद त्रिकाल ।। 95

नंगा उसका देह है, ढकता मृग की छाल ।
उसके कुल का न पता, किस माई का लाल ।। 96

डमरू उसके हाथ में, माला में कंकाल ।
घर में उसके कुछ नहीं, लगता है कंगाल ।। 97

वर में जो गुण चाहिएँ, उसमें ना है एक ।
अवगुण जितने भी कहो, उसमें है प्रत्येक ।। 98

मृगनयनी गुणशालिनी, सुस्वरूप हैं आप ।

बैरागी से प्रीत का, क्यों करती हैं पाप? ।। 99

(पार्वती)

दोहा॰ सुन कर द्विज का वह कहा, गिरिजा को संताप ।
निंदा वह ना सह सकीं, अतः रही थीं काँप ।। 100

बोली, तुमको क्या पता, शिवजी का वर्चस्व ।
निंदा करते लोग वे, सोच जिन्हें है ह्रस्व ।। 101

मेरा हिरदय है रमा, गाते शिव के गान ।
तुम जो चाहो सो कहो, मैं ना दूँगी ध्यान ।। 102

द्विज फिर कुछ कहने लगा, आगे अपनी बात ।
मगर पार्वती ने तभी, रोका उसे हठात् ।। 103

बोली, झूठा जो कहे, उसको लगता पाप ।
जो सुनता है झूठ वो, पापी बनता आप ।। 104

(शिवजी)

दोहा॰ गिरिजा फिर जाने लगी, उठ कर द्विज को छोड़ ।
प्रकट हुए शिवजी तभी, अपनी माया जोड़ ।। 105

सिहर उठी लख पार्वती, महादेव का रूप ।
शांत खड़े थे सामने, निलकण्ठ सुरभूप ।। 106

शिवजी ने उससे कहा, घबराओ मत आप ।
मोल लिया तुमने मुझे, करके व्रत तप जाप ।। 107

मैं हूँ प्रिय अब आपका, यथा तिहारी चाह ।
जब चाहेंगे तव पिता, संपन्न हो विवाह ।। 108

(हिमालय)

दोहा॰ सुन कर शिवजी का कहा, हिमवत को आनंद ।

देव-देवता को खुशी, "अब हो गिरिजानंद" ।। 109

भविष्य वाणी सत्य हो, तारक का हो अंत ।
विमुख अत्याचार से, होंगे जीव अनंत ।। 110

करने तुरत विवाह की, हिमालया से बात ।
सप्त ऋषि शिव से मिले, अरुंधती के साथ ।। 111

शिवजी बोले जाइये, हिमगिरिवर के पास ।
मिलना ओषधिप्रस्थ में, उनका जहाँ निवास ।। 112

लेकर शुभ प्रस्ताव वो, आए ऋषिवर सात ।
गिरिवर ने स्वागत किया, पूजा विधि के साथ ।। 113

सुन कर उस प्रस्ताव को, गिरिवर सुखी अपार ।
सम्मति कन्या से लियी, करने को स्वीकार ।। 114

अंगीरस ऋषि से हुई, बात सहित विस्तार ।
विवाह जल्दी से करें, कीन्हा यही विचार ।। 115

मेना माता ने दिया, शिव को आशीर्वाद ।
बोली, शिवजी से हमें, उम्मीद है अगाध ।। 116

विवाह की तिथि तय किए, निकले ऋषिजन सात ।
महाकेशि के तीर पर, कहने शिव को बात ।। 117

(कैलास)

दोहा॰ महादेव कैलास पर, सजे बिना-शृंगार ।
वेश ब्याह के योग्य था, चकित हुआ संसार ।। 118

नंदी वृष था सज गया, सुमधुर घंटी नाद ।
पुष्प गुच्छ थे शृंग पर, पग में घुँघरू बाँध ।। 119

बरात निकली जोश में, शिवजी वृषभ सवार ।
मंगल तुरही बज उठी, शंख ढोल करताल ।। 120

विश्वावसु गंधर्व ने, बोले मंगल श्लोक ।
ब्रह्म-विष्णु जय गा रहे, देव-देवता लोक ।। 121

शिव पर पकड़ा छत्र था, विश्वंकर ने आप ।
गंगा-यमुना जप रहीं, ओम्-ओम् का जाप ।। 122

चँवर डुलावत इंद्र थे, सोम देव के साथ ।
साधु-सिद्ध थे चल रहे, जोड़े दोनों हाथ ।। 123

(विवाह)

दोहा॰ तीन दिवस में होगया, परिणय था संपन्न ।
शुक्ल पक्ष का सातवाँ, शुभ क्षण जब उत्पन्न ।। 124

सजी-धजी थी पार्वती, किए सात श्रृंगार ।
मणि-मुक्ता नग रत्न के, दिव्य गले में हार ।। 125

वेश-केश भूषा करी, सुंदर परी समान ।
कंकण पैंजन कनक के, कुण्डल थे परिधान ।। 126

आयी जब कैलास से, शिवजी की बारात ।
स्वागत हिमगिरि ने किया, वैदिक विधि से सात ।। 127

लग्नपुरोहित ने जभी, बाँधे परिणय सूत्र ।
बोले, सुरसेनापति, होगा तुमरा पुत्र ।। 128

लक्ष्मी देवी शारदा, दीन्हे आशीर्वाद ।
सब पर कीन्ही अप्सरा, फूलों की बरसात ।। 129

विवाह कर शिव-पार्वती, कुछ दिन हिमगिरि ठैर ।
निकले करने के लिए, नंदनवन की सैर ।। 130

३
षडानन

दोहा॰ पुत्र हुआ जब सांब का, छह थे उसके शीष ।
आनंदित थी पार्वती, प्रसन्न शिव जगदीश ।। 131

सुर जन सब कृतकाम थे, सबके मन में आस ।
असुरों का अब नाश हो, तारक सत्यानास ।। 132

नाम षडानन पुत्र का, अर्थात कार्तिकेय ।
असुरों का हो खातमा, यही जन्म का ध्येय ।। 133

केवल छह दिन में हुआ, बालक पुत्र जवान ।
अवगत करके सब कला, शस्त्र-शास्त्र विद्वान ।। 134

(एक दिन)
दोहा॰ उसी वक्त पर आगए, शक्र इन्द्र भगवान ।
तारक से थे वे डरे, शिव की शरण प्रदान ।। 135

शिव को माथा टेक कर, करके नम्र प्रणाम ।
बोले, सेनापति बने, कार्तिकेय अभिराम ।। 136

तथास्तु कह कर सांब ने, किया पुत्र प्रदान ।
कार्तिकेय शिशु बन गया, सुर पक्ष का प्रधान ।। 137

आशिष शिवजी ने दिया, माँ ने दीन्हा प्यार ।
"जाओ बेटा युद्ध पर, आना अरि को मार" ।। 138

शिवजी का वह लाड़ला, योद्धा बालक वीर ।
पहने बाना युद्ध का, निकला लेकर तीर ।। 139

उसके पीछे इन्द्र की, सुर वाहिनी विशाल ।

चली असुर को मारने, करके युद्ध-कमाल ।। 140

(कार्तिकेय।

दोहा॰ सुन कर आना इन्द्र का, सुर-सेना के साथ ।
तारक भी तैयार था, करने दो-दो हाथ ।। 141

नन्हा बालक देख कर, सेनापति के स्थान ।
तारक राक्षस हँस पड़ा, और किया अपमान ।। 142

कार्तिकेय ने देख कर, अभद्र तारक तौर ।
इन्द्र-सैनिकों को कहा, बढ़ो स्वर्ग की ओर ।। 143

नारद मुनि, गंधर्व ने, गाए स्तुति के गान ।
आकाश-गंग ने किया, स्वागत का ऐलान ।। 144

(इन्द्रपुरी)

दोहा॰ नंदनवन में आगए, सुर सैनिक बलवान ।
सुंदर वन उध्वस्त था, इन्द्र हुआ हैरान ।। 145

तारक ने सब तोड़ कर, नष्ट किया उद्यान ।
विनष्ट थी अमरावती, जला दिया था स्थान ।। 146

लीला-उपवन भग्न था, भवन हुए थे नष्ट ।
उजाड़ नगरी देख कर, हुआ इन्द्र को कष्ट ।। 147

इन्द्रपुरी बेहाल थी, टूटे मंदिर द्वार ।
असुरों ने सब लूट कर, हुए नरक फरार ।। 148

कल्पवृक्ष सूखा पड़ा, पारिजात बेजान ।
त्रिलोक सुंदर देश था, बना हुआ वीरान ।। 149

कश्यप ऋषि थे रो रहे, माता अदिति उदास ।
दृश्य देख कर, इन्द्र को, नहीं हुआ विश्वास ।। 150

४
युद्ध

दोहा॰ कार्तिकेय व्याकुल हुए, देख स्वर्ग का हाल ।
फरमाया सुर पक्ष को, हमला हो तत्काल ।। 151

कार्तिकेय आरूढ़ थे, रथ पर अग्र स्थान ।
नाम "विजित्वर" था जिसे, रथ था दिव्य महान ।। 152

रथ को घोड़े सात थे, विद्युत गति कहलाय ।
धरती पर वह भागता, उड़ा हवा में जाय ।। 153

(सेना)

दोहा॰ ऐरावत पर आगए, इन्द्रदेव भगवान ।
वज्र हाथ में था धरा, भीषण शस्त्र महान ।। 154

मेढ़े पर आरूढ़ थे, अग्निदेव बड़भाग ।
अनल अस्त्र था हाथ में, उग्र दहकती आग ।। 155

भैंसे पर यमराज थे, करने सुरगण त्राण ।
दंड धरा था हाथ में, हर लेने अरि प्राण ।। 156

नैर्ऋत आया प्रेत पर, मतवाला असुरेश ।
तारक से था लड़ पड़ा, करने उसे निशेष ।। 157

वरुण देव घड़ियाल पर, लेकर कर में फाँस ।
उनका लक्ष्य अचूक था, करने असुर खलास ।। 158

मृग पर पवन सवार थे, करने तारक नाश ।
भ्रमण करे अविराम वे, धरती से आकाश ।। 159

कुमारसंभव

कुबेर अपने यान में, लाए वित्त अपार ।
गदा धरी थी हाथ में, करने प्रखर प्रहार ।। 160

आये ग्यारह रुद्र थे, होकर बैल सवार ।
कर में त्रिशूल तीर औ, जलती मशाल धार ।। 161

बजा रहे थे दुंदुभी, ढोल नगाड़े घोष ।
गूँज रही आवाज थी, रुद्रों में था जोश ।। 162

(युद्ध)

दोहा॰ सुमेरु पर्बत के तले, उतरा जब सुर सैन्य ।
करने रण, मैदान में, असुर होगए दैन्य ।। 163

हाथी की चिंघाड़ का, ध्वनि था कर्ण कठोर ।
अश्व की हिनहिनाहटें, कीन्ही गर्जन घोर ।। 164

रथों की घड़घड़ाहटें, करती भीषण शोर ।
पैदल सैनिक बढ़ रहे, जब थी निकली भोर ।। 165

फैले सब रण भूमि पर, वड़वानल की तौर ।
करने को प्रतिपक्ष का, महानाश घनघोर ।। 166

(तारकासुर)

दोहा॰ असुरों का दल छा गया, भूमि से आसमान ।
तारक के आदेश से, युद्ध छिड़ा घमसान ।। 167

कोलाहल भीषण हुआ, असगुन थे सब ओर ।
असुरों पर मँडरा रहे, गिद्ध-काक की तौर ।। 168

उठीं गगन में आँधियाँ, गिरे सितारे टूट ।
भूकम्प की भाँति ढही, गिरि-चट्टानें फूट ।। 169

सागर तांडव कर रहा, लिया हिलोरे नीर ।
आँधी के सम चल पड़े, चंड सुरों के तीर ।। 170

बाणों की बरसात से, डरा न तारक आप ।
झपट पड़ा वह इन्द्र पर, दिखलाने परताप ।। 171

तारक का रथ देख कर, डरे सुरों के वीर ।
रण पर सुर गण की हुई, परिस्थिति गंभीर ।। 172

(षडानन)

दोहा॰

तभी षडानन ने किया, सुर दल को आह्वान ।
जीतेंगे हम शत्रु को, लड़ो लगा कर ध्यान ।। 173

पैदल पैदल से लड़े, रथ से रथ सरदार ।
हाथी से हाथी भिड़े, आपस अश्व सवार ।। 174

मार-काट भीषण हुई, रक्त पात घमसान ।
वीर लड़े तलवार से, भाले तीर कमान ।। 175

हार रहे जब असुर थे, त्याग रहे थे प्राण ।
तारक राक्षस ने तभी, फेंका अंधड़-बाण ।। 176

उस अंधड़ से आगया, महा चंड तूफान ।
देव लोग सब त्रस्त थे, जुगत न पाए जान ।। 177

कार्तिकेय ने तब चला, ऐसा माया बाण ।
जिससे झंझा रुक गया, अमन हुआ निर्माण ।। 178

तारक ने उस पर चला, अग्नि बाण घमसान ।
कार्तिकेय ने फिर चला, वरुण शस्त्र का बाण ।। 179

तारक ने रथ छोड़ कर, कर में ली तलवार ।
टूट षडानन पर पड़ा, करने अंतिम वार ।। 180

कार्त्तिकेय ने अंत में, कीन्हा शक्ति प्रयोग ।
तारक वह सह ना सका, मिला स्वर्ग का भोग ।। 181

मुक्त हुई अमरावती, मिला इंद्र को मान ।
हुए देव निश्चिंत थे, स्वर्ग में समाधान ।। 182

पुष्प कल्पतरु से गिरे, अंबर से बरसात ।
शिवजी खुश कैलास पर, त्रिभुवन तत्पश्चात् ।। 183

सुरेन्द्र राजा स्वर्ग के, पुनः हुए सन्मान्य ।
कार्तिकेय को था मिला, रण विजय असामान्य ।। 184

कालिदास के महाकाव्य पर आधारित
दोहा छंद में संगीमय प्रस्तुति

३

रत्नाकरकृत नलोदय

नलोदय
पात्र परिचय

1. **अग्नि** = अग्निदेव, अग्नि की देवता
2. **इन्द्र** = देवताओं के राजा
3. **इन्द्रसेन** = राजा नल और दमयंती का पुत्र
4. **इन्द्रसेना** = राजा नल और दमयंती की कन्या
5. **ऋतुपर्ण** = अयोध्या के राजा
6. **कर्कोटक** = एक सर्पराज, नाग
7. **कलि** = कलियुग की देवता, कलिमल
8. **दम** = विदर्भ नरेश भीम का पुत्र
9. **दमन** = विदर्भ नरेश भीम का पुत्र
10. **दमयंती** = विदर्भ नरेश भीम की कन्या. इस महाकाव्य की नायिका
11. **दाँत** = विदर्भ नरेश भीम का पुत्र
12. **नल** = राजा वीरसेन के पुत्र. इस महाकाव्य के नायक
13. **पुष्कर** = राजा नल का भाई
14. **बाहुक** = राजा नल का अवध देश में नाम, सारथी के वेश में
15. **भीम** = विदर्भ देश के राजा
16. **यम** = यमराज, मृत्यु की देवता
17. **राजमाता** = चेदी नरेश सुबाहु की पत्नी, दमयंती की मौसी
18. **वरुण** = जल देवता
19. **वार्ष्णेय** = राजा नल और दमयंती का एक सारथी
20. **वासुकी** = नागराज
21. **वीरसेन** = निषध देश के राजा
22. **सुदेव** = चेदी देश में एक ब्राह्मण गुप्तचर
23. **सुदामा** = दशार्ण देश के राजा, दमयंती के नाना
24. **सुनंदा** = चेदी नरेश सुबाहु की कन्या
25. **सुबाहु** = राजा नल और दमयंती का एक सारथी

आमुख

दोहा॰ महाभारती है कथा, नल–दमयंती नाम ।
कही गई वन–पर्व में, वेदव्यास का काम ।। 1

की थी मुनि बृहदश्व ने, धर्मराज को पेश ।
जब वे थे वनवास में, तज कर अपना देश ।। 2

हारे नृप कौन्तेय थे, द्यूत खेल में राज ।
हारे हैं नलराज भी, उसी तरह से आज ।। 3

रवि वर्मा के चित्र में, प्रस्तुत है वह दृश्य ।
जिससे सुंदर और ना, ना ही है सदृश्य ।। 4

कालिदास ने जो लिखी, वही कथा अभिराम ।
रत्नाकर है कह रहा, सह संगीत ललाम ।। 5

नलोदय

१

राजा नल

(निषध राजा नल)

दोहा॰ बहुत पुराने काल की, निषध देश की बात ।
राज्य बहुत समृद्ध था, सुकून था दिन-रात ।। 6

वीरसेन नृप थे वहाँ, वीर पुरुष कृतकाम ।
उनका सुंदर पुत्र था, नल जिसका शुभ नाम ।। 7

पुत्र प्रतापी संयमी, अपने पिता समान ।
सत्यपरायण शूर था, कुशाग्रबुद्धि सुजान ।। 8

राज्य पिता का पुत्र ने, सदा चलाया ठीक ।
निश-दिन प्रजा प्रसन्न थी, मंत्री गण था नीक ।। 9

(विदर्भ राजा भीम)

दोहा॰ विदर्भ नामक देश में, महाराज थे भीम ।
बलशाली थे सूरमे, इज्जतदार असीम ।। 10

उनके गुरुवर थे महा, ऋषिवर दमन सुनाम ।
जिनके आशीर्वाद से, सफल सभी थे काम ।। 11

विदर्भ राजा भीम की, संतानें थी चार ।

नलोदय

दाँत-दमन-दम पुत्र थे, तीनों ही दिलदार ।। 12

कन्या उनकी सुंदरी, दमयंती था नाम ।
जैसे नल मनहार थे, दमयंती अभिराम ।। 13

(एक दिन)
दोहा॰ एक बार की बात है, वर्जिश करने पैर ।
नल नृप इक उद्यान में, लगा रहे थे सैर ।। 14

यों ही उस दिन घूमते, उपवन में नलराज ।
आए इक कासार पर, प्रथम बार थे आज ।। 15

निसर्ग की शोभा वहाँ, सुंदर थी मनहार ।
ऋतु भी मंगल थी वहाँ, हिरदय रंजनकार ।। 16

एक किनारे बैठ कर, नल थे दृश्य निहार ।
छटा गगन की देख कर, नल थे मुग्ध अपार ।। 17

(शिकार)
दोहा॰ तभी झुंड इक हंस का, करने नीर विहार ।
उतर गया उस झील पर, नल थे रहे निहार ।। 18

जल-क्रीड़ा को देख कर, नल ने किया विचार ।
एक हंस को पकड़ लूँ, देखूँ पंख निखार ।। 19

नल ने अपने बाँह से, कंकण दिए उतार ।
चोले की आस्तीन को, उपर लिया सँवार ।। 20

होले-होले कदम से, चल कर अति चुपचाप ।
एक हंस की टाँग को, पकड़ा नल ने आप ।। 21

सभी हंस तो उड़ गए, मगर एक किशोर ।
नल के कर में फँस गया, फड़फड़ करता शोर ।। 22

नलोदय

२
किशोर हंस

(हंस)
दोहा॰

छुट ना पाया हंस वो, खूब लगा कर जोर ।
सोचा उसने आज मैं, पड़ा विपद् में घोर ॥ 23

हो सकता है भूप ये, ले ले मेरे प्राण ।
बहुत बुरा मैं फँस गया, कैसे हो मम त्राण ॥ 24

जब ना कोई बस चला, निहार नृप की ओर ।
मनुष्य वाणी में कहा, नल को, नर की तौर ॥ 25

राजन! हमने है सुना, दयावान हैं आप ।
निरपराध के घात का, नहीं करेंगे पाप ॥ 26

हम हैं खग निरुपद्रवी, हंस अहिंसावान ।
कीर्तिमान नृप आप हैं, करो कृपा का दान ॥ 27

कभी आपके राज्य में, दिखा नहीं अन्याय ।
फिर क्यों इस मासूम को, नहीं मिलेगा न्याय? ॥ 28

शौर्य दिखाना है अगर, दुनिया में, नृपराज! ।
वीरों की इस विश्व में, कमी नहीं है आज ॥ 29

(और)
दोहा॰

घर पर मेरी माँ दुखी, करके बहुत विलाप ।
मेरे मरने पर तुम्हें, देगी कटुतम शाप ॥ 30

मेरे नन्हे बंधु की, खूली नहीं है आँख ।
जाने जब नवजात वो, देगा गाली लाख ॥ 31

नलोदय

जग वाले भी खेद से, बोलेंगे यह बात ।
"निर्मम राजा ने किया, अनघ विहग का घात" ।। 32

मनविनोद के वासते, इतना निष्ठुर काम ।
कैसे कोई कर सके, जग में जिसका नाम ।। 33

(और फिर)

दोहा॰ इतना कह कर हंस वो, बालक खग निष्पाप ।
फूट-फूट कर रो पड़ा, करने लगा विलाप ।। 34

रोते-रोते हंस वो, बोला हे भगवान! ।
तू इन दुष्टों के बता, क्यों ना लेता प्राण ।। 35

इन्हें न कोई लाज है, ना दुख का अहसास ।
ना जिनका है शाँति पर, न नीति पर विश्वास ।। 36

(नल)

दोहा॰ सुन कर कहना हंस का, नल को पश्चाताप ।
मूक जीव को क्यों दिया, मैंने है संताप ।। 37

नल ने अतीव खेद से, अनुकम्पा के साथ ।
बाल हंस को छोड़ने, खोल दिया निज हाथ ।। 38

मुक्त हुआ हूँ देख कर, नहीं हुआ विश्वास ।
कृतज्ञता से हंस ने, नृप से की अरदास ।। 39

पुनर्जन्म मुझको दिया, बहुत-बहुत आभार ।
हूँगा सेवक आपका, भविष्य में, सरकार! ।। 40

इतना कह कर हंस ने, मारी मुक्त उड़ान ।
नल राजा ने हृदय में, पाई स्निग्ध रुझान ।। 41

३
दमयंती

(दमयंती)

दोहा॰ उसी समय पर एक दिन, दमयंती खुशहाल ।
बैठी थी उद्यान में, पुलकित चित्त निहाल ।। 42

देख रही थी दृश्य वो, सुंदर था उद्यान ।
साथ उसी के झील थी, मनहर था वह स्थान ।। 43

विविध किसम के वृक्ष थे, लता रहीं थी झूम ।
बेलें तरु की शाख से, भूमि रही थी चूम ।। 44

तरु बेली पर थे खिले, विविध रंग के फूल ।
हरी घास थी भूमि पर, कहीं नहीं थी धूल ।। 45

फूलों पर थी तितलियाँ, रंग-बिरंगे पंख ।
झील किनारे रेत पर, चिकने-चुपड़े शंख ।। 46

पंछी चहचह कर रहे, मधुर रवों के कुंज ।
भौंरे मँडराते हुए, लगा रहे थे गूँज ।। 47

अमल कमल के फूल से, भरी हुई थी झील ।
नीर सरोवर का दिखा, गगन रंग सा नील ।। 48

(इतने में)

दोहा॰ इतने में इक हंस का, उतरा नीचे झुंड ।
झील किनारे विहग वे, शुक्ति रहे थे ढूँढ ।। 49

मोती चुग कर झुंड वो, उड़ा उठा कर चोंच ।
एक हंस ना उड़ सका, जिसके पग में मोच ।। 50

नलोदय

लँगड़ाता था चल रहा, बालक हंस किशोर ।
दमयंती खग देख कर, आयी उसकी ओर ।। 51

(हंस)
दोहा॰

उसे देख कर रुक गया, भागा नहीं विहंग ।
खड़ा होगया पास में, दमयंती के संग ।। 52

उठाने लगी जब उसे, बड़े प्रेम के साथ ।
खग वह अपने-आप ही, आया उसके हाथ ।। 53

कोमल गर्दन हंस ने, दमयंती के गोद ।
बहुत स्नेह से डाल दी, देने उसको मोद ।। 54

थके हुए उस हंस को, लगी हुई थी भूख ।
और हंस का प्यास से, गला रहा था सूख ।। 55

दासी झट से भाग कर, ले कर आयी दुग्ध ।
दमयंती से दूध पी, हंस होगया मुग्ध ।। 56

दमयंती से फिर कहा, खग ने निज अंदाज ।
राजकुमारी! आपने, मुझे बचाया आज ।। 57

पकड़ा था नल भूप ने, कस कर मेरा पैर ।
मुझे लगा था- प्राण की, नहीं हमारे खैर ।। 58

तब से मेरी टाँग में, आयी है यह मोच ।
छोड़ दिया उस भूप ने, मुझको निर्बल सोच ।। 59

(और)
दोहा॰

किस विध मैं भी आपके, आ सकता हूँ काम ।
कहिए, देवी! प्रेम से, उस सेवा का नाम ।। 60

मैं साधारण खग नहीं, गरूड़ का अवतार ।
ब्रह्मा का वाहन बना, मैं हूँ अनेक बार ।। 61

ब्रह्मा और सरस्वती, करने गगन विहार ।
निकले दोनों एक दिन, मेरे पंख सवार ।। 62

उड़ते-उड़ते गगन में, करके पर्वत पार ।
आए जब इस देश पर, आया उन्हें विचार ।। 63

(सरस्वती)

दोहा॰ सरस्वती जी ने कहा, ब्रह्मा जग-करतार! ।
तुमने की जग-सुंदरी, दमयंती है नार ।। 64

नाक-नक्ष मुख नैन हैं, सुघटित देह ललाम ।
केश चरण कर-कमल हैं, कुशल जौहरी काम ।। 65

वाणी अमृत मधुर है, स्वभाव स्वर्ण सुशील ।
गौर वर्ण है चंद्र सा, जिसमें छटा सुनील ।। 66

स्त्रीयों में वह रत्न है, कमी कहीं ना कोय ।
मगर प्रभो! उसके लिए, सुयोग्य वर कौ होय ।। 67

एक कमी यह रह गयी, हुई आपसे भूल ।
किस की माला में लगे, इतना सुंदर फूल? ।। 68

(ब्रह्मा जी)

दोहा॰ सरस्वती के वचन वे, सुन कर तत्पश्चात ।
ब्रह्मा ने हँस कर कहा, ऐसी ना है बात ।। 69

निषध देश के भूप हैं, वीरसेन बहु ख्यात ।
सुपुत्र उनका सूर्य सा, तेजस्वी जग ज्ञात ।। 70

दमयंती के पूर्व ही, जन्मा राजकुमार ।

नल उसका शुभ नाम है, सुंदरतम सुकुमार ।। 71

वीर बहादुर मर्द है, जब कर में तलवार ।
सज्जन के सत्संग में, सद्गुणी सदाचार ।। 72

कीर्ति गान गाते सभी, समाज जन निःशेष ।
ऐसा नर ना और है, कहीं किसी भी देश ।। 73

"लेकर यह संदेश तुम, जाओ मेरे दास! ।
विदर्भ के परिवेश में, दमयंती के पास" ।। 74

(हंस)

दोहा॰ ब्रह्मा का संदेश ये, लाना तुमरे पास ।
मेरा शुभ कर्तव्य था, ब्रह्मा का मैं दास ।। 75

अब जो लगता हो सही, करो आप वो काम ।
आगे वाले भाग्य को, जाने सीताराम ।। 76

तुमरी इच्छा हो अगर, दो मुझको संदेश ।
पहुँचा दूँ नल भूप तक, जाकर उनके देश ।। 77

दमयंती ने तब कहा, जो कहते भगवान ।
वह मैं कैसे टाल दूँ, कर उनका अवमान ।। 78

सुन कर उसकी बात वो, करके नम्र प्रणाम ।
उड़ा हंस आकाश में, करने अपना काम ।। 79

४
महाराजा भीम

(दमयंती)

दोहा॰ सुन कर रोचक हंस से, नल राजा की बात ।
दमयंती के चित्त में, वही सोच दिन-रात ।। 80

बैठी रहती बाग में, घंटों करत विचार ।
नल के सद्गुण वीरता, स्वरूप का आकार ।। 81

सखियों में ना मन लगे, खेल-कूद से दूर ।
डूबी अपने-आप में, उसे मौन मंजूर ।। 82

सखियों ने इस हाल का, पाया जब संकेत ।
माता को दी सूचना, करने उन्हें सचेत ।। 83

माता ने सब समझ कर, दमयंती का हाल ।
भर्ता राजा भीम से, बात करी तत्काल ।। 84

विवाह कन्या का करें, तलाश कर वर पात्र ।
रचें स्वयंवर शीघ्र ही, बुलाय अच्छे क्षात्र ।। 85

(स्वयंवर)

दोहा॰ विदर्भ राजा भीम ने, रचा स्वयंवर पर्व ।
न्यौता देश-विदेश के, नृप को भेजा सर्व ।। 86

नारद मुनि ने जब कहे, दमयंती के श्लाघ ।
अनेक राजा चल पड़े, लेने उसमें भाग ।। 87

आते-आते राह में, उन्हें मिले नल भूप ।
वे भी थे तब आ रहे, उत्सव में सुखरूप ।। 88

नल राजा का देख कर, रोबदार मुख तेज ।
जान गए राजा, हमें, देगा ये घर भेज ।। 89

नल राजा को रोकने, सबने कीन्हा पाप ।
नल को बोले भूप सब, दूत हमारे आप ।। 90

धर्मात्मा नर आप हैं, बहुत भले दिलदार ।
प्रतिनिधि हमरे आप हैं, एक करो उपकार ।। 91

वचन उन्हों ने ले लिया, सहायता के नाम ।
शपथपूर्व नल राज से, करने उनका काम ।। 92

वकील बन कर जाइये, दमयंती के पास ।
हमरा नाम सुझाइये, किसी एक का खास ।। 93

दमयंती हमको चुने, यही करें अनुरोध ।
कृपा करें इतनी, प्रभो! हमें दीजिये मोद ।। 94

(नल राजा)

दोहा॰ सुन कर उनका कथन वो, नल राजा हैरान ।
असमंजस में पड़ गए, मतलब उनका जान ।। 95

वचनबद्ध थे होगए, विना किसी पर्याय ।
हाँ, कह कर थे चल पड़े, नल राजा निरुपाय ।। 96

(दमयंती)

दोहा॰ दमयंती से जब मिले, नल नृप पहली बार ।
बोली, यह तो आप ही, लगता राजकुमार ।। 97

रोबदार यह पुरुष है, नाक-नक्श अभिराम ।
रूप-रंग से यह लगे, वरण योग्य सुखधाम ।। 98

यथा कहा था हंस ने, नल का दिव्य स्वरूप ।
तथा दिखे यह, तो कहीं, यही न हो नल भूप ।। 99

आकर्षित थी होगई, वह तो नल की ओर ।
अत: सँभल कर, लाज से, रोका मन का मोर ।। 100

फिर धीरे से पूछती, मधुर शब्द के साथ ।
"क्या नल राजा आप हैं, निषध देश के नाथ?" ।। 101

अगर सही है, हे प्रभो! मेरा यह अनुमान ।
किस कारण आना हुआ, आज हमारे स्थान ।। 102

(नल राजा)

दोहा॰ नल राजा ने हाँ कहा, मैं ही हूँ नल राज ।
आया हूँ मैं पर्व में, वकील बन कर आज ।। 103

दमयंती को कह दिया, नल ने सह विस्तार ।
राजाओं के साथ जो, हुआ वचन व्यवहार ।। 104

नल ने देवी से कहा, उनमें से ही एक ।
चुनना होगा आपको, जो लगता हो नेक ।। 105

मैं तो केवल दूत हूँ, लाने को संदेश ।
जो मुझको हैं दे गए, विविध राज्य-नरेश ।। 106

मैं अब प्रतियोगी नहीं, मुझे न चुनिये आप ।
वरना वादा भंग का, मुझे लगेगा पाप ।। 107

सुर्य वंश की रीत है, वादा टूट न पाय ।
दिया वचन पूरा करो, प्राण भले ही जाय ।। 108

पालन हो कर्तव्य का, तभी देव सब तृप्त ।
वरना संचित पुण्य जो, हो जाएगा लुप्त ।। 109

अग्निदेव जब रुष्ट हों, हवन न होगा सिद्ध ।
हवन असिद्धि विवाह में, होती सदा निषिद्ध ।। 110

मृत्युदेव जब रुष्ट हों, असफल होगा लग्न ।
प्रकोप से यमराज के, विवाह होगा भग्न ।। 111

मेरी विनती है अतः, वरण कीजिये आप ।
राजाओं से एक को, जो लगता निष्पाप ।। 112

इसमें सबका है भला, होंगे देव प्रसन्न ।
सबके आशीर्वाद से, विवाह हो सम्पन्न ।। 113

(दमयंती)

दोहा॰ नल का कहना श्रवण कर, करके पूर्ण विचार ।
दमयंती ने भूप का, किया परम सत्कार ।। 114

बोली, राजन आप तो, मेरे मन के ईश ।
मन-मंदिर आसीन हैं, विनम्र है मम शीष ।। 115

यथा हंस ने था कहा, स्वरूप परम तिहार ।
मिला हमें संदेश है, जो हमको स्वीकार ।। 116

पूर्ण किए हैं आपने, वचन और कर्तव्य ।
अब राजन! हमरा सुनो, ध्यान दिए वक्तव्य ।। 117

मैंने अपना है दिया, नल पर तन-मन वार ।
किसी और को ना करूँ, किसी वजह स्वीकार ।। 118

मेरा निश्चय अटल है, कोई बदल न पाय ।
सुन लो निर्णय आखरी, जो ना बदला जाय ।। 119

(नल)

नलोदय

दोहा० सुन कर निर्णय आखरी, दमयंती का आज ।
असमंजस में पड़ गए, निःस्वार्थी नलराज ॥ 120

राजाओं को क्या कहूँ, जा कर उनके पास ।
काम न उनका हो सका, टूटेगा विश्वास ॥ 121

अपयश मुझको है मिला, करते उनका काम ।
स्वार्थी मुझको जग कहे, हूँगा मैं बदनाम ॥ 122

देवी! अब मैं क्या करूँ, कहिये एक उपाय ।
उनको जा कर क्या कहूँ, बगैर सत्य छुपाय ॥ 123

(दमयंती)
दोहा० दमयंती ने भूप को, कहा आप हैं दूत ।
संदेसा उनका मुझे, दीन्हा सहित सबूत ॥ 124

राजाओं को बोलिये, जा कर उनके पास ।
संदेसा मैंने दिया, दमयंती को खास ॥ 125

डाल स्वयंवर के समय, वरमाला का हार ।
वरण करूँगी मैं किसे, मेरा है अधिकार ॥ 126

मैं जिसको भी चुनूँ, वह न तिहारा दोष ।
फिर ना राजा लोग का, होगा तुम पर रोष ॥ 127

दमयंती ने शाँति से, कह कर यह उपचार ।
विदा किया सम्मान से, नल को सह सत्कार ॥ 128

नल राजा ने लौट कर, कही नृपों को बात ।
राजा सब थे जानते, क्या उनकी औकात ॥ 129

फिर भी आए पर्व में, अजमाने तकदीर ।
हो सकता है भाग्य से, लगे निशाने तीर ॥ 130

६
स्वयंवर

(दमयंती)

दोहा॰ शुरू स्वयंवर होगया, आए राजा लोग ।
नृप किन्नर गंधर्व भी, सुर-नर का संजोग ।। 131

दमयंती के रूप का, त्रिलोक में था नाम ।
लालायित थे नृप सभी, पाने परी ललाम ।। 132

राजा सब आसीन थे, मंडप आलीशान ।
अपने-अपने स्थान पर, सादर विराजमान ।। 133

दोहा॰ आये देश विदेश से, राजाओं के पूत ।
सबको सम सम्मान था, कोइ न छूत अछूत ।। 134

कोई ऊँचा ताड़ सा, कोई नाटा पुष्ट ।
कोई तगड़ा साँड़ था, कोई पतला दुष्ट ।। 135

कोई दढ़ियल शेर था, कोई मूछड़ वीर ।
कोई लंबे बाल का, कोई गंजा पीर ।। 136

कोई डींगे मारता, बड़े गर्व के साथ ।
कोई सच्चा मर्द था, यथा निषध का नाथ ।। 137

मंडप मंगल था सजा, भूमंडल पर एक ।
जिससे सुंदर था कभी, कोई सका न देख ।। 138

माणिक मोती रत्न के, पुष्प सजीले हार ।
लटके झूमर झुंड में, नग मणियन की धार ।। 139

बिछे गलीचे पशिमने, मधुर गीत के साज ।
आसन चंदन के बने, जिनमें अतिथि बिराज ।। 140

खाने को पकवान थे, पीने को रस पान ।
मंद नाद संगीत से, परियों का था गान ।। 141

दमयंती जब आगई, लेकर कर वरमाल ।
मंडप में सह हर्ष थी, बजी दीर्घ करताल ।। 142

एक साथ सब नैन थे, उसको रहे निहार ।
सबको लगता था पड़े, उनके गल में हार ।। 143

(सरस्वती देवी)

दोहा॰ देवी सम लावण्य का, देने परिचय नीक ।
सरस्वती थी आगई, स्वयं समय पर ठीक ।। 144

स्वरदा देवी ने करी, दमयंती की ठेठ ।
सबसे पहले वासुकी, नागराज से भेंट ।। 145

शिव शंकर के भक्त हैं, नागराज अपदांग ।
गल में पिनाकपाणि के, हार वासुकी नाग ।। 146

कंकण बन कर हाथ में, या प्रत्यंचा रूप ।
कभी जटा के जूट में, सजता है अहिभूप ।। 147

सरस्वती ने फिर किया, परिचय देवों साथ ।
दमयंती ने थे जिन्हें, विनम्र जोड़े हाथ ।। 148

पवन वरुण रवि इंद्र थे, मिल कर बहुत प्रसन्न ।
आशिष शुभ सब से मिले, हर्ष हुआ उत्पन्न ।। 149

सरस्वती आगे बढ़ीं, दमयंती के साथ ।
मिलने नृप विख्यात से, पावन जो नरनाथ ।। 150

आगे जब स्वरदा बढ़ी, दमयंती के साथ ।
दिखे सभा में नल कई, धरे हाथ पर हाथ ।। 151

दमयंती ने माजरा, जान लिया तत्काल ।
नृप जो आशा खो चुके, बने हुए हैं काल ।। 152

उनकी माया से यहाँ, नाना नल दीदार ।
गलती से मैं डाल दूँ, फरजी के गल हार ।। 153

असमंजस में पड़ गई, किसको डालूँ हार ।
गलत वरण यदि मैं करूँ, होगा पाप अपार ।। 154

दमयंती ने कह दिया, सरस्वती को भेद ।
राजाओं के छद्म का, करने को विच्छेद ।। 155

सरस्वती ने समझ कर, दुष्ट नृपों का भेद ।
उनके माया जाल में, किया शक्ति से छेद ।। 156

भग्न हुआ जब जाल वो, राजाओं का दुष्ट ।
असली नल को देख कर, दमयंती संतुष्ट ।। 157

दमयंती ने डाल दी, वरमाला अभिराम ।
नल राजा जी के गले, और हुई कृतकाम ।। 158

सरस्वती ने युगल को, दीन्हा आशीर्वाद ।
विवाह अब संपन्न था, घोर विघ्न के बाद ।। 159

(आशीर्वाद)

दोहा॰ देव-देवता ने सभी, दिए ढेर आशीष ।
और विविध वरदान भी, दिए ब्रह्म जगदीश ।। 160

सभा विसर्जित होगई, गए अतिथि निज ग्राम ।

दमयंती को ले गए, नल राजा निज धाम ।। 161

सुखी बसा संसार वो, कहीं न था दुख कोय ।
यथा विधाता ने लिखा, तथा काम सब होय ।। 162

पुत्र हुआ नलराज का, इंद्रसेन था नाम ।
दमयंती सुखहाल थी, सुत गोदी में थाम ।। 163

फिर कन्या सुंदर हुई, बिलकुल परी समान ।
नाम इंद्रसेना मिला, विधि का यथा विधान ।। 164

६
कलि देव

(दमयंती)

दोहा॰ दमयंती का होगया, नलराज से विवाह ।
प्रसन्न थे नृप देवता, कलि के मन में दाह ।। 165

उन्हें निमंत्रण ना मिला, दिग्पालों के साथ ।
एक अकेले रह गए, निराश मलते हाथ ।। 166

अपमानित कलि होगए, आया उनको क्रोध ।
बोले, उस नलराज से, लूँगा मैं प्रतिशोध ।। 167

बदला लेने चूक का, करके नल का नाश ।
मौके की कलि देवता, करने लगे तलाश ।। 168

(द्यूत)

दोहा॰ इक दिन कलियुग देव ने, रचा द्यूत का खेल ।
नल के सुख पर डालने, दाहक मिट्टी तेल ।। 169

पुष्कर नल का बंधु था, चाहत नल का राज ।
कलिमल से था मिल गया, कपटी बन कर आज ।।

नल को न्यौता भेज कर, बुला लिया चुपचाप ।
पुष्कर कलि के साय था, करने में यह पाप ।। 171

कलिमल नल के देह में, करके गुप्त प्रवेश ।
बैठे जाकर बुद्धि में, दिए बगैर क्लेश ।। 172

पासे जब नल फेंकता, हाथ न चलते ठीक ।
दिमाग बस में था नहीं, बारी चलने नीक ।। 173

हारा नल हर दाँव में, पुष्कर जीता खेल ।
नल ने सब कछु हार कर, लिया दिवाला झेल ।। 174

(दमयंती)

दोहा॰ दमयंती ने देख कर, घर का पूर्ण विनाश ।
बच्चों को उसने दिया, भेज पिता के पास ।। 175

बच्चे लेकर सारथी, आया विदर्भ देश ।
प्रसन्न, बच्चे देख कर, भीम विदर्भ नरेश ।। 176

चला गया फिर सारथी अवधराज के पास ।
महाराज ऋतुपर्ण ने, उसे रख लिया दास ।। 177

नल-दमयंती का हुआ, सारा सत्यानास ।
निष्कासित भी राज्य से, और मिला वनवास ।। 178

नलोदय

७
वनवास

(नल)

दोहा॰ नल-दमयंती ने सहा, महा घोर वनवास ।
भूख-प्यास-थकान से, कठिन होगई साँस ॥ 179

राजा पुष्कर ने किया, एक बड़ा ऐलान ।
जो नल का आश्रय बने, होगा दंड महान ॥ 180

दमयंती से एक दिन, बोली नल ने बात ।
कष्ट तुम्हें मैंने दिया, किया दुखी दिन-रात ॥ 181

रहो पिता के पास तुम, जाकर विदर्भ देश ।
बच्चों को माता मिले, तुम्हें न होगा क्लेश ॥ 182

मैं कुछ दिन यों काट कर, हूँगा जब आबाद ।
आऊँगा लेने तुम्हें, कुछ बनने के बाद ॥ 183

दमयंती मानी नहीं, पतिव्रता मैं नार ।
पति को दुख में छोड़ कर, मुझे न सुख से प्यार ॥

लाख मनाया नाथ ने, पर ना मानी बात ।
नल ने उसको छोड़ कर, चला गया इक रात ॥ 185

बिना सहारा भटकती, प्यासी क्षुधित निढाल ।
नल के वियोग में दुखी, दमयंती बेहाल ॥ 186

आयी चेदी देश में, सुबाहु नृप के धाम ।
रानी ने उसको रखा, करने घर के काम ॥ 187

उसे सुनंदा नाम की, कन्या थी दिलदार ।
दमयंती से होगया, उस कन्या को प्यार ।। 188

नल भी वन में घूमते, बिना किसी उद्देश ।
रोते अपनी भूल पर, सह ना पाते क्लेश ।। 189

(कर्कोटक)

दोहा॰ भटकते हुए विपिन में, सुनी एक आवाज ।
नल ने देखा उस तरफ, पुकारता अहिराज ।। 190

दावानल में था फँसा, मुश्किल में थी जान ।
बचा लिया नल ने उसे, और किया अहसान ।। 191

बदले में उस नाग ने, नल को लीन्हा काट ।
नल ने दुख-आश्चर्य से, अहि को दीन्हा डाँट ।। 192

कहा नाग ने अदब से, कर्कोटक मम नाम ।
नारद मुनि के शाप से, बिगड़ा था मम काम ।। 193

बचा लिए हैं आपने, नृपवर! मेरे प्राण ।
मैं भी राजन्! आपका, करूँ विघ्न से त्राण ।। 194

कलि है तन में आपके, बैठा हुआ सवार ।
वही दे रहा आपको, संकट कष्ट हजार ।। 195

काटा मैंने आपको, इसी लिए है नाथ! ।
पीड़ा पाएगा कलि, मेरे विष के साथ ।। 196

तज देगा कलि आपको, होगा विघ्न विनाश ।
फिर दिन अच्छे आपके, मिट कर कलि का पाप ।। 197

वेश बदल कर जाइये, अवधराज के पास ।
वह देंगे आश्रय तुम्हें, मत हो अधिक उदास ।। 198

अवधराज ऋतुपर्ण हैं, ज्ञानी दया निधान ।
राजा वह देंगे तुम्हें, द्यूत कला का ज्ञान ।। 199

जितोगे निश्चित पुनः, निषध देश का राज्य ।
यथा समय पत्नी मिले, और राज्य अविभाज्य ।। 200

नल जब आए अवध में, मिला उन्हें व्यवसाय ।
दमयंती की याद में, फिर भी थे असहाय ।। 201

(विदर्भ नरेश भीम)

दोहा॰ दमयंती को ढूँढने, विदर्भ राजा भीम ।
गुप्त चरों को भेज कर, करते यत्न असीम ।। 202

उसी समय पर एक दिन, सुदेव नामक विप्र ।
आया चेदी देश में, करने तलाश क्षिप्र ।। 203

राज महल में एक दिन, दमयंती को देख ।
द्विज चौकन्ना होगया, यद्यपि वह था नेक ।। 204

उसने नृप को कह दियी, दमयंती पहिचान ।
राजा सुन कर खुश हुए, इस नाते को जान ।। 205

प्रमुदित रानी थी तथा, सुबाहु चेदी राज ।
बोले, हम घर भेज दें, दमयंती को आज ।। 206

(दमयंती)

दोहा॰ दमयंती जब आगई, अपने विदर्भ देश ।
खुश थे कन्या देख कर, भीम विदर्भ-नरेश ।। 207

"नल ने पत्नी छोड़ दी," सुन कर यह कटु बात ।
नल को सब विध खोजने, कीन्हे चर तैनात ।। 208

नलोदय

८
राजा ऋतुपर्ण

(दूजा स्वयंवर)

दोहा॰   नल को पाने के लिए, किया उपाय नवीन ।
दमयंती की योजना, बनी बहुत रंगीन ।। 209

दमयंती ने दूसरे, स्वयंवर का विचार ।
प्रकट किया सब राज्य में, और दिशा में चार ।। 210

बाहुक लाया घोषणा, अवधराज के पास ।
भेजा था उसको यहाँ, दमयंती ने खास ।। 211

दमयंती ना जानती, बाहुक है नलराज ।
नल को पाने के लिए, सभी यत्न थे आज ।। 212

सुना जभी ऋतुपर्ण ने, दमयंती का घोष ।
राजा हृदय प्रसन्न थे, रग-रग में था जोश ।। 213

दमयंती पर वे मरे, छुप-छुप करते प्यार ।
सुन कर शुभ ऐलान वो, झट से हुए तयार ।। 214

बाहुक ने रथ वेग से, चलाय ठीक सँभाल ।
लाय नृप ऋतुपर्ण को, विदर्भ में तत्काल ।। 215

(विदर्भराज भीम)

दोहा॰   अवधराज का भीम ने, किया परम सत्कार ।
बाहुक से आलाप भी, किया सहित विस्तार ।। 216

उन बातों से भीम को, आया दृढ़ संदेह ।
बाहुक ही नलराज हैं, ढका हुआ है देह ।। 217

नलोदय

कीन्ही राजा भीम ने, दमयंती से बात ।
कहा, सचाई जानने, करना तहकीकात ।। 218

(दमयंती)
दोहा॰ दमयंती थी जानती, नल हैं पाक-प्रवीण ।
भोजन उनके हाथ का, उसको न था नवीन ।। 219

दमयंती ने दे दिये, नल को व्यंजन खास ।
बोली, आप पकाइये, भोजन सहित मिठास ।। 220

दमयंती से ले लिया, बाहुक ने सामान ।
अग्नि देव ने आग दी, वरुण देव जल पान ।। 221

खाना जब सब पक गया, खाने को तैयार ।
भोजन अति स्वादिष्ट वो, सबको था उपहार ।। 222

दमयंती ने जब चखा, रोचक वह पकवान ।
जान लिया उसने तभी, बाहुक ही नल नाम ।। 223

बच्चों ने भी कह दिया, खाना यह रसदार ।
पिता हमारे ने किया, निश्चित लज्जतदार ।। 224

दमयंती ने भवन में, बाहुक को तत्काल ।
बुलाय पूछा शपथ से, बोलो क्या है हाल ।। 225

(नल राज)
दोहा॰ और छुपायी ना गयी, नल से असली बात ।
अब सब कहने का सही, समय होगया ज्ञात ।। 226

बता दिया, कलि का मुझे, लगा हुआ था शाप ।
उसी वजह से आज तक, कर बैठा था पाप ।। 227

बुद्धि मेरी भ्रष्ट थी, संकट आया घोर ।
कलिमल तन से जा चुका, विघ्न न है अब घोर ।। 228

(दमयंती)

दोहा॰ दमयंती ने भी कही, नल को सारी बात ।
भुलाय सब संदेह को, करें नयी शुरुवात ।। 229

पुन: स्वयंवर का, सखे! मेरा था षड्यंत्र ।
मात्र आपको खोजने, सफल होगया तंत्र ।। 230

विवाह दूजा मैं कभी, कैसे करती नाथ! ।
कैसे मैं सत् धर्म का, छोड़ सकूँगी साथ ।। 231

जनम-जनम मैं आपकी, रहूँ सदा ही प्रीत ।
तुम ही मेरे प्राण हों, तुम ही मेरे मीत ।। 232

(इस तरह)

दोहा॰ "नल को दमयंती मिली," फैली यह सुख बात ।
बिजली की गति राज्य में, हुई नयी शुरुआत ।। 233

प्रमोद चारों ओर था, सबके मन आनंद ।
नल-दमयंती को मिले, शुभ आशिष सानंद ।। 234

महाराज ऋतुपर्ण ने, क्षमा माँग कर खास ।
गए अयोध्या लौट कर, मन से बहुत उदास ।। 235

नल-दमयंती भी गए, निषध देश को लौट ।
पुष्कर ने सब दे दिया, वापस बिना कचौट ।। 236

जीत ना सका द्यूत में, पुष्कर अब की बार ।
राजपाट धनधान्य वो, सभी गया था हार ।। 237

नल ने उसको माफ कर, उसको उसका भाग ।
उदारता से दे दिया, किए स्वार्थ का त्याग ।। 238

(आशय)

दोहा॰ हृदय बड़े निःस्वार्थ से, सदा करे जो काम ।
सदाचार सद्भाव का, राजा नल सुखधाम ।। 239

पतिव्रता जो योगिनी, सुंदर रूप ललाम ।
सुशील शुचि सौदामिनी, दमयंती शुभ नाम ।। 240

कालिदास के महाकाव्य पर आधारित
दोहा छंद में संगीमय प्रस्तुति

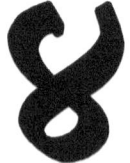

४

रत्नाकरकृत मालविकाग्निमित्र

मालविकाग्निमित्र

पात्र परिचय

1. **अग्निमित्र**[1] = शुंग वंशीय राजा, सम्राट पुष्यमित्र के पुत्र, नायक
2. **इरावती** = राजा अग्निमित्र की छोटी रानी
3. **कौशिकी** = महारानी धारिणी की योगिनी सखी
4. **गणदास** = नृत्य कला के एक गुरु
5. **गौतम** = राजा अग्निमित्र के दरबार का कौशिक ब्रह्मण विदूषक
6. **जयसेना** = राजा अग्निमित्र और रानी धारिणी की दासी
7. **धारिणी** = राजा अग्निमित्र की पटरानी
8. **पुष्यमित्र**[2] = विदिशा देश के शुंग वंशीय सम्राट
9. **बकुलावलिका** = मालविका की सखी
10. **माधवसेन** = विदर्भ के राजा यज्ञसेन का चचेरा भाई
11. **मालविका** = विदर्भ देश की राजकुमारी, माधवसेन की छोटी बहन
12. **मौर्य सचिव** = विदर्भराज यज्ञसेन का साला
13. **यज्ञसेन** = विदर्भ के राजा
14. **वसुमित्र** = राजा अग्निमित्र और रानी धारिणी का पुत्र
15. **वसुमित्र**[3] = राजा अग्निमित्र और रानी धारिणी का पुत्र
16. **वसुलक्ष्मी** = राजा अग्निमित्र और रानी धारिणी की कन्या
17. **वीरसेन** = राजा अग्निमित्र का दूर का भाई
18. **सुमति** = विदर्भ नरेश यज्ञसेन के मंत्री, साध्वी कौशिकी के भाई
19. **हरदत्त** = नृत्य कला के दूसरे गुरु

[1, 2, 3] **शुंग वंश = विदिशा–मगध–विदर्भ के सम्राट पुष्यमित्र (185-149 BC) और महाराजा अग्निमित्र (149-141 BC), वसुमित्र (131-124 BC). इनके राज्य, इतिहास और क्षेत्र नक्शे के लिए देखिए हमारा हिंदू राजतरंगिणी हिंदी आवृत्ति (ISBN 978-1-989416-09-9) या अंग्रेज़ी आवृत्ति (ISBN 978-1-989416-18-1).**

मालविकाग्निमित्र

भूमिका

दोहा॰ महाकवि कालिदास का, नाटक यह मनहार ।
चरित्र चित्रण सहज है, वाणी अमृत धार ।। 1

वाणी के माधुर्य का, शब्द–ओज का ओघ ।
प्रभावशाली नृत्य से, नाट्यकला संजोग ।। 2

सर्जन ये इतिहास का, शृंगार रस प्रधान ।
सत् रज तम गुण तीन के, रस त्रिविध विद्यमान ।। 3

राजाओं की वासना, रानीयों की डाह ।
राजमहल की साजिशें, प्रजाजनों की आह ।। 4

वर्णन अति सुंदर सभी, रस रंग अलंकार ।
प्रसाद गुण का चयन है, उपमा की झनकार ।। 5

बहुत पुरानी{7} है कथा, शुंग वंश इतिहास ।
अग्निमित्र सम्राट का, लिखा गया है खास ।। 6

पुष्यमित्र के लाड़ले, अग्निमित्र अधिराज ।
शासक विदिशा देश के, करत न्याय से काज ।। 7

इनकी दो थीं रानियाँ, दोनों थीं गुणवान ।

{7} **185BC to 141BC-**

पटरानी थी धारिणी, राजनीति विद्वान ।। 8

इरावती थी दूसरी, स्नेह करे परिधान ।
राजमहल में था उसे, "छोटी" का सम्मान ।। 9

पटरानी का पुत्र था, परम वीर वसुमित्र ।
कन्या थी वसुलक्ष्मी, लक्ष्मी जैसा चित्र ।। 10

श्यालक अग्निमित्र का, वीरसेन था नाम ।
राज्यपाल सरकार का, अंतपालगढ़ धाम ।। 11

यज्ञसेन नृप विदर्भ के, भाई माधवसेन ।
लड़ते थे पद के लिए, **दोनों थे बेचैन** ।। 12

यज्ञसेन ने **बंधु** को, किया पकड़ कर कैद ।
बंदी माधवसेन थे, बिना किसी मतभेद ।। 13

भतीजी यज्ञसेन की, मालविका शुभ नाम ।
वसुलक्ष्मी के महल में, सीखत नर्तन-गान ।। 14

मालविका अभिरूप थी, नर्तन-गान प्रवीण ।
गुरु उसके गणदास थे, विद्या देत नवीन ।। 15

THE

MÂLAVIKÂGNIMITRA,

A SANSKRIT PLAY,

BY

KÂLIDÂSA.

EDITED WITH NOTES

BY

SHANKAR P. PANDIT, M.A.,
SENIOR DAKSHINA FELLOW, DECCAN COLLEGE,
&c. &c. &c.

Registered under Act XXV. of 1867.

Bombay:
GOVERNMENT CENTRAL BOOK DEPOT.

1869.

१
महारानी धारिणी

(महारानी धारिणी)

दोहा॰ एक बार की बात है, कला–भवन था स्थान ।
प्रदर्शनी थी चित्र की, करने को सम्मान ।। 16

कला निरखने धारिणी, चित्र परीक्षण काम ।
सर्व प्रथम थीं आगईं, यथा उन्हें था मान ।। 17

आने को थे देर से, अग्निमित्र महाराज ।
किसी काम में व्यस्त थे, राज महल में आज ।। 18

प्रदर्शनी में था लगा, चित्र एक अभिराम ।
चित्ताकर्षक खुशनुमा, रौनकदार ललाम ।। 19

मालविका का चित्र था, मोहक स्वरूपवान ।
रूपवती प्रियदर्शिनी, सुडौल शोभामान ।। 20

परी समाना सुंदरी, मधुर हास्य परिधान ।
कौन भला यह बालिका, क्या है इसका नाम ।। 21

सराहना पहले हुई, फिर ईर्ष्या का भाव ।
डर निज पद पर आँच का, जैसा मूल स्वभाव ।। 22

मन में एक विचार था, "इतना सुंदर रूप ।
महाराज यदि देख लें, विचलित होंगे भूप ।। 23

उसके पहले चित्र को, क्यों न छुपाया जाय ।
ता की इस लावण्य को, राजा देख न पाय ।। 24

मालविकाग्निमित्र

रानी जी थी जानती, राजा जी का हाल ।
देख सुंदरी, हवस से, होते हैं बेहाल ।। 25

(गुरु गणदास)

दोहा॰ कला भवन के मुख्य थे, गुरुवर श्री गणदास ।
रानी ने बुलवा लिया, उनको अपने पास ।। 26

पूछा लड़की चित्र में, कौन परी अभिराम ।
हिरदयहारी चित्र है, क्या है इसका नाम ।। 27

मालविका है बालिका, बोले गुरु गणदास ।
नृत्य सीखने दर्ज है, छात्रा हमरे पास ।। 28

मालविका तो आपको, होगी छात्रा ज्ञात ।
अनुमति दी थी आपने, तभी बनी थी बात ।। 29

बोले गुरु गणदास फिर, बाला यह गुणवान ।
स्वाभाविक उसमें कला, अभिनय का है ज्ञान ।। 30

मुझको तो शिष्या नहीं, यह लगे गुरु समान ।
नृत्य निपुण, संगीत भी, करती सुमधुर गान ।। 31

कभी मुझे लगता नहीं, दासी है यह नार ।
शील स्वरूप स्वभाव से, कुलीन है व्यवहार ।। 32

बूंद गगन की सीप में, लेती मोती रूप ।
उच्च कुलज यह बालिका, लगती हीर स्वरूप ।। 33

(इतने में ही, बीच में)

दोहा॰ इतने में नृप आगए, सम्राट अग्निमित्र ।
पूछा अनुकृति देख कर, किसका है यह चित्र ।। 34

महाराज ने प्रश्न वो, पूछा बारंबार ।

रानी ने कुछ ना कहा, रखा मौन को धार ॥ 35

वसुलक्ष्मी ने बीच में, बोल दिया वह नाम ।
मालविका है शोभना, लड़की वह अनजान ॥ 36

राजा जी से नाम ना, रानी पाई रोक ।
वसुलक्ष्मी को बीच में, पाई ना वह टोक ॥ 37

(अत:)
दोहा॰ समाप्त करके शीघ्र ही, प्रदर्शनी का काम ।
सभा विसर्जित कर दियी, रानी ने छलधाम ॥ 38

दासी को भी कह दिया, आदत से मजबूर ।
महाराज की नजर से, रखो बालिका दूर ॥ 39

२
महाराजा अग्निमित्र

(महाराजा अग्निमित्र)
दोहा॰ पुष्यमित्र सम्राट के, अग्निमित्र थे पुत्र ।
पिता का तथा, पुत्र का, राजनीति में सूत्र ॥ 40

गौतम नामक दास पर, उनको था विश्वास ।
कुशाग्र प्रतिभावान था, चतुर विदूषक दास ॥ 41

अग्निमित्र सम्राट ने, जब से देखा चित्र ।
मालविका का रूपसी, मन का हाल विचित्र ॥ 42

उसको आखों देखना, उनके मन थी आस ।
हर विध वे उसके लिए, करते रहे प्रयास ॥ 43

इस मतलब से कर दिया, गौतम को तैनात ।
मालविका की भूप को, कहता वह हर बात ।। 44

(एक दिन)

दोहा॰ इक दिन लाया खबर वो, कला-भवन की खास ।
नृत्य शिक्षकों का वहाँ, ऊच्च-नीच परिहास ।। 45

दो गुरुओं में चल रहा, आपस में है बैर ।
श्रेष्ठ नृत्य गुरु कौन है, निर्णय किए बगैर ।। 46

गुरु हरदत्त "महान हम," कहते अपने आप ।
और कहत गणदास को, गवैया सड़क छाप ।। 47

नर्तन गुरु गणदास भी, घमंड से उन्मत्त ।
मैं तो सागर नीर हूँ, डबरा है हरदत्त ।। 48

गौतम बोला भूप को, करिए अब यह काम ।
दोनों गुरु की लीजिए, निष्पक्ष इम्तहान ।। 49

(परीक्षा)

दोहा॰ कला-परीक्षा के लिए, गए निमंत्रण चार ।
गौतम साध्वी-कौशिकी, राजा अरु परिवार ।। 50

तटस्थ भद्रा कौशिकी, सब को थी स्वीकार ।
जानी वह निरपेक्ष थी, न्याय जिसे अधिकार ।। 51

पूछे प्रश्न शास्त्रार्थ के, नृप ने क्लिष्ट महान ।
मगर कौशिकी ने कहा, यह तो शाब्दिक ज्ञान ।। 52

(भगवती कौशिकी)

दोहा॰ कला शास्त्र मौखिक नहीं, ना ही अक्षर ज्ञान ।
बातचीत कोरी किए, होगा न समाधान ।। 53

नाट्य शास्त्र की जाँच है, हावभाव से व्यक्त ।
ना इसका हल शक्य है, बुद्धि ज्ञान से फक्त ।। 54

कोई खुद है जानता, मगर पढ़ा ना पाय ।
कोई स्वयं गुणी न हो, पर शिक्षक कहलाय ।। 55

जिसमें दोनों हुनर हों, उसको गुरु का मान ।
इस मानक से जाँच कर, निर्णय है आसान ।। 56

इसमें जो उत्तिर्ण हो, उसको सच्चा ज्ञान ।
गुरुवर अच्छा है वही, उसे मिले सम्मान ।। 57

एक निवाला अन्न का, कहे पाक का स्वाद ।
उसके आगे व्यर्थ है, करना वाद-विवाद ।। 58

सुझाव दीन्हा कौशिकी, सबको था स्वीकार ।
मगर न रानी चाहती, शिष्यों का दीदार ।। 59

मालविका को मंच पर, राजा लेंगे देख ।
यही उन्हें था दे रहा, डर हिरदय में मेख ।। 60

विरोध करके हर तरह, बना न उनका काम ।
उत्सुक गुरु गणदास थे, करने अपना नाम ।। 61

अपनी शिष्या पर उन्हें, पूरण था विश्वास ।
देखे उसका कौशिकी, अभिनय कला विलास ।। 62

आगे गुरु गणदास के, चली न उनकी बात ।
रानी मानी अंत में, करने को शुरुआत ।। 63

३
मालविका

(मालविका)

दोहा॰ मृदंग की आवाज पर, सत्र हुआ प्रारंभ ।
कौन नाट्यगुरु श्रेष्ठ है, निर्णय का आरंभ ।। 64

बूढ़े गुरु गणदास को, मिला प्रथम सम्मान ।
दिखलाने अपनी कला, सिखलाने का ज्ञान ।। 65

आए गुरु जब मंच पर, मालविका के साथ ।
बजी यकायक तालियाँ, उभय उठा कर हाथ ।। 66

भूप देखते रह गए, मालविका का रूप ।
कहीं चारुतर चित्र से, उसका कलित स्वरूप ।। 67

शरद ऋतु के चंद्र सा, मुख मंडल कमनीय ।
मृगनयनी मधुभाषिणी, सुघटित अकल्पनीय ।। 68

वर्ण गुलाबी गाल का, तेज वलय परिधान ।
केश-वेश भूषा सुधी, देवांगना समान ।। 69

गाया गीत चतुष्पदी, सह अभिनय अभिराम ।
जिसे देख कर मुग्ध थे, अग्निमित्र दिल थाम ।। 70

इधर नृप अग्निमित्र थे, महाराज बेहाल ।
देख भूप को था वही, मालविका का हाल ।। 71

दोनों का था जुड़ गया, आपस में मधु मेल ।
नयी प्रीत का अनकहा, शुरू होगया खेल ।। 72

निहार अभिनय श्रेष्ठ वो, राजा थे मदहोश ।
बोली साध्वी कौशिकी, अभिनय है निर्दोष ।। 73

निहार राजा सोहणा, मालविका आसक्त ।
अग्निमित्र पर थी फिदा, प्रथम नजर अनुरक्त ।। 74

सब सबविध संतुष्ट थे, इतना था पर्याप्त ।
एक अंक में होगई, प्रतियोगिता समाप्त ।। 75

४
छोटी रानी इरावती

(दासियाँ)

दोहा॰ अगले दिन उद्यान में, टहलनियों के बीच ।
बातचीत थी हो रही, कुछ अच्छी कुछ नीच ।। 76

दो गुरुओं के द्वंद्व में, किसने पाई जीत ।
हारे गुरु हरदत्त थे, चारों कोने चित ।। 77

मालविका गणदास की, जीत गई है खेल ।
नृप के मन वह भा गई, मगर न होगा मेल ।। 78

पटरानी का डर उन्हें, बढ़ न सकेगी बात ।
मालविका पर नजर है, रानी की दिन-रात ।। 79

रानी कुछ भी कर सके, मालविका का हाल ।
अपने मतलब के लिए, बुने कपट का जाल ।। 80

(सुनहरा अशोक)

दोहा॰ मालिन बोली बाद में, चिंता की है बात ।

सुनहरे इस अशोक के, सूख रहे हैं पात ।। 81

पुष्प न इस पर आ रहे, कुछ है हुआ अपाय ।
रानी को मैं पूछती, जा कर उचित उपाय ।। 82

शुंग राज्य के उन दिनों, रिवाज के अनुसार ।
अशोक तरु पर पैर से, महिला करें प्रहार; ।। 83

अशोक जो निष्पुष्प है, पुष्पित तरु हो जाय ।
सुनहरा तरु अशोक भी, फिर से खिलने पाय ।। 84

इस निमित्त से धारिणी, प्रतिदिन कर शृंगार ।
प्रमदन वन जाती रही, करने पैर प्रहार ।। 85

मगर एक दिन गिर पड़ीं, झूले पर से, धाँय! ।
अब तो चल-फिर ना सकीं, पैर दुखे असहाय ।। 86

(अत:)

दोहा॰ मालविका को फिर चुना, जाने को उद्यान ।
अशोक यदि पुष्पित हुआ, देंगी उसे इनाम ।। 87

मुँह-माँगा उसको मिले, पुरस्कार उपहार ।
मालविका ने हाँ कहा, करने पैर प्रहार ।। 88

(प्रमद वन में)

दोहा॰ रानी की आज्ञा लिए, करके उन्हें प्रणाम ।
मालविका वन आगई, करने अपना काम ।। 89

अग्निमित्र भी थे वहाँ, उस वन में आसन्न ।
मालविका को देख कर, विस्मित और प्रसन्न ।। 90

छिप कर बैठे पास में, सुनने को अनमोल ।
मालविका जो कह रही, अपने मन के बोल ।। 91

मालविका थी कर रही, अपने मन से बात ।
राजा से जो प्रीत थी, उसके मन दिन-रात ।। 92

सुन कर बातें प्रेम की, राजा को आनंद ।
गौतम उनके साथ था, करके मुख को बंद ।। 93

(रानी इरावती)

दोहा॰ इतने में उसकी सखी, बकुलावलिका नाम ।
लेकर सामग्री सभी, चरण सजाने काम ।। 94

मालविका के पाँव पर, बड़े प्रेम के संग ।
लगाने लगी ध्यान से, लाल महावर रंग ।। 95

इरावती थी आगई, पहले ही उस स्थान ।
देखा और सुना सभी, और हुई हैरान ।। 96

सुन कर बातें वे सभी, रानी को संदेह ।
मालविका को हो गया, अग्निमित्र से स्नेह ।। 97

इरावती ने जोश में, दिखलाया अपना क्रोध ।
मालविका को डाँट कर, सिखलाया फिर बोध ।। 98

इसवती ने बात वो, रानी को दी बोल ।
मालविका के प्रेम की, खोली उसने पोल ।। 99

५
पटरानी धारिणी

(दासियाँ)

दोहा॰ मालविका का लुकछिपा, अग्निमित्र से प्यार ।
सुन कर रानी धारिणी, क्रोधित हुई अपार ।। 100

उसने डाली बेड़ियाँ, मालविका के पाँव ।
बंद कोठरी में किया, चल न सकेगी दाँव ।। 101

बकुलावलिका साथ में, काल-कोठरी बंद ।
उसको भी थी बेड़ियाँ, लेने को आनंद ।। 102

बोल दिया दरबान को, रखना इन पर ध्यान ।
भाग न पाए कैद से, करो न किरपा दान ।। 103

नागमुद्रा लखे बिना, इन्हें न छोड़ा जाय ।
रानी ने दरबान को, हुकुम दिया फरमाय ।। 104

(महाराजा अग्निमित्र)

दोहा॰ महाराज ने जब सुना, मालविका का हाल ।
गौतम को दरबार में, बुला लिया तत्काल ।। 105

उपाय कोई खोजने, दीन्हा उसको काम ।
मालविका की मुक्ति का, करने इंतेजाम ।। 106

गौतम के मस्तिष्क में, जुगत हुआ उप्तन्न ।
सुन कर उसकी युक्ति को, राजा हुए प्रसन्न ।। 107

उपाय मन में सोच कर, निकल पड़े अधिराज ।
पटरानी के भवन में, आए सह अंदाज ।। 108

(महारानी धरिणी)

दोहा॰ शयन कक्ष में धारिणी, करने को आराम ।
बैठी थीं सुख चैन से, फरमाने विश्राम ।। 109

दासी पाँव दबा रही, रानी के सुकुमार ।
सुना रही थी कौशिकी, कहानियाँ मनहार ।। 110

महाराज को देख कर, उठ कर अपने–आप ।
मालविका से पाप का, छिपा रही संताप ।। 111

(गैतम विदूषक)

दोहा॰ उतने में गौतम वहाँ, आया करता शोर ।
कहा, साँप ने डस दिया, होत वेदना घोर ।। 112

प्राण निकलते जा रहे, मुझे बचाओ, नाथ! ।
मेरे मरने पर तुम्हीं, देना माँ को साथ ।। 113

बूढ़ी मेरी माँ वहाँ, रो कर देगी प्राण ।
स्वामी! मेरे बाद में, करना उसका त्राण ।। 114

रानी से भी माँग ली, क्षमा अगर अपराध ।
सुख से अब मैं जा सकूँ, दीज्यो आशिर्वाद ।। 115

ब्राह्मण मरता देख कर, डरी धारिणी खूब ।
घबराई थी कौशिकी, गई दुःख में डूब ।। 116

धीरज बाँधा भूप ने, दिया उन्हें विश्वास ।
बोले, लेजाओ इन्हें, अभी बैद्य के पास ।। 117

सेवक तुरंत चल पड़े, रथ में मरीज डाल ।
ध्रुवसिद्धि कुल वैद्य ने, देखा उसका हाल ।। 118

प्रतिहारी ने लौट कर, कही वैद्य की राय ।
बोले, जहर उतार ने, अब है एक उपाय ॥ 119

लाओ ऐसी वस्तु जो, नागमुद्रा सुजड़ित ।
उसी नाग से उतरता, विष बाधा-विरहित ॥ 120

सुन कर रानी धारिणी, पाई मन में आस ।
झट से उतार मुंदरी, दी सेवक के पास ॥ 121

बोली, वापस लाइयो, जब होजावे काम ।
नृप बोले, दो सूचना, मिले जभी आराम ॥ 122

(विमुक्ति)
दोहा॰ उस मुंदरी को देख कर, तुष्ट हुए दरबान ।
दोनों कैदी छोड़ने, हुआ उन्हें आसान ॥ 123

महाराजा संतुष्ट थे, लख कर गौतम काम ।
मालविका की मुक्ति से, उन्हें मिला आराम ॥ 124

समुद्रगृह में आगई, मालविका निर्बंध ।
जोह रही थी बाट वो, राजा की सानंद ॥ 125

६
विदर्भ विजय

(वीरसेन)
दोहा॰ उसी समय पर आगए, सुखपूर्ण समाचार ।
आनंदोत्सव से भरीं, पूर्ण दिशाएँ चार ॥ 126

मालविकाग्निमित्र

वीरसेन के विजय की, खबर बहुत सुखकार ।
भायी सबके हृदय को, विदर्भ-नृप की हार ।। 127

मुक्ति माधवसेन की, खुल कर कारागार ।
हाथी घोड़े रत्न भी, भेंट स्वरूप अपार ।। 128

वीर पुत्र वसुमित्र से, युनानियों की हार ।
अश्वमेध की सफलता, दीन्हा जय जयकार ।। 129

(समारोह)

दोहा॰ प्रमदवन उद्यान में, समारोह अभिरूप ।
रचा रही है धारिणी, वादे के अनुरूप ।। 130

बसंत ऋतु है खिल उठा, प्रमोद है सब ओर ।
अशोक सब पुष्पित हुए, लाल वस्त्र की तौर ।। 131

अन्य वृक्ष उस विपिन के, नीले सफेद पीत ।
जिन पर पक्षी गा रहे, मधुर राग के गीत ।। 132

मालविका को धारिणी, सजा रही निज हाथ ।
नखशिखांत आभूष से, विविध रंग के साथ ।। 133

इंद्र अप्सरा लग रही, पहन सात शृंगार ।
मालविका जग सुंदरी, राजा रहे निहार ।। 134

(मालविका)

दोहा॰ ऐसे शुभ-शुभ समय पर, शकुन जहाँ थे लाख ।
मालविका की दाहिनी, फड़क रही यी आँख ।। 135

हिरदय दस्तक दे रहा, धड़क-धड़क अविराम ।
मालविका को कह रहा, बिगड़ रहा है काम ।। 136

अशुभ कुलक्षण जान कर, काँपा उसका गात ।

फड़फड़ता है वात से, जैसे पिपल पात ।। 137

विदर्भ की दो युवतियाँ, लाईं थी उपहार ।
आयी जब वे सामने, पहनाने को हार; ।। 138

मालविका को देख कर, आश्चर्य से अवाक् ।
मालविका उनको लखे, प्रसन्न हृदय मनाक् ।। 139

लगीं गले सखियाँ सभी, सजल नयन सुकुमार ।
बहुत दिनों से हैं मिलीं, दैव योग इस बार ।। 140

सब विस्मित थे देख कर, आपस में यह प्यार ।
समझ न पाए, क्या भला, हो सके सरोकार ।। 141

विदर्भ से क्या वासता, मालविका का सत्य ।
पूछा उन लावण्य को, कहा उन्हों ने तथ्य ।। 142

राजकुमारी है यही, विदर्भ की हतभाग ।
जिसकी किस्मत देखिए, आज पड़ी है जाग ।। 143

मालविका शुभ नाम की, वही परी है पेश ।
खड़ी आपके सामने, पहन वधू का वेश ।। 144

(पूर्व कथा)

दोहा॰ विवाह जिसका भूप से, करने के उद्देश्य ।
माधवसेन विदर्भ से, निकले विदिशा देश ।। 145

मगर आक्रमण मार्ग में, किया बंधु ने घोर ।
माधव जी बंदी हुए, चला सके ना जोर ।। 146

मंत्री सुमति सुजान ने, किया अकल का काम ।
मालविका को लेगए, किसी सुरक्षित धाम ।। 147

(साध्वी कौशिकी)

दोहा॰ उसी बीच में कौशिकी, कहने लगी हठात् ।
मैं बतलाती हूँ सभी, आगे वाली बात ।। 148

सुमति हमारे भ्रात हैं, सेवक नेक यथार्थ ।
काम अधूरा जो रुका, करने उसे कृतार्थ ।। 149

मालविका को भूप के, पहुँचाने को पास ।
विदिशा आने चल पड़े, रख कर मन में आस ।। 150

मैं भी उनके साथ थी, देने को अंजाम ।
चले जा रहे राह पर, लेते मुख शिव नाम ।। 151

चल कर थोड़ी देर में, आया संकट घोर ।
बटमारों का एक दल, आया करते शोर ।। 152

उनके कर में खड्ग थे, और तीर तलवार ।
नेता ने मम बंधु को, निर्मम डाला मार ।। 153

भीषण हत्या देख कर, मैंने खोया होश ।
मूर्छा खा कर गिर पड़ी, धरती पर बेहोश ।। 154

मालविका को लेगए, डाकू अपने साथ ।
जागी जब मैं ऊँघ से, दुखिया ओर अनाथ; ।। 155

बन कर मैं सन्यासिनी, धारण करके वेश ।
दाह-धर्म कर बंधु का, आयी मैं इस देश ।। 156

(वीरसेन)

दोहा॰ वीरसेन ने आप ही, ढूँढ लिए बटमार ।
मालविका को मुक्त कर, उनको डाला मार ।। 157

मालविका को सौंप कर, रानी जी के हाथ ।

वापस लौटा देश वो, वीर कीर्ति के साथ ।। 158

(मधुर मिलन)

दोहा०   दुखद कहानी जान कर, सब को था अफसोस ।
मगर किसी को कोइ भी, नहीं रहा था कोस ।। 159

मधुर मिलन फिर होगया, मालविका के साथ ।
अग्निमित्र महाराज का, विदिशा के जननाथ ।। 160

बोली रानी धारिणी, मेरी है यह साध ।
प्रसन्न हो तुम सर्वदा, प्रजा रहे आबाद ।। 161

कालिदास के महाकाव्य पर आधारित
दोहा छंद में संगीमय प्रस्तुति

६

रत्नाकरकृत

मेघदूत

मेघदूत
संज्ञा परिचय

1. **अवंति देश :** मालवा प्रदेश
2. **अलकापुरी नगरी :** कुबेर की हिमालयीन नगरी
3. **आम्रकूट :** नर्मदा और सोन नदियों के उद्गम वाला अमरकण्टक पर्वत
4. **इंद्र :** देव-देवताओं के राजा
5. **उज्जयिनी :** भारतवर्ष की अयोध्या, मथुरा, माया, काशी, कांची, अवंतिका, द्वारवती आदि सात पवित्र नगरियों में से एक नगरी. उज्जैन का पौराणिक नाम अवंतीका था
6. **उदयन राजा :** वत्स देश के वीणा पटु चंद्रवंशी नरेश. अवंती नरेश चंडप्रद्योत की कन्या वासवदत्ता के संगीत शिक्षक जिन्हों ने फिर उससे विवाह कर लिया था. इनकी राजधानी कौशांबी थी
7. **ऐरावत :** इंद्र का हाथी
8. **कनखल :** एक हिमालयीन नगरी
9. **कल्पद्रुम :** देवलोक का पाँच में से एक इच्छापूरक वृक्ष. उनके पाँच नाम थे : हरिचंदन, मंदार, पारिजात, संतान और कल्पवृक्ष
10. **कार्तिकेय :** शिवपुत्र स्कन्द
11. **कुबेर :** असुर रावण के धार्मिक बंधु
12. **कुरुक्षेत्र :** सरस्वती के दक्षिण में और दृष्टवती नदी के उत्तर में बसा स्वर्गतुल्य महाभारतीय धर्मक्षेत्र (गीता 1.1)
13. **कैलास :** शिवजी का निवस स्थान
14. **क्रौंचरंध्र :** क्रौंच पर्वत पर क्रौंच दैत्य का निवासस्थान. परशुराम जी के बाण से बना हुआ विशाल रंध्र

15. **गंगा :** जाह्नवी. भागीरथी. त्रिपथगा. शिव के जटा से निकली हुई पवित्र नदी
16. **गंभीरा नदी :** चंबल नदी की एक पूर्वोत्तरगामी शाखा.
17. **चंड प्रद्योत :** उज्जैन के प्रद्योत राजवंश (546-413 B.C) के संस्थापक. अधिक जानकारी के लिए देखिए हमारी हिंदू राजतरंगिणी (ISBN 978-1-989416-09-9)
18. **चंडीश्वर :** शिवजी
19. **चर्मण्वती नदी :** यमुना से मिलने वाली चंपा अर्थात् चंबल नदी.
20. **त्रिपुर :** तारसकुर राक्षस जिसे शिवपुत्र कार्तिकेय ने मार डाला..
21. **दशपुर नगरी :** मंदसौर नगरी
22. **दशार्ण देश :** धसान नदी वाला विंध्य पहाड़ी का दक्षिण-पूर्वी भाग
23. **देवगिरि :** एक पर्वत
24. **नलगिरि :** एक हाथी
25. **नीच पर्वत :** विंध्य पर्वत समूह की एक शाखा
26. **निर्विंध्या नदी :** विंध्य पर्वत से चलने वाली पार्वती नदी
27. **पार्वती देवी :** महादेव पत्नी
28. **प्रयागराज :** गंगा-यमुना के संगम की पवित्र नगरी. पांवों की पुरानी राजधानी
29. **बलराम :** रोहिणी पुत्र. श्रीकृष्ण के बड़े बंधु
30. **ब्रह्मावर्त्त देश :** सरस्वती और दृष्टवती (घग्गर) नदी के बीच का कुरुक्षेत्र, मत्स्य, पांचाल और शूरसेन राज्यों का प्रदेश (मनु. 2.17)
31. **मालदेश :** नर्मदा नदी के उद्गम से विंध्य पर्वत तक का प्रदेश
32. **यक्ष :** दस में से एक उपदेवता समूह. दस उपदेवताओं के नाम हैं : विद्याधर, अप्सरा, असुर, गंधर्व, किन्नर, पिशाच, गुह्यक, सिद्ध, भूत और यक्ष
33. **यमुना :** गंगा की उपनदी. कालिंदी नदी
34. **रंतिदेव :** भरत वंशी शाकाहारी, दानशील और कृपानिधान राजा.

147
कालिदास के आठ महाकाव्य

35. **रामगिरि :** रामायण ख्यात चित्रकूट पर्वत अथवा सह्याद्री पर्वत की पूर्व-पश्चिम शाखा का रामटेक गिरि

36. **रामचंद्र :** रामचंद्र भगवान

37. **रावण :** लंकापति. कुबेर बंधु असुर.

38. **रेवा नदी :** नर्मदा नदी

39. **वत्स देश :** वत्स देश के महाराजा उदयन की राजधानी

40. **वासवदत्ता :** अवंती नरेश चंडप्रद्योत की कन्या. महाराजा उदयन की पत्नी

41. **विदिशा :** बेटवा नदी पर बसी हुई भिलसा नगरी. विदिशा देश की राजधानी

42. **विंध्याचल :** भारतवर्ष के हिमालय, काराकोरम, विंध्य, सातपुड़ा, अरवली, पश्चिमघाटी और पूर्वघाटी आदि सात महान पर्वत श्रृंखलाओं में से एक पर्वत समूह

43. **विशाला नगरी :** उज्जयिनी, उज्जैन. शिप्रा नदी पर बसी नगरी.

44. **वेत्रवती नदी :** उत्तर प्रवाही बेटवा नदी जो यमुना से मिलती है. पुराणों और महाभारत में बहुश्रुत (महा. भीष्म. 9.16)

45. **शिप्रा :** शिप्र झील से निकली हुई नदी जिसके तट पर बसी है उज्जयिनी नगरी

46. **सगर महाराज :** अयोध्या के सूर्यवंशी महाराजा बाहुक के पुत्र प्रतापी राजा

47. **सरस्वती नदी :** गंगा नदी के सात उपनदियों में एक महापवित्र नदी (महा. शल्य. 35-54).

48. **सीता देवी :** रामचंद्र पत्नी

49. **हिमालय :** हिमगिरी, पर्वतराज

मेघदूत

मेघदूत

भूमिका

दोहा०   दो खंडों का काव्य ये, मंदाक्रांता छंद[8] ।
कालिदास ने है लिखा, चित को दे आनंद ॥ 1

प्रकृति का चित्रण यहाँ, अनुपम मन बहलाय ।
जिससे सुंदरतर कहीं, और न देखा जाय ॥ 2

ऋतु पर्वत पादप नदी, के वर्णन रमणीय ।
अनूप उपमा से हुआ, खंड-काव्य कमनीय ॥ 3

मन के भाव मनुष्य के, कहे अंग के संग ।
पशु-पक्षी के जगत के, मनहर चेष्टा रंग ॥ 4

भौगोलिक ऋतु ज्ञान भी, भारत का प्राचीन ।

---

[8] **मंदाक्रांता छंद** : इस अत्यष्टि छंद के चरण में 17 वर्ण की 27 मात्राएँ होती है. इसमें म भ न त त गण आते हैं और अन्त में दो गुरु अक्षर. इसका लक्षण सूत्र ऽ ऽ ऽ, ऽ । ।, । । ।, ऽ ऽ ।, ऽ ऽ ।, ऽ ऽ इस प्रकार होता है. इसके 4, 6, 7 वे वर्ण पर यति आता है.
यह सरगम ♪ रे-ग॒रे सा-रे- म॒ग॒रेसारेग॒- रे-ग॒म-ग॒- रेग़-रे-
(शान्ताकारं भुजगशयनं पद्मनाभं सुरेशम्। अथवा, प्रचण्डसूर्यः स्पृहणीयचन्द्रमाः सदावगाहक्षतवारिसञ्चयः) सूत्र से बजाई जा सकती है.
लक्षण गीत दोहा० जहाँ म भ न त त आदि में, दो गुरु मात्रा अंत ।
सम वार्णिक यह वृत्त है, "मंदाक्रांता" छंद ॥

स्थान-स्थान की खूबियाँ, प्रस्तुत तत्कालीन ।। 5
कालिदास का काव्य यह, रुचिर रम्य रसदार ।
अंतर्-बाहर आत्म का, विवरण है मनहार ।। 6

१

पूर्वमेघ

1.

कश्चित्कान्ताविरहगुरुणा स्वाधिकारात्प्रमत:
शापेनास्तङ्ग:मितमहिमा वर्षभोग्येण भर्तु: । ...

(कुबेर)

दोहा॰

उत्तर भारतवर्ष में, पर्वत है हिमवान ।
जिस पर नगर कुबेर का, अलकापुरी महान ।। 7

यक्षनरेश कुबेर का, सेवक था इक यक्ष ।
पत्नी में रहता रमा, सदा यक्ष का लक्ष्य ।। 8

उसका यह लंपटपना, बेसुध मन दिन–रात ।
देखा नित्य कुबेर ने, मगर न बोली बात ।। 9

स्वाभाविक गुण जान कर, किया नजरअंदाज ।
मगर एक दिन यक्ष से, कुबेर थे नाराज ।। 10

(परिणामत:)

दोहा॰

असावधानी में हुई, बड़ी यक्ष से भूल ।

जिससे कुबेर राज्य का, टूटा स्वर्ग्य उसूल ।। 11

यक्षराज क्रोधित हुए, और दिया कटु शाप ।
"सहो दार के विरह का, एक वर्ष परिताप ।। 12

"निष्कासित भी देश से," दिया यक्ष को दंड ।
राग-रंग उसका गिरा, महिमा ढली प्रचंड ।। 13

पत्नी से वह मिल सके, एक वर्ष के बाद ।
तब तक वह करता रहे, केवल उसको यद ।। 14

(अत:)

दोहा॰ दिन बिरहा के काटने, अलकापुर को छोड़ ।
दक्षिण दिश में आगया, अपने मन को मोड़ ।। 15

आश्रय आश्रम में लिया, रामगिरी था स्थान ।
उस पर्वत पर थे बने, पवित्र कुण्ड महान ।। 16

पावन सीता स्नान से, बना हुआ वह नीर ।
घन वृक्षों की छाँव थी, जिन कुण्डों के तीर ।। 17

2.

तस्मिन्नद्रो कतिचिदबलाविप्रयुक्तः स कामी
नीत्वा मासान्कनकवलयभ्रंशरिक्त प्रकोष्ठः। ...

(बिछोह)

दोहा॰ बिछोह में वह प्रेम के, खाना-पीना छोड़ ।
अतीव था दुर्बल हुआ, मन से दुख को जोड़ ।। 18

कलाइयाँ दुबली हुईं, कड़े खिसक गिर जाय ।
सूने अब मणिबंध थे, हालत उसे न भाय ।। 19

उदास बैठा एक दिन, काम-तृषित वह यक्ष ।

मेघदूत

प्रथम दिवस आषाढ़ का, शुभ्र शुक्ल का पक्ष ।। 20
गिरि की चोटी पर दिखा, मेघ हस्ति आकार ।
सिर से ढूँसे मारता, गिरि पर बारंबार ।। 21

3.
तस्य स्थित्वा कथमपि पुर: कौतुकाधानहेतो-
रन्तर्वाष्पश्चिरमनुचरो राजराजस्य दध्यौ । ...

(यक्ष विलाप)

दोहा॰ कामोत्कण्ठा जाग कर, यक्षराज का दास ।
खड़ा होगया, मेघ से, करने को अरदास ।। 22

नैनन में आँसू भरे, सोच रहा कुछ देर ।
आँसू अंदर रोक कर, बोला दस्युकुबेर ।। 23

निहार बादल, जन-सुखी, होते डाँवाडोल ।
मेरा तो मन है दुखी, उसका क्या है मोल ।। 24

कण्ठालिंगन के लिए, आतुर मेरे प्राण ।
आकुल होगी उधर भी, मेरी प्रिया अजान ।। 25

उसे क्या पता मैं कहाँ, फँसा हुआ हूँ आज ।
बेघर होकर हूँ पड़ा, उसे नहीं अंदाज ।। 26

बीत चला आषाढ़ है, सावन आया पास ।
श्रावण में मेरी प्रिया, होगी बहुत उदास ।। 27

कालिदास महाकाव्य गीतमाला, पुष्प 14
(यक्ष विलाप)
स्थायी
कब, होगा मधुर मिलाप ।

मेघदूत

करता यक्ष विलाप, करती प्रिया विलाप ।।

सासा, रे-रे- ग॒ग॒म ग॒रे-रे ।
ग॒ग॒म- ध्॒-प मप-प, ध्॒ध्॒प- मग॒- रेसा-सा ।।

अंतरा-1

प्यारी मेरी प्राण प्यारी,
छह मासों में नहीं निहारी ।
दूर विरह में पड़ी है नारी,
कहत यक्ष नीरद बादर से,
मोहे, घोर मिला है शाप ।।

सा-रे- ग॒-म- प-प पनि॒प॒ध्॒-,
पमप- ध्॒ध्॒प- ध्॒- प ग॒मरेग॒- ।
सासासा रेग॒- म- पप- प मम म-,
ग॒-म प-पप ध्॒प मग॒रेरे सा- ।
ध्॒ध्॒-, नि॒-ध्॒ पम- ग॒- रे-सा ।।

अंतरा-2

कीन्ही मैंने एक भूल है,
कुबेर जी ने, दिया शूल है ।
पड़ा यहाँ पर, रामगिरी में,
बादल! आकर मुझे बचाओ ।
मैंने, कौन किया है पाप ।।

अंतरा-3

मेघदूत! मेरा संदेसा,
लेजाओ तुम बिन अंदेसा ।
सजनी को बिरहा का क्लेश,
सखे! दूर करो संताप ।।

4.

प्रत्यासन्नं नभसि दयिताजीवितालम्बनार्थी
जीमूतेन स्वकुशलमयीं हारयिष्यन्प्रवृत्तिम् । ...

दोहा॰ **जा न सकूँगा मैं वहाँ, वचन बद्ध हूँ आप ।**
कुबेर स्वामी से मुझे, मिला हुआ है शाप ।। 28

फिर भी, शुभ संदेश मैं, भेज सकूँ खुशहाल ।
बोलूँ मैं इस मेघ से, जाने को तत्काल ।। 29

(इस लिए)

दोहा॰ **कुटज पुष्प ताजा खिले, लाकर उसने चंद ।**
पूजा बादल की करी, पहले सह आनंद ।। 30

फिर की श्लाघा मेघ की, प्यारे बचनन बोल ।
गदगद होकर प्रीत से, बोला अमृत घोल ।। 31

5.

धूमज्योति: सलिलमरुतां संनिपात: क्व मेघ:
संदेशार्था: क्व पटुकरणै: प्राणिभि: प्रापणीया: । ...

(यक्ष)

दोहा॰ **देखो अब इसके मजे, कैसा आया वक्त ।**
जो बातें होती सदा, इनसानों से फक्त; ।। 32

प्राणी जो पहुँचा सके, व्यक्ति को समाचार ।
आज यक्ष ये मेघ को, देने को लाचार ।। 33

धुम्र-वायु-जल-अग्नि का, बना हुआ यह अभ्र ।
उत्कण्ठावश यक्ष ये, उसे न ध्यान न सब्र ।। 34

जो है आपा खो चुका, काम-वासना व्याप्त ।
किए जा रहा याचना, वारिद से, भ्रम प्राप्त ।। 35

जो प्राणी कामांध है, उसको जीव-अजीव ।
दोनों लगते एक हैं, मतलब जिसकी नींव ।। 36

6.

जातं वंशे भुवनविदिते पुष्करावर्तकानां
जानामि त्वां प्रकृतिपुरुषं कामरूपं मघोन: । ...

दोहा॰ इस मतलब से यक्ष ने, कही मेघ से बात ।
मेरा संदेसा वहाँ, ले जाओ तुम, तात! ।। 37

मुक्त कण्ठ से यक्ष ने, किया मेघ गुण गान ।
रिरिया कर मिन्नत किए, बोला यक्ष सुजान ।। 38

(हे मेघ!)

दोहा॰ आप इंद्र के दूत हैं, कामदेव के रूप ।
आप प्रकृति-पुरुष हैं, मघवन तुम्हीं स्वरूप ।। 39

दुनिया में दो ज्ञात हैं, जलधर के कुल ज्येष्ठ ।
जन्म तुम्हारा है हुआ, इन्हीं कुलों में श्रेष्ठ ।। 40

विधिवश अपनी प्रीत से, बहुत दूर हूँ आज ।
उसे खबर मम दीजिये, रख लो उसकी लाज ।। 41

जैसा चाहो ले सको, वैसा आप स्वरूप ।
आप महत्तम हो गुणी, सचमुच हो बहुरूप ।। 42

(कहा गया है कि ...)

दोहा॰ गुणी सहायक हो सदा, चाहे पड़ कर पाँव ।
दूर रखो नर अवगुणी, भले हि दे वह ठाँव ।। 43

गुणी जनों का संग हो, फैला कर भी हाथ ।
मित्र रहे ना अवगुणी, रहो न उसके साथ ।। 44

अच्छे बंदे काम के, चाहे बने न काम ।
लो न सहारा नीच का, होकर भी निष्काम ।। 45

7.

संतप्तानां त्वमसि शरणं तत्पयोद! प्रियाया:
संदेशं मे हर धनपतिक्रोधविश्लेषितस्य । ...

(और)

दोहा॰ रक्षक दुख में आप हो, तुम हो दीन दयाल ।
तुम मेरी बिरहा हरो, हे वारिद! किरपाल ।। 46

कुबेर जी के क्रोध से, मुझे विरह की आग ।
बुझा सको नीरद! तुम्हीं, बरसा कर अनुराग ।। 47

पहुँचाओ संदेश तुम, मेरा हे घनश्याम! ।
मिल कर मेरी प्रीत से, कर दो मेरा काम ।। 48

तुमको जाना है सखे! अलकापुरी महान ।
नगरी है वह शान की, यक्षों का है स्थान ।। 49

यक्ष वहाँ के ठाठ से, रखते हैं निज धाम ।
विशाल ऊँचे भवन में, फरमाते आराम ।। 50

(अलकापुरी)

दोहा॰ अलका के उद्यान में, शिव हैं विराजमान ।
सुंदर मूर्ति सुवर्ण की, चूमती आसमान ।। 51

शिव ललाट का चंद्रमा, उज्ज्वल दीप्त प्रकाश ।
उजलाता हर भवन को, धरती से आकाश ।। 52

शीतल सी वह चाँदनी, धवलित रम्य स्वरूप ।
प्रसन्न रखती है सदा, महादेव सुरभूप ।। 53

मेघदूत

कालिदास महाकाव्य गीतमाला, पुष्प 15
अलकापुरी

रथायी

अलकापुरी है अनुपम धाम,
इंद्रपुरी सम रम्य ललाम ।
कर्ण मधुर है जिसका नाम ।।

सामम ममपमग ग॒मपम प- - प,
साममम मपमग ग॒मप मप - - प ।
प-पध॒ पमम- .रे-ग॒प म - - म ।।

अंतरा-1

अलकापुरी है स्वर्ग समान,
यहाँ मनोरम हैं उद्यान ।
आओ गाएँ उसके गान ।।

सां-सांरें॒ सां-निध॒ ध॒ध॒ निरें॒सां - - सां,
सां-सांरें॒ सां-निध॒ ध॒- निरें॒ सां - - सां ।
ध॒ध॒ध॒म मध॒निसां ध॒पम ग म - - म ।।

अंतरा-2

यहाँ खड़ी है आलिशान,
शिवजी की मूरत अभिराम ।
माथे पर शशि प्रकाशमान ।।

8.
त्वामारूढं पवनपदवीमुद्गृहीतालकान्ता:
प्रेक्षिष्यन्ते पथिकवनिता: प्रत्ययादाश्वसन्त्य: । ...

(हे मेघ!)
दोहा० चढ़ो गगन में तुम जभी, वायु-पंख सवार ।

यक्षों की ललना सभी, पुलकित तुम्हें निहार ।। 54

जिनके सजना दूर हैं, गए हुए परदेस ।
वे वनिताएँ सब तुम्हें, अर्ज करेगी पेश ।। 55

मुख पर लटकी जुल्फ को, सिर से झटका मार ।
या फिर लंबी फूँक से, ले कर उसे सँवार; ।। 56

एक टकटकी नजर से, कर तुम पर विश्वास ।
बाँधेगी वे नारियाँ, पिया मिलन की आस ।। 57

(और, हे वारिद!)

दोहा॰ ऐसा विरही कौन है, जिसे न प्रिय की प्यास ।
मेरे जैसा जो नहीं, बैठा हुआ उदास ।। 58

ऐसा आस्पद है कहाँ, परे पहुँच तिहार ।
खोज सकोगे आशियाँ, भावज दुखी निहार ।। 59

पतिव्रता बैठी हुई, एक अकेली आप ।
राह देखती है सदा, मेरी वह चुपचाप ।। 60

गिनती होगी दिन, सखी, लेकर मन में आस ।
बीती रातों की खुशी, धरे हृदय के पास ।। 61

9.

मन्दं मन्दं नुदति पवनश्चानुकूलो यथा त्वां
वामश्चायं नदति मधुरं चाकतस्ते सगन्धः। ...

(और भी, हे बादल!)

दोहा॰ सगुन सभी उपयुक्त हैं, मंद पवन है साथ ।
बढ़ा रहा है वह तुम्हें, अजिर पकड़ कर हाथ ।। 62

मेघ चलित को देख कर, जगी मेह की आस ।

चातक मीठा गा रहा, बुझे नीर की प्यास ।। 63

गर्भदान को सफल कर, हर्ष मनाने काम ।
पंक्ति बाँध कर बगुलियाँ, आएँ संग सकाम ।। 64

रूप सलोना मेघ का, देख बगुलियाँ मुग्ध ।
पंखा झलने के लिए, आजाएगी लुब्ध ।। 65

10.

तां चावश्यं दिवसगणनातत्परामेकपत्नी-
पव्यापन्नामविहतगतिर्द्रक्ष्यसि भ्रातृजायाम् । ...

(संदेश)

दोहा॰ ऐसी अपनी भौज को, मिलना मेरे भ्रात! ।
बिना रुके जा कर वहाँ, कहना मेरी बात ।। 66

गिनते दिन अलगाव के, तकते मेरी बाट ।
जीवन यापन कर रही, बिरहा में दिन काट ।। 67

उसका हिरदय पुष्प सा, प्रेम भरा सुकुमार ।
बिखर न जावे टूट कर, पा कर विरह-प्रहार ।। 68

उसे मेघ! तुम रोक लो, जाकर उसके पास ।
आस मिलन की बाँध कर, दो उसको विश्वास ।। 69

11.

कर्तुं यच्च प्रभवति महीमुच्छिलीन्ध्रामवन्ध्यां
तच्छ्रत्वा ते श्रवणसुभगं गर्जितं मानसोत्का: । ...

(और, हे धाराधर!)

दोहा॰ हे धाराधर! आपके, पर्जन्य का प्रभाव ।
कण-कण धरती का हरा, करना जिसे स्वभाव ।। 70

अरु, हे तोयद! आपकी, गर्जन सुन कर दिव्य ।
सुप्त चराचर जाग कर, दृढ़ करते भवितव्य ।। 71

सुन कर वह शुभ गर्जना, कमलवनों के हंस ।
लेकर मृणाल चोंच में, पथ-भोजन का अंश; ।। 72

मानस-सर जाते हुए, आकाश में विहंग ।
प्रमोद से कैलास तक, होंगे तुमरे संग ।। 73

कालिदास महाकाव्य गीतमाला, पुष्प 16
खयाल : राग भूपाली, कहरवा ताल
(धाराधर मेघ)

स्थायी

बादल गरजाते, बरसाते,
सावन ऋतु लाते, हरषाते,
कुदरत की रौनक दरसाते ।

गपधसांधप गरेसारेध़- सारेग-ग-
गगगरे गप धसांधसां धपगरेसा-
गपधसांधप गरे सारेध़ध़ सारेग-ग-

अंतरा-1

धरती को पहनाते गहने,
विविध रंग के, ललित सुहाने ।

पगग- पपसांध सां-सांसां सांरेंसां-
गं-रेंसां रें-सांध पधरें सांधपगरेसा

अंतरा-2

वर्षा ऋतु की शीत फुहारें,
कोयल मंजुल कुहू पुकारें ।।

12.

आपृच्छस्व प्रियसखममुं तुङ्गमालिङ्गच शैलं
वन्द्यै: पुंसां रघुपतिपदैरकिड़तं मेखलासु। ...

(और फिर, हे अंबुद!)

दोहा॰ **हे अंबुद! अब तुम उड़ो, इस पर्वत से तुंग ।**
विदा कहो लग कर गले, लेकर नयी उमंग ।। 74

जिन चट्टानों पर खड़े, तुम हो नीरदराज! ।
उन पर नक्शे कदम हैं, लगा गए रघुराज ।। 75

जिन चिह्नों को पूजता, आया है संसार ।
जब-जब तुम आते यहाँ, माने वे आभार ।। 76

तुम बिन ये सब विरह में, रोते आँसू ढार ।
स्नेह प्रकट करती, सखे! गरम अश्रु की धार ।। 77

13.

मार्गं तावच्छ्रृणु कथयतस्त्वत्प्रयाणानुरूपं
संदेशं मे तदनु जलद! श्रोष्यसि श्रोत्रपेयम्। ...

(अच्छा तो अब)

दोहा॰ **हे तोयद! पहले सुनो, वहाँ गमन की राह ।**
जो यात्रा के योग्य है, देगी खुशी अथाह ।। 78

कहता हूँ मैं अब तुम्हें, उन शिखरों के नाम ।
जहाँ तुम्हें पग टेक कर, करना है विश्राम ।। 79

और जहाँ पर बैठ कर, करना है जल पान ।
तथा जहाँ पर क्षीण है, करनी तुम्हें थकान ।। 80

फिर बतलाऊँगा तुम्हें, कर्ण मधुर निर्देश ।
जाकर मेरी प्रीत को, देना जो संदेश ।। 81

14.

अद्रेः श्रृंगं हरति पवनः किंस्विदित्युन्मुखीभि-
र्दृष्टोत्साहश्चकितचकितं मुग्धसिद्धङ्गनाभिः । ...

(यक्ष सखियाँ)

दोहा॰ **जब तुम लोगे मेरु से, आकाश में उड़ान ।**
यक्षों की सखियाँ तुम्हें, सकेगी न पहिचान ।। 82

बोलेगी आश्चर्य से, ऊपर तुमको देख ।
पहाड़ लेकर उड़ रहा, कैसा है यह मेघ ।। 83

आगे तुमको, हे सखे!, निश्चित् देंगे छेड़ ।
ऊँचे वाले शैल पर, हरे बेंत के पेड़ ।। 84

उनके पीवर शुंड का, बचाय कर आघात ।
जाना उत्तर की तरफ, मुड़ कर तत्पश्चात् ।। 85

15.

रत्नच्छायाव्यतिकर इव प्रेक्ष्यमेतत्पुरस्ता:
द्वल्मीकाग्रात्प्रभवति धनुः खण्डमाखण्डलस्य । ...

(हे मेघश्याम!)

दोहा॰ **खड़ा सामने फिर दिखे, इंद्र धनुष का चाप ।**
चमक रहा आकाश में, डाल रहा है छाप ।। 86

उसकी रौनक रत्न सी, चमकाए तव देह ।
मेघ वर्ण तव साँवला, निखरे निस्संदेह ।। 87

यथा कृष्ण गोपाल का, स्निग्ध सुहाना स्नेह ।
चमक उठा था कृष्ण का, मोर मुकुट से देह ।। 88

16.

त्वय्यायत्त कृषिफलमिति भ्रूविलासानभिज्ञै:
प्रीतिस्निग्धैर्जनपदवधूलोचनै: पीयमान: । ...

(और सुनो)

दोहा॰ **कृषि की सफल-असफलता, निर्णय करते आप ।**
करें किसानों की स्त्रियाँ, तुमसे प्रेमालाप ।। 89

(हे वारिद!)

दोहा॰ **मालदेश पर बरसना, उमड़-घुमड़ कर नाद ।**
गंधवती भू हो उठे, मेघ वृष्टि के बाद ।। 90

मालदेश पर बरस कर, तुम फुहार की तौर ।
हे बादल! आगे बढ़ो, झट आगे की ओर ।। 91

17.

त्वामासारप्रशमितवनोपप्लवं साधु मूर्ध्ना,
वक्ष्यत्यध्वश्रमपरिगतं सानुमानाम्रकूट: । ...

(आम्रकूट पर्वत)

दोहा॰ **हे वारिधर! पयोनिधे! हे मूसलाधार! ।**
दावानल को शांत कर, करना तुम उपकार ।। 92

आम्रकूट पर्वत तुम्हें, बोलेगा आभार ।
बरस-बरस कर थक गए, देगा तुमको प्यार ।। 93

सिर-माथे पर रख तुम्हें, सादर करे प्रणाम ।
उसकी चोटी पर करो, थोड़ा तुम विश्राम ।। 94

क्षुद्र लोग भी मित्र के, याद किए अहसान ।
आश्रय देते प्रेम से, उसको सह सम्मान ।। 95

उसका तो कुल उच्च है, क्या कहने फिर बात ।

श्रेष्ठ कुलज हैं आप भी, बादल मेरे तात! ।। 96

18.

छन्नोपान्त: परिणतफलद्योतिभि: काननाम्रै-
स्त्वय्यरूढे शिखरमचल: स्निग्धवेणीसवर्णे। ...

(सौंदर्य)

दोहा॰ पके आम्र के वृक्ष हैं, उसकी चारों ओर ।
जिनका पीला वर्ण है, गिरि की चारों छोर ।। 97

खड़े रहो तुम बीच में, कृष्ण तिहारा रंग ।
चमक उठेगा खूब वो, पीत रंग के संग ।। 98

देव-देवियाँ देख कर, होगी बहुत प्रसन्न ।
चिकनी वेणी की तरह, लगो रूप संपन्न ।। 99

19.

स्थित्वा तस्मिन्वनचरवधूभुक्तकुञ्जे मुहूर्तं
तोयोत्सर्गं द्रुततरगतिस्तत्परं तर्त्म तीर्ण:। ...

(विंध्य पर्वत)

दोहा॰ विंध्या गिरि के कुंज में, सुंदर वधुएँ वन्य ।
रमण भ्रमण करके, सखे! होजातीं हैं धन्य ।। 100

अल्प देर रुक कर वहाँ, बरसा कर सब नीर ।
हलका कर लो, हे सखे! अपना स्थूल शरीर ।। 101

आगे लंबा रास्ता, है दक्षिण की ओर ।
निकल पड़ो फिर वेग से, होगी जब भी भोर ।। 102

रुक जाना फिर विंध्य पर, पर्वत बहुत विशाल ।
उसके परले नर्मदा, रेवा नद विकराल ।। 103

मेघदूत

विंध्या गिरि की शृंखला, जिस पर विविध पठार ।
हर ढलान से बह रही, निर्मल जल की धार ।। 104

विंध्य-अद्रि उत्तुंग है, पर्वत महा विशाल ।
नभ को छूते शिखर हैं, कुदरत करत कमाल ।। 105

चट्टानों की शृंखला, जंगल जिसमें घोर ।
दीर्घ वृक्ष के झुंड हैं, बिखरे चारों ओर ।। 106

अति विशाल विंध्याद्रि है, गिरिवर पर्वत राज ।
उत्तर-दक्षिण में यही, करता देश विभाज ।। 107

शिखर विंध्य के तुंग हैं, बहुगुन दीर्घ कतार ।
अंत न दिखता शैल का, बिखरा अचल अपार ।। 108

झंझा विंध्या में चले, वर्षा भी जी तोड़ ।
आतप उष्मा तेज का, प्रपात भी बेजोड़ ।। 109

महावृक्ष नभ चूमते, वन के पशु खूँखार ।
कृमि अलबेले विपिन में, डंक देत हैं मार ।। 110

नदियाँ टीले हैं घने, शिखर गगन से पार ।
गिरि के दक्षिण छोर है, नीर नर्मदा धार ।। 111

किया पार जब विंध्य का, विशाल तुंग पहाड़ ।
आगे होगी नर्मदा, नदिया जल की धार ।। 112

लगेगी तुम्हें नर्मदा, ऐसी नदी ललाम ।
मानो हाथी पर किया, पच्चीकारी काम ।। 113

एक-एक गज-अंग पर, कटाव शोभामान ।
कुदरत ने मानो किया, शिल्पी काम प्रदान ।। 114

20.

तस्यास्तिक्तैर्वननगजमदैर्वासितं वान्तवृष्टि-
र्जम्बूकुञ्जप्रतिहतरयं तोयमादाय गच्छैः । ...

(और साथ ही, नर्मदा देवी)

श्लोक

ॐ ह्रीं श्रीं नर्मदां वन्दे सकलमलनाशिनीम् ।
अग्रजां रुद्रकन्यां तां पापघ्नां सुखदामहम् ॥ 115

नर्मदा तटिनी पूज्या निःसृता विन्ध्यपर्वतात् ।
निर्मला नीलवर्णा सा पश्चिमाभिमुखा नदी ॥ 116

(सरिता त्रय)

दोहा० गंगा यमुना नर्मदा, नदियाँ तीन विशाल ।
वेद पुराणों ने कही, जिनकी कीर्ति त्रिकाल ॥ 117

तीनों सरित पवित्र हैं, तीनों पावन धाम ।
तीनों देवी-रूप हैं, तीनों मंगल नाम ॥ 118

बरसा दोगे सरित में, जब तुम अपना नीर ।
फूलेगी जल से नदी, जलथल दोनों तीर ॥ 119

पी कर पावन तोय वो, होकर स्थूल शरीर ।
जंगल-हाथी की तरह, बढ़ना मेघ! अधीर ॥ 120

भारी-भरकम देह को, उड़ा सके ना वात ।
मंद वेग से जा सको, आगे तुम दिन-रात ॥ 121

हलके-रीते को सभी, देते धक्का मार ।
आदर करता पीन का, हरदम यह संसार ॥ 122

<u>कालिदास महाकाव्य गीतमाला, पुष्प 17</u>

बालानंद छंद[9]

8 + 6, 8 + 6, 8 + 6, 8 + 6, 8 + 6, 8 + 6, 8 + 8, 8 + 8, 8 + 6, 8 + 6

(नर्मदा देवी)

अमृत कहता जग सारा, नदी नर्मदा की धारा ।
विंध्या गिरिवर से निकली, सातपुड़ा से फिर उछली ।
नाम राम का तू कहती, पश्चिम दिश को है बहती ।
राम चरण से, नाम स्मरण से ।
पवित्र जल का फव्वारा, महान नदिया की धारा ।। 1

तीरथ तेरा है न्यारा, देव देवता का प्यारा ।
निर्मल ये नीला पानी, जिसका ना कोई सानी ।
तू नदिया शुभ है गहरी, स्वर्गगंग सी तू नहरी ।
राम चरण से, नाम स्मरण से ।
पावन कहता जग सारा, मंगल सरिता की धारा ।। 2

21.
नीपं दृष्ट्वां हरितकपिशं केसरैरर्धरूढे-
राविर्भूप्रथममुकुला: कन्दलीश्चानुकच्छम् । ...

(हे धाराधर!)

दोहा॰ धाराधर! मैं जानता, "तत्पर" तुमरा नाम ।
जाने की जल्दी तुम्हें, करने मेरा काम ।। 123

---

[9] **बालानंद छंद** : इस मात्रावृत्त में 14 मात्राएँ होती हैं । यति 8-6 पर विकल्प से आता है । गाने के लिये यह एक मधुर छंद है । इस पद्य में सूत्र । । । । S । ।, । । S S - S S S । ।, S S S - S S S । ।, S S S - । । S, S S S, S S S है । अंत में 8 और 6 के दो चरण मिलाए जाते हैं ।

लक्षण गीत दोहा॰ चौदह मात्रा में सजा, मनहर अक्षर वृंद ।
सुंदर रचना छंद की, जानी बालानंद ।।

फिर भी रुकना है तुम्हें, शिखरों पर कुछ देर ।
पुष्प कुटज के हैं जहाँ, रहे भूमि को घेर ।। 124

मोर खुशी से नाचते, करके प्यारी कूक ।
कदंब सुमन सुगंध से, मिटे न उनकी भूख ।। 125

मोर तुम्हें स्वागत कहे, भर कर नैनन नीर ।
जल बरसाते तुम चलो, तुमरे संग समीर ।। 126

पीले-हरित कदंब पर, भौंरे करते गूँज ।
केसर चुगने के लिए, मँडराते अलि पुँज ।। 127

मार्ग तुम्हें दिखलायगे, पर्बत के सारंग ।
गंध सूँघ कर सूचना, देंगे तुम्हें मतंग ।। 128

22.

उत्पश्यामि द्रुतमपि सखे! मत्प्रियार्थं यियासो:
कालक्षेपं ककुभसुरभौ पर्वते पर्वते ते। ...

(अरदास)

दोहा॰ मेरा प्रिय यह काम तुम, करने के उद्देश ।
जाने की जल्दी तुम्हें, होगी सहज विशेष ।। 129

जाना भी चाहो अगर, पथ में देगा टोक ।
सौरभ कदंब पुष्प का, तुमको देगा रोक ।। 130

कुटज वृक्ष की चोटियाँ, डालेगी अटकाव ।
केकावाणी मोर की, डाले तुम्हें लगाव ।। 131

फिर भी वारिद! शीघ्र ही, करके जल वर्षाव ।
चल पड़ना आगे, सखे! जाना है उस गाँव ।। 132

23.

पाण्डुच्छायोपवनवृतय: केतकै: सूचिभिन्नै-
नींडारम्भैर्गृ हबलिभुजामाकुलग्रामचैत्या: । ...

(दशार्ण)

दोहा॰ आगे दशार्ण देश में, आओगे जब, मीत! ।
उपवन की वह केतकी, जोड़े तुमसे प्रीत ।। 133

सौरभ उनके सुमन का, बरसाएगा प्यार ।
मगर नुकीली पात से, बचना मेरे यार! ।। 134

ग्रामों में उस देश के, तरु पर बसते काक ।
रामग्रास खा कर उन्हें, नहीं किसी का धाक ।। 135

चहल-पहल उनकी वहाँ, रहती है दिन-रात ।
करना चाहेंगे सखे! कौवे तुमसे बात ।। 136

काँव-काँव उनकी सुनो, ठीक लगा कर ध्यान ।
कर्कश उस आवाज में, राग-बेसुरा गान ।। 137

आगे के उद्यान में, जामुन वृक्ष विशाल ।
काले भौंराले पके, फल न सकोगे टाल ।। 138

उपवन देख सुहावना, हंसों को मुसकान ।
तुम भी उनके साथ में, बन जाना महमान ।। 139

24.

तेषां दिक्षु प्रथितविदिशालक्षणां राजधानीं
गत्वा सद्य: फलमविकलं कामुकत्वस्य लब्धा । ...

(विदिशा)

दोहा॰ नगरी दशार्ण देश की, विदिशा है विख्यात ।

वेत्रवती पर है बसी, शास्त्रों को है ज्ञात ।। 140

वेत्रवती को बेटवा, कहता है इतिहास ।
भाएगी नगरी तुम्हें, वनिता जिसकीं खास ।। 141

वेत्रवती के नीर में, उठते रम्य तरंग ।
जिन्हें देख कर गुदगुदी, पाता कण-कण अंग ।। 142

वहाँ तिहारी रसिकता, तुमको दे आनंद ।
वेत्रवती का जल तुम्हें, मन को लगे पसंद ।। 143

25.

नीचैराख्यं गिरिमधिवसेस्तत्र विश्रामहेतो-
स्त्वसंपर्कात्पुलकितमिव प्रौढपुष्पैः कदम्बैः। ...

(नीच पहाड़)

दोहा॰ आगे बढ़ कर सामने, आए "नीच" पहाड़ ।
जिस पर पुष्प कदंब के, लदे हुए हैं झाड़ ।। 144

थोड़ा रुक जाना वहाँ, करने को आराम ।
पुलकित कर देगा तुम्हें, गिरि पर स्वल्प मुकाम ।। 145

गिरि की माँदों से तुम्हें, आएगी आवाज ।
गणिकाओं के भोग का, वासना भरा साज ।। 146

26.

विश्रान्तः सन्ब्रज वननदीतीरजालानि सिञ्च-
न्नुद्यानानां नवजलकणैर्यूथिकाजालकानि। ...

(यहाँ)

दोहा॰ यहाँ किए विश्राम तुम, करके चुस्त शरीर ।
जूही के उद्यान पर, बरसा देना नीर ।। 147

जूही की कलियाँ खिलें, कुसुमित होंगे बाग ।
बागों की मालिन स्त्रियाँ, चाहेंगी अनुराग ।। 148

उन पर करके छाँव तुम, देना सुख आनंद ।
चल पड़ना फिर सामने, पुनः वेग से मंद ।। 149

27.

वक्र: पन्था यदपि भवत: प्रस्थितस्योत्तराशां
सौधोत्संगप्रणयविमुखो मा स्म भूरुज्जयिन्या: । ...

(रामगिरी, रामटेक)

दोहा॰ तुमको आना पड़ गया, विदर्भ दक्षिण देश ।
यह भी करना योग्य था, कारण जिसे विशेष ।। 150

दक्षिण पथ पर रामजी, चले ग्राम से ग्राम ।
मठ मंदिर में रात को, करते थे विश्राम ।। 151

जन-गण आते दरस को, सुन कर, आये राम ।
भोजन लाते प्रेम से, रुके राम जिस ग्राम ।। 152

राम जहाँ पर थे टिके, नगर बसा उस स्थान ।
रामटेक उस नगर को, मिला पवित्तर नाम ।। 153

दीपक छंद[10]

ऽ । ऽ, । । ।, ऽ । ।, ऽ ऽ

---

[10] **दीपक छंद :** इस 11 वर्ण, 16 मात्रा वाले छंद के चरण में र न भ गण और दो गुरु वर्ण आते हैं । इसका लक्षण सूत्र ऽ । ऽ, । । ।, ऽ । ।, ऽ ऽ इस प्रकार से होता है । चरणान्त विराम है ।

लक्षण गीत दोहा : **चमके सोलह मत्त से, दो गुरु कल से अंत ।**
र न भ गणों की जो प्रभा, दीपक उज्ज्वल छंद ।।

रामटेक स्थापना

यत्र राघव पड़ाव टिकाया ।
रामटेक वह ग्राम कहाया ।। 1
गाँव वो परम राम उबारा ।
राम को भगत संघ सराहा ।। 2

श्लोक

यदा रामो विदर्भे स आगतः सह वानरैः ।
स्वागतनगरं पुण्यं रामटेकं तदुच्यते ।।

(देवस्थान)

दोहा॰ मंदिर राघव का बना, लख कर ऊँचा स्थान ।
राम-लखन-सिय चरण में, पवन पुत्र हनुमान ।। 154

इर्द गिर्द सब ग्राम से, आते भगतन लोग ।
बैठे राघव चरण में, परम चढ़ाते भोग ।। 155

कथा सुनाते रामजी, जभी लगे सत्संग ।
सुन कर राघव की व्यथा, जन पाते थे रंज ।। 156

कभी सुनाते रामजी, कथा विनोदी व्यंग ।
कभी वेद के मंत्र से, प्रवचन में नव रंग ।। 157

बंधु भाव में बैठते, ऋषि-मुनि भगतन संग ।
लीला राघव वचन की, करती सबको दंग ।। 158

कालिदास महाकाव्य गीतमाला, पुष्प 18

शरणं रामा

स्थायी

शरणं रामा, शरणं नाथा,

पाहि प्रभु रे! शरणं देवा ।

निसारे- रे-ग-, पमग- रे-सा-,

प-म गम- प-! पमग- रे-सा- ।

अंतरा-1

सुंदर रूपा, वन्दन भूपा,

शरणं शरणं, सद् गुरु देवा ।

♪रे-रेरे ग-म-, ध-पम ग-म-,

धधनि- धपम-, प-मग रे-सा- ।

अंतरा-2

शुभ वर दाता, हरि रघुनाथा,

त्राहि त्राहि भोः! सद् गुरु देवा ।

अंतरा-3

मंगल छाया, तेरी माया,

स्वस्ति स्वस्ति ओम्! सद् गुरु देवा ।

28.

वीचिक्षोभस्तनितविहगश्रेणिकाञ्चीगुणाया:
संसर्पन्त्या: स्खलितसुभगं दर्शितावर्तनाभे: । ...

(संदेश लेकर यहाँ से)

दोहा॰ **जाना अब उत्तर तुम्हें, हो कर अवंति देश ।**
उज्जयिनी का नगर है, स्वर्ग समान निवेश ।। 159

राज भवन ऊँचे वहाँ, अद्भुत जहाँ विलास ।
अटारियों को देख कर, हो तुमको अहसास ।। 160

चमक यहाँ की ना दिखी, कुछ ना देखा यार! ।
स्त्रियाँ यहाँ की मोहिनी, करती दृग् से प्यार ।। 161

मिलेगी तुम्हें राह में, निर्विंध्या जलधार ।

उसका पीना नीर तुम, बड़ा जायकेदार ।। 162

निर्विंध्या के नीर पर, लहरें खेलत खेल ।
तट पर थपेड़ मार कर, भरती ध्वनि का मेल ।। 163

हंसों की किलकार का, उन लहरों पर नाद ।
मँडराते जो विहग हैं, दरसाने उन्माद ।। 164

बीच नदी के भँवर हैं, फिरते गोलाकार ।
साथ हवा के, बुलबुले, घूमत चक्कर मार ।। 165

नद का रस पीकर, सखे! करना प्रभु को याद ।
मिलने मेरी प्रीत को, बढ़ना उसके बाद ।। 166

कालिदास महाकाव्य गीतमाला, पुष्प 19

उज्जयिनी

स्थायी

उज्जयिनी है नगरी न्यारी,
भव में सुंदर इंद्र दुलारी ।
नि-पपरे- सा- गगगमं निधप-
ऩिऩि रे- ग -गग निधप परे-सा-

अंतरा-1

त्रिभुवनपति चंडीश्वर के
शुभ मंदिर की है यह नगरी ।
पगपपसांसां निरेंगरेंनिरें सां-
सांगं रेंसांसांनि धप गमं धप रेरेसा-

अंतरा-2

यहाँ युवतियाँ हैं मतवारी,
चंचल परियाँ विस्मयकारी ।

मेघदूत

अंतरा–3
महल नगर के नभ को छूते,
रंग बनावट मंगकारी ।

अंतरा–4
भव्य सदन उद्यान यहाँ के, सुमन
सुगंधित की फुलवारी ।

अंतरा–5
हाट-बाट बाजार यहाँ के,
हीरे-मोती रौनक भारी ।

29.
वेणीभूतप्रतनुसलिलालसावतीतस्य सिन्धुः
पाण्डुच्छाया तटरुहतरूभ्रंशिभिर्जीर्णपर्णैः । ...

(निर्विंध्या)

दोहा॰ आगे निर्विंध्या नदी, बनती पतली धार ।
लंबी वेणी की यथा, नारी हो सुकुमार ॥ 167

तट पर पेड़ों की घनी, झड़ कर पीली पात ।
वृक्षों से स्वर दुःख में, करे विरह की बात ॥ 168

विघ्नहरण हे मेघ! तुम, करके योग्य उपाय ।
निर्विंध्या के धार की, अटकन खोली जाय ॥ 169

जल बरसा कर तुम उसे, भरना पूरी तौर ।
जिससे अटकन बह सके, फिर सागर की ओर ॥ 170

30.
प्राप्यावन्तीनुदयनकथाकोविदग्रामवृद्धा-
न्पूर्वोद्दिष्टामनुसर पुरीं श्री विशालां विशालाम् । ...

(अवंती देश)

दोहा॰ इसी अवंति देश में, आगे की जलधार ।
नदी विशाला नाम की, स्वागत करे तिहार ।। 171

ग्राम विशाला तीर पर, स्थित हैं पुण्य अनेक ।
लोग जहाँ पर भक्ति से, अन्वित है प्रत्येक ।। 172

गाए जाते हैं यहाँ, उदयन नृप के गीत ।
वत्सराज धार्मिक बड़े, सदाचार से प्रीत ।। 173

जिनके पुण्य सुकर्म से, धरती से आकाश ।
उज्ज्वल है शुभ स्वर्ग तक, मंगल दीप्त प्रकाश ।। 174

पाओगे उस देश में, पुण्य फलों का स्वाद ।
अमृत रस पीकर वहाँ, बढ़ना इसके बाद ।। 175

31.

दीर्घीकुर्वनपटु मदकलं कूजितं सारसानां
प्रत्यूषेषु स्फुटितकमलामोदमैत्रीकषाय: । ...

(शिप्रा)

दोहा॰ शिप्रा के तट पर बसी, नगरी अति अभिराम ।
धरती पर जो स्वर्ग है, उज्जयिनी है नाम ।। 176

शिप्रा नद की छोर पर, इंदीवर के फूल ।
सौरभ प्रात:काल में, जिनका डाले भूल ।। 177

सुवास जिनका पवन से, भरता है सब ओर ।
जिनसे सारस-हंस हैं, प्रेरित दोनों छोर ।। 178

चटकारी कलहंस की, सुखद शब्द का स्पर्श ।
विरहा में जो हैं स्त्रियाँ, सुने बढ़ाती हर्ष ।। 179

कलरव वह कलहंस का, करे दूर रति-खेद ।
हे वारिद! यह एक है, उनके रव का भेद ।। 180

32.

जालोद्गीर्णैरुपचितवपु: केशसंस्कारधूपै-
र्बन्धुप्रीत्या भवनशिखिभिर्दत्तनृत्योपहार: । ...

(उज्जैन)

दोहा॰ हर रमणी उज्जैन की, सुंदर परी समान ।
केश-वेश भूषा सजी, ज़री वस्त्र परिधान ।। 181

केश सुगंधित गंध की, महक पसारे धूप ।
गवाक्ष से निकली हवा, भाए तुम्हें अनूप ।। 182

सौरभ वह उज्जैन का, तुम्हें करेगा तुष्ट ।
हे धाराधर! आपके, गात्र करेगा पुष्ट ।। 183

घर-घर में जो मोर हैं, नृत्य निपुण मनहार ।
बंधुभाव का आपको, भेजेंगे उपहार ।। 184

भवन-भवन सुरभित वहाँ, कुसुमित खुशबूदार ।
चरण महावर से सजे, ललना का श्रृंगार ।। 185

छाप चरण के देख कर, आए तुम्हें खुमार ।
थकान उसके दरस से, करना दूर तिहार ।। 186

(और)

दोहा॰ प्रसाधनों से हैं लदे, उज्जयिनी बाजार ।
लक्ष्मी आती है यहाँ, खरीदने उपहार ।। 187

रत्न जड़ित माला कहीं, कहीं करोड़ों शंख ।
मणि माणिक मोती कहीं, कहीं मोर के पंख ।। 188

कहीं सीपियाँ चमकती, कहीं निष्क के ढेर ।
कांचन के कंकण कहीं, मन को लेते घेर ।। 189

(प्रद्योत)

दोहा॰ यहाँ अमर है राज्य में, राजवंश प्रद्योत ।
वत्सराज उदयन तथा, उनकी उज्ज्वल ज्योत ।। 190

कन्या का प्रद्योत की, वत्सराज से प्यार ।
वासवदत्ता का किया, उदयन ने अपहार ।। 191

कैसे उदयन राज ने, जीत लिया उज्जैन ।
वासवदत्ता को मिला, कौशांबी में चैन ।। 192

33.

भर्तु: कण्ठच्छविरिति गणै: सादरं वीक्ष्यमाण:
पुण्यं यायास्त्रिभुवनगुरोर्धाम चण्डीश्वरस्य। ...

(महाकाल चंडीश्वर)

दोहा॰ और वहाँ उज्जैन में, महाकाल–कैलास ।
त्रिलोकपति शिव शंभु जी, चंडीश्वर का वास ।। 193

पावन है मंदिर बना, नीलकण्ठ का स्थान ।
शिव गण पूजेंगे तुम्हें, नील रंग का जान ।। 194

शिव मंदिर के बाग में, सुंदर कमल पराग ।
जलक्रीड़ा करती हुईं, ललना युक्त तडाग ।। 195

स्नानद्रव्य से महकती, हवा चले सब ओर ।
देगी प्रसन्नता तुम्हें, सुरभित शीत झकोर ।। 196

34.

अप्यन्यस्मिञ्जलधर महाकालमासाद्य काले

स्थातव्यं ते नयनविषयं यावदत्येति भानुः । ...

(हे धाराधर!)

दोहा॰ हे धाराधर! साँझ से, पहले तुम तत्काल ।
महाकाल के द्वार पर, पहुँचना खुशहाल ।। 197

रुकना देवस्थान पर, आरती तक तयार ।
फिर गर्जन खूँखार से, कहना जय जयकार ।। 198

महाकाल का दिव्य फिर, तांडव नृत्य निहार ।
प्राप्त करो आनंद से, पुण्य फल चमकदार ।। 199

35.

पादन्यासक्वणितरशनास्तत्र लीलावधूतै
रत्नच्छायाखचितवलिभिश्चामरैः क्लान्तहस्ताः । ...

(प्रदोष नृत्य)

दोहा॰ पूजा निहार साँझ की, देखो प्रदोष-नृत्य ।
जिसमें रक्कासा स्त्रियाँ, कला दिखाती स्तुत्य ।। 200

उनकी ठुमकन का सुनो, पायल घुँघरू नाद ।
बाजत मधु कटि-किंकिणी, पायल का प्रतिसाद ।। 201

दास डुलावत चौरियाँ, रत्न जड़ित सुखकार ।
उन पर जल बरसाय कर, करना तरोतरार ।। 202

प्रसन्न होकर दास वे, मानेंगे आभार ।
देंगे सब आदर तुम्हें, वंदन से सौ बार ।। 203

36.

पश्चादुच्चैर्भुजतरुवनं मण्डलेनाभिलीनः
सान्ध्यं तेजः प्रतिनवजपापुष्परक्तं दधानः । ...

(शिव तांडव)

दोहा॰ पूजा गायन आरती, शिव-तांडव के बाद ।
तुमने करना काम जो, उसको रखना याद ।। 204

जपा पुष्प की तौर ही, खिल कर उस शुभ शाम ।
संध्या की लाली लिए, छाना है उस धाम ।। 205

लाली लिप्त ललाम हो, महाकाल सब लाल ।
लख कर ललना लुब्ध हों, लाल-गुलाली गाल ।। 206

एक ओर शिव पशुपति, करते होंगे स्पर्श ।
उन्हें देख कर पार्वती, व्यक्त करेगी हर्ष ।। 207

सुन कर नाद सुहावना, डोलेंगे गजराज ।
गूलर का रस पान कर, झूमें मस्त मिजाज ।। 208

37.
गच्छन्तीनां रमणवसतिं योषितां तत्र नक्तं
रुद्धालोके नरपतिपथे सूचिभेद्यैस्तमोभिः । ...

(सौदामिनी सखी)

दोहा॰ रात समय उज्जैन में, जभी अँधेरा घुप्प ।
राजमार्ग सूने पड़े, नगरी में सब चुप्प ।। 209

ऐसी काली रात में, पिया मिलन की चाह ।
चली अकेली नायिका, नजर न आए राह ।। 210

करो उजाला राह में, बिजली को चमकाय ।
गरज-बरसना बंद हो, महिला डर ना जाय ।। 211

बिजली साथिन आपकी, जिसका दीप्त प्रकाश ।
एक चमक में, घोर भी, करे अँधेरा नाश ।। 212

38.

तां कस्यांचिद्भवनवलभौ सुप्तपारावतायां
नीत्वा रात्रिं चिरविलसिनात्खिन्नविद्युत्कलत्रः। ...

(नायिका)

दोहा॰ **चमक-चमक कर रात में, तड़ित् अगर थक जाय ।**
रात बिताना साथ तुम, छज्जे पर, जो भाय ।। 213

किसी महल के छत्र पर, रहते जहाँ कपोत ।
रैना वहीं गुजारना, बहे प्रेम का स्त्रोत ।। 214

बिजली जब दरसायगी, उसे पिया का द्वार ।
प्रसन्नमना वह नायिका, तुम्हें कहे आभार ।। 215

करते काम सुमित्र का, जो हैं पुरुष सुजान ।
सुस्ति वे करते नहीं, करने में शुभ काम ।। 216

39.

तस्मिन्काले नयनसलिलं योषितां खण्डिताना
शान्तिं नेयं प्रणयिभिरतो वर्त्म भानोस्त्यजाशु। ...

(मगर)

दोहा॰ **बिरहा में जों नायिका, सोतीं सारी रात ।**
भर कर आँसू नैन में, लेकर शीतल गात; ।। 217

उनके आँसू पोंछने, सूरज प्रीतम रूप ।
तड़के आँसू पोंछ कर, उष्मा देता धूप ।। 218

नीरज रूपी नैन से, अश्रु रूप में ओस ।
रश्मि-रूप से भासकर, देता उनको तोस ।। 219

हे धाराधर! इस लिए, सूर्योदय के काल ।

हटना उनके बीच से, कृपया तुम तत्काल ।। 220

प्रीत-पिया के बीच जो, बने अडंगा आप ।
हे बादल! दुष्कर्म का, उसको लगता पाप ।। 221

40.
गम्भीराया: पयसि सरितश्चेतसीव प्रसन्नं
छायात्मापि प्रकृतिसुभगो लप्स्येते ते प्रवेशम् । ...

(गंभीरा)

दोहा॰ विदा कहे उज्जैन को, शिप्रा नद के पार ।
उत्तर में आए नदी, गंभीरा जल धार ।। 222

गंभीरा का तोय है, सुविमल शीतल शांत ।
पी कर सुमधुर सलिल वो, नहीं रहोगे क्लांत ।। 223

निस्तरंग उस उदक में, देखोगे अविलंब ।
साँवला-सलोना भला, सुंदर निज प्रतिबिंब ।। 224

उसके शांत स्वभाव पर, रखना तुम अवधान ।
चंचल चितवन हो कहीं, मत देना तुम ध्यान ।। 225

41.
तस्या: किंचित्करधृतमिव प्राप्तवानीरशाखं
नीत्वा नीलं सलिलवसनं मुक्तरोधोनितम्बम् । ...

(कामोत्तेजक चित्र)

दोहा॰ गंभीरा के तीर का, उथला नीला नीर ।
जिसमें उगती बेंत की, लंबी तृण सुस्थिर ।। 226

झुकी हुई कुछ टहनियाँ, छू कर जल का पृष्ठ ।
पट सरकाती देख कर, मन होता आकृष्ट ।। 227

मेघदूत

दरसातीं हमको यथा, पकड़ा मानो वस्त्र ।
नितंब से खिसका हुआ, कामोत्तेजक चित्र ॥ 228

अंबुद! तुम हट ना सको, बिना रुके कुछ देर ।
है को नर जो ना रुके, उघड़ा चूतड़ देख? ॥ 229

42.
त्वन्निष्यन्दोच्छ्वसितवसुधागन्धसंपर्करम्य:
स्त्रोतोरन्ध्रध्वनितसुभगं दन्तिभि: पीयमान: । ...

(हे नीरद!)

दोहा॰ हे नीरद! तुमरी झड़ी, सुरभित करे जमीन ।
जिस सौरभ को सूँघने, हाथी होते लीन ॥ 230

हे वारिद! तुमरी झड़ी, शीतल करे समीर ।
दे कर तुमको प्रेरणा, मन को करे अधीर ॥ 231

आगे बढ़ने के लिए, उतावला मन मोर ।
हे तोयद! मन शांत हो, देवगिरी पर तोर ॥ 232

देवगिरी पर्बत सखे! देवों का है स्थान ।
पुष्प वृष्टि से स्कन्द को, यहाँ कराना स्नान ॥ 233

शुभ गंगा-आकाश की, देगी तुमको नीर ।
पुण्य स्नान को और लो, कामधेनु का क्षीर ॥ 234

43.
तत्र स्कन्दं नियतवसतिं पुष्पमेधीकृतात्मा
पुष्पासारै: स्नपयतु भवान्व्योमगङ्गाजलाद्रै: । ...

(कार्तिकेय)

दोहा॰ कार्तिकेय बसता यहाँ, शिव शंकर का पुत्र ।

चंदाधारी से मिला, उसे युद्ध का सूत्र ।। 235

सूरज जैसे तेज से, अग्नि की बौछार ।
कार्तिकेय ने जब करी, अरि में हा हा कार ।। 236

44.

ज्योतिर्लेखावलयि गलितं यस्य बर्हं, भवानी
पुत्रप्रेम्णा कुवलयदलप्रापि कर्णे करोति । ...

(शिवस्कन्द जन्म)

दोहा॰ सरकण्डों के विपिन में, जन्मे थे शिवस्कन्द ।
जिनकी हो आराधना, लोचन करके बंद ।। 237

कार्तिकेय के नमन में, करना जय-जय शोर ।
सुन कर मंगल शब्द वो, नाचे उनका मोर ।। 238

नैनन में उस मोर के, धवलित चंद्र प्रकाश ।
शिव के शशि की चांदनी, करे तमस का नाश ।। 239

पूजित करके भक्ति से, कार्तिकेय भगवान ।
आगे बढ़ने के लिए, रखो समय पर ध्यान ।। 240

45.

आराध्यैनं शरवणभवं देवमुल्लाङ्घिताध्वा
सिध्दद्वन्द्वैर्जलकणभयाद्वीणिभिर्मुक्तमार्ग: । ...

(चर्मण्वती)

दोहा॰ आगे चल कर आयगी, चर्मण्वती विशाल ।
गंभीरा जिससे मिली, चल कर थोड़ी चाल ।। 241

पूज्य नदी चर्मण्वती, आदर की हकदार ।
नभ से नीचे उतर कर, करना तुम सत्कार ।। 242

राजा रन्तीदेव ने, किए यज्ञ गोमेध ।
नदी चर्मण्वती बनी, कीर्ति रूप निर्वेद ।। 243

धारा बन कर भूमि पर, बह निकली जल रूप ।
भूलो मत, हे मेघ! तुम, रन्तिदेव नरभूप ।। 244

46

त्वय्यांदातुं जलमवनते शर्ङ्गिणो वर्णचौरे
तस्याः सिन्धोः पृथुमपि तनुं दूरभावात्प्रवाहम् । ...

(हे साँवले मेघ!)

दोहा० श्यामवर्ण तुम रंग से, हरिहर विष्णु समान ।
वर्ण सलोना साँवला, नाम तुम्हें घनश्याम ।। 245

यदपि दिखे आकाश से, महीन पतली रेख ।
चौड़ी है चर्मण्वती, तले उतर कर देख ।। 246

सूर्य किरण की रोशनी, लहरों को चमकाय ।
जैसे तारे कौंधते, झिलमिल सुंदर काय ।। 247

गंधर्वों को गगन से, सरिता सर्पाकार ।
लगे गले में शंभु के, हीरे मौक्तिक हार ।। 248

47.

तामुत्तीर्यं ब्रज परिचितभ्रूलताविभ्रमाणां
पक्ष्मोत्क्षेपादुपरिविलसत्कृष्णशारप्रभाणाम् । ...

(दशपुरि)

दोहा० पार किए चर्मण्वती, आओ दशपुरि गाँव ।
सुघट जहाँ की युवतियाँ, चाहेगी तव छाँव ।। 249

उनके दृग् की लालसा, लाल करे तव देह ।

देख जिसे इक नजर से, होगा उनको स्नेह ।। 250

आँख चुराने में कुशल, देखें पलक उठाय ।
ऐसा लगता मान लो, भौंरे शहद चुराय ।। 251

सुगंध सुंदर कुंद का, प्राशन करे समीर ।
नैन बाण से युवतियाँ, घायल करें शरीर ।। 252

48.

ब्रह्मावर्तं जनपदमथच्छायया गाहमान:
क्षेत्रं क्षत्रप्रधनपिशुन कौरवं तद्भजेथा: । ...

श्लोक

सरस्वतीदृषद्वत्योर्देवनद्योर्यदन्तरम् ।
तद्देवनिर्मितं देशं ब्रह्मावर्त्तं प्रचक्षते ।।
(मनु. 2.17)

(ब्रह्मावर्त्त)

दोहा॰ **पार किए चर्मण्वती, ब्रह्मावर्त्त प्रदेश ।**
तव परछाई देख कर, मिटे हृदय का क्लेश ।। 253

पवित्र ब्रह्मावर्त्त है, कहता षष्ठम वेद[11] **।**
मनुस्मृति भी कह रही, ब्रह्मवर्त्त का भेद ।। 254

सरस्वती अरु दृषद्वती, दो नदियों के बीच ।
बसी हुई यह भूमि है, यहीं स्वर्ग का बीज ।। 255

49.

हित्वा हालामभिमतरसां रेवतीलोचनाङ्का
बन्धुप्रीत्या समरविमुखो लाङ्गली या: सिषेवे । ...

---

[11] महाभारत वन पर्व 38.53, मनुस्मृति 2.17

(कुरुक्षेत्र)

दोहा॰ जानो ब्रह्मावर्त्त में, तटस्थ थे बलराम ।
उभय दलों को छोड़ कर, निकले तीरथधाम ।। 256

सरस्वती के तीर पर, बैठे मुँह को मोड़ ।
लौट युद्ध के बाद में, लीन्हा नाता जोड़ ।। 257

तुम भी जल प्राशन किए, सरस्वती का नीर ।
उजला अंतःकरण हो, यदपि श्याम शरीर ।। 258

50.

तस्माद्गच्छैरनुकनखलं शैलराजावतीर्णा
जह्नोः कन्यां सगरतनयस्वर्गसोपानपङ्क्तिम् । ...

(कनखल)

दोहा॰ कुरुक्षेत्र से तुम बढ़ो, जाने कनखल धाम ।
कनखल में है गंग का, हिमगिरि से विश्राम ।। 259

हिमगिरि से अवरोह कर, प्रवाह उसका मंद ।
रविकुल राजा सगर को, मिला यहाँ आनंद ।। 260

निकली शिव के केश से, चंदा जहाँ विराज ।
भू पर आई जाह्नवी, हर्षित हुआ समाज ।। 261

फेनों की मुस्कान से, अंबा जी की ओर ।
अल्हड़ तरंग फेंकती, देवनदी चित चोर ।। 262

पुत्र सगर के, स्वर्ग में, पहुँचे गंगा–मार्ग ।
मिला उन्हें उद्धार था, पाकर के सन्मार्ग ।। 263

51.

मेघदूत

तस्या: पातुं सुरगज इव व्योम्नि पश्चार्थलम्बी
त्वं चेदच्छस्फटिकविशदं तर्कयेस्तिर्यगम्भ: । ...

(गंगा मैया)

दोहा०

गज के भाँति, मेघ! तुम, चारों दिश आकाश ।
सैर लगाते रात में, या हो सूर्य प्रकाश ।। 264

झुक कर गंगा सरित का, पीना चाहो नीर ।
गंगा जल निर्मल तुम्हें, लगे बहुत रुचिर ।। 265

पानी वह बिल्लौर सा, पारदर्श आदर्श ।
छाया दर्पणनीर में, मनहारी संदर्श ।। 266

जैसी कालिंदी नदी, प्रयाग में कमनीय ।
गंगा से संगम किए, लगती है रमणीय ।। 267

52.

आसीनानां सुरभितशिलं नाभिगन्धैर्मृगाणां
तस्या एवं प्रभवमचलं प्राप्य गौरं तुषारै: । ...

(गंगोत्री)

दोहा०

कनखल से आगे बढ़ो, गंगोत्री के धाम ।
हिमगिरि पर जाओ जहाँ, गंगा उद्गम स्थान ।। 268

इस चोटी पर हैं सखे! बड़ बड़े पाषाण ।
वहाँ बैठ कर, शाँत मन, होंगे तुमरे प्राण ।। 269

कस्तूरी मृग बैठने, आते हैं इस स्थान ।
सुगंध उनके नाभि का, मेघ! करो तुम पान ।। 270

हिम आच्छादित शिखर पर, तुमरा श्यामल देह ।
शिव के नंदी सा लगे, जिसे मेह से नेह ।। 271

गीली मिट्टी से लदे, श्यामल उसके शृंग ।
नंदी वह तुमसा लगे, धौला जिसका रंग ।। 272

53.

तं चेद्वायौ सरति सरलस्कन्धसंघट्टजन्मा
बाधेतोल्काक्षपितचमरीबालभारो दवाग्निः । ..

(दावानल)

दोहा॰ वन में जब आँधी उठे, और चले तूफान ।
देवदार के वृक्ष कीं, तब संकट में जान ।। 273

शाखाओं की रगड़ से, आग होत उत्पन्न ।
दावानल में जल पड़े, वन शोभा संपन्न ।। 274

चौंरी गायों के घने, कृष्ण पृच्छ के केश ।
दावानल में झुलस कर, देते उनको क्लेश ।।

हे वारिद! तुम बरस कर, जल से धुआँधार ।
आग बुझा कर विपिन की, करना उनका तार ।। 275

श्रेष्ठ जनों की है यही, धन-दौलत औ शान ।
दीन-दुखी का कर भला, बिना किसी अहसान ।। 276

54.

ये संरम्भोत्पतनरभसाः स्वाङ्गभङ्गाय तस्मि-
न्मुक्ताध्वानं सपदि शरभा लङ्घयेयुर्भवन्तम् । ...

(शरभ मृग)

दोहा॰ गज सा श्यामल देख कर, तुमरा भव्य शरीर ।
शरभ जाति के मृग अगर, पटकें अपने सिर ।। 277

उछल-कूद कर क्रोध में, तुड़वाएँगे पैर ।

तुमको टक्कर मारने, उनकी ना हो खैर ।। 278

ओले बरसा कर तभी, धुआँधार नितांत ।
उनके रक्षण के लिए, करना उनको शाँत ।। 279

बलशाली को चाहिए, करना निर्बल त्राण ।
आत्मघात से, मूढ़ के, सदा बचाएँ प्राण ।। 280

55.

तत्र व्यक्तं दृषदि चरणन्यासमर्धेन्दुमौलेः
शश्वत्सिद्धैरुपचितबलिं भक्तिनम्रः परीयाः । ...

(शिव पद चिह्न)

दोहा॰ उन चट्टानों पर बनीं, शिव पैरों की छाप ।
पूजा करने से मिटे, जनम-जनम के पाप ।। 281

उनके दर्शन-मात्र से, शिव के चरणन प्राप्त ।
होजाते हैं भक्त के, तन-मन पुन से व्याप्त ।। 282

56.

शब्दायन्ते मधुरमनिलैः कीचकाः पूर्यमाणाः
संसक्ताभिस्त्रिपुरविजयो गीयतो किन्नरीभिः । ...

(त्रिपुर-विजय)

दोहा॰ इसी स्थान पर विपिन में, उगते पोले बाँस ।
करत हवा के झोंक से, बंसी नुमा विलास ।। 283

किन्नरियाँ उस नाद से, मिलाय कण्ठ तरंग ।
गातीं त्रिपुर-विजय के, गान उन्हीं के संग ।। 284

हवा विवर में घूम कर, गूँजे नाद दबंग ।
शिव पूजा संगीत में, जैसे बजे मृदंग ।। 285

मेघदूत

57.
प्रालेयाद्रेरुपतटमतिक्रम्य तांस्तान्विशेषान्
हंसद्वारं भृगुपतियशोवर्त्म यत्क्रौञ्चरन्ध्रम् । ...

(परशुराम, क्रौंच पर्वत)

दोहा॰ इर्दगिर्द हिमप्रस्थ के, देख सुहाने स्थान ।
क्रौंचरंध्र से गुजर कर, करना तुम प्रस्थान ॥ 286

इसी राह से हंस भी, करते यातायात ।
मानसरोवर के लिए, यही मार्ग है ज्ञात ॥ 287

क्रौंच शैल को फोड़ कर, किया रंध्र निर्माण ।
परशुराम अवतार ने, देने अमर प्रमाण ॥ 288

उनकी स्मृति का चिह्न ये, तुमने करना पार ।
बहुत सँकरा रास्ता, लंबा सर्पाकार ॥ 289

प्रवेश करने रंध्र में, तुमरा हो आकार ।
जैसे विक्रम विष्णु का, बलि-नियमन अनुसार ॥ 290

58.
गत्वा चोर्ध्वं दशमुखभुजोच्छ्वासितप्रस्थसंधे:
कैलासस्य त्रिदशवनितादर्पणस्यातिथि: स्या: । ...

(कैलास)

दोहा॰ आगे बढ़ कर सामने, तुम्हें मिले कैलास ।
ऊँचे टीले पर वहाँ, शिव शंकर का वास ॥ 291

रुकना तुम कैलास पर, जहाँ सतह बिल्लौर ।
शीत पहाड़ी है यहाँ, हिम-दर्पण की तौर ॥ 292

कुमुद पुष्प सा श्वेत है, बर्फीला नगभूप ।

जिसको रावण असुर ने, हिला दिया था खूब ।। 293

59.

उत्पश्यामि त्वयि तटगते स्निगधभिन्नाञ्जनाभे
सद्य:कृत्तद्विरददशनच्छेदगौरस्य तस्य । ...

(बलराम)

दोहा॰ शोभा गोरे अंग की, अंजन यथा बढ़ाय ।
तुम धौले कैलास पर, छाया रखो चढ़ाय ।। 294

हिम छादित कैलास का, शुभ्र धवल है रंग ।
जैसे हाथी का अभी, दंत हुआ हो भंग ।। 295

कृष्ण मेघ उस पर सजे, दिखने में अभिराम ।
यथा सुरमई वस्त्र में, गौर वर्ण बलराम ।। 296

60.

हित्वा तस्मिन्भुजगवलयं शंभुना दत्तहस्ता
क्रीडाशैले यदि च विचरेत्पादचारेण गौरी । ...

(शिव–उमा)

दोहा॰ साँप रूप कंगन–कड़े, शिव ने दिए उतार ।
संग उमा के शिव चले, हाथ हाथ में डार ।। 297

घूम रहे कैलास पर, चमक रहा आलोक ।
उन्हें देख कर, मेघ! तुम, वर्षा लेना रोक ।। 298

शीतल जल से बर्फ का, रच कर तुम सोपान ।
शिव–अंबा को मार्ग दो, जाने मणितट स्थान ।। 299

61.

तत्रावश्यं वलयकुलिशोद्घट्टनोदगीर्णतोयं
नेष्यन्ति त्वां सुरयुवतयो यन्त्रधारागृहत्वम् । ...

(मणितट)

दोहा॰ मणितट की देवांगना, सुजान हैं बेजोड़ ।
वे कंगन की नोंक से, हिम डालेगी तोड़ ।। 300

उनके टूटे अंग से, बहे नीर की धार ।
फौवारा बन जायगी, बहती नीर फुहार ।। 301

उनसे छुटने के लिए, मारो जोर दहाड़ ।
परियाँ डर कर आपसे, बंद करें खिलवाड़ ।। 302

62.

हेमाम्भोजप्रसवि सलिलं मानसस्याददान:
कुर्वन्कामं क्षणमुखपटप्रीतिमैरावतस्य। ...

(हे वारिद!)

दोहा॰ हे वारिद! कैलास पर, ललित खेल को खेल ।
मन बहलाना आपका, जिसमें सुख का मेल ।। 303

मानस सरवर शीत का, पीना निर्मल नीर ।
प्रसन्न करना इंद्र का, ऐरावत गज हीर ।। 304

कल्पवृक्ष के पर्ण तुम, झकझोरना अधीर ।
जैसे रेशम ओढ़नी, लहराता है समीर ।। 305

63.

तस्योत्सङ्गे प्रणयिन इव स्रोतङ्गादुकूलां
न त्वं दृष्ट्वा न पुनरलकां ज्ञास्यसे कामचारीन्!

(अलका)

दोहा॰ चप्पा-चप्पा देखना, कैलास का विशाल ।
महादेव का स्थान है, अवलोकनीय त्रिकाल ।। 306

गंगारूपी शाटिका, खिसक नग्न जो देह ।
बैठी है वो गोद में, कैलास की सनेह ।। 307

कैलासा की प्रेमिका, अलकापुरी महान ।
कामविलासी मेघ! तुम, झट लोगे पहिचान ।। 308

जाना तुमने है वहाँ, तोयद मेघ! सुजान ।
वर्षा ॠतु में तोय से, करो हरित वह स्थान ।। 309

गिरे जभी वर्षा झड़ी, जल बिंदु की कतार ।
पत्तों पर ऐसी लगे, जैसी मौक्तिक धार ।। 310

मोती माला से सजे, जिस देवी के केश ।
अलका है वह कामिनी, पहनी सुंदर वेश ।। 311

२

उत्तरमेघ

64.

विद्युत्वन्तं ललितवनिता: सेन्द्रचापं सचित्रा:
संगीताय प्रहतमुरजा: स्निग्धगम्भीरघोषम् । ...

(अलकापुरी)

दोहा॰ बड़े-बड़े प्रासाद से, अलकापुरी ललाम ।
सब गुण से संपन्न है, तुम्हीं समान सकाम ।। 312

बिजली तुमरी है सखी, वहाँ छबीलीं नार ।
इंद्रधनुष तुमको मिला, सप्त रंग सुकुमार ।। 313

उन महलों में चित्र हैं, नाना रंग फुहार ।
मोहित होगा देख कर, प्रेमल चित्त तुम्हार ।। 314

गर्जन तुमरी रम्य हो, मधुर तथा गंभीर ।
उनके पास मृदंग हैं, लय संगीत सुधीर ।। 315

तुमरे भीतर है भरा, शीतल निर्मल नीर ।
महलों में मणिफर्श हैं, चमकीली तसवीर ।। 316

तुम ऊँचे आकाश में, करते स्वैर विहार ।
महल गगन को चूमते, सुंदर हैं आकार ।। 317

कालिदास महाकाव्य गीतमाला, पुष्प 20

(अलकापुरी)

स्थायी

बसा कैलास की गोद में जो,
नाम अलकापुरी है नगर वो ।
शिव जी की कृपा है जहाँ पर,
हिमालय में है यक्षों का घर वो ।।

म-ग म-म- म प-म- ग म-प-,
रे-ग म-म- मध- प- मग-म- ।
रेगम-म म- म ध-प- गम-प-,
रे-ग-म- म- म ध-प- मग-रे- ।।

अंतरा-1

यहाँ नारी अदा है हठीली,
बिजली की तरह है छबीली ।
यहाँ नारी की आँखें हैं नीली,
परियों का है न्यारा शहर वो ।।

सांसां नि-रें- सां- ध-नि- धप-म-,
सांसां-निनि रें- सां ध-नि- धप-म- ।
म- गम-म म-म प-म- ग म-प-,
रे-ग- म-म- म ध-प-म ग-रे- ।।

अंतरा-2

यहाँ संगीत की श्रेष्ठता है,
नाच के ढंग में दिव्यता है ।
ढोल-मिरदऽग में सभ्यता है,

शिव डमरू का दैवी असर है ।।

अंतरा-3

सात रंगों सजीला ये पुर है,
मणि-मोती सजी हर डगर है ।
सरवरों में खिले इंदिवर हैं,
जिन पे भौंरों की गूँजन मधुर है ।

65.

हस्ते लीलाकमलमलके बालकुन्दान्दानुविद्धं
नीता लोध्रप्रसवरजसा पाण्डुतामानने श्रीः । ...

(हे मेघराज!)

दोहा॰ अलकापुर की दुलहनें, करती षड्-शृंगार ।
छह ऋतुओं के पुष्प के, छह तरह अलंकार ।। 318

पुष्प पद्म के शरद में, हस्तलीलारविंद ।
केश-वेश हेमंत में, टटके बालमुकुंद ।। 319

लोध्र मंजरी शिशिर में, जिनका पीत पराग ।
वर्धन करता काँति है, और बढ़े अनुराग ।। 320

कुरबक कुसुम वसंत में, जूड़े में अभिराम ।
सुमन सिरस के ग्रीष्म में, कानन-कुण्डल काम ।। 321

पीले फूल कदंब के, वर्षा ऋतु की मांग ।
ललनाएँ अलकापुरी, ललित सजातीं माँग ।। 322

मेघराज! तुम बरस कर, खूब खिलाओ फूल ।
वर्षा ऋतु आनंद दे, गरमी जाए भूल ।। 333

66.

यस्यां यक्षा: सितमणिमयान्येत्य हर्म्यस्थलानि
ज्योतिश्छायाकुसुमरचितान्युत्तमस्त्रीसहाया: । ...

(और)

दोहा॰ अलका नगरी में वहाँ, विशाल हैं प्रासाद ।
संगमर्मरी अट्ट हैं, श्रेष्ठ न जिनके बाद ।। 334

उनमें झिलमिल रोशनी, तारों की सुकुमार ।
फूलों जैसी महकती, मन मोहक सुखकार ।। 335

यहाँ यक्ष विराजते, कामिनियों के साथ ।
सबको मिलता प्रेम है, कोई नहीं अनाथ ।। 336

सबके नैनन मोद के, आँसू सदा विराज ।
कोई रूठे ना कभी, न ही विरह का साज ।। 337

सबके मन आनंद है, सब हैं श्रद्धावान ।
कभी उन्हें न थकान है, रहते सदा जवान ।। 338

वृक्ष यहाँ के फूलते, फलते सारा साल ।
हरेभरे पादप सदा, छाया देत त्रिकाल ।। 339

कमल यहाँ तालाब में, खिलते बारह मास ।
तोते हंस मयूर खग, गाते रच कर रास ।। 340

रहे सदा ही पुर्णिमा, उज्ज्वल चंद्र प्रकाश ।
कुदरत की किरपा यहाँ, कभी न होती नाश ।। 341

बादल के ध्वनि के नुमा, बज कर पुष्कर साज ।
देता दंपति युगल को, रतिफल का अंदाज ।। 342

67.

मन्दाकिन्या: सलिलशिशरै: सेव्यमाना मरुदभि-
र्मन्दाराणामनुतटरुहां छायया वारितोष्णा: । ...

(यक्ष परियाँ)

दोहा० **यक्षों की परियाँ यहाँ, कन्या सुंदर रूप ।**
देव-देवता चाहते, उनका रम्य स्वरूप ।। 343

अमृत जल मंदाकिनी, उन्हें पिलाती रोज ।
जिससे सुघटित ललित हैं, उनके कलित उरोज ।। 344

नदी किनारे बालुका, लसित सुनहरा रंग ।
चंद्र सूर्य भी देख कर, रह जाते हैं दंग ।। 345

नदी किनारे हो जहाँ, मंदारों की छाँव ।
वहाँ रेत पर बैठ कर, चले खेल के दाँव ।। 346

रत्न छिपा कर रेत में, कन्याएँ चुपचाप ।
उन्हें ढूँढ कर खोजती, करने स्नेह मिलाप ।। 347

68.

नीवीबन्धोच्छ्वसितशिथिलं यत्र बिम्बाधाराणां
क्षौमं रागादनिभृतकरेष्वाक्षिपत्सु प्रियेषु । ...

(और)

दोहा० **अलका नगरी की स्त्रियाँ, अधर सजीले लाल ।**
प्रीतम पर माया किए, डालत रति का जाल ।। 348

खींच रेशमी वस्त्र को, पिया उन्हें धर पाय ।
लज्जा की मारी हुईं, नारी मन मुसकाय ।। 349

रत्नदीप के सामने, बैठी सुंदर नार ।
कुंकुम भरती माँग में, सर्व श्रेष्ठ श्रृंगार ।। 359

69.

नेत्रा नीता: सततगतिना यद्विमानाग्रभूमी-
रालेख्यानां नवजलकणैर्दोषमुत्पाद्यासद्य: । ...

(और भी)

दोहा० **अलका नगरी के सजे, महल बहुत मनहार ।**
सतखंडे प्रासाद की, अटारियाँ सृकदार ।। 351

चंचल झोंक गवाक्ष से, भीतर घुस कर चोर ।
भीत्तिचित्र रस चूसते, बिना मचाए शोर ।। 352

सुंदर कला बिगाड़ कर, नमी वहीं पर छोड़ ।
वातायन से भागते, छली मेघ बेजोड़ ।। 353

70.

यत्र स्त्रीणां प्रियतमभुजालिङ्गनोच्छ्वासिताना-
मङ्गग्लानि सुरतजनितां तन्तुजालावलम्बा: । ...

(कामिनियाँ)

दोहा० **सूनी आधी रात में, निरभ्र जब आकाश ।**
पूर्ण चंद्र की चाँदनी, डाले शुभ्र प्रकाश ।। 354

किरणें मणियों पर पड़े, सप्त वर्ण के संग ।
फुहार चूती बिंदु की, इंद्रधनुष सा रंग ।। 355

कामिनियाँ उन बिंदु से, पाती मधु मुसकान ।
आलिंगन से अंग की, होती दूर थकान ।। 356

71.

अक्षय्यान्तर्भवननिधय: प्रत्यहं रक्तकण्ठै-
रूद्गायद्भिर्धनपतियश: किंनरैर्यत्र सार्धम् । ...

(ऐश्वर्य)

दोहा॰ अलका नगरी के सभी, महलों में धन रास ।
अखूट दौलत है भरी, हर नारी के पास ।। 357

सुंदर सुरवारांगना, करती प्रेमालाप ।
किन्नर यक्ष-कुबेर के, गाते छंद अमाप ।। 358

कुबेर करते हैं जहाँ, उद्यान में विहार ।
यश गाते गंधर्व हैं, करके स्तुति सत्कार ।। 359

72.

गत्युत्कम्पादलकपतितैर्यत्र मन्दारपुष्पै:
पत्रच्छैदै: कनककमलै: कर्णविभ्रंशिभिश्च । ...

(और फिर)

दोहा॰ प्रातः में अलकापुरी, सुर्योदय के काल ।
रतिमय माया रात की, खो देती तत्काल ।। 360

कामिनियों का रात भर, प्रणय मग्न अभिसार ।
बालों से खिसके हुए, पुष्प गुच्छ मंदार; ।। 361

कानों से सरके हुए, झूमर पत्तेदार ।
जूड़े में गूथे हुए, टूटे मौक्तिक हार; ।। 362

उरोज से फिसली हुई, लड़ियाँ लच्छेदार ।
हाल बताती रात का, यौवन मदन सवार ।। 363

73.

मत्वा देवं धनपतिसखं यत्र साक्षाद्वसन्तं
प्रायश्चापं न वहति भयान्मन्मथ: षट्पदज्यम् । ...

(कामदेव)

दोहा॰ अलका नगरी में बसे, कुबेर जी के मित्र ।
शिवशंकर को देख कर, कामदेव हत गात्र ।। 364

अनंग अपने धनुष पर, बाण चढ़ाने मात्र ।
प्रत्यंचा को खींचने, रहता तभी अपात्र ।। 365

कामीजन उसके लिए, होते सरल शिकार ।
नारी की तिरछी नजर, उसका शर आधार ।। 366

74.

वासश्चित्रं मधु नयनयोर्विभ्रमादेशदक्षं
पुष्पोद्भेदं सह किसलयैर्भूषणानां विकल्पान् । ...

(शृंगार)

अलका नगरी में वहाँ, सबका वस्त्र विलास ।
रेशम नाना रंग के, ज़री कशीदा खास ।। 367

नैना कजरारे किए, चंचल चटक हसीन ।
सजे महावर पैर पर, चरणकमल रंगीन ।। 368

पुषित गहने अंग पर, रंग-गंध पर्याप्त ।
सामग्री शृंगार की, कल्पवृक्ष से प्राप्त ।। 369

75.

तत्रागारं धनपतिगृहानुत्तरेणास्मदीयं
दूराल्लक्ष्यं सुरपतिधनुश्चारुणा तोरणेन । ...

(यक्ष-यक्षिणी आवास)

दोहा॰ अलका नगरी में उसी, मेरा है आवास ।
जिसके दक्षिण में बना, कुबेर जी का वास ।। 370

मेरे घर के सामने, तोरण चंद्र कमान ।

इंद्र धनुष सा द्वार है, सुबोध है पहिचान ।। 371

घर के आगे वृक्ष है, मंदार का महान ।
मेरी पत्नी ने जिसे, पाला पुत्र समान ।। 372

पुष्पित रहता है सदा, प्रसून गुच्छेदार ।
हाथ बढ़ा कर चुन सको, झुकी हुई हर डार ।। 373

76.
वापी चास्मिन्मरकतशिलाबद्धसोपानमार्गा
हैमैश्छन्न विकचकमलै: स्निग्धवैदूर्यनालै: । ...

(सुंदरता)

दोहा॰   घर के भीतर बावड़ी, जीवन करे प्रदान ।
नीचे जाने के लिए, उसमें है सोपान ।। 374

पौड़ी पर पन्ना जड़ा, बिल्लौरी है फर्श ।
कमल बने हैं कनक के, चिकना जिनका स्पर्श ।। 375

हंस वहाँ के नीर में, इतने हैं संतुष्ट ।
मानस सरवर भी उन्हें, नहीं करे आकृष्ट ।। 376

77.
तस्यास्तीरे रचितशिखर: पेशलैरिन्द्रनीलै:
क्रीडाशैल: कनककदलीवेष्टनप्रेक्षणीय: । ...

(नीलम शैल)

दोहा॰   उसी नीर के तीर पर, बना हुआ है कूट ।
जिसकी चोटी पर मढ़े, नीलम रत्न अखूट ।। 377

मेरी पत्नी ने इसे, बनवाया था खास ।
जा कर बैठे वो वहाँ, जब भी होत उदास ।। 378

उसके चारों ओर हैं, कदली सुवर्ण रंग ।
उन पेड़ों को देखने, सबको रहे उमंग ।। 379

78.

रक्ताशोकश्चलकिसलयः केसरश्चात्र कान्तः
प्रत्यासन्नौ कुरबकवृतेर्माधवीमण्डपस्य । ...

(मणि मंडप)

दोहा॰ उस नीलम के शैल पर, मोती-मंडप कांत ।
कुबरक तरु से है घिरा, परिसर है अति शांत ।। 380

मंडप के दोनों तरफ, दो हैं पेड़ विशिष्ट ।
दाईं ओर अशोक है, लाल फूल उत्कृष्ट ।। 381

मौलसिरी बाईं तरफ, बकुल जिसे है नाम ।
दोनों मिल कर करत हैं, हमरे बिगड़े काम ।। 382

79.

तन्मध्ये च स्फटिकफलका काञ्चनी वासयष्टि-
र्मूले बद्धा मणिभिरनतिप्रौढवंशप्रकाशैः । ...

(सुवर्ण छत्र)

दोहा॰ दो वृक्षों के बीच में, सुवर्ण का है छत्र ।
भास्वर मणियों से बना, ऊपर मरकत पत्र ।। 383

इस छत्री पर शाम को, नील कंठ का मोर ।
आकर प्रतिदिन बैठता, पत्नी का चित चोर ।। 384

मेरी पत्नी ने उसे, सिखा दिया है नाच ।
ठुमकत नाचे ताल पर, हिला-हिला कर चोंच ।। 385

80.

एभि: साधो! हृदयनिहितैर्लक्षणैर्लक्षयेथा
द्वारोपान्ते लिखितवपुषौ शङ्खपद्मौ च दृष्ट्वा। ...

(और, हे बादल)

दोहा॰ **रहे याद में, मेघ! ये, कही हुई सब बात ।**
लक्षण सब उस मार्ग के, कर लो मन में ज्ञात ।। 386

मेरे घर के द्वार पर, बने कमल अरु शंख ।
उस घर की पहचान हैं, नील मोर के पंख ।। 387

मेरे बिन अब तो वहाँ, सूनी होगी सेज ।
सूरज की आभा बिना, पद्म पुष्प निस्तेज ।। 388

81.

गत्वा सद्य: कलभतनुतां शीघ्रसंपातहेतो:
क्रीडाशैले प्रथमकथिते रम्यसानौ निषण्णा: । ...

(जुगनू दृष्टि)

दोहा॰ **सुन कर सारी बात ये, करना पहला काम ।**
बालक-हाथी रूप में, जाना मेरे धाम ।। 389

हे बादल! तुम गगन से, नीचे अब तत्काल ।
अलका नगरी में चलो, बाल-हस्ति की चाल ।। 390

नीलम-पर्बत पर रुको, करने को आराम ।
सुंदर शिखर पहाड़ का, दे तुमको विश्राम ।। 391

निहारने को रात में, जब हो अंध:कार ।
जुगनू वाली दृष्टि से, देख सकोगे द्वार ।। 392

बिजली रूपी नजर से, करके पैनी औख ।
अंदर आकर द्वार से, देखो घर में झाँक ।। 393

82.

तन्वी श्यामा शिखरिदशना पक्वबिम्बाधरोष्ठी
मध्ये क्षामा चकितहरिणीप्रेक्षणा निम्ननाभिः। ...

(अपूर्व सुंदरी)

दोहा॰ **तुम्हें दिखेगी सुंदरी, दुबली-पतली नार ।**
इंद्रधनुष के रंग के, वस्त्र रेशमी धार ।। 394

लोचन उसके पद्म से, मौक्तिक पंक्ति दाँत ।
ओठों पर लाली सजी, गौर वर्ण का गात ।। 395

पतली जिसकी कमर है, नितंब करत कमाल ।
झुकी स्तनों के भार से, चलती धीमी चाल ।। 396

मंगल मूरत ब्रह्म ने, करके यह निर्माण ।
अलका नगरी में मिला, उसको अव्वल स्थान ।। 397

युवती सुंदर अप्सरा, जिसकी है पहिचान ।
मेरी पत्नी है वही, लेना तुम यह जान ।। 398

83.

तां जानीथा: परिमितकथां जीवितं मे द्वितीयं
दूरीभूते मयि सहचरे चक्रवाकीमवैकाम्। ...

(लेकिन)

दोहा॰ **लेकिन मेरे विरह में, बदल गया हो रूप ।**
उदास हो बैठी हुई, फिर भी लगे अनूप ।। 399

जमी हुई जो कमलिनी, लग कर तुषार ठंड ।
खिल उठती है धूप से, लेकर छटा अखंड ।। 400

अब जो बहुत उदास है, और जिसे संताप ।

वह भी फिर मुसकायगी, जभी मिलोगे आप ।। 401

84

नूनं तस्या: प्रबलरुदितोच्छूननेत्रं प्रियाया
निःश्वासानामशिशिरतया भिन्नवर्णाधरोष्ठम् । ...

(मेरी सजनी)

दोहा॰ नेत्र होगए लाल हों, रो-रो कर दिन-रात ।
गर्म साँस से होगया, होगा चेहरा क्लांत ।। 402

मुख पर लटके केश से, मुखड़ा काँति विहीन ।
होगी मेरी साजनी, जल के बाहर मीन ।। 403

ढक कर चंदा, मेघ से, ओझल दृष्टि अतीत ।
चिंता में व्याकुल हुई, होगी मेरी प्रीत ।। 404

85.

आलोके ते निपतति पुरा सा वलिव्याकुला वा
मत्सादृश्य विरहतनु वा भावगम्यं लिखन्ती । ...

(और, हे वारिद!)

दोहा॰ हे वारिद! मेरी प्रिया, पूजा में हो लीन ।
या बिरहा के क्लेश से, बहुत हुई हो क्षीण ।। 405

विरह भुलाने के लिए, करती मुझको याद ।
या फिर मेरे चित्र से, करती हो संवाद ।। 406

पिंजड़े की भी सारिका, उससे करती बात ।
मैना मेरी लाड़ली, वियोग में दिन-रात ।। 407

मेघदूत

86.
उत्सङ्गे वा मलिनवसने सौम्य! निक्षिप्य वीणां
मद्गोत्राङ्क विरचितपदं गेयमुद्गातुकामा । ...

(व्याकुलता)

दोहा॰ बैठी हो मेरी प्रिया, लेकर मन में दाह ।
मलीन होंगे वस्त्र भी, खो कर सब उत्साह ॥ 408

वीणा लेकर गोद में, गाती होगी गीत ।
गाने मेरे नाम के, जिनसे उसको प्रीत ॥ 409

भूल गई हो स्वर लिपी, इतने दिन के बाद ।
जो थी पत्नी ने रची, रखने मुझको याद ॥ 410

भीगी वीणा अश्रु से, पोंछत बारंबार ।
बज ना पाती ठीक हो, गीले होके तार ॥ 411

सधे हुए सुर के सभी, चढ़ान और उतार ।
बंदिश की भी बेसुधी, उसे गई हो मार ॥ 412

87.
शेषान्मासान्विरहदिवसस्थापितस्यावधेर्वा
विन्यस्यन्ती भुवि गणनया देहलीदत्तपुष्पैः । ...

(जुदाई)

दोहा॰ जुदा हुए मुझसे अभी, दिन कितने हैं शेष ।
हिसाब रखती हो प्रिया, प्यारे दिवस विशेष ॥ 413

पूजा करने के लिए, रोज चढ़ा कर फूल ।
गिनती हो दहलीज पर, अवधि न जाए भूल ॥ 414

मिलन प्रतीक्ष है उसे, चातक जैसी प्यास ।

काम दशा संकल्प से, आलिंगन की आस ।। 415

भँति-भाँति रति सुख उसे, स्मरण पुराने खास ।
उस रस के मधु पान को, बचे हैं कितने मास ।। 416

स्वामी-प्रेम वियोगिनी, करने मन-बहलाव ।
दिन में सपने देखना, होगा उसे लगाव ।। 417

88.

सव्यापारामहनि न तथा पीडयेन्मद्वियोग:
शङ्केरात्रौ गुरुतरशचं निर्विनोदां सखीं ते। ...

(व्रतचारिणी)

दोहा॰ चित्रांकन, संगीत वा, पूजा-पाठ त्रिकाल ।
विरह अकेले काटने, करती हो जप-माल ।। 418

फिर भी बिछोह काटता, होगा उसको खूब ।
दुख सागर में आतमा, उसकी जाए डूब ।। 419

मन रंजन का रात में, कोई न हो उपाय ।
बिना पिया के रात भर, किया न कुछ भी जाय ।। 420

लेटी ठंडे फर्श पर, रह कर सारी रात ।
करती होगी नींद में, अपने से ही बात ।। 421

सोयी कच्ची नींद में, होगी मेरी दार ।
खटखट करना मत, सखे! आगे वाला द्वार ।। 422

पतिव्रता वह यों पड़ी, रहती हो बेहाल ।
खिड़की में ही बैठ कर, निहारना तुम हाल ।। 423

89.

आधिक्षामां विरहशयने संनिषण्णैकपार्श्वां

प्राचीमूले तनुमिव कलामात्रशेषां हिमांशोः । ...

(विरहिणी)

दोहा॰ निहारती वह रात भर, एक टक किसी ओर ।
मनोजात अवसाद से, होगी वह कमजोर ।। 424

जैसी प्राची क्षितिज पर, चंदरमा की कोर ।
मुश्किल में भी ढाढसी, उस चातक की तौर ।। 425

मेरे प्रणय विलास में, डूबी लंबी रात ।
क्षण में ही थी गुजरती, बड़े प्रेम के साथ ।। 426

मगर विरह की आग में, क्षण भी लगता साल ।
आँसू बहती रात में, केसे बीते काल ।। 427

90.

पादानिन्दोरमृतशिशिराञ्जालमार्गप्रविष्टान्
पूर्वप्रीत्या गतमभिमुखं संनिवृत्तं तथैव । ...

(मेरी चाँदनी)

दोहा॰ चंदा की जो चाँदनी, भीतर पाती झाँक ।
खिड़की से उस किरण को, निहार पाती आँख ।। 428

रश्मि में जो स्नेह है, मन को देता चैन ।
आँसू वाले नैन से, वंचित रहती रैन ।। 429

आँसू ढकते दृष्टि को, करके दूभर नैन ।
यथा वृष्टि में सारिका, खोल न पाती डैन ।। 430

91.

निःश्वासेनाधरकिसलयक्लेशिना विक्षिपन्तीं
शुद्धस्नानात्परुषमलकं नूनमागण्डलम्बम् । ...

(वियोगिनी)

दोहा॰ रूखे वाले स्नान से, सूखे जिसके बाल ।
घुँघराली सी कुछ लटें, ढकतीं होगी गाल ।। 431

गरम–गरम सी फूँक से, हटाय बारंबार ।
जिद्दी घुँघराली लटें, मानेंगी ना हार ।। 432

सपनों भर का ही सही, लेने को आनंद ।
मेरे संग प्रणय का, पलकें करके बंद ।। 433

आँखों में आँसू भरे, निंद न आवे रात ।
बिना नींद सपने नहीं, बिन सपने ना काँत ।। 434

92.

आद्ये बद्धा विरहदिवसे या शिखा दाम हित्वा
शापस्यान्ते विगलितशुचा तां मयोंद्वेष्टनीयाम् ।।

(आकुलता)

दोहा॰ जिस दिन मुझको था मिला, वर्ष–विरह का शाप ।
उससे इक दिन पूर्व ही, घर पर था मैं आप ।। 435

पत्नी की मैं वेणिका, बिना चुटा कर केश ।
गूथी अपने हाथ से, सजाय उसका वेश ।। 436

शाप समय के अंत में, जाऊँगा जब गेह ।
खोलूँगा जूड़ा स्वयं, मैं ही समेत स्नेह ।। 467

पीड़ा देते हों उसे, छूते ही जो केश ।
विना पखारे खुरखुरे, पाती होगी क्लेश ।। 438

जब तुम देखोगे उसे, खुरच रही हो भाल ।
दूर हटाने के लिए, माथे पर से बाल ।। 439

सुध-बुध खोई दुःख में, बिन काटे नाखून ।
माथा खुरचाते हुए, निकल रहा हो खून ।। 440

93.

सा संन्यस्ताभरणमबला पेशलं धारयन्ती
शय्योत्सङ्गे निहितमसकृद् दुःखदुःखेन गात्रम् । ...

(यक्षिणी वियोग)

दोहा॰ **आभूषण वह त्यागती, कम करने को भार ।**
अबला नाजुक फूल सी, तन जिसका सुकुमार ।। 441

धरती पर यों ही पड़ी, अश्रु रही हो ढार ।
उसे देख कर इस दशा, रोना मत तुम, यार! ।। 442

आँसू तुमरे नैन से, उष्ण बिंदु की धार ।
निश्चित् बरसेगी, सखे! बेबस दो या चार ।। 443

कोमल जिनका हृदय है, माखन उनका चित्त ।
दुःख देख कर पिघलता, करुणा उनका वित्त ।। 444

कालिदास महाकाव्य गीतमाला, पुष्प 21

(यक्षिणीवियोग)

खयाल : राग काफी, तीन ताल मध्य लय

स्थायी

सखे! मिलोगे अब कबहूँ,
कहो मिलोगे अब कब हूँ,
बिरहन असुँअन कैसे सहूँ । सखे!

सा़नि सारे-रे गग ममप - - मगरे
सा़नि सारे-रे गग मम प - - मगरे
रेंनिनिनि धनिपध सानिधपम पगरे, सा़नि

अंतरा–1

निश दिन तरसत बरसत नैना,
हाल मैं मन का कासे कहूँ,
कहो मिलोगे अब कबहूँ । सखे!

पपपध मपनिसां सारेंगंरेंसां रेंनिसां–
नि–नि नि धनि धप सानिधपम पगरे
सानि पनिधनि पध मप सांनिमपगरे, सानि

अंतरा–2

मन बेचैना मुश्किल रैना,
तुम बिन सजना कैसे रहूँ ।
कहो मिलोगे अब कबहूँ । सखे!

94.

जाने सख्यास्तव मयि मन: संभृतस्नेहमत्मा-
दित्थंभूतां प्रथमविरहे तामहं तर्कयामि । ...

(सत्य कथन)

दोहा० **उसके मन मेरे लिए, जितना संचित प्यार ।**
मेरे मन उसके लिए, उतना ही दुखभार ।। 445

इसी लिए मैं जानता, उसका जो है हाल ।
बातें मेरी श्लाघ ना, मिर्च–मसाला डाल ।। 446

बातें मेरी सत्य हैं, जिनमें है परिताप ।
देखोगे जाकर स्वयं, हे बादल! तुम आप ।। 447

95.

रुध्दापाङ्गप्रसरमलकैरञ्जनस्नेहशून्यं
प्रत्यादेशादपि च मधुनो विस्मृतभ्रूविलासम् । ...

(जल के बाहर मीना)

दोहा॰ मुँह पर लटके केश जो, चितवन देते रोक ।
काजल की मृदु स्निग्धता, उन्हें न पाती टोक ।। 448

वियोग के संताप में, त्याग दिया मधुपान ।
भौंहों ने भी तज दिया, चंचलता अभियान ।। 449

आँसू से काजल बहा, दिखे गाल पर चिह्न ।
जाओ तब तुमको दिखे, वाम फड़कता नैन ।। 450

जैसी मीना नीर में, करके मंद तरंग ।
करे सुशोभित पद्म को, जल का नीला रंग ।। 451

96.

वामश्चास्या: कररुहपदैर्मुच्यमानो मदीयै-
र्मुक्ताजालं चिरपरिचितं त्याजितो दैवगत्या। ...

(और, हे धाराधर!)

दोहा॰ हे धाराधर! और भी, रखियो रे! तुम याद ।
तुमने उससे प्रेम से, करना है संवाद ।। 452

जब तुम जाओगे वहाँ, उसकी बायीं जाँघ ।
गोरी चंचल हो उठे, आत्मनियम को लाँघ ।। 453

किसी समय पर मैं उसे, करने को संभोग ।
उठाय लाता खाट पर, ऐसा था संजोग ।। 454

आज विधाता ने उसे, दिया विरह का भोग ।
उतर गए शृंगार सब, पति वियोग का सोग ।। 455

97.

तस्मिन्काले जलद! यदि सा लब्धनिद्रासुखा स्या-
दन्वास्यैस्यैनां स्तनितविमुखो याममात्रं सहस्व। ...

(और भी, हे वारिद!)

दोहा॰ हे वारिद! तुम जब वहाँ, जाओ उसके द्वार ।
अगर सो रही हो प्रिया, करना इंतेजार ।। 456

एक प्रहर रुकना, सखे! तकना उसकी बाट ।
नींद न उसकी मोड़ना, देगी तुमको डाँट ।। 457

गरज-बरसना मत, प्रभो! खुले न उसके नैन ।
राह देखना मौन से, मिट जाए ना चैन ।। 458

मेघ! न ऐसा हो कहीं, मुश्किल से जो ख्वाब ।
आया हो मेरा उसे, जिसमें रतिसुख लाभ ।। 459

आलिंगन घन डाल के, जोड़ कंठ से कंठ ।
बाहुपाश में धर मुझे, मिले होंठ से होंठ ।। 460

हे धाराधर! तुम अगर, आदत से लाचार ।
गरज पड़ोगे बीच में, रहे अधूरा प्यार ।। 461

98.

तामुत्थाप्य स्वजलकणिकाशीतलेनानिलेन
प्रत्याश्वास्तां सममभिनवैर्जालकैर्मालतीनाम् । ...

(सुखद फुहार)

दोहा॰ एक पहर तुम ठहर कर, अगर ना खुले नैन ।
धीरे से तुम गरज कर, करना हलकी बैन ।। 462

शीत पवन से मंद तुम, करके सुखद फुहार ।
उसे जगाने प्रेम से, छिड़को स्नेह तुषार ।। 463

कमलनयन वह खोल कर, देगी मधु मुसकान ।
जैसी खिलती मालती, कलियाँ नन्ही जान ।। 464

मेघदूत

खिड़की में बैठे तुम्हें, आश्चर्य से निहार ।
पूछेगी वह मानिनी, क्या है कपट तिहार ॥ 465

बिजली को तुम सुप्त कर, कहना उसको बात ।
बड़े प्रेम से बोलना, कथन रंग में सात ॥ 466

99.

भर्तुर्मित्रं प्रियमविधवे! विद्धि मामम्बुवाहं
तत्संदेशैर्हृदयनिहितैरागतं त्वत्समीपम् । ...

(सौभाग्यशालिनी)

दोहा॰ अहो सौभाग्यशालिनी! पतिव्रता बड़भाग! ।
आज तिहारे जान लो, जाग पड़े हैं भाग ॥ 467

तुमरे पति का मित्र मैं, मेघ सखा सुखकार ।
लाया हूँ संदेस को, करने तृप्ति तिहार ॥ 468

मैं निज स्वर गंभीर से, करूँ उमंग प्रदान ।
पति जो घर से दूर हैं, लौटें शीघ्र मकान ॥ 469

पति वे मुक्त वियोग से, विरहिणियों के केश ।
वेणी में गूथे हुए, खोलेंगे बिन क्लेश ॥ 470

100.

इत्याख्याते पवनतनयं मैथिलीवोन्मुखी सा
त्वामुत्कण्ठोच्छ्वसितहृदया वीक्ष्य संभाव्य चैवम् । ...

(दूत हनुमान)

दोहा॰ सुन कर तुमरा कथन ये, उत्सुक उसके गात ।
देखेगी मेरी प्रिया, तुम्हें मान के साथ ॥ 471

जैसे कपि हनुमान को, लख कर सीता मात ।

अन्वित थीं आनंद से, वैसे, बादल-तात! ।। 472

फिर सुनने संदेश को, होगी वह एकाग्र ।
ध्यान धरे वह योगिनी, चक्षु-केंद्र नासाग्र ।। 473

यही समय होगा सही, देने को संदेश ।
बैठी हो सुनने तुम्हें, परे रखे सब क्लेश ।। 474

स्वामी का संदेश जो, लाए उनका मित्र ।
स्वामी सम उस दूत का, होता हृदय पवित्र ।। 475

सुनेगी बड़े चाव से, मेघदूत की बात ।
प्रसन्न मन से यक्षिणी, अति आदर के साथ ।। 476

101.

तामायुष्मन् मम च वचनादात्मनश्चोपकर्तुं
ब्रूयादेवं तव सहचरो रामगिर्याश्रमस्थ: । ...

(हे वारिद!)

दोहा॰ हे वारिद! कल्याण का, देकर उसे सबूत ।
बोलो, पति का मित्र हूँ, परोपकारी दूत ।। 477

जीवित है पति आपका, कुबेर जी का दास ।
रामगिरी में कुशल है, रखियो मन विश्वास ।। 478

पूछत है तुमरी व्यथा, पति-वियोग में हाल ।
ऐसे आगत विपत् में, कथं बिताती काल ।। 479

आशा करता है यही, तुम हो सकुशल काय ।
ऐसे दुर्घट काल में, और न पूछा जाय ।। 480

दुख में धीरज से रहो, कहते पतझड़ पेड़ ।
होनी के परिमाण को, कोई सकै न छेड़ ।। 481

102.

अङ्गेनाङ्गे प्रतनु तनुना गाढतप्तेन तप्तं
सास्त्रेणाश्रुद्रुतमविरतोत्कण्ठमुत्कण्ठितेन । ...

(और, हे अंबुद मेघ!)

दोहा० **हे अंबुद! कहना उसे, और काम की बात ।**
पति तुमरा दूरस्थ है, दुखी हृदय दिन-रात ।। 482

तुमरा सहचर शीघ्र ही, मन से तुमरे पास ।
आकर, दो तन एक हो, उसके मन है आस ।। 483

मगर विधाता ब्रह्म ने, दिया उसे है शोक ।
बैरी बन कर मार्ग में, उसे रखा है रोक ।। 484

फलतः इस संदेश के, माध्यम से पतिराज ।
भीतर तुमरे देह के, प्रवेश करता आज ।। 485

क्षीण हुआ है यक्ष वो, तुम हो जैसी क्षीण ।
तप्त विरह की आग में, दोनों तुम सुखहीन ।। 486

नाथ उधर है रो रहा, लोचन उसके लाल ।
नैन तुम्हारे भी सदा, हरदम आँसू ढाल ।। 487

उसे निरंतर वेदना, विरह-क्लेश से व्याप्त ।
वियोग के अवसाद से, तुम भी पीड़ा प्राप्त ।। 488

लंबी साँसें ले रहा, होकर बहुत उदास ।
तुम भी इधर उचाट हो, तीव्र श्वास-निःश्वास ।। 489

करता तुम को याद वो, प्रतिपल दुख के साथ ।
तुम भी सुमिरण हर घड़ी, करती अपना नाथ ।। 490

103.

शब्दाख्येयं यदपि किल ते यः सखीनां पुरस्ता-
त्कर्णे लोलः कथयितुमभूदाननस्पर्श लोभात्। ...

(हे प्रिये!)

दोहा॰ **धीरे से मैं कान में, कहता था जो बात ।**
समक्ष में फिर से कहूँ, दिन हो या फिर रात ।। 491

मुख से मुख के स्पर्श का, लोभी तुमरा नाथ ।
चुंबन लेकर कथन वो, करने तुमरे साथ ।। 492

मगर आज तुम दूर हो, करने ऐसे काम ।
भेज रहा हूँ दूत मैं, मेघ आपके धाम ।। 493

104.

श्यामास्वङ्गं चकितहरिणीप्रेक्षणे दृष्टिपातं
वक्त्रच्छायांशशिनि शिखिनां बर्हभारेषु केशान्। ...

(और, हे शशिवदना!)

दोहा॰ **देह तिहारा मालती, जैसा भरा सुगंध ।**
हरिणी जैसे नैन हैं, देते हृदयानंद ।। 494

शशिवदना हो तुम, प्रिये! शीत काँति का तेज ।
कोमल केश मयूर से, बालकृष्ण की सेज ।। 495

भौंहे इतराती हुई, चंचल सरिता नीर ।
लहरें इठलाती हुई, नर्तन करत अधीर ।। 496

मगर, हाय रे! वो अदा, और गुणों के रत्न ।
और कहीं मिल ना सके, करके घोर प्रयत्न ।। 497

105.

त्वामालिख्य प्रणयकुपितां धातुरागैः शिलाया-
मात्मानं ते चरणपतितं यावदिच्छामि कर्तुम्। ...

(और भी, हे प्रिये!)

दोहा॰ **पति–रति वंचित, हे प्रिये! पाने तुमरा संग ।**
छवि तुमरी चट्टान पर, गेरूआ प्रिय रंग ।। 498

जभी बनाना चाहता, उत्कण्ठा के साथ ।
आँखे आँसू से भरीं, चलने देत न हाथ ।। 499

महिमा ही उस शाप की, बाधा बन कर आज ।
मिलने के हर यत्न का, बिगाड़ती है काज ।। 500

106.

मामाकाशप्रणिहितभुजं निर्दयाश्लेषहेतो-
र्लब्धायास्ते कथमपि मया स्वप्नसंदर्शनेषु। ...

(तथा ही, हे प्रिये!)

दोहा॰ **मुझको तुम, मेरी प्रिये! जभी स्वप्न के बीच ।**
जकड़ो निज भुजपाश में, अपनी आँखें मीच; ।। 501

मैं भी बाँह पसार कर, शून्य गगन की ओर ।
मेघदूत को देखता, प्यासे झष की तौर ।। 502

मुझे देख कर देवियाँ, पाती करुण स्वरूप ।
मोटी बूँदे अश्रु की, गिरती मोती रूप ।। 503

107.

भित्वा सद्यः किसलयपुटान्देवदारूद्रुमाणां
ये तत्क्षीरस्त्रुतिसुरभयो दक्षिणेन प्रवृत्ताः। ...

(तुम्हारा अंग स्पर्श)

मेघदूत

दोहा०
मोती कोंपल पर पड़े, देते उन्हें फुटाव ।
खुलते किसलय वृक्ष के, पाते पर्ण उठाव ।। 504

देवदारु के पात से, लेकर क्षीर सुगंध ।
हिमालया से वात वो, बहता है सानंद ।। 505

हो सकता उसने किये, स्पर्श तुम्हारे अंग ।
उस स्वच्छंद समीर से, भरता हूँ मैं अंक ।। 506

108.

संक्षिप्येत क्षण इव कथं दीर्घयामा त्रियामा
सर्वावस्थास्वहरपि कथं मन्दमन्दातपं स्यात् । ...

(अरदास)

दोहा०
मन ही मन यों सोचता, करता हूँ अरदास ।
चंचल कनखी की प्रिये! लेकर गहरी साँस ।। 507

तीन सुविस्तृत याम की, वियोग वाली रात ।
कैसी बीते निमिष में, यही सोच कर बात ।। 508

दिन में हरदम विरह की, उठने वाली हूल ।
कैसे बिन संताप के, मन का कम हो शूल ।। 509

मेरी यह सब प्रार्थना, सुन कर वह अनजान ।
मेरी व्यथा वियोग की, ब्रह्मा करे न म्लान ।। 510

109.

नन्वात्मानं बहु विगणयन्नात्मनैवावलम्बे
तत्कल्याणि त्वमपि नितरां मा गम: कातरत्वम् । ...

(और भी, हे प्रिये!)

दोहा०
सुनो और भी तुम, प्रिये, कहूँ पते की बात ।

सकारात्मकी सोच ही, मेरी है सौगात ।। 511

जिस में मन को व्यस्त कर, रहता हूँ रममाण ।
धीरज से मैं जी रहा, तुष्ट रखे हैं प्राण ।। 512

हे सौभाग्यवती प्रिये! तुम भी अपना धीर ।
खो मत देना दुःख में, होकर दीन अधीर ।। 513

जग में ऐसा कौन है, सदैव जो सुखभाग ।
और भला वह कौन है, अविरल जो दुखभाग ।। 514

आते जाते हैं सदा, सुख-दुख चक्र समान ।
फिरते बारंबार हैं, ऊर्ध्व-तले अविराम ।। 515

110.

शापान्तो मे भुजगशयनादुत्थिते शाङ्‌र्गपाणौ
शेषान्मासान् गमय लोचने मीलयित्या। ...

(और सुनो, मेरी लाड़ली!)

दोहा॰ देखो, मेरी लाड़ली! जभी विष्णु भगवान् ।
शेषनाग की सेज से, कर लेंगे उत्थान; ।। 516

देवउठन-एकादशी, होगा वह शुभ काल ।
बीतेगा तब शाप वो, दुखदायी चंडाल ।। 517

बचे हुए अब विरह के, पीड़ा दायक माह ।
आँख मूँद कर काट लो, यही सही है राह ।। 518

इस संकट के बाद हम, होंगे फिर से साथ ।
वियोग में सोची हुई, पूर्ण करेंगे बात ।। 519

जब हो कार्तिक मास की, हितकर उजली रात ।
अभिलाषा संपन्न हो, जोड़ गात से गात ।। 520

111.

भूयश्चाह त्वमपि शयने कण्ठलग्ना पुरा मे
निद्रां गत्वा किमपि रुदती सस्वनं विप्रबुद्धा । ...

(स्वप्न दृष्टांत)
(मेघदूत उवाच)

दोहा॰ और सुनो, पति ने कही, एक बार की बात ।
आलिंगन में सुप्त थे, तुम दोनों उस रात ॥ 521

भीगी थी तुम स्वेद से, काँप रहे थे गात ।
जाग पड़ी तुम स्वप्न से, भयभीत अकस्मात ॥ 522

पति ने पूछा क्या हुआ, तुमको बारंबार ।
मंद हँसी अरु लाज से, बोली तुम तकरार ॥ 523

हे छलिये! तुम स्वप्न में, थे सौतन के साथ ।
प्रणय रमण में जो लगी, जकड़ी तुमरे हाथ ॥ 524

112.

एतस्मान्मां कुशलिनमभिज्ञानदानाद्विदित्वा
मा कौलीनाच्चकितनयने! मध्यविश्वासिनी भू: । ...

(प्रेम रस)

दोहा॰ मुझसे सुन कर वाकया, मुझ पर करो यकीन ।
पति को सकुशल जान लो, तुमरा है लवलीन ॥ 525

और सुनो, हे योगिनी! सुन कर लोकचबाव ।
खो मत देना आस्था, लाकर मन अटकाव ॥ 526

पति से दीर्घ वियोग से, जब हो भोग अभाव ।
संचित पति का प्रेम-रस, करता स्नेह-बचाव ॥ 527

113.

आश्वास्यैवं प्रथमविरहोदग्रशोकां सखीं ते
शैलादाशु त्रिनयनवृषोत्खातकूटान्निवृत: । ...

(हे बादल!)

दोहा॰ **हे बादल! दुखगात है, भावज तुमरी आज ।**
उसके मन दो हौसला, रहे न वह नाराज ।। 528

घोर शोक से पीड़िता, वियुक्त पहली बार ।
सही न थी बिरहा कभी, कुलीन है वह नार ।। 529

मेरी गलती से उसे, मिला हुआ है दंड ।
एक वर्ष के विरह से, आहत हुई प्रचंड ।। 530

देकर मेरे प्रेम का, भाभी को संदेश ।
करना उसकी सांत्वना, नहीं रहे अंदेश ।। 531

लेकर उस की खैर का, खुशहाल समाचार ।
तुरंत आना लौट कर, शिवजी के अवतार! ।। 532

114.

कच्चित्सौम्य व्यवसितमिदं बन्धुकृत्यं त्वया मे
प्रत्यादेशान्न खलु भवतो धीरतां कल्पयामि । ...

(हे बंधु वारिद!)

दोहा॰ **मेरे प्यारे बंधु! तुम, करोगे न यह काम? ।**
वापस फिर कैलास से, आना मेरे धाम ।। 533

जैसे चातक-विहग को, देते हो तुम नीर ।
देकर उस संदेश को, दूर करो मम पीर ।। 534

दानी की यह रीत है, करना परोपकार ।

मुझ पर भी किरपा करो, देने मुझे करार ।। 535

115.

एतत्कृत्वा प्रियमनुचितप्रार्थनावर्तिनो मे
सौहार्दाद्वा विधुर इति वा मय्यनुक्रोशबुद्ध्या । ...

(अर्धांगिनी विद्युत)

दोहा॰ वर्षा की शोभा लिए, करना तुम बरसात ।
मन चाहे फिर विचरना, प्रिय विद्युत के साथ ।। 536

हे जलधर! मेरी यही, इच्छा है दमदार ।
रहे सदा सौदामिनी, अर्धांगिनी तिहार ।। 537

कालिदास महाकाव्य गीतमाला, पुष्प 22

(यक्षिणीविलाप)

खयाल : राग काफी, तीन ताल मध्य लय

स्थायी

जुड़ जुड़ जाती मैं तोहे साँवरिया ।
गग गग म-म म ध-प मगरेरेसा- ।

अंतरा-1

जहाँ मैं होती रामा, जादू की गुड़िया ।
छुप-छुप आती मैं, तोरे नगरिया ।।
सानि़ सा रेरे- रेरे, पम ग मम-प- ।
निनि निनि ध-प म, प-म गरेरेसा- ।।

अंतरा-2

जहाँ मैं होती रामा, पर वाली चिड़िया ।
उड़ उड़ आती मैं, तोहरी अटरिया ।।

अंतरा-3

जहाँ मैं होती रामा, सपनों की परिया ।

मेघदूत

रात में तोहरी मैं, लखती सुरतिया ।।

(मेघदूत, फिर)

दोहा॰ सुन कर कहना यक्ष का, इच्छाधारी मेघ ।
रामगिरी से चल पड़ा, स्नेह-मेह का ओघ ।। 538

कभी शैल को लाँघता, कभी नदी की छोर ।
नगर-नगर से गुजरता, अलकापुर की ओर ।। 539

यक्ष के कहे चिह्न को, परखता हुआ मेघ ।
अलकापुर पर आगया, लिए वायु से वेग ।। 540

खोज लिया घर कौंध का, चमकता हुआ द्वार ।
खिड़की से भीतर गया, मेघ दूत आकार ।। 541

उसने देखी यक्ष की, दुखिता स्त्री सुकुमार ।
धरती पर लेटी हुई, नैन अश्रु की धार ।। 542

सुना दिया उसने उसे, पति का मधु संदेश ।
भाभी से उत्तर लिए, मुड़ा यक्ष के देश ।। 543

कालिदास के महाकाव्य पर आधारित
दोहा छंद में संगीमय प्रस्तुति

६

रत्नाकरकृत

रघुवंश

रघुवंश
पात्र परिचय

1. **अंगद :** किष्किंधा के राजा बाली और रानी तारादेवी का पुत्र. श्रीराम का दूत
2. **अग्निवर्ण :** अयोध्या के राजा सुदर्शन के पुत्र. एक व्यसनी राजा जिनका राज्य उनकी पटरानी ने सँभाला. राजा शीघ्र के पिता
3. **अज :** अयोध्या के राजा रघु के पुत्र. राजा दशरथ के पिता
4. **अतिथि :** अयोध्या के महाराजा कुश और महारानी कुमुदवती के पुत्र
5. **अयोध्या :** सूर्यवंश की सनातन काल से राजधानी
6. **अहिल्या देवी :** एक साध्वी स्त्री. गौतम मुनि की पत्नी
7. **अहीनग :** राजा देवनीक के पुत्र. राजा पारियात्र के पिता
8. **इंदुमती :** विदर्भ की राजकुमारी. राजा भोज की भगिनी
9. **इंद्र :** देवों के राजा
10. **इक्ष्वाकु :** मनु वैवस्वत के महान पुत्र. अयोध्या के प्रथम सार्वभौम राजा. आदि योग के प्रवर्तक
11. **उन्नाभ :** अयोध्या के राजा वज्रबाण के पुत्र. राजा शंखण के पिता
12. **उर्मिला :** सौमित्र लक्ष्मण की पत्नी
13. **कबंध :** एक रामायणीय असुर
14. **कम्बोज :** कम्बोज देश के राजा
15. **कल्पवृक्ष :** देवलोक का पाँच में से एक इच्छापूरक वृक्ष. अन्य चार इच्छा पूरक वृक्ष थे : हरिचंदन, मंदार, पारिजात, संतान और कल्पवृक्ष (कल्पद्रुम)
16. **कामधेनु :** एक इच्छापूरक गाय. अन्य नाम सुरभी
17. **कुबेर :** यक्षपति. रावण के बंधु

18. **कुमुद :** एक नाग
19. **कुमुदवती :** अयोध्या के राजा कुश की पत्नी. कुमुद की भगिनी
20. **कुम्भकर्ण :** रावण का भाई
21. **कुम्भोदर :** शिवजी का एक सेवक
22. **कुश :** श्रीराम के पुत्र
23. **कुशध्वज :** राजा जनक के भाई
24. **कैकेयी :** अयोध्या के राजा दशरथ की पटरानी. भरत और शत्रुघ्न की माता
25. **कौत्स :** वरतंतु मुनि का जन्मेजय कालीन (महा. आदि. 53.6) शिष्य
26. **कौशल्य :** राजा हिरण्यनाभ के पुत्र. राजा ब्रह्मिष्ठ के पिता
27. **कौशल्या :** अयोध्या के राजा दशरथ की महारानी. श्रीराम की माता
28. **क्षेमधन्वा :** राजा पुंडरीक के पुत्र. राजा देवनीक के पिता
29. **खर :** रावण का एक सेवक सेनापति
30. **गंगा :** पावनतम नदी
31. **गुह निषाद :** शृंगेवरपुर का भिल राजा
32. **चित्रकूट :** एक पर्वत जहाँ श्रीराम ने वनवास गमन में प्रथम आश्रय लिया था
33. **जटायु :** एक नीतिभक्त वीर खगराज जिसको रावण ने मार डाला
34. **जनक :** सीता के पिता. मिथिलेश
35. **जनकपुरी :** राजा जनक की राजधानी
36. **जामवंत :** सुग्रीव का एक कपि सेनापति
37. **तक्ष :** भरत का पुत्र. तक्षशिला का राजा
38. **ताड़का :** एक दुष्ट राक्षसी
39. **दशरथ :** रघुपति. अवधपति. श्रीराम के पिताश्री
40. **दिलीप :** अयोध्या के राजा मूलक के पुत्र. राजा रघु के पिता. महारानी सुदक्षिणा के पति

41. **दूषण :** रावण का एक सेवक सेनापति
42. **दुर्वासा :** एक महाक्रोधी मुनि
43. **देवानीक :** अयोध्या के राजा क्षेमधन्वा के पुत्र. राजा अहिनाग के पिता
44. **ध्रुवसंधि :** अयोध्या के राजा पुष्य के पुत्र. राजा सुदर्शन के पिता
45. **नंदिनी :** देवताओं की एक एच्छापूरक गाय. कामधेनु की कन्या
46. **नभ :** अयोध्या के राजा नल के पुत्र. धनुषधारी राजा पुंडरीक के पिता
47. **नर्मदा :** विंध्य और सातपुड़ा के बीच बहने वाली पवित्र नदी
48. **नल :** राजा निषद के महान पुत्र. राजा नभ के पिता
49. **नारद :** देवर्षि. महामुनि
50. **निषद :** अयोध्या के राजा अतिथि के पुत्र. महाराजा नल के पिता
51. **पंचवटी :** वनवास गमन में जहाँ श्रीराम की कुटिया थी
52. **परशुराम :** भार्गव योद्धा
53. **पारियात्र :** अयोध्या के राजा अहीनाग के पुत्र. राजा शिल के पिता
54. **पार्वती :** शिवजी की पत्नी. उमा, अंबा
55. **प्राग्ज्योतिष :** सनातन असम की राजधानी
56. **पुंडरीक :** अयोध्या के राजा नभ के पुत्र. राजा क्षेमधन्वा के पिता
57. **पुत्र :** अयोध्या के राजा ब्रह्मिष्ठ के पुत्र. राजा पुष्य के पिता
58. **पुष्पक :** कुबेर का विमान जो रावण ने छीन लिया था
59. **पुष्कल :** अयोध्या के राजा भरत के पुत्र. पुष्कलावती के राजा
60. **पुष्य :** अयोध्या के राजा पुत्र के पुत्र. राजा ध्रुवसंधि के पिता
61. **प्रियदर्शन :** एक गंधर्व राजा
62. **प्रियवंद :** गंधर्वराज प्रियदर्शन का पुत्र
63. **बाली :** सुग्रीव कपीश का भाई. किष्किंधा का राजा. तारादेवी का पति
64. **ब्रह्मिष्ठ :** अयोध्या के राजा कौशल्य के पुत्र. राजा पुत्र के पिता
65. **भरत :** श्रीराम के भाई. कैकेयी के पुत्र

66. **भोज :** विदर्भ के राजा. इंदुमती के भाई

67. **मतंग :** शबरी के गुरु

68. **मधुपुरी :** यमुना किनारे एक गाँव

69. **मांडवी :** अयोध्या के राजा भरत की पत्नी

70. **मारीच :** ताड़का का पुत्र

71. **मेघनाद :** रावण का ज्येष्ठ पुत्र

72. **यमराज :** मृत्यु की देवता

73. **रघु :** अयोध्या के राजा दिलीप के पुत्र. राजा अज के पिता

74. **राम :** राजा दशरथ के पुत्र. विष्णु के अवतार. सीतापति

75. **रावण :** लंकापति. विभीषण और कुम्भकर्ण का बंधु. मेघनाद के पिता

76. **लक्ष्मण :** श्रीराम के भाई. सुमित्रा के पुत्र

77. **लवणासुर :** एक राक्षस जिसे शत्रुघ्न ने मारा था. असुर मधु का पुत्र

78. **लौहित्य नदी :** हिमालय से निकली हुई एक नदी

79. **वज्रनाभ :** राजा शिल के पुत्र. राजा उन्नाभ के पिता

80. **वरतंतु मुनि :** कौत्स मुनि के गुरु

81. **वशिष्ठ :** रघुकुल के राजगुरु

82. **विभीषण :** रावण का सदाचारी भाई

83. **विवस्वान मनु :** प्रजापति कश्यप और अदिति के पुत्र. रविकुल के संस्थापक

84. **वाल्मीकि :** श्लोक कर्ता. रामायण रचेता. महामुनि

85. **वैवस्वत :** प्रजापति मनु विवस्वान के पुत्र. इक्ष्वाकु के पिता

86. **व्युषिताश्व :** अयोध्या के राजा शंखण के पुत्र. राजा विश्वसह के पिता

87. **विश्वसह :** अयोध्या के राजा व्युषिताश्व के पुत्र. राजा हिरण्यनाभ के पिता

88. **विश्वामित्र :** श्रीराम के गुरु

89. **शत्रुघ्न :** श्रीराम के भाई. कैकेयी के पुत्र

90. **शंकर :** शिवजी. कैलासपति

91. **शंखण :** अयोध्या के राजा उन्नाभ के पुत्र. राजा व्युषिताश्व के पिता

92. **शरयू :** गंगा की उपनदी जिस पर अयोध्या बसी है

93. **शिल :** अयोध्या के राजा परियात्र के पुत्र. राजा वज्रनाभ के पिता

94. **शूर्पणखा :** रावण की भगिनी

95. **शृंगी :** एक ऋषि. राजा दशरथ के एक मार्गदर्शक

96. **श्रुतकीर्ति :** शत्रुघ्न की पत्नी

97. **श्रवण कुमार :** एक महान पितृ सेवक बालक

98. **संपाति :** एक खगराज. जटायु का बंधु. राजा दशरथ का सेवक

99. **सीता :** रामचंद्र की पत्नी. जनककुमारी. वैदेही, जानकी

100. **सुदक्षिणा :** महाराजा दिलीप की पत्नी. मगधराज की कन्या

101. **सुदर्शन :** राजा ध्रुवसंधि के पुत्र. राजा अग्निवर्ण के पिता

102. **सुग्रीव :** बाली का भाई. ऋष्यमुक का राजा

103. **सुनंदा :** विदर्भ राजकुमारी इंदुमती की एक दासी

104. **सुबाहु :** ताड़का का पुत्र

105. **सुमित्रा :** राजा दशरथ की पत्नी. लक्ष्मण की माता

106. **सोन :** गंगा की एक उपनदी

107. **हनुमान :** रामदास. कपीश

108. **हिरण्यनाभ :** अयोध्या के राजा विश्वसह के पुत्र. राजा कौशल के पिता

रघुवंश

दोहा॰ उन्नीस सर्गों में रचा, रघुकुल का इतिहास ।
उनतीस नृपों की कथा, इक्कीस छंद विलास ।। 1

नृप सब उदारचित्त थे, पाए जो सम्मान ।
राजधर्म आदर्श के, गौरव जिन्हें महान ।। 2

सूर्यवंश की नीति का, कहा गया है सार ।
राजतंत्र के सूत्र के, वर्णित हैं सुविचार ।। 3

महाकाव्य में हैं कहे, अधिपों के सत्कर्म ।
शौर्य त्याग तप दान्यता, सदाचार सद्धर्म ।। 4

भाषा अनुपम काव्य की, अलंकार से पृक्त ।
प्रसादगुणमय पद्य हैं, उपमाओं से युक्त ।। 5

सर्वश्रेष्ठ इस वंश के, नृप भगवान स्वरूप ।
राम विष्णु अवतार थे, परम अयोध्या भूप ।। 6

विवस्वान से आदि है, अग्निमित्र से अंत ।
कालिदास इस काव्य में, कहते बात अनंत ।। 7

कालिदास इस काव्य में, देते हैं उपदेश ।
प्राणिमात्र का हो भला, एक मात्र उद्देश ।। 8

प्रकृति वर्णन है यहाँ, किया हुआ बेजोड़ ।
रुझान कवि के कवित में, सुंदरता को जोड़ ।। 9

मिठास कवि की कलम में, कहीं न क्लिष्ट प्रयोग ।
वर्णन रस से हैं भरे, आदर्शों का भोग ।। 10

सूक्ष्म निरीक्षण है यहाँ, कहने मानव भाव ।
जो है हिरदय में बसा, वह है पुरुष स्वभाव ।। 11

स्वभाव से ही पुरुष है, बनता चरित्रवान ।
कवि को वाल्मीक-व्यास की, परंपरा में स्थान ।। 12

संस्कृत के साहित्य में, जिन्हें उच्च सम्मान ।
कालिदास-रघुवंश का, सर्वश्रेष्ठ है स्थान ।। 13

१

राजा दिलीप

दोहा॰ हुए एक रघुवंश में, राजा प्रतापवान ।
आदि पुरुष इस वंश के, विवस्वान अभिधान ।। 14

विवस्वान को सूर्य भी, संज्ञा थी परिधान ।
विवस्वान के पुत्र थे, वैवस्वत गुणवान ।। 15

वैवस्वत के पुत्र थे, इक्षवाकु शुभ नाम ।
इक्षवाकु नृप अवध के, शासक हुए महान ।। 16

श्लोक

मनुर्वैवस्वतो धर्म्यो राजनीतिप्रचालकः ।
सुतस्तस्य स इक्ष्वाकुरयोध्याया नृपो महान् ।। 17

दोहा॰ मनु वैवस्वत धर्म्य थे, राजनीति विद्वान ।
इक्षवाकु के बाद में, दिलीप भूप सुजान ।। 18

महाप्रतापी वीर थे, पिता समान दिलीप ।
रविकुल था उत्कर्ष में, राजा उज्ज्वल दीप ।। 19

प्रजा सब तरह थी सुखी, चिंता जिसे न कोय ।
राजा फिर भी थे दुखी, मन में निश-दिन रोय ।। 20

धन-दौलत सत्ता घणी, कीर्ति दिशा में चार ।
मगर विधाता ने नहीं, दिया पुत्र का प्यार ।। 21

दिवस बीतते जा रहे, इच्छा हुई न पूर्ण ।
उपाय सब विधि थे किए, फिर भी साध अपूर्ण ।। 22

श्लोक

दिलीपः स दिवानक्तं चिन्तया व्यावृतो भृशम् ।
व्याकुलः पुत्रहीनश्च नीरहीनो झषो यथा ।। 23

कालिदास महाकाव्य गीतमाला, पुष्प 23

रास छंद[12]

8 + 8 + 2 + ।।ऽ

(पुत्रेच्छा)

पुत्र बिना जीवन नृप दिलीप भूपति का ।
नीर विहीना व्याकुल मीना की गति का ।। 1

---

[12] **रास छंद :** इस 22 मात्रा वाले महारौद्र वर्ग के छंद के अंत में स गण (।।ऽ) आता है । यति 8-8-6 विकल्प से आता है ।

**लक्षण गीत दोहा॰ मत्त बाईस का बना, लघु लघु गुरु हो अंत ।
आठ आठ पर यति जहाँ, रास कहा है छंद ।।**

यथा हि दीपक, बिना ज्योति ना जगमगता ।
सुत हीना नृप दिलीप निर्धन था लगता ।। 2

(अत:)

दोहा॰ ज्यों ज्यों बढ़ती थी जरा, अंत सरकता पास ।
त्यों त्यों ही होते चले, भूप दिलीप उदास ।। 24

बिना पुत्र की गोद से, जग लगता वीरान ।
बोल तोतले सुनन को, आतुर उनके कान ।। 25

जब तक खेले पुत्र ना, आँगन में कर शोर ।
तब तक घर में है लगे, सन्नाटा सब ओर ।। 26

देख भाल बिन, पुत्र की, लगो निकम्मे आप ।
बिना पुत्र के प्यार भी, लगे निठल्ला बाप ।। 27

सुत की सेवा के बिना, जीवन है निस्सार ।
बिना पुत्र के प्राप्ति की, धन दौलत बेकार ।। 28

(और)

दोहा॰ जब तक रौनक पुत्र की, ना देखो घर आप ।
भागा दौड़ी के सिवा, जगत लगे चुपचाप ।। 29

जब तक काँधे पर नहीं, बैठे शिशु सुकुमार ।
तब तक तन को है लगे, कपड़ों का भी भार ।। 30

जब तक बालक का रहे, रोने का घर नाद ।
तब तक कोई शब्द ना, भाये उसके बाद ।। 31

बेटा! कह कर प्रेम से, कहो न जब तक आप ।
तब तक सचमुच ना लगे, आप हुए हो बाप ।। 32

(और भी)

दोहा॰ जब तक उँगली थाम के, शिशु ना चलता आप ।
तब तक पितु को ना लगे, सचमुच है वह बाप ।। 33

जब तक कानों में नहीं, बापू नाम पुकार ।
तब तक कोई हाँक ना, देती मन को प्यार ।। 34

जब तक बालक की हँसी, नहिँ सुनत हैं कान ।
तब तक सूना सब लगे, जैसे हो शमशान ।। 35

(तथा ही)

दोहा॰ जब भी पितु की उँगली, काटे शिशु के दंत ।
रूखापन नव बाप का, होजाता है अंत ।। 36

मुत्र ओक मल पुत्र के, नहीं भिगोते अंग ।
तब तक पितु की हेकड़ी, होती नहिँ है भंग ।। 37

मृदुल त्वचा नव पुत्र की, जो ना छूते हाथ ।
वंचित परमानंद है, रहता उनके साथ ।। 38

लाड़ प्यार में पुत्र के, बिते जब दिन-रात ।
फीके फिर सब हर्ष हैं, सुखद न कोई बात ।। 39

हठ जब करता पुत्र है, दिल को देता ताप ।
राजा हो या रंक हो, झुक जाता है बाप ।। 40

(एवं)

दोहा॰ निश-दिन राजा शोक में, करते सोच विचार ।
कैसे मन बहलाइये, बिना पुत्र-का-प्यार ।। 41

दिलीप राजा शोक से, उदासीन दिन रैन ।
ना ही मिलती रात में, ना ही दिन में चैन ।। 42

मगर किसी से ना कही, अपने मन की बात ।

बिन अँसुअन रोते रहे, मछली सम दिन-रात ।। 43

जाने पहले जनम में, किया कौनसा पाप ।
पता नहीं किसका लगा, मुझको यह अभिशाप ।। 44

कालिदास महाकाव्य गीतमाला, पुष्प 24

खयाल : राग जोगिया

(बिन अँसुअन मन रोये)

स्थायी

बिन अँसुअन मन रोये ।
ये दुखी, बिन अँसुअन, मन रोये ।।

पनि धपमध पम गपमगरे-सा - ।
पनि धप-, मध पमगप, मग रे-सा- ।।

अंतरा-1

मोहे बालक की अभिलासा,
नीर में खड़ा फिर भी प्यासा ।
जीवन में अब कछु नहीं भावे,
मोरा जिया, कलपाये ।।

सा-सारे म-मम मप गगमपप-,
मधध ध- धधप मम धप म-ग- ।
म-पध सां- सांसां निसां निनि ध-प-,
पनिधप मध, पमगपमगरे-सा- ।।

(एक दिन)

दोहा॰ दिलीप नृप ने एक दिन, करके बहुत विचार ।
सौंप दिया निज राज्य को, मंत्रीगण को चार ।। 45

आश्रम जाकर बस गए, वसिष्ठ गुरु के पास ।
संग रानी सुदक्षिणा, आयी करन निवास ।। 46

छू कर चरण वसिष्ठ के, करके नम्र प्रणाम ।
कही व्यथा मन की उन्हें, लेकर शिव का नाम ।। 47

बिना पुत्र के, हे गुरो! लगता सब कुछ व्यर्थ ।
राज्य लगे वीरान सब, निरर्थ लगता अर्थ ।। 48

सिर पर चढ़ता जा रहा, पितरों का है भार ।
रविकुल आगे ना चले, फिकर रही है मार ।। 49

कोई जुगत बताइये, हमें प्राप्त हो पुत्र ।
जिससे कुल आगे बढ़े, चले राज्य का सूत्र ।। 50

(वसिष्ठ)

दोहा॰ ध्यान मग्न गुरु वसिष्ठ ने, सोचा एक उपाय ।
राजा को बतला दिया, काम किया जो जाय ।। 51

(उपाय)

दोहा॰ याद दिलाई भूप को, एक पुरानी बात ।
जब थे सेवक इंद्र के, आप युवा थे, तात! ।। 52

करके सेवा इंद्र की, लौट रहे थे आप ।
तभी राह में आपसे, एक हुआ था पाप ।। 53

अनजाने में ही सही, तुम्हें मिला था शाप ।
अब अवसर है आगया, करने को उ:शाप ।। 54

(उस समय)

दोहा॰ बैठी जो तव मार्ग में, कामधेनु थी गाय ।
कल्पवृक्ष की छाँव में, तुमसे नेह लगाय ।। 55

तुमने उसको देख कर, किया नजरअंदाज ।
पत्नी में ही था रमा, तुमरा मन अविभाज ।। 56

कामधेनु ने इस लिए, तुम्हें दिया है शाप ।
उद्धत तुमको जान कर, देने तुमको ताप ।। 57

तुम उसकी संतान के, बनो न जब तक दास ।
तब तक बिन संतान के, तुम भी रहो उदास ।। 58

मगर उस समय मेघ की, गड़–गड़ थी आवाज ।
सुना न तुमने शाप वो, तुम्हें न था अंदाज ।। 59

(अत:)

दोहा॰ इसी वजह से आप हैं, अब तक नि:संतान ।
कामधेनु के शाप से, अब तक तुम अनजान ।। 60

कामधेनु इह लोक से, चली गई पाताल ।
कन्या उसकी नंदिनी, प्रस्तुत है खुशहाल ।। 61

आश्रम में वह है यहीं, जिसको सब है ज्ञात ।
उसकी सेवा में लगो, तुम दोनों दिन–रात ।। 62

प्रसन्न हो कर नंदिनी, अनुकम्पा से युक्त ।
कामधेनु के शाप से, तुम्हें करेगी मुक्त ।। 63

राजन्! होगी पूर्ण फिर, तुमरे मन की साध ।
पुत्रहीन तुम ना रहो, नृपवर! उसके बाद ।। 64

राजा–रानी ने तभी, हर्षसहित साभार ।
आदेश गुरु वसिष्ठ का, तुरत किया स्वीकार ।। 65

रघुवंश

२
नंदिनी धेनु

दोहा॰ उस दिन से फिर नियम से, शुभ व्रत में आसीन ।
राजा-रानी हो गए, गौ-सेवा में लीन ।। 66

प्रातः रोज सुदक्षिणा, गौ-पूजा के बाद ।
करती आदर भाव से, कामधेनु को याद ।। 67

राजा दिलीप वत्स को, पिलाय गौ का क्षीर ।
ले जाते फिर नंदिनी, चरने सरयू तीर ।। 68

आप खिलाते गाय को, लाकर कोमल घास ।
रोटी खाते बैठ कर, राजा गौ के पास ।। 69

गौ को शरयू-नीर से, नहलाते थे आप ।
मल-मल कर निज हाथ से, धोने अपना पाप ।। 70

सारा दिन फिर घूमते, वन में गौ के साथ ।
मुक्त विचरती नंदिनी, रक्षित नृप के हाथ ।। 71

कोई वन का जानवर, आ नहिं सकता पास ।
गौ की रक्षा के लिए, राजा करै प्रयास ।। 72

सूरज ढलते शाम को, आते आश्रम लौट ।
पूजित होकर नंदिनी, पाती प्रेमल ओट ।। 73

(परीक्षा)
दोहा॰ कई दिनों के बाद फिर, लेने इम्तेहान ।
सोच रही थी नंदिनी, करने इन्तेजाम ।। 74

उस दिन नृप जब ले गए, विपिन चराने गाय ।
किया नंदिनी ने तभी, वन में शुरू उपाय ।। 75

उसी स्थान पर एक था, देवदार का पेड़ ।
जिसके नीचे सिंह था, बैठा एक अधेड़ ।। 76

रक्षा करने वृक्ष की, बैठा था वह वीर ।
शिव का आश्रित वृक्ष वो, अंबा सींचत नीर ।। 77

(नंदिनी)

दोहा॰ चरते-चरते नंदिनी, सुन कर सिंह दहाड़ ।
वहीं गुफा में घुस गई, नृप की नजरों आड़ ।। 78

रँभाने लगी नंदिनी, "मुझे बचाओ आज" ।
थामा धनुष दिलीप ने, सुन कर वह आवाज ।। 79

(लेकिन)

दोहा॰ तरकश से शर काढ़ने, जभी उठाया हाथ ।
चिपकी कर की उँगलियाँ, शर-पंखों के साथ ।। 80

क्रोधित दिलीप भूप ने, कीन्हा बहुत प्रयास ।
मगर बाण से अँगुलियाँ, छुट न सकीं सायास ।। 81

दिलीप राजा अंत में, मान गए जब हार ।
मनुष्य वाणी में तभी, बोला सिंह शिकार ।। 82

राजन्! मुझको मारना, संभव नाही बात ।
मैं शिवजी का दास हूँ, सुन लो, मेरे तात! ।। 83

कुम्भोदर मम नाम है, शिव की सेवा लीन ।
गौ यह देखी ना कभी, लगती यहाँ नवीन ।। 84

पुण्य तुम्हें है मिल चुका, गौ-रक्षा करतार ।

खाने दो मुझको इसे, करो न तुम प्रतिकार ।। 85

हाथ अभी है कर दिया, मैंने खुला तिहार ।
जाओ अब तुम लौट कर, अपना भला निहार ।। 86

(राजा)
दोहा॰

हाथ जोड़ कर भूप ने, करी नम्र अरदास ।
मैं भी शिव का भक्त हूँ, तुम भी शिव के दास ।। 87

इस धेनु को छोड़ कर, मुझको खा लो, मित्र! ।
लेट गया राजा वहाँ, हाथ जोड़ कर तत्र ।। 88

राह देखते, मृत्यु का, होने को आघात ।
मगर गगन से हो गई, फूलों की बरसात ।। 89

मधुर वचन से नंदिनी, बोली, नृप-गुणवान! ।
प्रसन्न हूँ मैं, माँग लो, जो चाहो वरदान ।। 90

राजा उठ कर देखते, कहीं न था मृगराज ।
खड़ी वहाँ थी नंदिनी, शांत प्रफुल्ल मिजाज ।। 91

प्रणाम करके भूप वो, बोला हे गौ-मात! ।
मुझे यशस्वी पुत्र दो, कुल-रवि जो विख्यात ।। 92

तथास्तु कह कर नंदिनी, बोली यह लो क्षीर ।
पी कर तुमको पुत्र हो, सत्याचारी वीर ।। 93

रघुवंश

३
महाराजा रघु

दोहा॰   जब आयी मंगल घड़ी, मुहूर्त था शुभकार ।
         सुदक्षिणा के पुत्र ने, लिया जन्म सुखकार ॥ 94

         ग्रह सारे अनुकूल थे, शुभ लक्षण सब ओर ।
         सुन कर खबर सुपुत्र की, ढोल-नगाड़े शोर ॥ 95

         महान उत्सव अवध में, उमड़ पड़ा आनंद ।
         नाम रखा "रघु" पुत्र का, पितरों ने सानंद ॥ 96

(बालक रघु)

दोहा॰   बालक रघु बढ़ने लगा, शीघ्र गति के साथ ।
         गणित कला कौशल्य सब, शस्त्र-शास्त्र निष्णात ॥ 97

         बुद्धिमान रघुराज थे, धनुधर प्रतापवान ।
         चारों विद्या सीख लीं, सर्व कला का ज्ञान ॥ 98

(राजा रघु)

दोहा॰   रघुवर जितने वीर थे, सभ्य उन्हें संस्कार ।
         दान-धर्म तप नम्रता, सदाचार संचार ॥ 99

         वरेण्य भूप दिलीप ने, करने सिद्ध प्रभाव ।
         अश्वमेध निन्यानबे, किए बिना-अटकाव ॥ 100

         अश्वमेध के अश्व के, रक्षक थे रघुराज ।
         सबसे पराक्रमी वही, नरवर थे युवराज ॥ 101

         जब थे सौवें यज्ञ में, लगे हुए युवराज ।

रुतबा रघु का देख कर, लगी इंद्र को खाज ।। 102

अगर सफल हो यज्ञ वो, रघु होंगे देवेश ।
इंद्र जल उठा डाह से, भरा देह में द्वेष ।। 103

घोड़ा उसने यज्ञ का, चुरा लिया चुपचाप ।
सैनिक रघु के डर गए, उन्हें हुआ संताप ।। 104

रघु को बोली नंदिनी, कहाँ मिलेगा अश्व ।
रघु की सेना चल पड़ी, सर करने को विश्व ।। 105

अश्वमेध नृप दिलीप ने, करके सिद्ध उदात्त ।
राज्य पुत्र को सौंप कर, आप हुए निवृत्त ।। 106

४

दिग्विजय

दोहा॰ रघु जी राजा बन गए, महा प्रतापी वीर ।
गौरव चारों ओर था, राजा थे रणधीर ।। 107

प्रजा सुखी थी राज्य में, सबके मन में चैन ।
सब को सब कुछ लब्ध था, आनंदित दिन-रैन ।। 108

आया जब ऋतु शरद का, पतझड़ का वह काल ।
सेना रघु की चल पड़ी, दिग्विजयी की चाल ।। 109

सब से पहले पूर्व में, जीता बंग प्रदेश ।
कलिंग को फिर जीत कर, जीता मलय विदेश ।। 110

दक्षिण में फिर पांड्य का, जीता तामिल क्षेत्र ।

उत्तर-पश्चिम मार्ग फिर, जहाँ लेगए नेत्र ।। 111

सह्याद्री को पार कर, पहुँच गए वायव्य ।
काबुल से कम्बोज तक, विजय पा लिया भव्य ।। 112

मुड़ा सैन्य ईशान को, लौहित्य नदी के पार ।
प्राग्ज्योतिष को जीत कर, लौटे अपने द्वार ।। 113

(विश्वजीत यज्ञ)

दोहा॰ दिग्विजयी जब आगए, सारी पृथ्वी जीत ।
महाराज रघु भूप के, गाए जग ने गीत ।। 114

स्थापन अब रघुवंश है, जान गया इतिहास ।
जिसका ब्योरा लिख गए, कविंद्र कालिदास ।। 115

कालिदास महाकाव्य गीतमाला, पुष्प 25

खयाल : राग भैरवी

(रघु राज)

स्थायी

रघुकुल जिनका श्रेष्ठ महान,
रघु राजा अनुपम गुणवान ।
सदाचार के विश्वविधान ।
गाएँ हम उनके गुणगान ।।

साममम मपमग गमप मप- - प,
पप पधपम ममरे गपम - - म ।
साममम मपमग गमप मप- - प,
पप पधपम ममरे गपम - - म ।।

अंतरा-1

इक्षवाकु से जो निर्माण,

वाल्मीक मुनि का श्लोक विधान ।
सां-सांरेंसांसां निध ध- निरेंसां - - सां,
ध-धम मध निसां धपम गम - - म ।।

अंतरा-2

राजा दशरथ इंद्र समान,
रघुपति जिनका था सम्मान ।

अंतरा-3

दशरथ के सुत थे श्रीराम,
रूप मानवी में भगवान ।

अंतरा-4

राम-सिया रघुकुल की शान,
दास जिन्हें थे कपि हनुमान ।

५

कौत्स मुनि

दोहा० विश्व जीत कर आगए, अवधपुरी रघुराज ।
विश्वजीत के यज्ञ का, बजा राज्य में साज ।। 116

उत्सव बड़ भारी हुआ, आलीशान महान ।
राजा ने अपना सभी, द्रव्य कर दिया दान ।। 117

विदा हुए जब यज्ञ के, सभी पाहुने लोग ।
तभी कौत्स मुनि आगए, करने प्रसाद भोग ।। 118

मुनि ने माँगी दक्षिणा, सुवर्ण मुद्रा लाख ।

दान हुआ सर्वस्व था, बची यज्ञ की राख ।। 119

(नंदिनी)

दोहा॰ राजा रघु के पास कुछ, बचा न देने दान ।
कैसे दूँ मैं दक्षिणा, होगा अब अपमान ।। 120

चिंता में रघु पड़ गए, करने लगे विचार ।
कैसे धन अर्जित करूँ, क्या होगा उपचार ।। 121

या कुबेर को लूट कर, मुनि को दे दूँ दान ।
या फिर माता नंदिनी, धन का दे वरदान ।। 122

सोये थे जब रात में, करते यही विचार ।
धन वर्षा से भर गया, सारा कोषागार ।। 123

धन सब रघु ने दे दिया, कौत्स मुनि को दान ।
मगर शिष्य वरतंतु के, मुनि थे श्रद्धावान ।। 124

मुनि ने थोड़ा ले लिया, और दिया वरदान ।
होगा सुपुत्र आपका, सज्जन प्रतापवान ।। 125

(राजकुमार अज)

दोहा॰ यथा कौत्स-वरदान था, जन्मा रघु का पुत्र ।
रंग-रूप-सौंदर्य से, अज रघु का ही चित्र ।। 126

बालक कुशाग्र बुद्धि था, सीखा चारों शास्त्र ।
नाना शस्त्र प्रयोग भी, हुआ युद्ध के पात्र ।। 127

भगिनी राजा भोज की, इंदुमती शुभ नाम ।
राजकन्या विदर्भ की, सुस्वरूप अभिराम ।। 128

परिणय करने के लिए, स्वयंवर समारोह ।
रचा रही थी भव्य सा, लेकर शिव की सौंह ।। 129

दूर-दूर से आगए, इच्छुक राजकुमार ।
न्यौता अवधकुमार अज, पाए सह सत्कार ।। 130

(और)

दोहा॰

आए अज जब नर्मदा, पूज्य नदी के तीर ।
एक वन्य हाथी उन्हें, आया देने पीड़ ।। 131

अज ने जब उस हस्ति पर, ताना अपना तीर ।
बना दिव्य वह देवता, तज कर वन्य शरीर ।। 132

बोला, मैं प्रियवंद हूँ, प्रियदर्शन का पुत्र ।
गंधर्वों के अधिप हम, मतंग ऋषि के छात्र ।। 133

मतंग ऋषि ने एक दिन, दिया मुझे था शाप ।
"हाथी तू बन जायगा, तूने कीन्हा पाप" ।। 134

मैंने जब माँगी क्षमा, हाथ जोड़ पर्याप्त ।
बोले, "अज के हाथ से, तुझे मुक्ति हो प्राप्त" ।। 135

देख रहा था राह मैं, कब आओगे आप ।
आज दिवस वह आगया, धुलने मेरा पाप ।। 136

बदले में मैं आप को, दूँगा गंधर्वास्त्र ।
जिसके द्वारा प्राप्त है, सम्मोहन का शास्त्र ।। 137

विदर्भ में फिर आगए, अज नृप लेकर अस्त्र ।
समारोह में पहन कर, सुंदर रेशम वस्त्र ।। 138

६
राजकुमारी इंदुमती

(स्वयंवर)

दोहा० मंडप सुंदर था सजा, पुष्प-रत्न रंगीन ।
राजा देश-विदेश के, सुख से थे आसीन ।। 139

आसन चंदन के बने, गुलगुल थी कालीन ।
पुष्पक विमान की तरह, सब वैभवशालीन ।। 140

अज राजा का मंच था, रत्न जड़ित अभिरूप ।
जिस पर बैठे इंद्र-से, अवधपुरी के भूप ।। 141

जब आयी वह शुभ घड़ी, शुरू हुआ संगीत ।
रंगभूमि-परदा खुला, जभी हुआ संकेत ।। 142

इंदुमती की पालकी, सजी हुई अभिराम ।
रंगभूमि पर आगयी, जिसमें परी ललाम ।। 143

इंदुमती को देख कर, विस्मित थे सब भूप ।
ब्रह्मा ने की अप्सरा, सुंदर परम स्वरूप ।। 144

सबके मन में आस थी, हमको डाले हार ।
सब से लायक विश्व में, हम हैं राजकुमार ।। 145

सखी सुनंदा दे रही, परिचय जोड़े हाथ ।
इंदुमती थी बढ़ रही, वरमाला के साथ ।। 146

एक-एक परिचय सुने, आगे बढ़ी निराश ।
जिसका परिचय हो चुका, राजा हुआ उदास ।। 147

अब तक कोई भूप ना, आया उसे पसंद ।
वरमाला डाले गले, जिसके वह सानंद ।। 148

मगधराज भी होगए, हताश अंग-नरेश ।
राजकुमार अवंति के, असफल थे मथुरेश ।। 149

नागपूर के भूप भी, कलिंग के सरकार ।
चेदी के सरदार की, आशा अस्वीकार ।। 150

इंदुमती फिर रुक गई, अज युवराज निहार ।
सुन कर परिचय भूप का, किया उन्हें स्वीकार ।। 151

इंदुमती ने डाल दी, उनके गल वरमाल ।
एक साथ फिर बज पड़े, हर्षित सब करताल ।। 152

बोली जनता मोद से, सब मिल कर सह जोश ।
"सूरज से चंदा मिला," मंडप में था घोष ।। 153

कालिदास महाकाव्य गीतमाला, पुष्प 26

खयाल : राग भैरवी

(अज-इंदुमती)

स्थायी

आज मौसम बड़ा है सुहाना,
प्यार के रंग में दिल दीवाना ।

सा-रे ग-ग- पम- ग- रेग-म-,
प-म प- ध-प म- प- मगरेसा- ।

अंतरा-1

आज दो दिल अमन में मिले हैं,
आज दो गुल चमन में खिले हैं ।

माता रानी की उन पर दुआ है,
राधे रानी की उन पर कृपा है ।
सोऽनेऽ मेंऽ सुहागा मिलाया,
सोने मेंऽ हैऽ सुहागा मिलाया ।।

म–प ध– ध– निधध प– मप– ध–,
प–ध नि– नि– सांनिनि ध– पधप म– ।
रेग म–म– म प– म– रेग– म–,
सारे ग–ग– ग प– म– रेग– म– ।
सा–सा– सा– रेग–म– गरे–सा–,
सारे ग– ग– मप–म– गरे–सा– ।।

अंतरा–2

आज शंकर ने डमरु बजाया,
परियों ने है मंडप सजाया ।
हे प्रभो! लाख तेरा शुकर है,
तूने सूरज से चंदा मिलाया ।
तूने चंदा से सूरज मिलाया ।।

अंतरा–3

आज राजा अनेकों हैं आए,
ढेर आशीष उपहार लाए ।
गीत मंगल सुमंगल हैं गाए,
आज धरती पे आनंद बिछा है ।
प्रीऽतिऽ में सुधा रस मिलाया,
प्रीति में है सुधा रस मिलाया ।।

अंतरा–4

अज–इंदुमती राजा–रानी,
इनकी आरंभ प्रैम कहानी ।

प्यार की ये अमर है कहानी ।
जीये जुग-जुग ये हंसों का जोड़ा,
सबसे प्रीति और नेहा लगाया ।
सबसे नेहा और प्रीति लगाया ।।

७

महाराजा अज

दोहा॰ हुआ स्वयंवर पर्व जब, प्रमोद से संपन्न ।
अगला उत्सव लग्न का, होना था निष्पन्न ।। 154

सुंदरियाँ सब नगर कीं, युवराज को निहार ।
बोलीं, कितना दिव्य है, मनहर रूप तिहार ।। 155

विवाह उत्सव जब हुआ, धूम-धाम के साथ ।
विदा कही नृप भोज ने, सबको जोड़े हाथ ।। 156

अभिनंदन सबने कहे, मगर हृदय में द्वेष ।
इंदुमती अज को मिली, निराश अन्य नरेश ।। 157

(अत:)

दोहा॰ लौट रहे थे अवध के, विदर्भ से अज भूप ।
इंदुमती थी साथ में, अतीव सुंदर रूप ।। 158

राजाओं ने राह में, हमला किया अपार ।
इंदुमती को छीन कर, अज को डालें मार ।। 159

मन में भज कर नंदिनी, खड़े हुए अज वीर ।

रघुवंश

यथा सोन-नद बाढ़ में, रोके गंगा नीर ।। 160

इंदुमती की लाज के, संरक्षण का भार ।
सेनाधिप को सौंप कर, स्वयं किया प्रतिकार ।। 161

घोर हुआ संग्राम जब, भिड़े शस्त्र से शस्त्र ।
अज ने तोड़ा आक्रमण, चलाय गंधर्वास्त्र ।। 162

विजय-पताका शान से, फहराते अजराज ।
अवधपुरी जब आगए, उमड़ा सकल समाज ।। 163

पथ की दोनों छोर पर, लेकर कर में हार ।
सुंदर ललना थीं खडी, गातीं जय जयकार ।। 164

सबने अनुपम रंग के, पहने वस्त्र ललाम ।
बालक बूढ़े गा रहे, राजा अज के नाम ।। 165

अश्व कतारें थी खड़ी, शोभित वीर सवार ।
हाथी मंगल थे सजे, जिन पर थे सरदार ।। 166

हाथ जोड़ कर थे खड़े, ऋषि मुनियों के संघ ।
वस्त्र गेरुए डाल कर, लिप्त भस्म से अंग ।। 167

बाजे वाले शान से, बजा रहे थे ढोल ।
ताल मँजीरे बाँसुरी, मनहर जिनके बोल ।। 168

रथ में रघु आसीन थे, करने स्वागत भव्य ।
वर्षा फूलों की हुई, अज राजा पर दिव्य ।। 169

रघु राजा ने पुत्र का, किया तिलक संस्कार ।
सौंप दिया फिर राज्य का, अज को कारोबार ।। 170

कालिदास महाकाव्य गीतमाला, पुष्प 27

खयाल : राग भैरवी

(अज-इंदुमती स्वागत)

स्थायी

अज, इंदुमती को लायो,
सखी! घर-घर दीप जलाओ ।

सानि़, सा-सासा रेरे सानि़ सारे-,
रेरे! गग गग म-ग रेसासा- ।

अंतरा-1

रघुवर नंदन, चरणन बंदन,
कमल नयन अज आयो ।
सखी! मंजुल गीत सुनाओ ।।

सासासासा रे-रेरे, गगगग म-गरे,
गगग गमम मग रेग- ।
सारे! ग-गग म-ग रेसासा- ।।

अंतरा-2

इंदुमती अब अवध की रानी,
हर्ष की ज्योत जगायी ।
सखी! दर्शन करने आओ ।।

अंतरा-3

धेनु नंदिनी शुभ वर दीन्हा,
शुभ वर लीला दिखायो ।
सखी! अवध में आनंद छायो ।।

(एक दिन)

दोहा॰ अज राजा थे एक दिन, इंदुमती के संग ।
झूल रहे थे बाग में, विविध विधा के ढंग ।। 171

नारद मुनिवर गगन में, गाते प्रभु के गान ।

गुजर रहे थे छेड़ कर, वीणा पर स्वर तान ।। 172

सुन कर मधु रव गगन में, इंदुमती का ध्यान ।
झूले पर से हट गया, हो कर असावधान ।। 173

रानी नीचे गिर पड़ी, नीचे था पाषाण ।
राजा कुछ ना कर सके, रानी थी निष्प्राण ।। 174

(फिर)
दोहा॰ अज राजा रोने लगे, करके विलाप घोर ।
बोले, अब मैं ना धरूँ, अवध राज्य की डोर ।। 175

वसिष्ठ गुरुवर ने कहा, रोने का नहि काम ।
पूर्व जन्म में अप्सरा, रानी थी अभिराम ।। 176

मुक्ति उसको मिल गई, गई स्वर्ग के द्वार ।
तुम भी अपने राज्य का, देखो कारोबार ।। 177

आठ वर्ष अजराज ने, किया राज्य का काम ।
दशरथ को फिर सौंप कर, आप किया विश्राम ।। 178

८
महाराजा दशरथ

(अज महाराज)
दोहा॰ अज राजा ने राज्य का किया बहुत विस्तार ।
जग में उनकी कीर्ति के, बजे ढोल जयकार ।। 179

अमन शांति थी राज्य में, अवध स्वर्ग समान ।
पुत्र हुआ इस स्वर्ग में, "नेमी" जिसका नाम ।। 180

आगे नेमी को मिला, "दशरथ" था सम्मान ।
इंदुमती का लाड़ला, अज नृप का अभिमान ।। 181

श्लोक

चालयित्वा रणे युद्धे रथं दशायिनेषु सः ।
नेमी दशरथो ज्ञातो सोऽयोध्याया नृपो महान् ।। 182

दशरथो महाराजा क्षात्रधर्मस्य रक्षकः ।
महावीरो महायोद्धा कीर्तिर्यस्य जगत्रये ।। 183

दीर्घदर्शी महातेजः पौरजनप्रियो नृपः ।
भुवनत्रयविख्यातो वीरो धर्मपरायणः ।। 184

सत्यप्रतिज्ञधर्मात्मा वेदविन्नीतिशासकः ।
धर्मार्थसैन्यसम्पन्नो जितेन्द्रियो जगत्पतिः ।। 185

दोहा॰ नेमी राजा वीर थे, धनुधर धीर महान ।
चलाय रथ दश अयन पर, पाये "दशरथ" नाम ।। 186

दशरथ नृप निष्पक्ष थे, न्यायशील गुणवान ।
सूर्यवंश के सूर्य थे, वीर क्षात्र धीमान ।। 187

पक्षपात से थे परे, उनको सभी समान ।
सज्जन की रक्षा करें, शठ को दंड महान ।। 188

नीर क्षीर के भेद में, राजहंस थे आप ।
नृत अनृत विच्छेद में, किया कभी ना पाप ।। 189

उनका सचिव सुमंत्र था, धर्मपाल अरु धीर ।
नौ रत्नों में श्रेष्ठ था, शस्त्र कला में वीर ।। 190

(परिवार)

दोहा॰ दशरथ नृप की रानियाँ, सुप्रसिद्ध थीं तीन ।
कौशल्या अरु कैकयी, सौम्य सुमित्रा लीन ।। 191

मँझली के रति पाश में, दशरथ थे बेहाल ।
ना जाने वह एक दिन, बन जाएगी काल ।। 192

कौशल्या थी साधवी, सात्त्विक उसका वेश ।
मंगल वाणी से सदा, प्रसन्न करती देश ।। 193

कैकेयी सजती परी, राजकीय श्रृंगार ।
पहने ऊँचे वस्त्र वो, चौदह लाखे हार ।। 194

शाँत-सुमित्रा थी सदा, पूजत अपना नाथ ।
देते आदर सब उसे, सराहना के साथ ।। 195

कालिदास महाकाव्य गीतमाला, पुष्प 28

(रघुपति राजा दशरथ)

स्थायी

रवि कुल का रविऽ नृप था नेमिऽ,
धर्म नीतिऽ प्रजा जन का प्रेमी ।
सत्य वचनों का मारग दिखाया,
जनता को वो प्रीतिऽ सिखाया ।।

म-ग मम म- मप- मम ग म-प-,
रे-ग म-म- मध- पप म ग-म- ।
रेगम ममम- म धधप गम-प-,
रेरेग- म- म मधप- मग-रे- ।।

अंतरा-1

दशरथ था प्रजा दुःखहारी,
जनपद का सदा लाभकारी ।

कोई सोये न भूखा न प्यासा,
कोई रोये न दुखिया दुखाया ।।
सांसांनिनि रें- सांध- नि-धप-म-,
सांसांनि-रें रें- सांधनि निधप-म- ।
मग म-म- म प-म- ग म-प-,
रेगम म-म- ध पपप- मग-रे- ।।

अंतरा-2

राजा दशरथ था योद्धा महाना,
क्षात्र तूफान अतुलित था माना ।
उसकी कीर्तिऽ ने जग महकाया,
इन्द्र भगवान् भी था झुकाया ।।

अंतरा-3

नृप दशरथ की थीं तीन रानी,
कौशल्या की न थी कोई सानी ।
कैकेयी थी रतिऽ नृप की प्यारी,
मुनिऽ मन था सुमित्रा को भाया ।।

९

श्रवण कुमार वध

दोहा॰ बहलाने को मन दुखी, करके बहुत विचार ।
इक दिन वे वन में गये, करने वन्य शिकार ।। 196

निकल अकेले वे पड़े, और न कोई साथ ।
दिन भर भटके विपिन में, पशु ना आया हाथ ।। 197

पशु ढूँढत चलते गये, कर में लेकर तीर ।
साँझ समय तक भटकते, आये नदिया तीर ।। 198

भूखे बैठे रेत पर, पी कर निर्मल नीर ।
लेते लम्बी साँस वे, दूर हटाने पीर ।। 199

उसी अँधेरी रात में, बालक श्रवण कुमार ।
मातु-पिता को ढो रहा, काँधे काँवर भार ।। 200

अंधे थे माता-पिता, जिन्हें लगी थी प्यास ।
बोले, जल ले आइयो, बेटा! यदि हो पास ।। 201

(श्रवण कुमार)

दोहा॰ नदिया तट काँवर रखे, लोटा लेकर हाथ ।
पानी लाने चल पड़ा, परम प्रेम के साथ ।। 202

उसी अँधेरी रात में, सुन्न शाँत उस तीर ।
उतरा जल में वह युवा, लेने सरिता नीर ।। 203

पात्र डुबोया नीर में, अति श्रद्धा के संग ।
गुड़गुड़ के उस शब्द ने, किया शाँति का भंग ।। 304

(हाय!)

दोहा॰ आयी जब आवाज वो, नृप दशरथ के कान ।
उसे वन्य पशु जान कर, उठे बाण को तान ।। 205

छोड़ा उस पर बाण को, शब्द वेध के साथ ।
सुनी चीख चिल्लान की, काँपे कोशलनाथ ।। 206

सन्-सन् करता तीर वो, लगा श्रवण के गात ।
गिरा नीर में वीर वो, विद्युत गति के साथ ।। 207

रघुवंश

दशरथ आये भागते, सुन बालक की - हाय! ।
काढ़ा शर को गात से, अपनी गोद लिटाय ।। 208

बोले, बेटा! माफ कर, मुझको मेरी भूल ।
गलती से मैंने तुझे, दीन्हा घातक शूल ।। 209

(श्रवण)
दोहा॰

कहा श्रवण ने, हे प्रभो! विधि का है यह खेल ।
समय बहुत अब अल्प है, और न दुख तू झेल ।। 210

इस नदिया के तीर पर, आम्र वृक्ष के पास ।
अंधे मम माँ बाप हैं, उन्हें लगी है प्यास ।। 211

जल्दी जाओ दौड़ कर, मम पितरों के पास ।
उनको नीर पिलायके, बुझाव उनकी प्यास ।। 212

कालिदास महाकाव्य गीतमाला, पुष्प 29

(श्रवण वध)

स्थायी

लगा रे बाण श्रावण को,
बचाओ पुत्र पावन को ।

गमप म- ध-प म-गग म-,
धप-म- ग-प म-गग रे- ।

अंतरा-1

अंधी माता, पिता भी अंधे,
ले कर कावड़ अपने कंधे ।
बूढ़े दोनों नीर के प्यासे,
रख कर उनको नदी तीर पे ।
गया था, नीर लावन को ।।

रे-गम प-प- धप- म ग-म-,

रे- रेग म-मम पपम- ग-म- ।
रे-ग- म-म- प-म ग रे-ग-,
मम मम ममम- गम- प-म ग- ।
धप- म-, ग-प म-गग रे- ।।

अंतरा-2

रात अँधेरी, शाँत किनारा,
बैठा तरु पर भूप दुखारा ।
शब्द सुना जब जल में नृप ने,
तीर चलाया तुरंत उसने ।
न देखा, पुत्र भावन को ।।

अंतरा-3

मातु-पिता ने, नृप को कोसा,
अपशब्दों में दीन्हा दोसा ।
बोले, तू भी पुत्र-बिरह में,
प्राण तजेगा, विरह हृदय में ।
मिला रे! शाप राजन् को ।।

दोहा॰ रो कर दशरथ ने कही, श्रवण-हनन की बात ।
सुन कर मरना पुत्र का, प्राण तज गये तात ।। 213

बोली माँ मरते समय, करतब तव अति हीन ।
मार दिये निर्दोष तू, एक बाण से तीन ।। 214

पुत्र विरह में जा रहे, यथा हमारे प्राण ।
सुत विरहा में तू मरे, बिना लगे ही बाण ।। 215

१०

श्रीराम जन्म

कालिदास महाकाव्य गीतमाला, पुष्प 30

कुटजगति छंद[13]

। । ।, । ऽ ।, ऽ ऽ ।, ऽ ऽ ।, ऽ

(पुत्रेष्टि यज्ञ)

बिन सुत सर्व सूना लगे सृष्टि का ।
दशरथ ढूँढते हौसला हृष्टि का ।। 1
वसिठ कहे, करो याग संतुष्टि का ।
दसरथ ने किया यज्ञ पुत्रेष्टि का ।। 2

श्लोक

दुःखेन व्याकुलो राजा दशरथः सुतेच्छुकः ।
कथं पुत्रं नु प्राप्स्यामि चिन्तयति निरन्तरम् ।।

उपादिशद्वसिष्ठो तं प्राप्तुं पुत्रं नु यज्ञियम् ।
दशरथोऽकरोद्यज्ञं पुत्रेष्टिं हि यथाविधि ।।

पुत्रेष्टेश्च प्रसादेन सम्पन्ना गर्भधारणा ।
कौशल्या च सुमित्रा च कैकेयी कृपया प्रभोः ।।

दोहा॰ वसिष्ठ गुरुवर ने कहा, मिले तुम्हें सुत, तात! ।

---

[13] **कुटजगति छंद** : इस छंद के चरणों में तेरह वर्ण, 19 मात्रा होती हैं । इसमें न ज त त गण और गुरु वर्ण आता है । इसका लक्षण सूत्र । । ।, । ऽ ।, ऽ ऽ ।, ऽ ऽ ।, ऽ इस प्रकार होता है । यति चरणांत ।

लक्षण गीत दोहा॰ मत्त उन्नीस का जहाँ, गुरु मात्रा से अंत ।
न ज त त गण आदि में, कुटजगति है छंद ।।

पुत्रेष्टि के यज्ञ से, बने तिहारी बात ।। 216

पुत्रेष्टि का देवता, प्रभो! बहुत हितकार ।
शास्त्र-नियम से व्रत किये, फल दे छप्पर फाड़ ।। 217

श्लोक

(रामजन्म)

कौशल्यायाः सुतो रामः कैकेय्या भरतः सुतः ।
युग्मौ लक्ष्मणशत्रुघ्नौ सुमित्रायाः सुतौ लघू ।। 218

अयोध्याया जनाः सर्वे दशरथश्च मातरः ।
जन्मोत्सवे महाहृष्टा देवाश्च देवतास्तथा ।। 219

दोहा॰ कौसल्या की गोद में, आये राघव राम ।
वदन सुमंगल कमल सा, नील वर्ण घनश्याम ।। 219

शिशु के कर को देखके, हुए वसिष्ठ प्रसन्न ।
बोले, कोशल देश के, भाग्य हुए निष्पन्न ।। 220

शिशु होगा सब विश्व में, धर्म कर्म का वीर ।
सदाचार सद्भाव में, होगा अनुपम धीर ।। 221

विद्या बुद्धि कुशलता, दया क्षमा भंडार ।
धर्म सुरक्षा के लिये, क्षात्र तेज अंगार ।। 222

कैकेयी की कोख में, भरत सुभग अभिराम ।
जन्म सुमित्रा ने दिये, लखन शत्रुघन नाम ।। 223

कालिदास महाकाव्य गीतमाला, पुष्प 31

(दशरथ नंदन)

स्थायी

पायो जी आज, दशरथ नृप सुत पायो ।

♫ सारे म गरे-, पमगरे सासा मग रे-सा- ।

अंतरा-1

कमल वदन, सखी! रामचंद्र का,
चार चाँद लगायो ।

♫ सासारे रेगग, मम-! प-मगरे म-,
पम ग-म गरे-सा- ।

अंतरा-2

कौशल्या कहे, धन्य भयी मैं,
राम रतन मन भायो ।

अंतरा-3

नारद शारद शंकर गौरी,
कृष्ण कनाई है आयो ।

अंतरा-4

लखन भरत कहें, राघव भ्राता,
हमको नेहा लगायो ।

११

ताड़का वध

श्लोक

एकदा मेलितुं भूपं दशरथं हि कौशिकः ।
आगतः कौशिको दिष्ट्या विश्वामित्रो महामुनिः ।। 224

ताटका तापयत्यस्मान्-भूपमुवाच कौशिकः ।
करोति यज्ञभङ्गं सा व्यथिता मुनयो भृशम् ।। 225

नयिष्यामि ततो रामं कर्तुं तस्या हि संहृतिम् ।

लक्ष्मणोऽप्यनुजोऽगच्छत्-रामेण सह कानने ।। 226

एकेन सायकेनैव रामेण ताटका हता ।
लक्ष्मणस्य च बाणेन सुबाहुरसुरो हतः ।। 227

(ताड़का)

दोहा॰ मित्र एक लंकेश का, नाम सुकेतू यक्ष ।
कारूषा वन में बसा, असुरों का अध्यक्ष ।। 228

कन्या उसकी सुंदरी, दुष्ट, ताड़का नाम ।
बिना हिचक करती सदा, मनमाने सब काम ।। 229

(कौशिक मुनि)

दोहा॰ दशरथ इक दिन कक्ष में, वसिष्ठ गुरु के साथ ।
चारों पुत्र विवाह की, करत रहे जब बात ।। 230

कौशिक मुनिवर आगये, बड़ी आस के साथ ।
बोले, रक्षा कीजिये, हमरी, कोशलनाथ! ।। 231

(दशरथ जी)

दोहा॰ दशरथ बोले, क्या करूँ, सेवा तुमरी, नाथ! ।
उत्तर ना मैं ना कहूँ, मुने! शपथ के साथ ।। 232

जो भी बोलोगे वही, कर दूँगा मैं काम ।
बिना देर के आज ही, माँगो धन या धाम ।। 233

(विश्वामित्र मुनि)

दोहा॰ पा कर नृप से स्वीकृति, मुनि के मन में आस ।
नृप को प्रण में बाँध के, बुझी मुनि की प्यास ।। 234

दशरथ के शुभ वचन से, विश्वामित्र निहाल ।
सोचे, अब तो ताड़का, होवेगी बेहाल ।। 235

(वन में, तड़का वध)

दोहा॰ मुनिवर बोले, रामजी! छोड़ो अपना तीर ।
मारो शर से ताड़का, अनुमति है, रघुबीर! ।। 236

अच्छा! कह कर राम ने, छोड़ा शिव का बाण ।
हृदय छिन्न करके तभी, लीन्हे उसके प्राण ।। 237

दूजे शर से लखन के, भया सुबाहु ढेर ।
तीर तीसरा लखन का, मारिच रखा उधेड़ ।। 238

(महायज्ञ)

महायज्ञ निर्विघ्न था, मुनिवर का निष्पन्न ।
राक्षस अब ना कर सके, विघ्न कहीं उत्पन्न ।। 239

(अहल्या देवी)

दोहा॰ उसी समय पर आगया, मिथिला से संदेश ।
रचा स्वयंवर जानकी, आओ विदेह देश ।। 240

राम–लखन मुनि जा रहे, जनकपुरी के द्वार ।
किया राह में राम ने, अहल्या का उद्धार ।। 241

मुद्‌गल मुनिवर की सुता, गौतम मुनि की दार ।
सती अहल्या साधवी, पतिपरायणा नार ।। 242

गौतम ऋषि ये संशयी, उनके मन संदेह ।
इक दिन बोले दार को, अछूत तेरा देह ।। 243

पत्नी को उस मूढ़ ने, मठ से दिया खदेड़ ।
बोला, आश्रय के लिये, लो अब तुम वह पेड़ ।। 244

पड़ी रहो पत्थर बनी, सदा वहाँ दिन–रात ।
आतप वर्षा वात से, छीजे तेरे गात ।। 245

खाने पीने के बिना, करो वहीं उपवास ।
धीमी तेरी साँस हो, सूखे मज्जा माँस ॥ 246

तेरे पत्थर देह को, जब छूएँगे राम ।
तभी तुम्हें नि:शाप हो, फिर आना मम धाम ॥ 247

कालिदास महाकाव्य गीतमाला, पुष्प 32

दादरा ताल

(अहल्या का उद्धार)

स्थायी

शरयु सरिता के उत्तर विपिन में,
ऋषि गौतम का आश्रम था वन में ।
एक दिन गौतम था गुस्से में आया,
अपनी पत्नी को पत्थर बनाया ॥

मम_ग_ ममम- म प-मम ग_मम प-,
रेग_ म-मम म ध_-पप म ग_ग_ म- ।
रेग_ मम म-म- म ध_-पप ग_ म-प-,
रे-ग_ म-म- म ध_-पप्अ मग_-रे- ॥

अंतरा-1

शिला बन कर वो तब से पड़ी थी,
शीत आतप हवा से लड़ी थी ।
स्पर्श होते श्री राघव चरण का,
हुआ उद्धार नारी शरण का ॥

सां-सां निनि_ रेंरें सां ध_ध नि- ध_प- म-,
सां-सां नि_-रेंरें सांध_- नि- ध_प- म- ।
म-ग म-म- म प-मम गमम प-,
रेग म-मम ध_-प- मगग रे- ॥

अंतरा–2

बोली गदगद वो गौतम की दारा,
मोहे तूने है राघव उबारा ।
नारी जातिऽ को तूने बचाया,
नया इतिहास तूने रचाया ।।

(सीता स्वयंवर)

दोहा॰ जनकपुरी में राम ने, उठा लिया शिव बाण ।
अजगर जैसा धनुष वो, टूट गया बिन तान ।। 248

वरमाला श्रीराम को, सीता दी पहनाय ।
विवाह सीता–राम का, कीन्हा रंग मिलाय ।। 249

सीताभगिनी उर्मिला, ब्याही लक्ष्मण साथ ।
मांडवी–श्रुतकीर्ति का, भरत–शत्रुघ्न के साथ ।। 250

(परशुराम)

दोहा॰ विवाह करके अवध को, लौट रहे जब राम ।
उन्हें मिले थे राह में, भार्गव परशुराम ।। 251

शिवधनु टूटा इस लिए, परशुराम को क्रोध ।
मगर शाँत श्रीराम ने, उन्हें सिखाया बोध ।। 252

१२

वनवास

श्लोक

आगता स्वागते भव्ये रामेण सह जानकी ।
अयोध्यायां महानन्दे स्वागतोत्सवपर्वणि ।। 253

आशीर्वादाञ्शुभेच्छांश्च सर्वग्राममवर्षयत् ।
नाभवदीदृशो दिव्यो मोदोत्सवो पुरा कदा ।। 254

दोहा॰ आयी सीता अवध में, स्वागत जहाँ महान ।
हर्ष भरा सब नगर था, सज-धज स्वर्ग समान ।। 255

आये सीता-राम जब, अवध नगर के पास ।
दिखा दूर से क्षितिज पर, अद्भुत दिव्य प्रकाश ।। 256

ढोल नगाड़े शहर में, करत रहे हैं नाद ।
गीत सिया श्री राम के, प्रकट करत आह्लाद ।। 257

नगर अवध का है सजा, उत्सव है अभिराम ।
नर-नारी सब गा रहे, जय जय सीता राम! ।। 258

पुष्प पताका नगर में, महक सुगंधित धूप ।
यहाँ स्वर्ग का दर्श है, उत्सव सजा अनूप ।। 259

लोग राह में हैं खड़े, कर में पूजा थाल ।
हार सुवासित फूल के, सफेद पीले लाल ।। 260

कालिदास महाकाव्य गीतमाला, पुष्प 33

राम छंद[14]

9 + 3 + ।ऽऽ

(सीता का अवध आगमन)

सजी दूल्हनिया, नयी नवेली ।

---

[14] **राम छंद :** इस 17 मात्रा वाले महासंस्कारी छंद के अन्त में य गण (।ऽऽ) आता है । विराम 9-8 का है ।

लक्षण गीत दोहा॰ मात्रा सत्रह से सजा, लघु गुरु गुरु से अंत ।
नौवीं कल पर यति जहाँ, "राम" नाम का छंद ।।

आयी अवध में, फूल चमेली ।। 1
सिया दरशन को, जन नगरी के ।
खड़े उमंग में, हर डगरी पे ।। 2

(राम राजकुँवर)

श्लोक

दशरथः सभामाह वृद्धो जातो जना अहम् ।
युवराजो वरीतव्यः कर्तव्यमभिषेचनम् ।। 261

तस्मादुवाच कौशल्या श्रीरामः पुरुषोत्तमः ।
तत उवाच कैकेयी युवराजोऽग्रजः सदा ।। 262

ब्रूते ततः सुमित्रा च श्रेष्ठो रामो नृपो भवेत् ।
आहुर्जनाः सुमन्त्रश्च रामः प्रियो भवेन्नृपः ।। 263

तत्पश्चादाह सौमित्रो रामो हि नृपतिर्भवेत् ।
श्रुत्वा सर्वं वसिष्ठेन श्रीरामो ह्यभिषेचितः ।। 264

(राजा दशरथ)

दोहा॰ जर्जर अब मैं हो चुका, अंत अवस्था पास ।
पक्का मुझको अब नहीं, जीवन पर विश्वास ।। 265

निश्चित निर्णय आज लूँ, जन मत के अनुसार ।
चाबी सुत के हाथ दूँ, सिर से उतरे भार ।। 266

बाल शीर्ष के हैं पके, आँखें दोनों क्षीण ।
टाँगें निर्बल हो गयी, बाँहें हैं बलहीन ।। 267

क्षमता मेरी जीर्ण है, याद गया हूँ भूल ।
साँसें दुर्बल होगयी, गातों में है शूल ।। 268

कान काम के हैं नहीं, प्राण गये हैं सूख ।

काया थरथर काँपती, मुझे लगे ना भूख ।। 269

खाना पचता है नहीं, पेट करे तकरार ।
मानो तो अब है मुझे, गया बुढ़ापा मार ।। 270

सबका मत क्या है कहो, करें उसी अनुसार ।
निर्णय क्या अभिषेक का, किस को पद अधिकार? ।।

(कैकेयी का अडंगा)

श्लोक

यथेच्छया च यावच्च कुर्यात्कोऽपि मनोरथान् ।
तथैव सर्वदा भाग्यं यथा दैवेन गुम्फितम् ।।

कैकेय्या मन्थरा दासी कैकेयीमकरोत्खलाम् ।
आह राज्ञीं ततः कुब्जा, रामं प्रेषयतां वने ।।

कृत्वा दशरथं बद्धं प्रेमपाशे नृपं सखि! ।
भरतं देहि राज्यं त्वं कौशल्यां च पृथक्कुरु ।।

दोहा॰ बतला कर आता नहीं, संकट का आघात ।
लुटती पूँजी जन्म की, पल में बन अज्ञात ।। 272

चक्कर जब दुर्भाग्य का, चलता अपने आप ।
होता बिन चेतावनी, सब चौपट चुपचाप ।। 273

रखो सँभाले लाख तुम, दौलत का संदूक ।
खिसके सब कुछ हाथ से, जब हो सिर बंदूक ।। 274

बनी बात भी बिगड़ती, जब हो पल प्रतिकूल ।
जब आता भूचाल है, पुर बन जाते धूल ।। 275

गिरती है जब दामनी, मीच न पाओ आँख ।
ऊँचे चौड़े वृक्ष भी, पल भर में ही राख ।। 276

एक हि कण स्फुलिंग का, दावानल की आग ।
वन को करता भस्म है, कोई सकै न भाग ।। 277

कालकूट की बूँद से, अमृत भी विष होय ।
विष के उस आघात से, बचा सके ना कोय ।। 278

(सूक्ति)

दोहा॰ दुनिया के संकट सभी, राम हटावे मौन ।
संकट जो हो राम पर, उसे घटावे कौन ।। 279

<u>कालिदास महाकाव्य गीतमाला, पुष्प</u> 33

पनिश्रोणि छंद[15]

ऽ ऽ ऽ, ऽ । ।, । । ऽ, ऽ ऽ

(हठी कैकेयी)

कैकेयी का जब बिगड़ा माथा,
बोली, दो-वर वर अब दो, नाथा! ।
बेशर्मीली वह न पड़ी पोली,
रानी दुष्टा दशरथ को बोली ।। 1
राजा का मान भरत को दीजो,
रामा को दंडक वन में भेजो ।
वादे से ना तुम मुकरो, स्वामी!
होगी सारे तव कुल की हानि ।। 2

---

[15] **पनिश्रोणि छंद :** इस 11 वर्ण, 18 मात्रा वाले त्रिष्टुभ् छंद के चरणों में म भ स गण और दो गुरु वर्ण आते हैं । इसका लक्षण सूत्र ऽ ऽ ऽ, ऽ । ।, । । ऽ, ऽ ऽ इस प्रकार है । विराम चरणान्त होता है ।

लक्षण गीत दोहा॰ मत्त अठारह का बना, दो गुरु कल से अंत ।
जहाँ म भ स गण आदि में, पनिश्रोणि वह छंद ।।

श्लोक

राज्ञी मूढा यदा जाताऽयाचद्दशरथाद्वरौ ।
एकेन भरतो भूपोऽपरेण राघवो वने ।।

(कैकेयी, दो वर की माँग)

दोहा॰ **दो-वर दीन्हे थे मुझे, रण में, करलो याद ।**
आज मुझे वे चाहियें, इस अरसे के बाद ।। 280

पहले वर से तुम करो, भरत अवध का भूप ।
दूजे वर से राम को, भेजो वन मुनि-रूप ।। 281

राघव बनबासी बने, पूरे चौदह वर्ष ।
वादा पूरण तुम करो, तभी मुझे हो हर्ष ।। 282

<u>कालिदास महाकाव्य गीतमाला, पुष्प</u> 34

विध्यंकमाला छंद[16]

ऽ ऽ ।, ऽ ऽ ।, ऽ ऽ ।, ऽ ऽ

(कैकेयी आज्ञा)

कैकेइ बोली, सुनो राम प्यारे!
आज्ञा हमारी पिता को उबारे ।
शृंगार सारे तिहारे उतारो,
छाला खड़ाऊँ जटा-जूट धारो ।। 1
लेलो विदाई सिया से पियारी,
भ्राता सगे मित्र माता तिहारी ।

---

[16] **विध्यंकमाला छंद :** इस 11 वर्ण, 19 मात्रा वाले त्रिष्टुभ् छंद के चरणों में तीन त गण और दो गुरु आते हैं । इसका लक्षण सूत्र ऽ ऽ ।, ऽ ऽ ।, ऽ ऽ ।, ऽ ऽ इस प्रकार होता है । विराम चरणान्त होता है ।

लक्षण गीत दोहा॰ **मत्त उन्नीस का बना, दो गुरु मात्रा अंत ।**
तीन त गण का वृंद जो, विध्यंकमाला छंद ।।

आज्ञा कहो जो हि मोहे करारी,
पूरी करूँगा समूची तुम्हारी ।।

कालिदास महाकाव्य गीतमाला, पुष्प 35

महेन्द्रवज्रा छंद[17]

। । ऽ, । ऽ ऽ, । । ऽ, । ऽ ऽ (वनवास गमन)

वन को चली, राघव संग सीता ।
हरि का धरे, हस्त सखी सुनीता ।। 1
पिछलै चला, लक्ष्मण है सुजाना ।
तज के वधू, उर्मिल को, सयाना ।। 2

कालिदास महाकाव्य गीतमाला, पुष्प 36

राग भैरवी

(वन को राम चले)

स्थायी

वन को राम चले, सत् नाम चले,
तज कर धाम चले ।

♪ रेसा रे- प-म रेग-, मम प-ध पम-,
रेरे गग म-ग- रे-सा- ।

अंतरा-1

पापी कैकई ममता खोई,
कुल-कलहों से नहीं घबराई ।

---

[17] **महेन्द्रवज्रा छंद :** इस 12 वर्ण, 18 मात्रा वाले जगती छंद के चरणों में स य स य गण आते हैं । इसका लक्षण सूत्र । । ऽ, । ऽ ऽ, । । ऽ, । ऽ ऽ इस प्रकार है । विराम चरणान्त होता है । भुजंगप्रयात छंद की तरह यह भी एक मनोरम छंद है ।

लक्षण गीत दोहा॰ **मत्त अठारह का बना, स य स य गण का वृंद ।**
अक्षर बारह से सजा, महेन्द्रवज्रा छंद ।।

रघुवंश

रामलला से गादी छीनी,
छल से भरत के नाम कराई ।
किसी की न दाल गले ।।
♪ रेसारे ग-गग- ममम- प-प-,
धध पमप- ध- पम गगम-प- ।
सा-सासारे- रे- ग-ग- म-प-,
पप प धधप म- ध-प मग-रे- ।
रेरे ग ग म-ग रेसा- ।।

अंतरा-2

वचन पिता का पूर्ण कराने,
वल्कल धर निकला रघुराई ।
पीछे पीछे लछमन भाई,
संग सिया बनवास धराई ।
दिन सुख के हैं ढले ।।

अंतरा-3

अवध पुरी के दुखी नर-नारी,
असुवन से सब देत विदाई ।
दसरथ ने गम से दम त्यागे,
माता सुमित्रा बिरहाई ।
हिय सबका ही जले ।।

अंतरा-4

सबके दिल के टुकड़े टुकड़े,
कैकई मन में थी हरषाई ।
भरत राम का सच्चा भाई,
गादी अवध की जिन ठुकराई ।
फल छल के न फले ।।

अंतरा-5

रघुवंश

वाह रे राम और लछमन भाई,
धन्य-धन्य तू, सीतामाई! ।
जाओ तुमको राखे राई,
ब्रह्मा विष्णु शंकर साईं।
आशिष देत तले ।।

(भरत कुमार)

दोहा॰   कहा भरत ने मातु को, कीन्हा तू अन्याय ।
दूँगा माते! राम को, नीति नियम से न्याय ।। 283

जाऊँगा मैं विपिन में, जहाँ गये हैं राम ।
लाऊँगा मैं **बंधु** को, वापस अपने धाम ।। 284

(चित्रकूट में)

दोहा॰   हरि के आगे हार के, बोला भरत सुजान ।
पादुक अपने, हे प्रभो! मुझको दो, श्रीराम! ।। 285

आसन पर इनको रखूँ, नृप मैं इनके नाम ।
शासन, राघव! मैं करूँ, जाकर नंदीग्राम ।। 286

राह तिहारी मैं तकूँ, राघव! चौदह वर्ष ।
तुम ना यदि लौटे तभी, जल जाऊँ सह हर्ष ।। 287

तथास्तु लेकर राम से, निकला भरत कुमार ।
आया लौटा अवध में, सिर पर पादुक धार ।। 288

(और फिर)

दोहा॰   चित्रकूट से भरत के, अवध लौटने बाद ।
बंधु मातु गुरु वृंद की, आयी फिर-फिर याद ।। 289

राघव ने की एक दिन, लखन-सिया से बात ।
याद यहाँ पर अवध की, जहाँ-तहाँ दिन-रात ।। 290

चलें यहाँ से दूर हम, चित्रकूट को छोड़ ।
मिले इसी इतिहास को, एक नया सा मोड़ ।। 291

श्लोक

पञ्चवट्यां यदा राम आगतः सीतया सह ।
यथेष्टा सीतया रम्यां लक्ष्मणोऽरचयत्कुटिम् ।।

(पंचवटी में)

दोहा॰ चित्रकूट से आगये, पंचवटी में राम ।
बोले इस स्थल रम्य को, चलो बनाएँ धाम ।। 292

निकट पाँच वटवृक्ष के, समतल भूमि देख ।
पर्ण कुटी की नींव की, गाड़ी सिय ने मेख ।। 293

लछमन लाया काट के, बल्ली छत-सामान ।
बनी सिया के चाह की, कुटिया स्वर्ग समान ।। 294

बाड़ा चारों ओर था, आगे फाटक द्वार ।
बाहर हरियाली हरी, फूलों का सिंगार ।। 295

(शूर्पणखा, एक दिन)

कालिदास महाकाव्य गीतमाला, पुष्प 37

ललना छंद[18]

ऽ । ।, ऽ ऽ ऽ, । । ऽ, । । ऽ

(शूर्पणखा)

---

[18] **ललना छंद :** इस 12 वर्ण, 18 मात्रा वाले छंद के चरण में भ म स स गण आते हैं । इसका लक्षण सूत्र ऽ । ।, ऽ ऽ ऽ, । । ऽ, । । ऽ इस प्रकार है । यति 5-7 पर विकल्प से आता है ।

लक्षण गीत दोहा॰ **मत्त अठारह से सजा, भ म स स गण का वृंद ।**
अक्षर बारह की कला, सुंदर ललना छंद ।।

शूर्पणखा थी रावण की बहना ।
रावण माने है उसका कहना ।। 1
आसुर-लंका की वह भूषण थी ।
रावण-भाई थे खर-दूषण भी ।। 2

श्लोक

शूर्पणखाऽसुरी दुष्टा भगिनी रावणस्य या ।
परिणयाय प्रस्तोतुम्-आगता राम सन्निधौ ।।

अस्वीकरोद्यदा तस्याः प्रस्तावं सादरं हरिः ।
दुष्टाऽक्राम्यन्नु वैदेहीं लक्ष्मणस्त्वरुणत्खलाम् ।।

दोहा॰ जैसा था विधि ने रचा, भाग्य करम का खेल ।
इक दिन वन में होगया, चार जनों का मेल ।। 296

सीता बगिया में खड़ी, सींच रही थी घास ।
चूल्हा आँगन में जला, रामचंद्र थे पास ।। 297

राघव लेकर टोकरी, चुगत रहे थे फूल ।
लछमन झाड़ी काटके, खोद रहे थे मूल ।। 298

ऐसे में इक कामिनी, आयी राघव पास ।
विषय वासना में रता, करने अपना नास ।। 299

(और)

✍ दोहा॰ मुख मंगल श्री राम का, जब देखा अभिराम ।
कुलटा बोली राम को, कौन कहाँ तव धाम ।। 300

मुखड़ा राज कुमार सा, लगता तेरा, नाथ! ।
वन में लाया क्यों, सखे! इस नारी को साथ ।। 301

बोली दुष्टा, राम को, लाज शर्म सब छोड़ ।

बिना किसी संकोच के, विषय वासना जोड़ ।। 302

तन मम सुगठित देख ये, यौवन से भरपूर ।
सब कुछ तुम पर वार दूँ, चलो यहाँ से दूर ।। 303

इतना कह कर पापिनी, बड़े वेग के साथ ।
लपकी सिय को मारने, खड्ग घुमा कर हाथ ।। 304

विद्युत गति से लखन ने, कीन्हा परशू वार ।
कटी नाक उस धृष्ट की, सिय को सकी न मार ।। 305

कालिदास महाकाव्य गीतमाला, पुष्प 38
भ्रमरावली छंद[19]

। । S, । । S, । । S, । । S, । । S

(खर-दूषण)

खर-दूषण बांधव रावण के प्रिय थे ।
रजनीचर निर्मम निर्भय निर्दय थे ।। 1
उनके दल के खल नायक चौदह थे ।
त्रिशिरा सुबली सम राक्षस बारह थे ।। 2

श्लोक

लङ्केशभ्रातरौ दुष्टौ-असुरौ खरदूषणौ ।
आगतौ राघवं हन्तुं राघवेण हतौ परम् ।।

दोहा० निकले खर-दूषण तभी, लेकर सेना साथ ।

---

[19] **भ्रमरावली छंद** : इस 15 वर्ण, 20 मात्रा वाले जगती छंद के चरण में पाँच स गण आते हैं । इसका लक्षण सूत्र । । S, । । S, । । S, । । S, । । S इस प्रकार से है । यति चरणान्त आता है ।

लक्षण गीत **दोहा०** बीस मत्त का पद्य जो, पन्द्रह अक्षर वृंद ।
वही भ्रमरावली कहा, पाँच स गण का छंद ।।

राम-लखन से समर में, करने दो-दो हाथ ।। 306

दूषण शर से राम के, मरा युद्ध में घोर ।
लछमन शर से खर मरा, बहुत मचा कर शोर ।। 307

कालिदास महाकाव्य गीतमाला, पुष्प 39

वसंततिलका[20] छंद

ऽ ऽ ।, ऽ । ।, । ऽ ।, । ऽ ।, ऽ ऽ

सा-नि़- सारे-रे सारे ग-मग रे-ग रे-सा-

कांचन मृग

आया अनूप मृग कांचन रंग वाला ।
देखो ललाम उसकी मृदु ढंग छाला ।। 1
नाचे, रघो! ठुमक आँगन में हमारे ।
बोली सिया, मिरग को धरियो, पिया रे! ।। 2

(सीता अपहरण)

दोहा॰ मारिच लेकर आगया, सुवर्ण मृग का वेष ।
रावण था भिक्षुक बना, लगाय नकली केश ।। 308

भिक्षां देहि! का किए, मुख में शुभ उच्चार ।
सीता को अपहृत किया, करके नीच विचार ।। 309

---

[20] **वसंततिलका छंद :** इसके चरणों में चौदह वर्ण, 21 मात्रा होती हैं, यति 8 वे वर्ण पर विकल्प से आता है । इसमें त भ ज ज गण और दो गुरु वर्ण आते हैं । इसका लक्षण सूत्र ऽ ऽ।, ऽ।।, ।ऽ।, ।ऽ।, ऽ ऽ इस प्रकार होता है । प्रस्तुत पद्य सा-नि़- सारे-रे सारे ग-, मगरे- गरेसा- इस प्रकार से गाया बजाया जा सकता है ।

लक्षण गीत दोहा॰ **त भ ज ज ग ग गण की कला, देती मन आनंद ।
बारह कल पर यति जहाँ, "वसंततिलका" छंद ।।**

शोकाकुल श्री रामजी, करने लगे विलाप ।
रोने लछमन भी लगा, करत बहुत अनुताप ।। 310

इधर-उधर फिरने लगे, वन उपवन को छान ।
आहट सुनने के लिये, उतावले थे कान ।। 311

चलते-चलते आगये, राम-लखन उस स्थान ।
जहाँ जटायु था गिरा, होकर लहू लुहान ।। 312

जटायु बोला, हे प्रभो! मैंने देखा चोर ।
वायुयान से है गया, दक्षिण दिश की ओर ।। 313

इतना कह कर विहग ने, छोड़े अपने प्राण ।
दाह-कर्म कर धर्म से, निकले लछमन राम ।। 314

(असुर कबंध)

कालिदास महाकाव्य गीतमाला, पुष्प 40

कुंडलिया छंद[21]

(असुर कबंध)

राम सेती कबंध ने, बोला, सुनिये, राम! ।
सुग्रीव से जाकर मिलो, तभी बने तव काम ।।
तभी बने तव काम, सम दुक्खी जब मित्र हो ।
जाओ रण में यदा, सेवक ऐसा तत्र हो ।।

---

[21] ♫ **कुंडलिया छंद :** इस मात्रिक छंद में एक दोहे के बाद एक रोला नियोजित किया जाता है । प्रथम दोहे का चतुर्थ चरण रोले का प्रथम चरण होता है । कुण्डलिया के इस चरण में 11 मात्रा होती हैं । जिस शब्द से कुण्डलिया आरम्भ होती है उसी शब्द से वह समाप्त भी होती है ।

लक्षण गीत दोहा० **दोहा पहले हो जहाँ, रोला जिसका अंत ।**
वही शब्द आद्यंत हो, वह कुंडलिया छंद ।।

रघुवंश

ऋष्यमूक पर बसा, नृपकीश सुग्रीव नाम ।
हनुमत तिन दास है, सब कपियन में अभि-राम ।।

(कबंध)

दोहा॰ कबंध बोला राम को, बात बताऊँ खास ।
सम दुक्खी सुग्रीव है, उसे बनाओ दास ।। 315

ऋष्यमूक गिरि पर बसा, कपिवर बहुत उदास ।
वह भी चाहे मित्र जो, उसके मुख दे हास ।। 316

उसने भी खोयी प्रिया, बिरह उसे है खात ।
उसको भी वह चाहिये, जो बनवा दे बात ।। 317

बाली-सुग्रीव युद्ध में, एक राम का बाण ।
विद्युत गति से लेगया, कपि बाली के प्राण ।। 318

संपाती ने राम को, बोला रावण नाम ।
सीता को जो लेगया, लंका उसका धाम ।। 319

(हनुमान, सीता का शोध)

दोहा॰ कृतांजलि नत शीश से, कपिवर निष्ठावान ।
सीता को मधु बैन से, बोले श्री हनुमान ।। 320

माते! मैं रघुवीर का, नम्र भगत हूँ दास ।
ढूँढत सागर पार मैं, आया तुमरे पास ।। 321

तुमको मुंदरी सौंप कर, लौटूँ रघुपति पास ।
राघव लेने आयँगे, मन में धरिये आस ।। 322

कालिदास महाकाव्य गीतमाला, पुष्प 41

शार्दूलविक्रीडित[22] छंद

ऽ ऽ ऽ, । । ऽ, । ऽ ।, । । ऽ, ऽ ऽ ।, ऽ ऽ ।, ऽ

♫ सा–रे– ग–म, गरे–ग म–प मग रे–, ग–प– मग– म– गरे–

(सीता चरण पर हनुमान)

जोड़े हाथ, झुकाय शीश कपि ने, माता सिया से कहा ।

भेजे हैं प्रभु रामचंद्र मुझको, तोरे ठिकाने यहाँ ।। 1

देने को शुभ सा प्रमाण तुमको, दीन्ही मुझे अंगुठी ।

आते हैं अब कीश का दल लिये, लेने तुझे राम जी ।। 2

कालिदास महाकाव्य गीतमाला, पुष्प 42

शिखरिणी[23] छंद

। ऽ ऽ, ऽ ऽ ऽ, । । ।, । । ऽ, ऽ । ।, । ऽ

सागं–नि़–सा– रेगरे– सारेगपमगरे ग–रेगरे सा–

संस्कृत

---

[22] **शार्दूलविक्रीडित छंद :** इस छंद के चरणों में 19 वर्ण, 30 मात्रा होती हैं । इसमें म स ज स त त गण और एक गुरु वर्ण आता है । यति 12-19 वर्ण पर विकल्प से आता है । इसका लक्षण सूत्र ऽ ऽ ऽ, ।। ऽ, । ऽ।, ।। ऽ, ऽ ऽ।, ऽ ऽ।, ऽ इस प्रकार होता है । प्रस्तुत पद्य सा–रे– ग–मगरे– गम– पमगरे– ग–प–म ग–म–गरे– इस प्रकार से गाया बजाया जा सकता है

▶ **लक्षण गीत दोहा॰ म स ज स त त गण से सजा, मुझको जिससे प्रीत ।**
अंतिम गुरु का छंद है, "शार्दूलविक्रीडीत" ।।

[23] **शिखरिणी छंद :** इस छंद के चरण में 17 वर्ण और 25 मात्राएँ होती हैं । इसमें य म न स भ गण और एक-एक लघु गुरु आते हैं । इसका लक्षण सूत्र । ऽ ऽ, ऽ ऽ ऽ, ।।।, ।। ऽ, ऽ।।, । ऽ होता है । इसके 6-11 पर यति विकल्प से आता है । प्रस्तुत पद्य सागं– नि़–सा–रेगरे– सारेग पमगरे ग– रेगरे सा– इस प्रकार से गाया बजाया जा सकता है ।

लक्षण गीत दोहा॰ मत्त पच्चीस में सजा, य म न स भ ग का वृंद ।
छठी मत्त पर यति जहाँ, चारु "शिखरिणी" छंद ।।

(सीतालब्धिः)

कपिर्ब्रूते रामं नलिनिनयनं मङ्गलवचः ।
प्रभो! श्रीवैदेही दशमुखवने शोकव्यथिता ।। 1
तदा श्रीरामस्तं मधुरवचनैराह प्लवगम् ।
कपे! त्वं मे भ्राता प्रियतरसखा दासपरमः ।। 2

हिंदी

(सीता मिली)

सा<u>ग</u>- नि़-सा-रे<u>ग</u> रे-, सारे<u>ग</u>पम <u>ग</u>रे <u>ग</u>-रे<u>ग</u> रेसा-
कहा वज्रांगी ने, अवधपति को वन्दन किये ।
रघो! श्री सीता हैं, असुर-वन में व्यग्र दुखिता ।। 1
सिया-भर्ता बोले, पवन-सुत को आशिष दिये ।
सखा तू है मेरा, प्रिय अनुज भी लक्ष्मण यथा ।। 2
सिया लंका में है, सुन कर हँसे हर्ष अति से ।
पुनः आशावादी, रघुपति हुए शीघ्र गति से ।। 3
उठे आसंदी से, रघुवर लगे मारुति गले ।
कहे, तू मेरा है, लखन सम भाई, कपि भले! ।। 4

श्लोक

कथं तत्र नु गन्तव्यं सागरस्यापरे तटे ।
लङ्केशस्य हि लङ्कायां ससैन्यं च सुरक्षितम् ।।

हनुमानाह श्रीरामं रचयिष्याम्यहं जले ।
विशालं सुदृढं सेतुं तत्र गन्तुं सुखं प्रभो ।।

ब्रूते तथास्तु श्रीरामो शिलासेतुर्जले भवेत् ।
नीलादयोऽरचन्सेतुं रामनामस्य मायया ।।

(सेतु बंधन)

दोहा॰ जितनी जल्दी हो सके, बने सेतु अभिराम ।

पता न रावण को चले, गोपनीय हो काम ।। 323

नील बनायो योजना, अंगद शिल्पाकार ।
हनुमत-नल लाते शिला, सुग्रीव था सरदार ।। 324

बिंदु-बिंदु से सिंधु है, शिला-शिला से पूल ।
पग-पग आगे बढ़ चले, निश-दिन कपि मिलजूल ।।

राम-नाम लिख-लिख बना, सागर सेतु विशाल ।
पावन शाश्वत सेतु को, विश्व लखे चिरकाल ।। 326

(कुम्भकर्ण)

दोहा॰ समर भयंकर जब छिड़ा, कुंभकर्ण के साथ ।
रक्षा करने को बढ़े, बाण लिये रघुनाथ ।। 327

छोड़ा रघु ने वज्र सा, कुंभकर्ण पर तीर ।
गया शीश को छेदता, गिरा धरा पर वीर ।। 328

(मेघनाद)

श्लोक

इन्द्रजीतो महाशूरो मायावी रावणाङ्गजः ।
ब्रह्मशस्त्रधरो वीरो लक्ष्मणेन रणे हतः ।।

दोहा॰ इन्द्रजीत ने लखन पर, किये अस्त्र से वार ।
लछमन के शर पात ने, किया सफल प्रतिकार ।। 329

छोड़ा फिर ऐन्द्रास्त्र को, लक्ष्मण ने घमसान ।
शीश काट कर ले गया, इन्द्रजीत के प्राण ।। 330

(विभीषण)

दोहा॰ विभीषण बोले राम को, जानो रावण भेद ।
मारो शर तुम नाभि में, तब होगा विच्छेद ।। 331

बाण उदर में ज्यों लगा, बोला, मेरे भ्रात! ।
सखे विभीषण! क्यों किया, तूने मेरा घात ।। 332

रथ से नीचे गिर पड़ा, रावण, फट कर पेट ।
हाय हाय! करता हुआ, गया धरा पर लेट ।। 333

कहा सभा में राम ने, विभिषण हैं गुणवान ।
नीति निपुण हैं, करुण हैं, दो उनको सम्मान ।। 334

तिलक विभीषण को लगे, मंदोदरी के हाथ ।
ना अब कटु व्यवहार या, बैर किसी के साथ ।। 335

कालिदास महाकाव्य गीतमाला, पुष्प 43

(राघव लंका से चले)

दोहा॰

राघव लंका से चले, वापस अपने देस ।
देत विदाई रोइके, विभीषण जी लंकेस ।।
राम सिया राम, सिया राम, जै जै रामा ।। टेक॰

सा-सासा रे-रे- ग- रेग-, म-मम पमगरे ग-ग ।
म-म मम-म- प-मप-, धधधप म- रे-सा-सा ।।
सा- रेग म-, पम ग-ग, रे- ग- रेसासा- ।।

चौपाई

सिया संग श्री राम सुहाते, देख युगल मम नैन लुभाते ।
राम-सिया राम, सिया राम, जै जै रामा ।।

सा-रे- ग-ग ग- प-म गरे-ग-, प-म गरेरे गग प-म गरे-सा- ।
सा- रेग म-, पम ग-ग, रे- ग- रेसासा- ।।

2. **शुभ्र वस्त्र में रघुवर साजे, पीत वसन सिय तन पे बिराजे ।**
3. **पुष्प पर्ण आभूषण धारी, शुद्ध सादगी लगती प्यारी ।**
4. **जटा खड़ाऊँ पिनाक धारी, रामचंद्र की मूरत न्यारी ।**

5. राम-सिया शुभ मंगलकरी, प्रभु चरणन में सब बलिहारी ।
6. राम लखन सीता हनुमंता, दर्शन पावन सुखद अनंता ।
7. सुर-असुर सब अमृत भीने, विभीषण को लंका पति कीन्हे ।
8. भरत मिलन की मन में आसा, राम-लखन-सिय हनुमत दासा ।

राम-सिया राम, सिया राम, जै जै रामा ।।

दोहा०

भरत-मिलन की आस है, चाँद चकोर समान ।
सीता को लेकर चले, राम लखन हनुमान ।।

गगग गगग म- प-म प-, ध-प मप-म गरे-रे ।
सा-सा सा- रे-गम गरे-, म-म गगग रेरेसा-सा ।।

१३
पुष्पक विमान

(पुष्पक विमान, विभीषण बोले)

दोहा०
पुष्पक विमान पुष्प सा, हलका है, रघुवीर! ।
इसी लिये उसको मिला, पुष्पक नाम प्रवीर ।। 336

उसमें दो या चार ही, बैठ सकत हैं लोग ।
फिर भी चिंता कुछ नहीं, सुनिये गुह्य प्रयोग ।। 337

इसमें जितने लोग हों, उतना ही आकार ।
सारी सेना भी चढ़े, सह लेगा सब भार ।। 338

इसमें ना पानी लगे, ना ईंधन की बात ।
वायु वेग से यह चले, वायु हि है यह खात ।। 339

इसी लिये इसको कहा, पुष्पक वायु-यान ।
वायु शक्ति ईंधन इसे, वायु वेग उड़ान ।। 340

पंछी सम ये उड़त है, लेकर सबको, राम! ।
ठीक समय हो आयगा, रघुवर! तुमरा काम ।। 341

तुमको ये ले जायगा, बिना किसी भी ताप ।
वापस फिर यह लौटके, आये अपने आप ।। 342

(श्रीराम-सीता संवाद)

दोहा॰ राघव बोले, यान ये, चलता बादल चीर ।
कितना सुंदर दिख रहा, नीचे सागर नीर ।। 343

ऊपर नभ, नीचे धरा, कहीं न दिखता तीर ।
नील वर्ण आकाश से, नील समुंदर नीर ।। 344

बादल रूई से लगे, भूरे भाप पहाड़ ।
तरल हवा में तैरते, बिना किसी आधार ।। 345

सूर्य किरण से चमकती, लहर लहर पर धूप ।
जैसे सागर ने लिया, नभ मंडल का रूप ।। 346

(और)

दोहा॰ धरती के पादप लगें, हरी हरी कालीन ।
जन-गण कुछ दिखते नहीं, समतल लगे जमीन ।। 347

मुझे अचंभा है लगे, पर्वत टीले देख ।
नदियाँ देखो लग रहीं, जैसी पतली रेख ।। 348

(सीता-राम संवाद)

दोहा॰ कहा सिया ने राम को, कैसा है यह यान ।
ज्यों ज्यों ऊपर जा रहा, बधिर हो रहे कान ।। 349

जी मेरा घबरा रहा, माथे पर है स्वेद ।
पहले तो मैं ठीक थी, क्या है इसमें भेद? ।। 350

राघव बोले, बोध ये, होता पहली बेर ।
हो जाएँगे ठीक हम, रुक कर थोड़ी देर ।। 351

नीचे देखो नीर में, सागर सेतु विशाल ।
जो है कपियों ने रचा, श्रद्धा नाम कमाल ।। 352

अब भारत की भूमि है, इस सागर के पार ।
उत्तर दिश हम जा रहे, देख रहा संसार ।। 353

(वैगाई)

दोहा॰ आगे जो है दिख रहा, वैगाई का नीर ।
आते पथ हम थे रुके, उस सरिता के तीर ।। 354

नीलगिरी से है चली, वैगाई की धार ।
नीला जल का रंग है, मीठा स्वाद अपार ।। 355

(पश्चिम घाटी)

दोहा॰ दिखती बाईं ओर जो, खड़ी पहाड़ी तुंग ।
पश्चिम घाटी है वही, हरा-भुरा सा रंग ।। 356

नीलगिरी के वृक्ष हैं, लगते ऊँचे ताड़ ।
औषधि का आगार है, जाना गया पहाड़ ।। 357

सुषेण जी ने औषधी, लीं थीं अपने साथ ।
हम सब जब थे आ रहे, बोले श्री रघुनाथ ।। 358

(कावेरी)

दोहा॰ सीते! देखो आ रही, कावेरी जलधार ।
कवेर मुनि की है सुता, नमन उसे सौ-बार ।। 359

इसकी चारों ओर है, चोल राज्य प्रदेश ।
दक्षिण के शासक यही, महान ख्यात नरेश ।। 360

(कर्नाटक)

दोहा॰ इसके आगे आ रहा, कर्णाटक का देश ।
तुंगभद्र-पेन्नार हैं, नदियाँ दिखे विशेष ।। 361

श्रृंगेरी का धाम है, तुंगभद्र के तीर ।
यहाँ विष्णु भगवान का, सनातनी मंदिर ।। 362

(किष्किंधा क्षेत्र)

दोहा॰ आगे जो है आ रही, दो नदियाँ हैं खास ।
कृष्णा और घटप्रभा, जानो अब इतिहास ।। 363

इसी क्षेत्र में है बसा, किष्किंधा का धाम ।
यहीं हुआ सुग्रीव का, बाली से संग्राम ।। 364

यहीं हमें थे सब मिले, कपिगण, श्रीहनुमान ।
ऋष मारुत नल नील थे, अंगद जामूवान ।। 365

यहीं मिली शबरी हमें, और जटायू वीर ।
हमको असुर कबंध भी, संपाती गंभीर ।। 366

किष्किंधा में हम रुकें, पाँच निमिष की बात ।
लेलें अपने संग हम, देवी तारा मात ।। 367

(गोदावरी)

दोहा॰ आगे भीमा, मांजरा, गोदावरी महान ।
भद्रचलम है पूर्व में, प्रतीची प्रतिस्थान ।। 368

सीते रानी! आपने, अगस्त्य मुनि के धाम ।
गोदा माँ के नीर में, किया हुआ है स्नात ।। 369

इसी नदी के तीर है, पंचवटी ललाम ।
अपनी कुटिया थी यहाँ, लखन लला का काम ।। 370

कटी यहीं पर थी जभी, शूर्पणखा की नाक ।
खर-दूषण थे आगए, त्रिषिरा दल नापाक ।। 371

फिर आया मारीच था, लेकर मृग अवतार ।
ताकी रावण कर सके, तुमरा तब अपहार ।। 372

(रामटेक)

दोहा॰ आगे दिखती जो नदी, प्राणहिता है नाम ।
उसके आगे अद्रि पर, रामटेक है ग्राम ।। 373

यहाँ रुके थे हम तभी, करने को आराम ।
भगतन आकर बैठते, करने हमें प्रणाम ।। 374

(तापी

दोहा॰ देखो आगे की नदी, तापी पवित्र धार ।
सूरजकन्या भी कही, ताप्ति नाम सत्कार ।। 375

(सातपुड़ा)

दोहा॰ उसके आगे जो दिखे, सातपुड़ा है पठार ।
पुराण शास्त्रों में कही, जिसकी ख्याति अपार ।। 376

सात नगों की शृंखला, जानी एक पठार ।
जिसके परले बह रही, नदी नर्मदा धार ।। 377

(नर्मदा)

दोहा॰ अमृत कहता जग जिसे, पावन सरिता नीर ।
पवित्र तीरथ हैं बसे, जिसके दानों तीर ।। 378

(विंध्य पर्वत)

रघुवंश

दोहा० प्रचंड माला विंध्य की, आगे दिखे कतार ।
शिखर अनेकों तुंग हैं, बिखरा अचल अपार ।। 379

(सुतीक्ष्ण मुनि)
दोहा० उसके आगे है बना, सुतीक्ष्ण मुनि का वास ।
मुनिवर से हम थे मिले, बैठे उनके पास ।। 380

(शरभंग मुनि)
दोहा० आगे बढ़ कर दिख पड़े, हमको स्थान अभंग ।
हम जब थे उस स्थान पर, मिले हमें शरभंग ।। 381

(अनसूया)
दोहा० सीते! तुमको याद हो, अत्री मुनि का धाम ।
दत्तात्रय हमको मिले, तीन मुखी भगवान ।। 382

अनसूया ने था दिया, तुमको शुभ वरदान ।
और दिया सीते! तुम्हें, उपदेश भी महान ।। 383

(सीता, याद करके)
दोहा० आगे अब है दिख रहा, चित्रकूट गिरि, राम! ।
जहाँ हमारी थी कुटी, प्रथम हमारा धाम ।। 384

भरत हमें मिलने यहाँ, आए थे, श्रीराम! ।
लौट यहाँ से थे गए, रहने नंदीग्राम ।। 385

आगे मुझको याद है, भरद्वाज मुनि धाम ।
मुनिवर ने हमको कहा, चित्रकूट का नाम ।। 386

(गुह निषाद)
दोहा० गंगा करवाई हमें, गुह निषाद ने पार ।
शृंगिबेरपुर नाथ के, कहें लाख आभार ।। 387

आगे देखो रामजी! तमसा नदी हमार ।
आये थे हम इस तरफ, तमसा करके पार ।। 388

आगे हमको दिख रही, नगरी अवध हमार ।
लेने हमको आयगे, प्यारे भरत कुमार ।। 389

१४
अयोध्या आगमन

दोहा॰ उड़नखटोला गगन से, उतरा बिन आवाज ।
पंख विशाल समेटता, यथा गरुड़ खगराज ।। 390

नर–नारी छोटे बड़े, जनपद के सब लोग ।
खूब सजाने अवध को, प्रचुर किये उद्योग ।। 391

गलियाँ–कूचे नगर के, साफ किये बाजार ।
घर–मंदिर नौ रंग से, भूषित राज दुआर ।। 392

राजमार्ग पर फूल के, बिछे गलीचे लाल ।
खड़ी किनारे नारियाँ, लेकर पूजा थाल ।। 393

कालिदास महाकाव्य गीतमाला, पुष्प 44

कांचनमाला छंद[24]

---

[24] **कांचनमाला छंद** : इस 5 वर्ण, 6 मात्रा वाले सुप्रतिष्ठा छंद के चरण में भ गण और दो गुरु वर्ण आते हैं । लक्षण सूत्र ऽ । ।, ऽ ऽ इस प्रकार है । विराम चरणान्त.

लक्षण गीत दोहा॰ आठ मत्त का संघ जो, दो गुरु कल से अंत ।
जहाँ भ गण का तंत्र हो, कांचनमाला छंद ।।

ऽ । ।, ऽ ऽ (भरत–मिलाप)

सुंदर बाला । लेकर माला ।
स्वागत कीन्हीं । राम–सिया का ।। 1
मंगल शोभा । देख वहाँ की ।
थामत सीता । हाथ पिया का ।। 2
पावन गाने । बालक गाये ।
मातु–पिता के । साथ तराने ।। 3
दीप जलाये । स्नेह[25] सुधा के ।
पुष्प सुगंधी । रंग सुहाने ।। 4

कालिदास महाकाव्य गीतमाला, पुष्प 45

(राम को तिलक लगा)

स्थायी

आज, राम को तिलक लगेगा,
सखी! आनंद आनंद होगा ।
सारे, म–ग रे ममम मनिधपमप–,
मम! नि–धप ध–पम पमगरेसा– ।

अंतरा–1

सीता हमरी रानी बनेगी,
सुंदर भूषण रंग सजेगी ।
आज, राम–का–राज बसेगा,
सखी! मंगल साज बजेगा ।।
सा–रे– गमग– प–म गरे–ग–,
प–मग म–मम ध–प मग–म– ।
सासा, रे–रे रे ग–ग गम–म–,
मम! नि–धप ध–पम पमगरेसा– ।।

[25] (हिंदी) **स्नेह** = (सं) **स्नेहन्** = 1. न॰ तेल, 2. पु॰ मित्र, मैत्री, 3. वि॰ प्रेम ।

अंतरा–2

सबने शोभित वसन हैं डारे,
जन पद सत् जन आन पधारे ।
आज, ऋषि–मुनि मंत्र उचारे,
सखी! कीर्तन गान सजेगा ।।

अंतरा–3

सप्त नदी जल सिंचन होगा,
कोई न पुर में अकिंचन होगा ।
आज, स्वर्ग बिराजा होगा,
सखी! राघव राज करेगा ।।

(सीता का त्याग)

दोहा॰ जनपद जन भी प्रेम से, पूजित करते राम ।
द्वेष द्रोह का देश में, कहीं नहीं था नाम ।। 394

प्रजा पितावत् पात्र थी, राघव पुत्र प्रमाण ।
सीता सबको स्निग्ध थी, प्यारी सुता समान ।। 395

(फिर भी, एक दिन)

मंत्री बोले राम को, हम हैं बहुत उदास ।
सीता पर जनता नहीं, करती अब विश्वास ।। 396

सीता बोली राम को, मेरा ही था दोष ।
मैं थी लालच में पड़ी, मृग देखे मदहोश ।। 397

ना मैं तुमको भेजती, मृग के पीछे, राम! ।
ना होता लंकेश का, सफल कपट का काम ।। 398

तुम्हें कष्ट मैंने दिया, करवाया संग्राम ।
अब दुविधा में मत पड़ो, तज दो मुझको, राम! ।। 399

क्षात्र-धर्म से तुम चलो, यही सत्य है राह ।
पत्नी से बढ़ कर, सखे! प्रजा जनों की चाह ।। 400

(श्रीराम)

गर्भवती तू नार है, नाजुक तेरा हाल ।
बालमीक मुनिवर तुझे, सीते! रखें सँभाल ।। 401

प्रिय सीता को त्याग कर, व्याकुल पीड़ित राम ।
मूर्ति सिया की, स्वर्ण की, कीन्ही पूजन काम ।। 402

१८
सीता देवी

(शत्रुघ्न)

दोहा॰ यमुना तट पर उन दिनों, असुरों का था त्रास ।
ऋषि-मुनि सब थे चाहते, असुरों का हो नास ।। 403

ऋषि-मुनियों ने एक दिन, कही राम से बात ।
लवणासुर की झुंड का, करना होगा घात ।। 404

राघव ने शत्रुघ्न को, भेज दिया इस काम ।
लवणासुर को मार कर, कीन्हा त्रास तमाम ।। 405

(लव-कुश जन्म)

दोहा॰ बहुत रखा वाल्मीक ने, गर्भवती का ध्यान ।
प्रसूति का दिन आगया, परिचारिका सुजान ।। 406

सुनी जभी नवजात की, रोने की आवाज ।
दाई बोली हर्ष से, पुत्र हुए दो आज ।। 407

रघुवंश

सीता ने दो पुत्र को, मुने! दिया है जन्म ।
सुन कर मुनिवर मुदित थे, सीता भी आजन्म ।। 408

(सीता)

सीता दुखियारी सदा, आया सुख था आज ।
युगल सुतों की माँ बनी, बजे हृदय में साज ।। 409

प्रचंड इस आनंद में, याद आ रहे राम ।
कैसे उनको खबर दूँ, कौन करे ये काम ।। 410

हे बादल! खग! पवन! तू, दे उनको संदेश ।
लव-कुश उनके पुत्र हैं, विद्या देत मुनीश ।। 411

लव-कुश सुत गुणवान थे, सीख गए सब शास्त्र ।
शस्त्र कला संगीत भी, धनुर्वेद के अस्त्र ।। 412

उनको गुरु वाल्मीक ने, हीं विद्याएँ आठ ।
करा दिया अवगत सभी, रामायण का पाठ ।। 413

(अश्वमेध)

दोहा॰ बीते जब दश वर्ष थे, रामराज्य के नीक ।
वशिष्ठ बोले राम को, अश्वमेध अब ठीक ।। 414

निकला घोड़ा यज्ञ का, देश-देश को जीत ।
समारोह उमदा हुआ, होम हवन संगीत ।। 415

ऋषि-मुनियों ने गा दिए, वेद मंत्र के ठाठ ।
गाया लव-कुश युगल ने, रामायण का पाठ ।। 416

सुन कर लव-कुश की कथा, हुआ राम को हर्ष ।
बच्चों के संगीत ने, किया हृदय को स्पर्श ।। 417

उनको पूछा राम ने, कौन तुम्हारे तात ।

बोल पड़े वाल्मीक जी, पूरी करने बात ।। 418

(वाल्मीक जी)

दोहा॰ मुनिवर ने श्रीराम को, बतलाया सब हाल ।
सीता को अन्याय ने, किया हुआ बेहाल ।। 419

सीता जो निर्दोष है, पुनः करो स्वीकार ।
लाकर उसको अवध में, दो उसको अधिकार ।। 420

(श्रीराम)

दोहा॰ सुन कर मुनिवर का कहा, नतमस्तक श्रीराम ।
बोले मुनिवर को, गुरो! जनता का यह काम ।। 421

ना मैंने उसको तजा, ना उस पर अन्याय ।
आज्ञा जन मत की यथा, तथा विवश था न्याय ।। 422

प्रजाजनों के सामने, दे दे अगर प्रमाण ।
वापस फिर से आ सके, सीता सह सम्मान ।। 423

(सीता)

दोहा॰ सीता ने स्वीकार कर, आयी वह दरबार ।
अवध जनों के सामने, बोली सह सत्कार ।। 424

क्षमा करो, हे रामजी! मेरी छोटी भूल ।
बहुत बड़ा संकट बनी, दीन्हा सबको शूल ।। 425

आगे बोली राम से, तुमरा ना है दोष ।
मेरे जाने में मिला, जनता को संतोष ।। 426

तुमने ये निःस्वार्थ ही, किया है कटुतम काज ।
जितना दुख आया मुझे, तुमको भी, रघुराज! ।। 427

मेरे जीवन में यही, लिखा हुआ है, नाथ! ।

पल दो पल का, है प्रभो! हम दोनों का साथ ।। 428

जाने दे मुझको, सखे! अब मत मुझको रोक ।
सहे दुःख इस लोक में, जाने दो पर लोक ।। 429

(और)

दोहा॰ हे शंकर गौरी! बुझा, नीति नियम की आग ।
जला रही है राम के, अरु मेरे भी भाग ।। 430

धरती माँ! अब बस हुआ, राखो मेरी लाज ।
लायी मुझको तू हि है, वापस ले ले आज ।। 431

तांडव शिवजी ने रचा, खोली तीजी आँख ।
धरती पल में फट गयी, करके मिट्टी राख ।। 432

शिवजी! अब झेलो मुझे, नाथ! पसारो हाथ ।
दरार में कूदी सिया, देख रहे रघुनाथ ।। 433

कालिदास महाकाव्य गीतमाला, पुष्प 46

खयाल : राग दरबारी कान्हड़ा

(तांडव नृत्य)

स्थायी

छम-छम पायल घुँघरू बाजे,
छम-छम पायल घुँघरू बाजे ।
साथ में डमडम डमरू बोले,
गौरी शंकर तांडव नाचे ।।

मम रेरे- सा़नि़सा रेपग- गमरे सा,
मम रेरे- सा़नि़सा रेपग- गमरे सा ।
म-म म पप पप- मपसां- निध-निप,
-सां-सां निपमप ग-गम रेसा ।।

अंतरा–1

गल में माला सर्प बिराजे,
कटि पर हिरन की छाला साजे ।
शंख फूँकते बम् बम् भोले,
धरती अंबर संग में डोले ।। छम०

मम प- निध-नि- सां-सां सांरेंनिसां-,
निसां रेंरें रेंसांसां सां निसांरेंसां ध-निप ।
परेंरें रें-रेंसां रें गं - गंमं रें-सां-, मपसां-
निपमप ग-ग म रेसा ।। मम०

अंतरा–2

सिर पे गंगा, चंद्र जटा में,
तन पर भसम बिभूति शिवा के ।
आँख तीसरी शंकर खोले,
डम् डम डम् डम डमरू बोले ।।

१६

महाराजा कुश

दोहा० बाद यज्ञ के जब हुआ, सीता का निर्वाण ।
भविष्य के रघुवंश का, प्रश्न हुआ निर्माण ।। 434

रामराज्य श्रीराम ने, करके विविध विभाग ।
बाँट दिया रघुवंश में, विना किसी अनुराग ।। 435

सिंधु-देश नृप भरत थे, तक्षशिला के तक्ष ।
तक्ष भरत के पुत्र थे, सदा कार्य में दक्ष ।। 436

पुष्कल भाई तक्ष के, सुत भरत के कनिष्ठ ।
पुष्कलावती नृप बने, आशिष दिए वसिष्ठ ।। 437

लक्ष्मण के सुत अंग औ, चंद्रकेतु पुखराज ।
दोनों मिल कर बँट करें, कारापथ का राज ।। 438

(यमराज)

दोहा॰ इक दिन मिलने राम से, आए श्री यमराज ।
बोले करनी बात है, एकाकी में आज ।। 439

राघव बोले, ठीक है, बैठेंगे हम शाँत ।
बिन बाधा के बोलने, होगा सब एकांत ।। 440

लक्ष्मण को श्रीराम ने, कहा रखो तुम ध्यान ।
कोई प्रवेश ना कर सके, छोटा बड़ा महान ।। 441

(दुर्वासा मुनि)

दोहा॰ लक्ष्मण पहरा दे रहे, करके बंद दुआर ।
भीतर थे यमराज से, राम करत सुविचार ।। 442

दुर्वासा ऋषि आगए, उसी समय दरबार ।
बोले, कुछ श्रीराम से, करना है व्यवहार ।। 443

लक्ष्मण ने उनको कहा, बड़े विनय के साथ ।
भीतर जाना है मना, बोले हैं रघुनाथ ।। 444

ऋषिवर क्रोधित हो गए, भर आया संताप ।
क्षण में उद्यत हो गए, देने कटुतम शाप ।। 445

(लक्ष्मण)

दोहा॰ लक्ष्मण ने मधु भाष से, ऋषि को कहा, सुरेश! ।
कृपया रुकिये दो निमिष, दे आऊँ संदेश ।। 446

धीरे से लक्ष्मण जभी, गया राम के पास ।
सूचित करने बंधु को, आए हैं दुर्वास ।। 447

यम की आज्ञा भंग की, लक्ष्मण ने अनजान ।
शाप दिया यमराज ने, लखन होगया म्लान ।। 448

शीघ्रकोप लक्ष्मण सदा, सह न सका अवमान ।
सरयू जल में लखन ने, दीन्हे अपने प्राण ।। 449

समाधि ले ली लखन ने, सुनी राम ने बात ।
राघव शोकाघात थे, खो कर प्रियतम भ्रात ।। 450

(श्रीराम)

दोहा० पीड़ित हो कर राज्य को, त्याग गए रघुनाथ ।
कुश को राज्य कुशावती, शरावती लव हाथ ।। 451

राम हिमालय में गए, विमान से फिर स्वर्ग ।
धरती पर फिर चढ़ गया, कलियुग कलिमल सर्ग ।।

आत्मसमर्पण कर गए, दोनों भाई संग ।
रघुकुल को अब मिल गया, नये वंश का रंग ।। 453

कीर्तिरूप दो थे खड़े, एक तरफ हनुमान ।
दक्षिण में बिबिषण रहे, चित्रकूट में स्थान ।। 454

मंत्रीगण को सौंप कर, कुशावती का राज्य ।
कुश राजा अब बन गए, अवध के महाराज ।। 455

(कुश महाराज)

दोहा० शरयू नद के नीर में, कुश राजा इक बार ।
स्नान कर रहे थे तभी, गिरा गले का हार ।। 456

ढूँढा नृप ने हार वो, करके बंद विहार ।

मिला न उनको हार वो, चारों ओर निहार ।। 457

चुरा लिया था हार वो, सर्पिण ने सुकुमार ।
कुमुद नाग की बहन वो, कुमुदवती दिलदार ।। 458

लेकर गरुड़ास्त्र जब, कुश ने दी ललकार ।
शरण माँग कर कुमुद ने, दे दिया अलंकार ।। 459

कुमुदवती को लग्न में, अर्पण कर साभार ।
कुश राजा को अप्सरा, मिली दार मनहार ।। 460

१७
महाराजा अतिथि

(राजा कुश की मृत्यु)

दोहा॰ प्रसन्न मन कुशराज थे, कुमुदवती के संग ।
"अतिथि" महान सुत उनके, महावीर उत्तुंग ।। 461

पराक्रमी रणधीर थे, प्रतापवान विशाल ।
रघुकुल रीत यथा चली, सदा वचन का पाल ।। 462

इक दिन असुरों ने किया, युद्ध इंद्र से घोर ।
कुश राजा थे लड़ रहे, समर इंद्र की ओर ।। 463

जीत गए रण इंद्र थे, संगर हुआ समाप्त ।
कुश नृप थे मारे गए, वीरगति को प्राप्त ।। 464

अतिथि राजा दुखी हुए, बुरी खबर को जान ।
कोई कुछ ना कर सका, निकल गए थे प्राण ।। 465

(अवध शासन)

दोहा॰ अतिथि राज राजा बने, बने अवध महाराज ।
उनके सिर पर था सजा, चक्रवर्ती का ताज ।। 466

नीति कुशलता से किए, सभी राज्य के काम ।
लगा अवध में आगए, पुन: लौट कर राम ।। 467

सत्य वचन के भूप थे, एक वचन के वीर ।
लौटे कभी न वचन से, यथा धनुष का तीर ।। 468

(अश्वमेध)

दोहा॰ अश्वमेध के अश्व ने, जीते देश-विदेश ।
मगर न अपमानित किया, कोई कभी नरेश ।। 469

यश की वर्षा राज्य पर, करे इंद्र दिन-रात ।
कुबेर ने धन वृष्टि की, कभी न जितनी ज्ञात ।। 470

वरुण देव पर्जन्य से, किए प्रसन्न किसान ।
रोग-व्याधि यमराज ने, नष्ट किया अवज्ञान ।। 471

१८
महाराजा अतिथि के वंशज

(राजा निषद)

दोहा॰ अतिथि राज के बाद में, निषद बने अधिराज ।
पुत्र अतिथि के निषद थे, पूजे जिन्हें समाज ।। 472

निषदराज ने राज्य का, किया बहुत विस्तार ।
सागर तक सीमा बढ़ी, विशाल था अधिकार ।। 473

रघुवंश

(राजा नल)

दोहा॰ निषदराज के बाद में, नल हुए महाराज ।
तेजस्वी वह वीर थे, वरेण्य तीरंदाज ।। 474

(राजा नभ)

दोहा॰ नल राजा के बाद थे, उनके पुत्र सुजान ।
सात्विक नभ राजा बने, मिला बहुत सम्मान ।। 475

(राजा पुंडरीक)

दोहा॰ राजा नभ के बाद में, उनके पुत्र महान ।
पुंडरीक राजा बने, धनुर्वेद विद्वान ।। 476

(राजा क्षेमधन्वा)

दोहा॰ पुंडरीक अधिराज का, जभी हुआ देहांत ।
क्षेमधन्वा नृप बने, उनके पुत्र प्रशांत ।। 477

क्षेमधन्वा महान थे, सबसे उनको प्रीत ।
निश-दिन प्रजा प्रसन्न थी, गाती उनके गीत ।। 478

(राजा देवानीक)

दोहा॰ क्षेमधन्वा दिवं गए, रघुपति शांत स्वभाव ।
भूप देवानीक बने, सत् से जिन्हें लगाव ।। 479

मधुवच देवानीक थे, प्रजा करत सम्मान ।
आदर शत्रु समाज भी, करता उन्हें प्रदान ।। 480

(राजा अहीनग)

दोहा॰ गुजरे देवानीक जब, पुत्र अहीनग ज्येष्ठ ।
सिंहासन पर आगए, और नृप बने श्रेष्ठ ।। 481

(राजा परित्राय)

दोहा॰ जभी अहीनग चल बसे, कुमार पारित्राय ।

बने सुशासक अवध के, राजा विशालकाय ।। 482

(राजा शिल)

दोहा॰ मृत्यु पिता की जब हुई, शिल बने महाराज ।
शीलवान विद्वान थे, रघुकुल के युवराज ।। 483

(राजा उन्नाभ)

दोहा॰ राजा शिल के बाद में, अधिप बने उन्नाभ ।
राजा शिल के पुत्र ये, तेजस्वी अमिताथ ।। 484

(राजा वज्रनाभ)

दोहा॰ पराक्रमी उन्नाभ थे, राजा विष्णुस्वरूप ।
वज्रनाभ उन्नाभ के, पुत्र अवध के भूप ।। 485

(राजा शंखण)

दोहा॰ वज्रनाभ थे वज्र से, तेजस्वी बलवान ।
शंखण उनके पुत्र थे, पैने पिता समान ।। 486

(राजा व्युशिताश्व)

दोहा॰ जग जेता शंखण बने, महाराजाधिराज ।
उनके सुत व्युषिताश्व भी, भीषण तीरंदाज ।। 487

(राजा विश्वसह)

दोहा॰ वीर विश्वसह पुत्र थे, व्युषिताश्व के महान ।
हिरण्यनाभ सुत उनके, विष्णु अंश भगवान ।। 488

(राजा हिरण्यनाभ)

दोहा॰ हिरण्यनाभ प्रधान थे, दैवी जिनका रूप ।
सब गुणियों में मुख्य थे, अवध राज्य के भूप ।। 489

सुत इनके कौशल्य थे, कला कुशल कृतकाम ।
कर्णधार कौशल्य के, जैसा उनका नाम ।। 490

(राजा कौशल्य)

दोहा॰ पीछे हिरण्यनाभ के, उनके सुत कौशल्य ।
जिनके शासन काल में, करतब का वैपुल्य ।। 491

सुत उनके ब्रह्मिष्ठ थे, सब वेदों का ज्ञान ।
नाम ब्रह्मज्ञानी उन्हें, सरस्वती वरदान ।। 492

(राजा ब्रह्मिष्ठ)

दोहा॰ ज्ञानी नृप ब्रह्मिष्ठ थे, उदार उनका पुत्र ।
ज्ञानी था वह पुत्र भी, पिता समान सुपुत्र ।। 493

(राजा पुत्र)

दोहा॰ राजा "पुत्र" दयालु थे, शासक न्याय प्रवीण ।
पुत्र "पुत्र" का पुष्य था, न्याय–नीति शौकीन ।। 494

(राजा पुष्य)

दोहा॰ पुत्रराज के बाद में, आए पुष्य कुमार ।
पुष्य पुत्र "ध्रुवसंधि" थे, बातों के सरदार ।। 495

(राजा ध्रुवसंधि)

दोहा॰ पुष्य पुत्र ध्रुवसंधि जी, करते वन्य शिकार ।
एक समय मारे गए, खुद ही हुए शिकार ।। 496

(राजा सुदर्शन)

दोहा॰ बाल पुत्र ध्रुवसंधि के, वीर सुदर्शन नाम ।
बाद पिता के नृप बने, शासक थे कृतकाम ।। 497

बालक तेजस्वी बड़े, न्याय कुशल भूपाल ।
अवध राज्य पर दीर्घ था, उनका शासन काल ।। 498

अग्निवर्ण उनका लला, बना दिया युवराज ।
विरत सुदर्शन हो गए, देकर सुत को राज ।। 499

१९
राजा अग्निवर्ण

(राजा अग्निवर्ण)

दोहा॰ वृद्ध सुदर्शन ने दिया, अग्निवर्ण को राज्य ।
आप पतोवन में गए, जैसा रीतिरिवाज ॥ 500

अग्निवर्ण शासक रहे, यथा योग्य कुछ काल ।
फिर व्यसनों में लग गए, विलास मग्न त्रिकाल ॥ 501

नृत्य द्यूत पीना नशा, हर ऐयाशी भोग ।
अग्निवर्ण नृप को दिया, भीषण क्षय का रोग ॥ 502

राजा दुर्बल होगए, बैठा-उठा न जाय ।
वैद्य अनेकों होगए, मिला न योग्य उपाय ॥ 503

सर्व चिकित्सा व्यर्थ थी, बचा सकी ना प्राण ।
अग्निवर्ण नृप चल बसे, अंतिम किया प्रयाण ॥ 504

विना पुत्र नृप चल बसे, गर्भवती थी दार ।
प्रजा कर रही पुत्र का, आतुर इन्तेजार ॥ 505

रानी तब तक होगई, सिंहासन आरूढ़ ।
बाट जोहती थी प्रजा, यथा रीत थी रूढ़ ॥ 506

कालिदास के महाकाव्य पर आधारित
दोहा छंद में संगीमय प्रस्तुति

७

रत्नाकरकृत

विक्रमोर्वशी

विक्रमोर्वशी
पात्र परिचय

अशोक : वसंत ऋतु में खिलने वाला लाल रंग के पुष्पों का एक वृक्ष
इंद्र : देवताओं के राजा
आयु : राजा पुरुरवा और उर्वशी का पुत्र. चंद्रवंश के आदि प्रचालक
उर्वशी : देवलोक की प्रमुख अप्सरा. अन्य मुख्य परियाँ : चित्रलेखा, रंभा, मेनका, तिलोत्तमा, पुष्पगंधा, सुकेशिनी, मनोरमा, महेश्वरी, प्रमद्वरा, घ्रताची, चंद्रप्रभा, कांचनमाला, विद्युन्माला, सोमा, अंबुजाक्षी, ... आदि
कंचुकी : सेवक
कार्तिकेय : शिव पुत्र
कुबेर : यक्ष धन-देवता
कुमार वन : गंधमादन पर्वत पर एक उद्यान
कुरबक : वसंत ऋतु में खिलने वाला लाल रंग के पुष्पों का एक वृक्ष
केशी : एक दैत्य
गंधमादन : एक पर्वत
चारण : स्तुति गीत गाने वाले भाट लोग
चित्ररथ : गंधर्वों के राजा
चित्रलेखा : उर्वशी की सखी अप्सरा
च्यवन : एक महाऋषि
देवदूत : आकाशवाणी
नारद : देवर्षि मुनिवर
निपुणिका : महारानी की दासी
मणिकण्ठक : कुमार आयु का मोर
महारानी : काशी नरेश की कन्या

विक्रमोर्वशी

माणवक : काशी नरेश का एक विदूषक
मेनका : एक अप्सरा
पुरुरवा : प्रतिस्थान के विक्रमी चंद्रवंशी राजा. बुध और इला के सुपुत्र
प्रतिष्ठान : प्रतिस्थान, पैठन राज्य
भरत मुनि : नाट्यशास्त्र कर्ता, लक्ष्मी-स्वयंवर नाटक के रचेता
रंभा : एक अप्सरा
सरस्वती : ज्ञान-कला की देवी

विक्रमोर्वशी

भूमिका

दोहा॰ पाँच अंक की नाटिका, मनोभावना युक्त ।
उपरूपक है त्रोटिका, सूक्ष्म ज्ञान संपृक्त ।। 1

कालिदास का नाट्य ये, जिसे कथा प्राचीन[26] ।
चंद्रवंश इतिहास है, संगीत समीचीन ।। 2

वेद-ब्राह्मण-पुराण में, कही गई जो बात ।
कालिदास ने है लिखी, अलंकार के साथ ।। 3

चंद्रवंश के विक्रमी, पुरुरवा महाराज ।
देव अप्सरा उर्वशी, योग-वियोग विराज ।। 4

कालिदास की कल्पना, अद्‌भुत आविष्कार ।
सुप्त पुराने कथन को, देती ऋत आकार ।। 5

---

[26] **प्राचीन कथा :** इस कथा का संदर्भ अधोक्त शास्त्रों मे पाया जाता है : ऋग्वेद (95.10.5); शतपथ ब्राह्मण 11.5.1; रामायण, महाभारत (आदि. 75.24-45, 123.1, 10.11); हरिवंश पुराण, वायु पुराण, विष्णु पुराण (4.6, 4.36-39); मत्स्य पुराण 24.10-32, श्रीमद् भागवत् पुराण (स्कन्द 1, 4, 8, 9), ब्रह्म पुराण, अग्नि पुराण, कूर्म पुराण, लिंग पुराण, आदि.

१
अप्सरा उर्वशी

दोहा॰ देव लोक की बात है, जब परियों के बीच ।
स्वर्ग सुंदरी अप्सरा, विराजती सरसीज ।। 6

नाम परी का उर्वशी, अनूप रूप अपार ।
नारायण के ऊरु से, निकली थी जो नार ।। 7

सखियाँ उसकी मेनका, चित्रलेखा समान ।
पुष्पगंधा तिलोत्तमा, परियाँ सभी महान ।। 8

(एक दिन)

दोहा॰ इक दिन आयी उर्वशी, कुबेर जी के धाम ।
सखियाँ उसके साथ थीं, रुकने चारों याम ।। 9

(फिर सवेरे)

दोहा॰ निकल पड़ी जब उर्वशी, सब परियों के साथ ।
केशी राक्षस राह में, खड़ा पसारे हाथ ।। 10

परियाँ सारी उड़ गईं, केशी असुर निहार ।
पकड़ी उसने उर्वशी, सबसे सुंदर नार ।। 11

परियाँ सारी चीखती, जोर-जोर पुकार ।
आकर कोई देवता, करे सहाय हमार ।। 12

(राजा पुरुरवा)

दोहा॰ उसी समय नृप पुरुरवा, प्रतिस्थान के भूप ।
करके सूर्य उपासना, सेंक रहे थे धूप ।। 13

सुन कर करुण पुकार वो, आए उनके पास ।

पूछा उनको क्या हुआ, क्यों हो सभी उदास? ।। 14

परियों ने उनसे कहा, घटित हुआ जो आज ।
असुर लेगया उर्वशी, छुड़ाइये नृपराज! ।। 15

सुन कर परियों का कहा, राजा ने तत्काल ।
ढाढस उनका बाँध कर, चिंता दियी निकाल ।। 16

नृप ने रथ हाँका उधर, जिधर गया था चोर ।
दौड़े घोड़े वेग से, उसी दिशा की ओर ।। 17

(परियाँ)

दोहा॰ सब परियों ने थे सुने, राजा के यश गीत ।
उनको निश्चित था पता, नृप की होगी जीत ।। 18

परियाँ सब थी जानती, राजा है रणधीर ।
प्रतापशाली भूप है, चंद्रवंश का वीर ।। 19

जभी इंद्र पर असुर हैं, कर देते आघात ।
इसी भूप से इंद्र है, करता पहले बात ।। 20

सेनापति बनता यही, इंद्र पक्ष का शेर ।
देता जय सुर पक्ष को, असुरों को कर ढेर ।। 21

परियों को संतोष था, राजा पर विश्वास ।
आएगा वह लौट कर, करके असुर विनाश ।। 22

मुक्त करेंगे अप्सरा, प्रतिस्थान के नाथ ।
आएगी अब उर्वशी, पुरुरवा के साथ ।। 23

(राजा पुरुरवा)

दोहा॰ राजा ने कुछ देर में, देख लिया वह चोर ।
युद्ध किया उस असुर ने, खूब लगा कर जोर ।। 24

जीत ना सका असुर वो, सारी ताकत जोड़ ।
भाग गया फिर असुर वो, वहीं परी को छोड़ ।। 25

मिली भूप को उर्वशी, पड़ी हुई बेहोश ।
छिड़का मुख पर जल जभी, आया उसको होश ।। 26

नैन खोल कर उर्वशी, जभी पड़ गई जाग ।
पास देखती भूप को, असुर गए हैं भाग ।। 26

(फिर)

दोहा॰ आकर सखियों से मिली, स्नेह भुजा में थाम ।
उसने सोचा इंद्र का, निश्चित है यह काम ।। 27

सखियों ने उसको कहा, नृप का है यह काम ।
प्रतिस्थान के भूप हैं, परूरवा है नाम ।। 28

परिचय सुन कर भूप का, हुआ परी को प्यार ।
राजा के भी उर्वशी, गई कलेजे पार ।। 28

दोनों तरफा हृदय में, लगी हुई थी आग ।
प्रथम नजर में होगया, दोनों को अनुराग ।। 29

सखियाँ भी थीं सब सुखी, देख भूप का काम ।
वचन मधुर कहने लगीं, लिए भूप का नाम ।। 30

करे राज्य नृप भूमि पर, सौ कल्पों का काल ।
“कभी न नृप को हानि हो, ना हो बाँका बाल” ।। 31

सदा सुखी हो उर्वशी, मिले उसे मनमीत ।
लाज-प्राण हैं बच गए, मिले उसे मनप्रीत ।। 32

(चित्ररथ)

दोहा॰ उसी समय पर आगए, चित्ररथ गंधर्व ।
लाए थे संदेश वे, इंद्र देव से सर्व ।। 33

नारद मुनि ने इंद्र को, बतलाई जब बात ।
संकट में है उर्वशी, केशी का उत्पात ।। 34

तुरंत भेजा इंद्र ने, गंधर्वों का सैन्य ।
लाकर छुड़ाय उर्वशी, हो जाऊँ मैं धन्य ।। 35

मगर राह में सैन्य ने, देखे चारण भाट ।
पुरूरवा के गा रहे, विजय गीत के ठाठ ।। 36

"प्रतिस्थान के भूप ने, किया है चमत्कार ।
मुक्त करी है उर्वशी, उन असुरों को मार" ।। 37

(अतः)
दोहा॰ कहा गंधर्वराज ने, अतः इंद्र भगवान ।
बुला रहे हैं आपको, करने को सम्मान ।। 38

सौंप कर उन्हें उर्वशी, होंगे बहु उपकार ।
इंद्र करेंगे आपके, हार्दिक जय जयकार ।। 39

राजा ने मानी नहीं, मगर इंद्र की बात ।
कहा इंद्र से बाद में, करूँगा मुलाकात ।। 40

आप ले चलो उर्वशी, इंद्र देव के पास ।
बहुत हुई है उर्वशी, दुखिया और उदास ।। 41

(उर्वशी)
दोहा॰ जाते-जाते उर्वशी, भेज गई संदेश ।
"रखूँ कीर्ति मैं आपकी, मन में सदा, सुरेश!" ।। 42

उत्तर में नृप ने कहा, सभी हुआ है ठीक ।

दर्शन जब भी हो सके, देना मुझको नीक ।। 43

भारी मन से उर्वशी, चलने लगी उदास ।
मगर लता में फँस गया, उसका जरी लिबास ।। 44

कुदरत भी ना चाहती, इनका अभी वियोग ।
इसी लिए साढ़ी फँसी, अंतिम क्षण संयोग ।। 45

पीछे मुड़ कर देखती, वह राजा की ओर ।
देख रहे थे भूप भी, इक आशिक की तौर ।। 46

जब परियाँ सब उड़ गईं, नृप के दिल पर चोट ।
बल पूर्वक रथ पर चढ़े, घर जाने को लौट ।। 47

२

महाराजा पुरुरवा

(पुरुरवा)

दोहा॰ राजा आए लौट कर, करने शासन काम ।
मगर न मन उनका लगा, रटत उर्वशी नाम ।। 48

निहार नृप को अनमना, रानी को संदेह ।
रानी ने करने पता, पूछ लिया सस्नेह ।। 49

राजा ने जब टाल दी, रानी की वह बात ।
रानी ने जासूस को, लगा दिया दिन-रात ।। 50

माणवक और निपुणिका, लगे काम में खास ।
माणवक नृप मित्र था, और विदूषक दास ।। 51

रानी की परिचारिका, निपुणिका थी सुविज्ञ ।
रानी के विश्वास की, खुफिया काम अभिज्ञ ।। 52

पता उन्हें था लग गया, क्यों है भूप उदास ।
कारण बस है उर्वशी, जिसकी नृप को आस ।। 53

मृगतृष्णा है जो अभी, कल हो सके कृतार्थ ।
भूप लगे थे सोच में, कैसे हो यह सार्थ ।। 54

(और)

दोहा॰ वसंत ऋतु था आगया, आम पर लगा मौर ।
अशोक कुरबक फुलित थे, गुलदस्ते की तौर ।। 55

भूप प्रमद वन में गए, बहलाने को चित्त ।
मगर वहाँ ना मन लगा, बिगड़ा उनका पित्त ।। 56

उनके दिल पर उर्वशी, छाई थी दिन–रात ।
उन्हें और कुछ ना लगी, उससे मनहर बात ।। 57

(अत:)

दोहा॰ अत: माणवक से कहा, नृप ने सह विश्वास ।
कैसे पूरी हो सके, मेरे मन की आस ।। 58

(उर्वशी)

दोहा॰ उसी समय पर आगई, चित्रलेखा विलुप्त ।
संगति में थी उर्वशी, मिलने नृप से गुप्त ।। 59

ओढ़े माया वस्त्र थे, परियों ने इस बार ।
अत: हुई अदृश्य थीं, नृप की दृग् से पार ।। 60

वे सबको थी देखती, सुन भी सकती सर्व ।
खड़ी भूप के पास थीं, नृप के लिए अपूर्व ।। 61

विक्रमोर्वशी

(माणवक)

दोहा॰ देख हाल वो भूप का, दास ने लिया जान ।
ठीक ठिकाने भूप के, ना नैना ना कान ।। 62

कहा दास ने भूप को, सो जाओ, सरकार! ।
सपने में फिर उर्वशी, दे देगी दीदार ।। 63

या फिर आप बनाइये, चित्र-फलक पर चित्र ।
और एकटक देखिये, उसे बना कर मित्र ।। 64

राजा बोले, अश्रु हैं, नैनन बारंबार ।
चित्र बनेगा ना अभी, ना निंद का खुमार ।। 65

देख-सुन रही उर्वशी, राजा के सब बोल ।
राजा उस पर मर रहे, खुली हुई थी पोल ।। 66

जान गई थी उर्वशी, और हुआ विश्वास ।
राजा उसके प्रेम में, विरही और उदास ।। 67

फिर भी हुई न प्रकट वो, समय लगा ना ठीक ।
पत्र लिख दिया प्रेम का, भूर्जपत्र पर नीक ।। 68

उसमें उसने था लिखा, शंका करने दूर ।
अभी नहीं वह मिल सके, किसी वजह मजबूर ।। 69

(पुरुरवा)

दोहा॰ प्रेम पत्र वह जब पढ़ा, पुलक गए नृप गात ।
उन्हें लगा ज्यों उर्वशी, बोल रही है बात ।। 70

राजा बोले, हृदय पर, लगे हुए हैं बाण ।
दोनों तरफा प्रेम है, इसका यही प्रमाण ।। 71

सुन कर राजा का कहा, रुक न सकी तब और ।

प्रकट होगई अप्सरा, खरे स्वप्न की तौर ।। 72

परी देख कर सामने, राजा के मन हर्ष ।
राजा पल भर चाहते, करलूँ उसको स्पर्श ।। 73

(मगर)

दोहा॰ मगर तभी सब ने सुना, नभवाणी संदेश ।
"परियाँ सब लौटें अभी, इंद्र दिया आदेश" ।। 74

इंद्र देखना चाहते, नाटक नौ-रस युक्त ।
भरत मुनि ने जो रचा, मनहर जो हर वक्त ।। 75

सुना जभी ऐलान वो, कर न सकीं इनकार ।
आज्ञा लेकर भूप की, परियाँ हुईं तयार ।। 76

दुखी होगई उर्वशी, रही अधूरी साध ।
उसे विवश जाना पड़ा, कर न सकी अपराध ।। 77

दुखी होगए भूप भी, कर न सके अनुरोध ।
नभवाणी-आदेश का, कैसे करें विरोध ।। 78

बोले, सुख से जाइये, मगर न जाना भूल ।
परियाँ फुर-फुर उड़ गईं, करके बात कबूल ।। 79

परियाँ जब थीं उड़ गई, उड़ा पत्र भी साथ ।
नीचे गिर कर लग गया, पटरानी के हाथ ।। 80

(महारानी)

दोहा॰ प्रेम पत्र वह जब पढ़ा, रानी ने तत्काल ।
आई मिलने भूप से, बिना हुए विकराल ।। 81

ढूँढ रहे थे पत्र को, नृप अरु उनका दास ।

रानी बोली, यह रहा, भोजपत्र वह खास ।। 82

पतिव्रता के धर्म से, रानी संयम साथ ।
गुस्सा भरकर लौट ली, छोड़ अकेले नाथ ।। 83

(नाटक)

दोहा॰ देव सभा में हो रहा, जब नाटक का खेल ।
मेनका बनी वारुणी, स्वरूप–अभिनय मेल ।। 84

बनी लक्ष्मी उर्वशी, जो थी अब भी मुग्ध ।
बिना भूल की भूमिका, सच में थी संदिग्ध ।। 85

(अत:)

दोहा॰ लक्ष्मी बोली, "हे सखी! कौन तुम्हें अति प्रिय ।
ब्रह्म विष्णु भगवान या, महेश हैं वरणीय" ।। 86

कहना तो भगवान था, "पुरुषोत्तम" श्रीराम ।
मुख से निकला था मगर, "पुरुरव" नृप का नाम ।। 87

सुन कर पुरुरव नाम को, मुनिवर को संताप ।
परी उर्वशी को दिया, भरत मुनि ने शाप ।। 88

"निष्कासित तुम स्वर्ग से, की जाती हो आज" ।
अपमानित थी उर्वशी, पाई भीषण लाज ।। 89

(इंद्र)

दोहा॰ खड़ी वहीं थी उर्वशी, रोती बहुत उदास ।
उसे देख कर इंद्र श्री, आए उसके पास ।। 90

बोले, तुम बेइम्तिहाँ, करती जिससे प्यार ।
वो हमरा प्रिय मित्र है, यश देता हर बार ।। 90

राजा वह रणक्षेत्र पर, लेता हमरा पक्ष ।

सदा सहायक वीर जो, योद्धा है अति दक्ष ।। 91

क्यों की तुमको स्वर्ग में, नहीं रहा अब स्थान ।
तुमरा कुछ करने भला, देता हूँ वरदान ।। 92

तब तक नृप तुमको रखे, अपने साथ सुजान ।
जब तक वह ना देख ले, सुमरी सुत संतान ।। 93

(महारानी)

दोहा॰ रानी ने व्रत था रखा, करने सफल निज नाथ ।
उसने भेजा कंचुकी, संदेसा के साथ ।। 94

संदेसा नृप को दिया, रानी का तत्काल ।
"व्रत का उत्सव आज है, पहुँचो सायंकाल" ।। 95

संध्या जब होती चली, महल सजा मनहार ।
दीप कतारें सज उठीं, मुख-मुख जय जयकार ।। 96

पूजन की तैयारियाँ, और भक्ति संगीत ।
आए नृप जब द्वार पर, गायक गाए गीत ।। 97

परी उर्वशी आगई, माया पट परिधान ।
देख-सुन रही भूप को, लगाय उत्सुक कान ।। 98

(राजा)

दोहा॰ पूजा करके भूप ने, कहा शपथ के साथ ।
मेरा जो सब कार्य है, अब रानी के हाथ ।। 99

रानी का व्रत सफल हो, अतः करूँ मैं प्रण ।
रानी कहती सो करूँ, चाहे निकलें प्राण ।। 100

(रानी)

दोहा॰ सुन कर राजा का कहा, रानी को आनंद ।

राजा का सुख जो रहे, होगा मुझे पसंद ।। 101

जिस स्त्री को राजा वरे, उससे मुझको प्रीत ।
जो स्त्री राजा पर मरे, वह मेरी भी मीत ।। 102

रानी व्रत पूरा किए, राजा को कर जोड़ ।
चली गई निज भवन में, वहीं भूप को छोड़ ।। 103

(उर्वशी)

दोहा॰ रानी का व्रत देख कर, सुन कर उनकी बात ।
प्रसन्न मन थी उर्वशी, पुलकित उसके गात ।। 104

नृप के पीछे थी खड़ी, उस उत्सव के बीच ।
प्रकट हुई अब उर्वशी, नृप की आँखें मींच ।। 105

कोमल कर के स्पर्श से, नृप ने लीन्हा जान ।
प्रकट हुई है अप्सरा, नृप की प्यारी जान ।। 106

राजा ने भी प्रेम से, धर कर उसका हाथ ।
आसन पर बैठा लिया, झट से अपने साथ ।। 107

३
नववधू उर्वशी

दोहा॰ व्रत उत्सव के बाद में, शासन के सब काम ।
रानी के कर सौंप कर, नृप ने लिया विराम ।। 108

लिए नव वधू उर्वशी, पुरुरवा महाराज ।
निकल पड़े मधुमास पर, साथ नया अंदाज ।। 109

गंधमादन पहाड़ पर, रहे चार-छह मास ।
मना लिया आनंद से, स्वर्गतुल्य मधुमास ।। 110

(एक दिन)

दोहा॰ गर्भवती थी उर्वशी, तब की है यह बात ।
गंगा के तट गर्भिणी, थी राजा के साथ ।। 111

बना रही थी उर्वशी, बालू के आकार ।
खेल ही थी मौज में, मन में करत विचार ।। 112

राजा बैठे पास थे, देख रहे कुछ दूर ।
नजर लगाए एकटक, कोई सुंदर हूर ।। 113

ईर्ष्या में थी उर्वशी, गई भूप से रूठ ।
नृप ने फिर जो कुछ कहा, बोली सब है झूठ! ।। 114

चली गई वह क्रोध में, गुस्से में थी लाल ।
कुमार-वन में आगई, करने शांत मलाल ।। 115

(मगर)

दोहा॰ उसे नहीं यह ज्ञात था, अनुचित है यह स्थान ।
स्त्रियों को यह वर्ज्य है, कार्तिकेय का धाम ।। 116

कुमार का यह नियम है, ब्रह्मचर्य सदुपाय ।
आए जो स्त्री बाग में, लता रूप बन जाय ।। 117

रखा उर्वशी ने जभी, कुमार वन में पाँव ।
सुंदर बेली बन गई, जैसा नियम प्रभाव ।। 118

(महाराज)

दोहा॰ राजा उसको ढूँढने, घूमने लगे, हाय! ।
वियोग में पागल हुए, कुछ भी समझ न पाय ।। 119

विक्रमोर्वशी

कहाँ गई मेरी प्रिया, कोई मुझे बताय ।
केशी तो फिर से नहीं, लेकर गया उठाय ।। 120

फिर देखा जब गौर से, बादल राक्षस रूप ।
इंद्रधनुष को चाप ही, समझ गए थे भूप ।। 121

बूँदें जल की गगन से, टपक रही बेजोड़ ।
राजा समझे बाण ही, असुर रहा है छोड़ ।। 122

दमक पड़ी जो दामिनी, तभी चमक के साथ ।
भूप को लगा उर्वशी, हिला रही है हाथ ।। 123

कभी सोचते उर्वशी, जतलाने को क्रोध ।
छिप कर बैठी है कहीं, मुझे सिखाने बोध ।। 124

कभी लगे वह स्वर्ग में, चली गई है लौट ।
मरे अनुचित काम से, पा कर गहरी चोट ।। 125

कभी लगे वह है खड़ी, पहने माया वस्त्र ।
चला रही है विरह का, मुझ पर छुप कर अस्त्र ।। 126

इंद्रधनुष सा रंग वो, देख घास पर लाल ।
लगे अश्रु को दे गए, रंग, लाल जो गाल ।। 127

(मयूर)
दोहा॰ कभी मोर से पूछते, मेरे मित्र मयूर! ।
देखी क्या मेरी प्रिया, कहीं निकट या दूर ।। 128

(कोयल)
दोहा॰ कोयल से भी बोलते, प्रतिस्थान के नाथ ।
मेरी पत्नी क्या कहीं, गई किसी के साथ ।। 129

(राजहंस)

विक्रमोर्वशी

दोहा॰ राजहांस उनको दिखे, चोंच में कमलनाल ।
मानसरोवर जा रहे, कूक निनाद सँभाल ।। 130

नृप ने हंसों को कहा, देखो तुमरी चाल ।
लगता जैसे उर्वशी, उड़ती परी निहाल ।। 131

दिखे अगर मेरी प्रिया, पूछो उसको हाल ।
समाचार कहना मुझे, आकर तुम तत्काल ।। 132

(चातक)

दोहा॰ चातक-पंछी से करी, राजा ने फिर बात ।
राह देखते नीर की, जैसे तुम दिन-रात ।। 133

वैसे मैं भी प्रीत को, याद करूँ हर साँस ।
उसके दर्शन की लगी, नैनों को है प्यास ।। 134

(चकवा)

दोहा॰ चकवे से जब पूछते, करे न वो कछु बात ।
उलटा, वह कहता मुझे, आप कौन हो, तात! ।। 135

मैंने उसको कह दिया, दादा मेरे चंद्र ।
नाना मेरे सूर्य हैं, भ्राता मेरे इंद्र ।। 136

पत्नी मेरी उर्वशी, सवर्गपरी अभिराम ।
स्वामी हूँ मैं भूमि का, शासन मेरा काम ।। 137

वही पुरुरवा भूप मैं, जग में जिसका नाम ।
चकवा सुनता रह गया, बना न कुछ भी काम ।। 138

(भौंरे)

दोहा॰ कमलों पर मँडरा रहे, भौंरे अलि के साथ ।
वे भी गूँजन मस्त थे, हुई न कोई बात ।। 139

(हाथी)

दोहा॰ हाथी से फिर बोलते, देख सको तुम दूर ।
दिखी तुम्हें क्या उर्वशी, नैनन जिसके नूर ।। 140

तुम बलशाली भूत हो, मैं बलशाली भूप ।
तुम मद करते दान हो, मैं धन दान अनूप ।। 141

दिखे अगर मेरी प्रिया, उसको कहना, भ्रात! ।
तुम्हें ढूँढता है पिया, यहाँ-वहाँ दिन-रात ।। 142

(नदी)

दोहा॰ आकर नदिया तीर पर, जल से बोले भूप ।
मेरी पत्नी उर्वशी, सरित समान स्वरूप ।। 143

बलखाती वह भी चले, चंचल उसकी बैन ।
निहार कर उसकी अदा, प्रसन्न होते नैन ।। 144

आयी क्या वह तीर पर, पीने निर्मल नीर ।
गई किधर मेरी प्रिया, करके मुझे अधीर ।। 145

(पर्वत)

दोहा॰ फिर पर्वत से पूछते, हे गिरिवर वनराज! ।
बिछुड़ी मेरी सुंदरी, भीषण क्रोध विराज ।। 146

टकरा कर गिरि-कन्दरा, समीर की आवाज ।
बोली गर्जन, उर्वशी, इधर न आई आज ।। 147

(हिरण)

दोहा॰ नृप ने मृग से फिर कहा, मृगनयनी मम प्रीत ।
आयी क्या दृग् में कहीं, हृद् मेरा भयभीत ।। 148

कही न कोई हिरण ने, मृगजल जैसी बात ।

सुना अनसुना कर दिया, कुछ न उसे था ज्ञात ।। 149

(अशोक वृक्ष)

दोहा॰ लाल–प्रसून अशोक से, पूछा नृप ने हाल ।
हिला वृक्ष समीर से, बरस पड़े गुल लाल ।। 150

बोला लाल–अशोक ने, सुयोग्य होगा काल ।
जब तुमरे सौभाग्य से, मिले तुम्हें मणि–लाल ।। 151

देगा वह तुम को प्रिया, तुमको तभी मिलाय ।
जब अद्‌भुत लीला भरी, मणि तुमको मिल जाय ।। 152

४

लाल मणि

(राजा)

दोहा॰ इसको–उसको पूछते, इधर–उधर जब भूप ।
कुमार वन में भटकते, पागल के प्रतिरूप ।। 153

(तभी)

दोहा॰ तभी अचानक भूप को, दिखी वस्तु कुछ लाल ।
दरार में चट्टान की, जिसमें चमक कमाल ।। 154

राजा ने उस चीज को, बाहर लिया निकाल ।
बोले, लगता है यही, माया का मणि–लाल ।। 155

नृप को वचन अशोक के, स्मरण हुए तत्काल ।
राजा ने मणि लाल वो, रखी पास संभाल ।। 156

नभवाणी तब होगई, वहाँ पर अकस्मात् ।

"लाल-मणि मिलवाएगी, प्रिया तुम्हारे साथ" ।। 157

(उर्वशी)

दोहा॰ कुमार वन में थे खड़े, राजा मणि के साथ ।
एक लता से लग गया, सहसा उनका हाथ ।। 158

मणि की लीला चल पड़ी, देख रहे थे भूप ।
धीरे-धीरे वह लता, बनी उर्वशी रूप ।। 159

खड़ी उर्वशी सामने, देख भूप को हर्ष ।
रो कर उसने भूप के, किया चरण को स्पर्श ।। 160

"क्षमा करो," कहने लगी, दुख से किया विलाप ।
मैंने कष्ट दिया तुम्हें, करके क्रोध अमाप ।। 161

राजा ने उसको कहा, तुम्हें देख कर पास ।
मैं हूँ प्रसन्न हो चुका, अब मत रहो उदास ।। 162

इतना कह कर भूप ने, उसे दिया मणि-लाल ।
जिसकी लीला ने किया, सब यह आज कमाल ।। 163

जिस लीला से, उर्वशी! मुक्त हुई हो आप ।
उस माया से है मिटा, कार्तिकेय का शाप ।। 164

आनंदित थी उर्वशी, ले कर मणि वह लाल ।
माथे पर धारण किया, शोभित हुआ कपाल ।। 165

(तब)

दोहा॰ नृप को बोली उर्वशी, खतम हुआ यह खेल ।
चलो लौट कर घर चलें, करें प्रजा से मेल ।। 166

बहुत दिनों से आप हैं, प्रतिस्थान से दूर ।
प्रजा कोसती हो मुझे, तव दर्शन आतुर ।। 167

राजा बोले ठीक है, चलते हैं निज धाम ।
राजकाज शासन करें, करें प्रजा के काम ।। 168

(प्रतिस्थान में)

दोहा॰ घर आए जब लौट कर, पुरुरवा प्रतिस्थान ।
जनता ने स्वागत किया, सत्कार से महान ।। 169

सब कुछ नृप को था मिला, आदर घन सम्मान ।
दो-दो रानीं थी मिली, मगर न थी संतान ।। 170

(एक दिन)

दोहा॰ इक दिन रानी उर्वशी, सजा रही थी बाल ।
उतार कर नीचे रखा, माथे की मणि लाल ।। 171

लाल रंग को देख कर, ललचाया इक काग ।
मणि उठाय कर चोंच में, तुरत गया वह भाग ।। 172

पकड़ो-पकड़ो लोग सब, मार रहे थे हाँक ।
सभी देखते रह गए, निकल गया था काक ।। 173

(कुमार आयु)

दोहा॰ आज्ञा दी नृपराज ने, लाओ मणि को खोज ।
जब तक वह मणि ना मिले, ढूँढो उसको रोज ।। 174

मणि वह लेकर शाम को, आया नृप का दास ।
मरा मिला वायस उसे, एक पेड़ के पास ।। 175

खग के तन में बाण था, जिस पर था संकेत ।
सायक है यह "आयु" का, जिसकी माता श्वेत ।। 176

श्वेत परी का पुत्र है, पिता पुरुरवा नाम ।
च्यवन मनीषी वंद्य का, आश्रम जिसका धाम ।। 177

पैदा होते पुत्र को, देने सत् संस्कार ।
छोड़ गई थी उर्वशी, च्यवन ऋषि के द्वार ।। 178

इंद्र-वचन से उर्वशी, डरी हुई थी खास ।
अतः रखा था पुत्र को, च्यवन ऋषि के पास ।। 179

(तब)

दोहा॰ राजा की आज्ञा लिए, तपस्विनी प्रतिहार ।
च्यवन ऋषि के धाम से, लायी आयु-कुमार ।। 180

लेकर आयी साथ में, शिशु मणिकण्ठक मोर ।
मयूर सुंदर रंग का, बालक का चितचोर ।। 181

(नारद मुनि)

दोहा॰ उसी समय वीणा बजी, हरने सबका ध्यान ।
नारद मुनिवर गा रहे, नारायण का गान ।। 182

कालिदास महाकाव्य गीतमाला, पुष्प 47

(अमृत वाणी)

स्थायी

मुनिवर! अमृत वाणी तोरी ।
रे, मनहर अद्भुत वीणा तोरी ।।

गमपम-! ध-पम ग-रे गम- । रे, मपमग पपमग रे-ग पम- ।।

अंतरा-1

नारद शारद ज्ञान की गंगा,
अंध पंगु बधिर जड़ गूँगा ।
निर्मल, नीर स्नान करी ।। मुनिवर!

सा-ऩिध़ रे-ऩिसा- रे-ग प म-म-, ध-प म-ग रेरेरे गम प-म- ।
ध-पप, ग-रे ग-म पम- ।। गमपम...

अंतरा-2

सरबस ज्ञानी अंतर्यामी,
जन हित कारण त्रिभुवन गामी ।
निर्भय, धर्म दान करी ।। मुनिवर!

अंतरा–3

राम कृष्ण शिव सब अवलंबा,
कारज तोरा जुग–जुग लंबा ।
निस्पृह, सर्व कर्म करी ।। मुनिवर!

अंतरा–4

नारायण नारायण नारा,
बार–बार मुख करत उचारा ।
तन्मय, अविरत गान करी ।। मुनिवर!

दोहा॰ मुनिवर को संदेश थे, दिए इंद्र भगवान ।
जिस में सुखदायी मिला, राजा को वरदान ।। 183

कहा इंद्र ने भूप हैं, देवों के रखवाल ।
सदा सहायक युद्ध में, हमरे हैं दिक्पाल ।। 184

जीवन भर अब रह सके, परी उर्वशी साथ ।
संदेशा सुन इंद्र को, सब ने जोड़े हाथ ।। 185

(अंत में)

दोहा॰ राजा बोले, इंद्र को, धन्यवाद भगवान्! ।
रहे प्रजा पर सर्वदा, लक्ष्मी का वरदान ।। 186

करे प्रजाजन का सदा, सरस्वती कल्याण ।
पूर्ण मनोरथ हों सभी, दूध पूत सम्मान ।। 177

कालिदास के महाकाव्य पर आधारित
दोहा छंद में संगीमय प्रस्तुति

८

रत्नाकरकृत
शकुन्तला

शकुन्तला
पात्र परिचय

1. **अदिति :** दाक्षायणी. मारीच ऋषि की धर्मपत्नी
2. **अनसूया :** शकुन्तला की दूसरी सखी
3. **कण्व ऋषि :** मेधातिथि के पुत्र, कश्यप ऋषि. इन्हों ने शकुन्तला को पाला था
4. **कण्वाश्रम :** हस्तिनापुर की ईशान्य दिशा में स्थित मालिनी नदी के तट पर कण्व मुनि का आश्रम स्थान
5. **करभक :** राजमाता का संदेश राजा दुष्यंत को पहुँचाने वाल संदेशवाहक
6. **कश्यप ऋषि :** हस्तिनापुर के राजगुरु
7. **केसर :** मौलश्री. एक वृक्ष
8. **गालव :** मारीच ऋषि का शिष्य
9. **गौतमी नदी :** विश्वामित्र मुनि जिस के तट पर तपस्या कर रहे थे
10. **गौतमी माँ :** काण्व ऋषि के आश्रम की वृद्ध तापसी
11. **चतुरिका :** राजा दुष्यंत की सेविका
12. **चूड़ामणि :** महाकवि कालिदास
13. **जयंत :** इंद्र देव का पुत्र
14. **जानुक :** हस्तिनापुर का एक सिपाही
15. **तपोवन :** कण्व ऋषि का आश्रम क्षेत्र
16. **दुर्वासा :** एक महा क्रोधी ऋषि
17. **दुष्यन्त :** चंद्रवंशीय राजा. हस्तिनापुर के सम्राट. इस नाटक के नायक
18. **धीवर :** एक मछुआ
19. **प्रियंवदा :** शकुन्तला की एक सखी
20. **प्रतिहारी :** राजा दुष्यंत का एक सेवक द्वारपाल

21. **भरत :** राजा दुष्तन्त और शकुन्तला के सम्राट पुत्र
22. **मातलि :** इंद्र देव का सारथी और योद्धा
23. **माधव्य :** राजा दुष्यन्त के मित्र. विदूषक
24. **मारीच :** कश्यप ऋषि
25. **मालिनी :** जिस नदी पर कण्व ऋषि का आश्रम स्थित था
26. **मेनका :** विश्वामित्र महामुनि की पत्नी. एक अप्सरा
27. **यवनी :** राजा दुष्यंत की एक सेविका
28. **योगिनी माँ :** तपोवन की एक तपस्विनी
29. **रैवतक :** राजा दुष्यंत का एक दरबान
30. **वनज्योत्स्ना :** आम का पेड़, सहकार का पेड़
31. **वसुमती :** राजा दुष्यन्त की पत्नी
32. **वातायन :** राजा दुष्यंत का कंचुकी
33. **विश्वामित्र :** कौशिक महामुनि
34. **वेत्रवती :** राजा दुष्यंत की एक द्वारपालिका. प्रतिहारी
35. **वैखानस :** कण्वाश्रम के तपोवन के एक महातपस्वी
36. **शकुन्तला :** विश्वामित्र महामुनि और अप्सरा मेनका की कन्या. इस नाटक की नायिका
37. **शारद्वत :** कण्व ऋषि के एक शिष्य
38. **शाङ्र्गरव :** कण्व ऋषि के एक शिष्य
39. **श्याल :** राजा दुष्यंत का साला
40. **सर्वदमन :** राजा भरत
41. **सूचक :** हस्तिनापुर का एक सिपाही
42. **सूत :** राजा दुष्यंत का सारथी
43. **सोमतीर्थ :** कण्व ऋषि जिस तीर्थस्थान गए थे
44. **सोमरात :** राजा दुष्यंत के पुरोहित

॥ अथ अभिज्ञानशाकुंतलम् ॥

भूमिका

दोहा॰ सात अंक की नाटिका, देती है पहिचान ।
शकुन्तला के चरित की, उपयुक्त अभिज्ञान ।। 1

आदि पर्व में जो कही, दुष्यंत भूप की बात ।
कालिदास ने है उसे, कहा रंग में सात ।। 2

अतः कहा अनुपम इसे, नाट्य कोटि का श्रेष्ठ ।
सर्वोत्तम है विश्व में, कही कला जो ज्येष्ठ ।। 3

काव्यों में नाटक कहा, श्रेष्ठ कला निःशंक ।
नाटकों में शकुन्तला, विशेष चौथा अंक ।। 4

शकुन्तला जब तज रही, कण्वाश्रम का धाम ।
हृदयंगम उस दृश्य ने, किया अमर यह काम ।। 5

पूर्ववृत्त

(इंद्र देव)

दोहा॰ घोर तपस्वी ख्यात थे, विश्वामित्र महान ।
उनसे जलते इंद्र थे, देवराज भगवान ।। 6

अपने पद की थी पड़ी, सुरेश को दिन-रात ।
चिंता वह थी कर रही, दिमाग पर आघात ।। 7

शकुन्तला

अगर यशस्वी हो गए, मुनि के सौ तपयज्ञ ।
उन्हें मिलेगा स्वर्ग के, आसन का सौभाग्य ।। 8

छिन ही न जाए कहीं, शासन का अधिकार ।
मन में डर था इंद्र को, लुट जाए शृंगार ।। 9

(योजना)
दोहा॰ अगर किसी व्यवधान से, करूँ तपस्या भंग ।
गोपनीय मम योजना, लाएगी फिर रंग ।। 10

कलित कामिनी मेनका, बुन कर रति का जाल ।
तापस का मन मोह ले, सफल बनेगी चाल ।। 11

(मेनका अप्सरा)
दोहा॰ लालच देकर इंद्र ने, करी परी से बात ।
मान गई जब अप्सरा, हुई कपट शुरुआत ।। 12

बेहद सुंदर रूप में, काम-वासना लिप्त ।
आयी पुष्करतीर्थ में, करने रति उद्दीप्त ।। 13

(विश्वामित्र मुनि)
दोहा॰ नदी-गौतमी तीर पर, बैठे थे ध्यानस्थ ।
कौशिक विश्वामित्र जी, अंतस्थ था तटस्थ ।। 14

ध्यान किया एकाग्र था, वटवृक्ष के अधस्थ ।
अचल अटल बहिरंग था, तटस्थ था अंतस्थ ।। 15

राज्यश्री-तप मग्न थे, कौशिक विश्वामित्र ।
देख रही थी मेनका, मुनि की मूर्ति पवित्र ।। 16

फिर भी कपटी नर्तकी, करने अपना काम ।
कौशिक मुनि के सामने, आयी छल को थाम ।। 17

शकुन्तला

भाव भंगिमा पूर्ण से, नृत्य किया आरंभ ।
भटकाने ऋषि-ध्यान को, हिलाय वक्ष-नितंब ।। 18

टूटी ना एकाग्रता, करके बहुत प्रयास ।
छेड़ी फिर मधु तान भी, गंधर्वों की खास ।। 19

(तब, कौशिक मुनि)

दोहा॰ खोले विश्वामित्र ने, जग कर, अपने नैन ।
धधकी उस कामाग्नि में, उनके मन की चैन ।। 20

आकर्षित वे होगए, देख रूप लावण्य ।
भंग तपस्या होगई, जीता रति नैपुण्य ।। 21

जाप-तपस्या छोड़ कर, हुए प्रेम में मग्न ।
संन्यासी-व्रत हार कर, किया परी से लग्न ।। 22

(कन्या रत्न)

दोहा॰ कुछ मासों में आगया, शुभ सुखद समाचार ।
"गर्भवती है मेनका, ऋषिवर को आभार" ।। 23

आयी कन्या सुंदरी, ऋषि को हर्ष अपार ।
मगर क्षणिक था मोद वो, देगा दुःख प्रहार ।। 24

(इंद्र देव)

दोहा॰ सुन कर कन्या जन्म की, ऋषि-आश्रम से बात ।
खुशी हुई देवेंद्र को, ऋषि को दी है मात ।। 25

ऋषि को गृहस्थ का मिला, सांसारिक संघर्ष ।
सफल होगई योजना, इंद्र देव को हर्ष ।। 26

लौट गई अब मेनका, इंद्र देव के धाम ।
तज कर विश्वामित्र को, करके अपना काम ।। 27

शकुन्तला

मुनि को छल कर मेनका, स्वर्ग गई जब भाग ।
मुनि की तब आँखें खुली, पड़ी तपस्या जाग ।। 28

धोखा खा कर प्यार में, खौला मुनि का रक्त ।
हिरदय पर आघात से, कौशिक हुए विरक्त ।। 29

नव कन्या को त्याग कर, वन में उसको छोड़ ।
बैठे पश्चाताप में, पुनः तपस्या जोड़ ।। 30

शकुन्त पक्षी शाख पर, बैठे पंख पसार ।
बचा रहे थे धूप से, नन्ही कली अनार ।। 31

(कण्व ऋषि)
दोहा॰ कण्व ऋषि थे आ रहे, करके मार्जन स्नान ।
शिशु का रोना श्रवण कर, आए वे उस स्थान ।। 32

उठाय कन्या गोद में, आए वे निज धाम ।
कौन इसे है तज गया, किसका है यह काम ।। 33

इसको नाम शकुन्तला, दूँगा मैं उपयुक्त ।
कन्या हमरी यह बने, अभाग से निर्मुक्त ।। 34

(शकुन्तला)
दोहा॰ जैसी माता, थी सुता, स्वर्ग सुंदरी नार ।
शकुन्तला थी अप्सरा, रूपवती मनहार ।। 35

(बचपन)
दोहा॰ चंद्रकला सी बढ़ रही, बाला प्रति दिन–रात ।
लगती सुंदर अप्सरा, श्रेष्ठ भुवन में सात ।। 36

धर्मपिता ऋषि कण्व ने, दिया उसे बहु प्यार ।
माता साध्वी गौतमी, दिये उच्च संस्कार ।। 37

सकल तपस्वी वृंद की, शकुन्तला थी जान ।
उठना-चलना-दौड़ना, सभी सिखाते ज्ञान ।। 38

स्वभाव में वह सरल थी, चपल खेलते वक्त ।
कला सीखने सफल थी, कमल कली अभिव्यक्त ।। 39

(मनोरंजन)

दोहा॰ गुड्डा-गुड़िया खेलती, एक्कड़-दुक्कड़ खेल ।
कन्दुक क्रीड़ा में कभी, रज्जु-कूद का मेल ।। 40

हरिणों के सह बोलती, कभी शशक के संग ।
तितली धरने भागती, धरने कभी पतंग ।। 41

परी लगे वह स्वर्ग की, कमल गुलाबी गाल ।
हरिणी जैसे नैन थे, रेशम जैसे बाल ।। 42

गाती जैसी कोकिला, कुहू-कुहू खुशहाल ।
मयूर जैसी नाचती, चले हंस की चाल ।। 43

घास खिलाती हरिण को, और खगों को बीज ।
पौधों को जल सींचती, जिसको प्रिय जो चीज ।। 44

कण्व ऋषि से सीखती, वेद-शास्त्र अभ्यास ।
कुशाग्र बुद्धि-विशाल से, गहन आत्मविश्वास ।। 45

(किशोरी)

दोहा॰ सखियाँ उसकी बहुत थी, उनमें दो अति खास ।
अनसूया थी अग्रजा, मुख में जिसे मिठास ।। 46

अनुजा सखी प्रियंवदा, हरदम थी वाचाल ।
तीनों सखियाँ संग ही, रहती थीं हर काल ।। 47

खाती-पीती संग थी, सोती-जगती संग ।

तीनों के इस रंग में, कभी न पड़ता भंग ।। 48

शकुन्तला उनकी प्रिया, आन-बान अरु शान ।
मिल कर विद्या सीखती, मिल कर पाती ज्ञान ।। 49

(युवती)

दोहा॰ वयस्कपन के, अंग पर, दिखने लगे प्रतीक ।
आँचल कुछ ढकने लगा, कुछ वैसे ही ठीक ।। 50

लज्जा आभूषण बना, आँख-मिचौली खेल ।
काया मोहक होगई, जिसमें रति का मेल ।। 51

यौन कलेवर पर चढ़ा, कहता दर्पण रोज ।
"बालिग मैं कब होगई," करने लगती खोज ।। 52

माता समान सुंदरी, ज्ञानी पिता समान ।
लगे परी या अप्सरा, विना किसी अभिमान ।। 53

त्वचा मुलायम श्वेत थी, सीता सम सुकुमार ।
कुन्तल काले थे घने, लंबे नितंब पार ।। 54

चोटी नागिन की तरह, बैठी कुण्डली मार ।
कभी शीर्ष पर थी सजी, कभी लटकती भार ।। 55

लोचन चंचल कंज थे, कजरारे चितचोर ।
आँखे सुंदर सुमन सी, विनत विचार विभोर ।। 56

कोई मृगनयनी कहे, मीनाक्षी कुछ लोग ।
कवि कहे कमललोचना, शाँति-काँति का योग ।। 57

भौंहें कमान धनुष सी, यथा राम का चाप ।
नजर नुकीली तीक्ष्ण थी, नैना काँत कलाप ।। 58

शकुन्तला

कपोल कलित मृदुल थे, हँसते पाते गर्त ।
जैसे नदी प्रवाह में, उठते जल आवर्त ।। 59

कर्ण मीन आकार के, या खग के दो पंख ।
अथवा अर्जुन-कृष्ण के, ईश्वरीय दो शंख ।। 60

ग्रीवा सारस-मोर सी, कमल-मृणाल समान ।
जिस पर कोमल कमल सा, आनन विराजमान ।। 61

वाणी मंजुल मोहिनी, मधुर मनोहर बैन ।
श्रोता जिसको श्रवण कर, सुमुग्ध पाता चैन ।। 62

आगम यौवन का दिया, पीन पयोधर भार ।
सुंदर सुगढ़ नितंब भी, देह यष्टि मनहार ।। 63

रूप ललित तारुण्य का, विकसित शुचि लावण्य ।
हृदय मृदुल विशाल था, ओतप्रोत कारुण्य ।। 64

शकुन्तला

कालिदास के महाकाव्य पर आधारित दोहा छंद में संगीमय प्रस्तुति

शाकुन्तलम्
कहानी

345
कालिदास के आठ महाकाव्य

प्रथम अंक
आश्रम प्रवेश

दुष्यंत-शकुन्तला आलाप

अथ अभिज्ञानशाकुंतलम् ।

प्रथमोऽङ्कः ।

अथ प्ररोचना अंकः

प्रस्तावना

अथ प्रस्तावना

(स्रग्धरा छंद)[27] (वैदर्भी शैली, भारती वृत्ति समारंभ)

1.1 या सृष्टिः स्रष्टुराद्या वहति विधिहुतं या हविर्या च होत्री
ये द्वे कालं विधत्तः श्रुतिविषयगुणा या स्थिता व्याप्य विश्वम् ।
यां आहुः सर्वबीजप्रकृतिरिति यया प्राणिनः प्राणवन्तः
प्रत्यक्षाभिः प्रपन्नस्तनुभिरवतु वस्ताभिरष्टाभिरीशः ॥

दोहा० सृष्टिकर्ता विरंचि की, रचना मूर्ति-प्रयुक्त ।
पंच-भूत गुन-तीन की, इष्टमूर्ति से युक्त ॥ 65

प्रथम मूर्ति जल रूप है, द्वितीय अग्नि स्वरूप ।
सूर्य-चंद्र दो मूर्तियाँ, दिवस-रात्रि कीं भूप ॥ 66

---

[27] **स्रग्धरा छंद :** इस 21 वर्ण, 33 मात्रा वाले छन्द में म र भ न य य य गण आते हैं । इसका लक्षण सूत्र SSS, SIS, SII, III, ISS, ISS, IS S इस प्रकार है । यति 7-7-7 पर विकल्प से आता है ।

लक्षण गीत दोहा०   म र भ न य य य समूह का, मत्त तैंतीस वृंद ।
यति, प्रति सप्तम मत्त में, सजे "स्रग्धरा" छंद ॥

भूमि जीव का बीज है, वायु प्राण के प्राण ।
शब्द रूप आकाश है, विषयभूत हैं कान ।। 67

अष्टमूर्ति शिव शंभु हैं, जिनकी कृपा अगाध ।
शिव सबकी रक्षा करें, पूर्ण करें सब साध ।। 68

(आर्या छंद)[28]

1.2 आपरितोषाद्विदुषां न साधु मन्ये प्रयोगविज्ञानम् ।
बलवदपि शिक्षितानामात्मन्यप्रत्ययं चेतः ॥

दोहा॰ **कलाकार यदपि हो पटु, उसे न मिलता तोष ।**
जब तक प्रेक्षक नाट्य के, ना पाते संतोष ।। 69

प्रस्तावना समापन

(आर्या छंद)[25]

1.3 सुभगसलिलावगाहाः पाटलसंसर्गसुरभिवनवाताः ।
प्रच्छायसुलभनिद्रा दिवसाः परिणामरमणीयाः ॥

दोहा॰ **ग्रीष्म काल में शुभ लगे, शीतल जल से स्नान ।**
सुगंध-छाया-चारुता, करते खुशी प्रदान ।। 70

शुभ जिसका आरंभ हो, पावन जिसका अंत ।
रम्य सुखद परिणाम वो, देता हर्ष अनंत ।। 71

इति प्ररोचना अंकः

---

[28] **आर्या छन्द :** जिस के प्रथम और तीसरे चरण में 12 मात्राएँ, द्वितीय चरण में 18 मात्राएँ और चतुर्थ चरण में 15 मात्राएँ हों वह आर्या छंद है. इसमें विषम गणों में (1, 3, 5, 7) ज-गण का निषेध होता है. अंत में गुरु वर्णअ होता है. जिसके विषम पदों में 12 और सम पदों में 18 मात्राएँ होती हैं उसे आर्या गीति छंद कहते हैं.

लक्षण दोहा॰ **मात्रा बारह विषम में, चतुर्थ पन्द्रह मत्त ।**
कल अठारह द्वितीय में, "आर्या" छंद प्रदत्त ।।

(उद्गाथा छंद)[29]

1.4 ईषदीषच्चुम्बितानि भ्रमरैः सुकुमारकेसरशिखानि ।
अवतंसयन्ति दममानाः प्रमदाः शिरीषकुसुमानि ॥

दोहा॰ **कलारसिक नव युवतियाँ, पा कर प्रेम प्रभाव ।**
चंचरीक चूमें हुए, उन्हें चमन की चाव ।। 72

कोमल केसर कुसुम के, कानन–कुण्डल काम ।
शिरीष सुमन सुगंध के, शीर्ष शिखा के नाम ।। 73

(अनुष्टुभ् श्लोक छंद)[30]

1.5 तवास्मि गीतरागेण हारिणा प्रसभं हृतः ।
एष राजेव दुष्यन्तः सारङ्गेणतिरंहसा ॥

दोहा॰ **शीघ्र वेग से भागता, सुंदर हरिण निहार ।**
सोचा नृप दुष्यंत ने, कितना यह मनहार ।। 74

इति प्रस्तावना

---

[29] **उद्गाथा छन्द :** जिसके पूर्व और उत्तरार्ध में 30-30 मात्राएँ हों, वह उद्गाथा छंद है.

लक्षण दोहा॰ **पूर्वार्ध–उत्तरार्ध में, मात्राएँ हों तीस ।**
उद्गाथा वह छंद है, कहते खबरनवीस ।।

[30] **अनुष्टुभ् लोक छंद :** श्लोक के (1) चारों चरण में पाँचवा वर्ण लघु (ह्रस्व) और (2) छठा वर्ण गुरु (दीर्घ) होता है । (3) सम चरणों का सातवाँ वर्ण लघु और (4) विषम चरणों का सातवाँ वर्ण गुरु होता है ।

लक्षण गीत दोहा॰ अष्टवर्ण–पद चार हों, विषम पद ग ल ग अंत ।
सम चरण ल ग ल अंत का, "श्लोक" अनुष्टुप् छंद ।।

अथ कथावस्तु

(तपोवन)

दोहा॰ हिमगिरिवर के चरण में, गंगा का पट थाम ।
विपिन तराई गहन में, बसा तपोवन धाम ।। 75

दक्षिण में मंदाकिनी, अमृत की जल धार ।
करे सदा स्वागत जहाँ, गंगा माँ का द्वार ।। 76

लहरें चंचल नीर की, करती अविरत नृत्य ।
कलकल रव संगीत का, नाद मनोरम स्तुत्य ।। 77

निबिड़ तपोवन की धरा, वृक्षाच्छादित रम्य ।
जिसकी अनहद शून्यता, योग-ध्यान से गम्य ।। 78

वृक्ष-लताएँ हैं सजी, फल-फूलों से खूब ।
बहते हैं झरने जहाँ, उगे किनारे दूब ।। 79

तरु-बेलाएँ पुष्पमय, भूमि हरित कालीन ।
मधुकर रव हर पुष्प पर, रस पीने में लीन ।। 80

(मंगल प्रभात)

दोहा॰ ऋषि-मुनि जन करते यहाँ, जप तप योग अनन्य ।
मंत्र नाद शुभ से हुई, तपोभूमि यह धन्य ।। 81

रवि की पहली रश्मि जब, करती धरती स्पर्श ।
सुप्त चराचर जाग कर, मुकुलित होता हर्ष ।। 82

गूँज उठे परिसर यहाँ, प्रभात से हर शाम ।
ओऽम् नमः शिवाय का, चित्पावन सत्नाम ।। 83

कालिदास महाकाव्य गीतमाला, पुष्प 48

ॐ नमः शिवाय

स्थायी

जैजै जैजै भक्तों बोलो, ओम् नमः शिवाय ।
ओम् नमः शिवाय, ओम् नमः शिवाय ।
ओम् नमः शिवाय, ओम् नमः शिवाय ।।

सासा रेरे गग पप, प- मग- रेसा-सा- ।
ग- गग गग-ग-, रे- रेनि निसा-सा- ।
म- मम मम-म-, ग- गरे निसा-सा- ।।

अंतरा-1

शिव ललाट पे चंदा साजे,
जटा काली में गंग विराजे ।
डम डम डम डम डमरू बाजे,
गूँजे नारा, नमः शिवाय ।
ओम् नमः शिवाय, ओम् नमः शिवाय,
ओम् नमः शिवाय ।।

पसां सांसांरेंसां नि- निसांरेंसां रें-रें-,
सांगरें सां-निध ध- नि-नि रेंसां-सां- ।
पसां सांसां सांरें सांनि निसांरें सां-रें - -,
रेंगरेंसां ध-ध-, धनि- रेंसां-सां- ।
सां- - - निसां- निसां- - - सां- - -,
रें- - - सांरें- सांरें- - - रें- - -,
गं- - सांध - - निरें- - - सां- - - ।।

अंतरा-2

नटवर तांडव थैया नाचे,
डम डम डम डम डंका बाजे ।

त्रिशूल दाएँ हाथ विराजे,
गूँजे नारा, नमः शिवाय ।
ओम् नमः शिवाय, ओम् नमः शिवाय,
ओम् नमः शिवाय ।।

(प्रचंड प्रमोद)

दोहा॰ वेद ऋचाएँ यज्ञ की, गायत्री का छंद ।
पावन वाणी से भरे, कण-कण में आनंद ।। 84

देव झाँकते स्वर्ग से, धरती का यह खंड ।
बढ़ कर ही है स्वर्ग से, यहाँ प्रमोद प्रचंड ।। 85

(अनुष्टुभ् श्लोक छंद)[31]

1.6 कृष्णसारे ददश्चक्षुस्त्वयि चाधिज्यकार्मुके।
मृगानुसारिणं साक्षात्पश्यामीव पिनाकिनम् ॥

दोहा॰ कृष्णसार मृग कंज का, पीछा करता भूप ।
प्रत्यंचा पर शर चढ़ा, लगता है शिव रूप ।। 86

पिता यक्ष ने शंभु का, किया जभी अपमान ।
दुखिता होकर पार्वती, जली सहित सम्मान ।। 87

शिवजी ने फिर क्रोध में, यज्ञ कर दिया नष्ट ।
डर कर भागा यज्ञ था, लिए रूप मृग धृष्ट ।। 88

शिवजी ने पीछा किया, लेकर धनुष पिनाक ।
तथा हि नृप दुष्यंत भी, दिखते वीर मनाक् ।। 89

(स्त्रग्धरा छंद)[32]

---

[31] अनुष्टुभ् श्लोक छद की व्याख्या के लिए देखिए शकुन्तला पद्य 1.5

[32] स्त्रग्धरा छद की व्याख्या के लिए देखिए शकुन्तला पद्य 1.1

1.7 ग्रीवाभङ्गभिरामं मुहुरनुपतति स्यन्दने दत्तदृष्टिः
पश्चार्धेन प्रविष्टः शरपतनभयाद्भूयसा पूर्वकायम् ।
दर्भैरर्धावलीढैः श्रमविवृतमुखभ्रंशिभिः कीर्णवर्त्मा
पश्योदग्रप्लुतत्वाद्वियति बहुतरं स्तोकमुर्व्याम् प्रयाति ॥

दोहा॰ **मृग है आगे बढ़ रहा, विद्युत गति के साथ ।**
पीछा नृप है कर रहे, धनु है जिनके हाथ ।। 90

मृग नैनन से भूप पर, बाण नजर से छोड़ ।
पीछे मुड़ कर कर देखता, अपनी गर्दन मोड़ ।। 91

नृप के शर से है डरा, बींध न जाए पीठ ।
बार-बार वह देख कर, मन को करता ढीठ ।। 92

पिछला भाग शरीर का, सिमटा सिर की ओर ।
मुख से चर्वित घास है, गिरत लार की तौर ।। 93

ऊँची-ऊची चौकड़ी, मार रहा है भाग ।
धरती पर वह कम लगे, पव में अधिक छलाँग ।। 94

📖 तदेष कथमनुपतत एव मे प्रयत्नप्रेक्षणीयः संवृत्तः ।

दोहा॰ **राजा बोले सारथी! कैसा यह सारंग ।**
पीछे मुड़ कर देखता, और सिकुड़ता अंग ।। 95

फिर भी आगे बढ़ रहा, घोड़ों से भी तेज ।
इतनी क्षमता है इसे, अति हैरतअंगेज ।। 96

स्वामी! बोला सारथी, मृग से श्लथ हैं हम ।
ऊबड़-खाबड़ भूमि है, अतः वेग है कम ।। 97

आगे जमीन आगई, समतल और सपाट ।
अब रथ की गति तेज है, शीघ्र कट रही बाट ।। 98

(वसंततिलका छंद)[33]

1.8 मुक्तेषु रश्मिषु निरायतपूर्वकाया
निष्कम्पचामरशिखा निभृतोर्ध्वकर्णाः ।
आत्मौद्धतैरपि रजोभिरलङ्घनीया
धावन्त्यमी मृगजवाक्षमयेव रथ्याः ॥

दोहा॰ रथ के घोड़े दौड़ते, करके घोर प्रयास ।
वेग बढ़ा ने, अश्व की, ढीली की है रास ।। 99

विद्युत गति सारंग की, सहने हय असहाय ।
आगा भाग शरीर का, आगे को फैलाय ।। 100

माथा आगे है किया, निश्चल करके भाल ।
कान उठाए हैं खड़े, फहरा रहे अयाल ।। 101

टापों से उड़ती हुई, धूएँ जैसी धूल ।
रथ से पीछे छुट रही, बादल बन कर स्थूल ।। 102

📖 सत्यम् । अतीत्य हरितो हरींश्च वर्तन्ते वाजिनः ।

दोहा॰ सच है, राजा ने कहा, तेज हमारे अश्व ।
सूर्य-इंद्र के अश्व से, आगे इनका विश्व ।। 103

(शिखरिणी छंद)[34]

---

[33] **वसंततिलका छंद :** इसके चरणों में चौदह वर्ण, 21 मात्रा होती हैं, यति 8 वे वर्ण पर विकल्प से आता है । इसमें त भ ज ज गण और दो गुरु वर्ण आते हैं । इसका लक्षण सूत्र ऽ ऽ।, ऽ।।, ।ऽ।, ।ऽ।, ऽ ऽ इस प्रकार होता है । प्रस्तुत पद्य सा–नि़– सारे–रे सारे ग–, मगरे– गरेसा– इस प्रकार से गाया बजाया जा सकता है ।

लक्षण गीत दोहा॰ त भ ज ज ग ग गण की कला, देती मन आनंद ।
बारह कल पर यति जहाँ, “वसंततिलका” छंद ।।

[34] स्रग्धरा छद की व्याख्या के लिए देखिए – रघुवंश, (हनुमान, सीता का शोध)

1.9 यदालोके सूक्ष्मं व्रजति सहसा तद्विपुलतां
यदर्धे विच्छिन्नं भवति कृतसंधानमिव तत् ।
प्रकृत्या यद्वक्त्रं तदपि समरेखं नयनयोर्न
मे दूरे किञ्चित्क्षणमपि न पार्श्वे रथज्जवात् ॥

दोहा॰ रथ के भीषण वेग से, कुछ था दूर न पास ।
एक निमिष जो दूर था, अगले पल में न्यास ।। 104

📖 सूत पश्यैनं व्यापद्यमानम् ।

(मृग से दूरी कम होने पर)

दोहा॰ अब देखो मैं मारता, मृग पर अपना बाण ।
मेरे पैने बाण से, बचा सके ना प्राण ।। 105

(नेपथ्य में)

दोहा॰ उसी समय पर आगए, वैखानस मुनिराज ।
रथ अरु मृग के बीच में, खड़े हुए महाराज ।। 106

(तपोवन में)

दोहा॰ आश्रम के सुख मौन में, पड़ा अचानक खंड ।
शाँति विपिन की भंग थी, हौरा मचा अखंड ।। 107

डर कर पंछी उड़ पड़े, शाँत ढूँढने ठौर ।
भाग रहे भयभीत थे, पशु बीहड़ की ओर ।। 108

दौड़ रहा मृग एक था, करने अपना त्राण ।
जिसके पीछे था लगा, स्यंदन लेने प्राण ।। 109

आर्यपुत्र एक भूप था, रथ में धनु को तान ।
किसी निमिष अब छुट सके, नृप के धनु से बाण।। 110

आर्यपुत्र सम्राट हैं, पुरु कुल के दुष्यंत ।
हस्तिनापुर महान के, शासक हैं श्रीमंत ।। 111

(मालिनी छंद)[35]

1.10 न खलु बाणः संनिपात्योऽयमस्मिन्मृदुनि
मृगशरीरे पुष्पराशाविवाग्निः ।
क्व बत हरिणकानां जीवितं चातिलोलं क्व च
निशितनिपाता वज्रसाराः शरास्ते ॥

दोहा॰ मृदुल देह मृग का कहाँ, कोमल रुई समान ।
तेज बाण यह वज्र सा, कैसा यह अभियान ।। 112

📖 भो भो राजन् आश्रममृगोऽयं न हन्तव्यो न हन्तव्यः ।
(रुको राजन्!)

दोहा॰ शर धनु से छुटना ही था, लेने मृग की जान ।
उसी घड़ी वाणी सुनी, रुको! रुको! भगवान्! ।। 113

सुन कर, नृप बोले हमें, कोई रहा पुकार ।
रथ को रोको, सारथी! कोई रहा निहार ।। 114

रुकवाया दुष्यंत ने, जब रथ खेंच लगाम ।
देखा आगे मुनि खड़े, वैखानस शुभ नाम ।। 115

(अनुष्टुभ् श्लोक छंद)[36]
(तपस्वी वैखानस)

1.11 तत्साधुकृतसंधानं प्रतिसंहर सायकम् ।
आर्तत्राणाय वः शस्त्रं न प्रहर्तुमनागसि ॥

---

[35] **मालिनी छन्द :** जिस छंद के प्रत्येक चरण में 1. दो न गण (– – –), दो य गण (– ऽ ऽ) और एक म गण (ऽ ऽ ऽ) होता है और 8–7 पर यति आता है वह मालिनी छंद होता है.

लक्षण दोहा॰ चारों चरणों में जहाँ, दो न य एक म वृंद ।
आठ–सात पर यति रहे, वहीं मालिनी छंद ।।

[36] अनुष्टुभ् श्लोक छद की व्याख्या के लिए देखिए शकुन्तला पद्य 1.5

शकुन्तला

दोहा॰ राजन्! शर को धनुष से, रखिये आप उतार ।
निरपराध पर शास्त्र में, अनुचित कहा प्रहार ।। 116

राजन् आश्रममृगोऽयं न हन्तव्यो न हन्तव्यः ।

दोहा॰ मुनिवर बोले भूप को, पावन यह ऋषि धाम ।
मृग-अवध्य यह विपिन है, वर्ज्य यहाँ यह काम ।। 117

इस अरण्य में प्रेम से, रहते हैं सब जीव ।
मृग खग नर तरु कृमि सभी, यही नीति की नींव ।।

भयाक्रांत मृग की करो, निर्मम क्रूर शिकार ।
इसमें क्या है वीरता, यह कैसा अधिकार ।। 119

कुरंग पशु सुकुमार है, सह ना सके प्रहार ।
नाजुक प्राणी है बना, सुंदर अरु मनहार ।। 120

वज्रतुल्य आघात से, हत्या है अति क्रूर ।
मृग को शर से मार कर, तुम न बनोगे शूर ।। 121

सदृशमेतत् पुरुवंशप्रदीपस्य भवतः ।

दोहा॰ राजा को पुरु वंश का, उचित रहे व्यवहार ।
दीपक है वह नीति का, धर्म्य रहे आचार ।। 122

(अनुष्टुभ् श्लोक छंद)[37]

1.12 जन्म यस्य पुरोर्वंशे युक्तरूपमिदं तव ।
पुत्रमेवङ्गुणोपेतं चक्रवर्तिनमाप्नुहि ॥

दोहा॰ जन्मा जो पुरु वंश में, लिए आर्य संस्कार ।
नृप वह मुनि के, शांति से, करे वचन स्वीकार ।। 123

---

[37] अनुष्टुभ् श्लोक छद की व्याख्या के लिए देखिए शकुन्तला पद्य 1.5

समस्त भूमंडल जिन्हें, शासन का अधिकार ।
भूप चक्रवर्ती वही, चंद्रवंश करतार ।। 124

(राजा दुष्यंत, आर्यपुत्र)

दोहा॰ सुन कर मुनिवर का कहा, राजा ने सुखकार ।
प्रत्यंचा से बाण को, सत्वर दिया उतार ।। 125

शीश नवाया भूप ने, और कहे मधु बोल ।
परिचय अपना भी दिया, वाणी अमृत घोल ।। 126

📖 सप्रणामं प्रतिगृहीतं ब्राह्मणवचनम् ।

दोहा॰ राजा ने अति मान से, किए वचन स्वीकार ।
प्रमाण घुटने टेक कर, परम किया सत्कार ।। 127

क्षमा करो अपराध मम, मुझे नहीं था भान ।
आश्रम का यह हरिण है, मुझे नहीं था ज्ञान ।। 128

मैं राजा दुष्यंत हूँ, चंद्रवंश का वीर ।
निर्मल मेरा राज्य है, जैसा गंगा नीर ।। 129

(आर्या छंद)[38]

1.13 रम्यास्तपोधनानां प्रतिहतविघ्नाः क्रियाः समवलोक्य ।
ज्ञास्यसि कियद्भुजो मे रक्षति मौर्वीकिणाङ्क इति ॥

दोहा॰ रक्षा करने भद्र की, करके दुष्ट विनाश ।
चला-चला कर बाण को, मैंने किया प्रयास ।। 130

प्रत्यंचा की रगड़ से, कर पर पड़े निशान ।
देखो मुनिवर! गौर से, तब सच लोगे जान ।। 131

(मुनिवर वैखानस)

---

[38] आर्या छंद की व्याख्या के लिए देखिए शकुन्तला पद्य 1.2

दोहा॰ सुन कर वच दुष्यंत के, वैखानस मुनि शांत ।
प्रसन्न उनका चित्त था, दूर होगई भ्राँत ।। 132

बोले मुनिवर, आपका, स्वागत है नृप राज ।
कृपया कुछ भी मत रखो, मन में विषाद आज ।। 133

कुछ दिन आश्रम में रुको, बन कर अतिथि हमार ।
हाथ जोड़ विनती करूँ, होंगे बहु उपकार ।। 134

आश्रम परिसर शाँत है, कहीं न अत्याचार ।
कहीं अहिंसा नाम ना, कहीं न है व्यभिचार ।। 135

(आशीर्वाद)

दोहा॰ प्रसन्न मन से मुनि किए, शुभ आशीष प्रदान ।
पुत्र तुम्हें होगा प्रभो! चक्रवर्ती महान ।। 136

नम्र निवेदन मैं करूँ, कृपया अब, नृपराज! ।
आश्रम में ऋषि कण्व के, रुकिये नृपवर! आज ।। 137

सोमतीर्थ को हैं किए, ऋषिवर ने प्रस्थान ।
उनके स्थान शकुन्तला, करे अतिथि सम्मान ।। 138

राजा दुष्यंत)

📖 अपि संनिहितोऽत्र कुलपतिः ।

दोहा॰ राजा ने मुनि से कहा, वैखानस मुनिराज! ।
क्या मैं कृपया मिल सकूँ, कुलपति ऋषि से आज ।।

मनिवर बोले भूप से, ऋषि से साक्षात्कार ।
संभव आज न हो सके, इच्छा के अनुसार ।। 140

ऋषिवर कण्व गए हुए, सोमतीर्थ को आज ।
उनकी सुता शकुन्तला, करती है अब काज ।। 141

वही करेगी आपका, उचित अतिथि–सत्कार ।
दे देगी संदेश वो, ऋषि को सह विस्तार ।। 142

राजा दुष्यंत)

📖 सूत! अकथितोऽपि ज्ञायत एव यथायमाश्रमाभोगस्तपोवनस्येति ।

दोहा॰ रथ हाँको तुम सारथी, आश्रम गृह की ओर ।
लगता है सीमा आगई, पवित्र वन की छोर ।। 143

बिना कहे भी ज्ञात है, आश्रम है अब पास ।
देखो पत्थर चिक्कणे, देखो तरुवर पास ।। 144

खग को दाना जो दिया, गिरा हुआ है दृष्ट ।
कुछ तो तोते खा गए, बाकी है अवशिष्ट ।। 145

इंगूदी के वृक्ष के, फल से निकला तेल ।
चट्टानों पर है गिरा, और चढ़ी है मैल ।। 146

मुनिजन वल्कल पहनते, देखो उनके वस्त्र ।
कहीं सूखते दिख रहे, तरुओं पर इतरत्र ।। 147

(शार्दूलविक्रीडित छंद)[39]

1.14 नीवाराः शुकगर्भकोटरमुखभ्रष्टास्तरूणामधः
प्रस्निग्धाः क्वचिदिङ्गुदीफलभिदः सूच्यन्त एवोपलाः ।
विश्वासोपगमादभिन्नगतयः शब्दं सहन्ते
मृगास्तोयाधारपथाश्च वल्कलशिखानिष्यन्दरेखाङ्किताः ॥

दोहा॰ तोतों के कोटर कहीं, कहीं गिरे हैं धान ।
कुरंग हैं निर्भय कहीं, वल्कल कहीं निशान ।। 148

---

[39] शार्दूलविक्रीडित छंद की व्याख्या के लिए देखिए – रघुवंश (हनुमान, सीता का शोध)

यहाँ निरंतर शाँति है, कहीं नहीं है शोर ।
देखो प्रकृति की छटा, बन कर आत्मविभोर ।। 149

(मंदाक्रान्ता छंद)[40]

1.15 शान्तमिदमाश्रमपदं स्फुरति च बाहुः कुतः फलमिहस्य ।
अथवा भवितव्यानां द्वाराणि भवन्ति सर्वत्र ॥

दोहा॰ **कहीं यज्ञ के धूम्र से, छादित तरु के पात ।**
घृत की चिकनी परत से, पांडु पर्ण नवजात ।। 150

कहीं भूमि पर हिरण के, शावक अति निर्भीक ।
हरी घास हैं खा रहे, आकर अति नजदीक ।। 151

(आश्रम के पास)

📖 इदमाश्रमद्वारम् । यावत्प्रविशामि ।

दोहा॰ **रथ आया जब द्वार पर, आश्रम के कुछ पास ।**
राजा बोले, सारथी! रथ को दो अवकाश ।। 152

आश्रम पावन स्थान है, सादा हो अब वेश ।
भूषण–धनुष उतार कर, भीतर करूँ प्रवेश ।। 153

दाना–पानी अश्व को, दे कर, दे दो स्नान ।
तुम भी करलो सारथी, खान–पान विश्राम ।। 154

(आर्या छंद)[41]

1.16 शुद्धान्तदुर्लभमिदं वपुराश्रमवासिनो यदि जनस्य ।
दूरीकृताः खलु गुणैरुद्यानलता वनलताभिः ॥

(राजा दुष्यंत)

---

[40] मंदाक्रांता छंद की व्याख्या के लिए देखिए – मेघदूत, भूमिका

[41] आर्या छंद की व्याख्या के लिए देखिए शकुन्तला पद्य 1.2

दोहा॰ सुन कर मुनिवर का कहा, आनंदित दुष्यंत ।
आश्रम में रुकने चले, चिंता करके अंत ।। 155

धीमी गति से चल रहे, मन में करत विचार ।
एक उन्हें सहसा दिखी, तड़ाग तट पर नार ।। 156

कौन भला यह सुंदरी, वन में शाँत सुधीर ।
एक अकेली है खड़ी, निरख रही है नीर ।। 157

देवी है या अप्सरा, सपना या साकार ।
लगती अनुपम रत्न है, स्वर्ग परी आकार ।। 158

(तभी)

दोहा॰ तभी अचानक आगई, अनसूया के संग ।
दूजी सखी पियंवदा, करने उसको तंग ।। 159

(अनसूया)

दोहा॰ चलो सखी! हम उड़ चलें, अंबर पवन सवार ।
आओ छू कर गगन को, चले इंद्र के द्वार ।। 160

(प्रियंवदा)

दोहा॰ झूला झूलेंगे चलो, करें बाग की सैर ।
मन है बैठा जा रहा, क्रीड़ा किए बगैर ।। 161

(शकुन्तला)

दोहा॰ बीत गए हैं खेल में, बचपन दिन सुखकार ।
अनजाने ही आगया, यौवन का श्रृंगार ।। 162

कंगन-कुंडल कुसुम के, मणि माला परिधान ।
सुगंध तन पर पुष्प का, पग पाजेब रुझान ।। 163

फूलों पर अलि देख कर, शकुन्तला मन प्यार ।
भौंरे पराग चूसते, दृश्य बहुत मनहार ।। 164

बोली शकुन्तला, सखी! मुझे भ्रमर से स्नेह ।
भृंग पुष्प पर देख कर, पुलकित होता देह ।। 165

(सखियाँ)

दोहा॰ हँस कर सखियों ने कही, ठट्ठा वाली बात ।
एक भ्रमर है आगया, आश्रम में, प्रख्यात ।। 166

सुना, नाम दुष्यंत है, राजा है बलवीर ।
कमलमुखी को देख कर, पड़े पाँव जंजीर ।। 167

(शकुन्तला)

दोहा॰ सुन कर नृप दुष्यंत का, श्रेष्ठ अचानक नाम ।
हुआ नहीं विश्वास था, शकुन्तला हैरान ।। 168

बोली चिमटी काट कर, करो न और मजाक ।
आर्यपुत्र के नाम पर, बनो न तुम चालाक ।। 169

क्यों करती परिहास हो, लेकर नृप का नाम ।
सताओ न मुझको, सखी! ठीक नहीं यह काम ।। 170

छोड़ महल की ऐश वो, क्यों आए मुनिवास ।
तुम दोनों को भ्रम हुआ, मुझे नहीं विश्वास ।। 171

सखियों ने हँस कर कहा, जहाँ खिला हो फूल ।
भ्रमण वहाँ भौंरा करे, पा कर भ्रम या भूल ।। 172

मधुरस पीना ही, सखी! भौंरे का है काम ।
"भ्रमण करे जो पुष्प पर," भौंरा उसका नाम ।। 173

बोली दुखिता शकुन्तला, करो न तुम बदनाम ।
भँवरा कह कर, हे सखी! आर्यपुत्र का नाम ।। 174

उन्हें न होगा याद वो, बचपन का सुख काल ।
खेल चुके हैं संग हम, हँसते-रोते साल ।। 175

लड़े हुए भी खूब हैं, फिर भी करते प्यार ।
रूठूँ मैं उनसे जभी, मुझे मनाते, यार! ।। 176

गुरुकुल में हम साथ थे, वह था यथा समाज ।
फिर उनको जाना पड़ा, राजस यथा रिवाज ।। 177

संग लेगए हैं, सखी! बचपन की सब बात ।
छोड़ गए कटु याद वे, वियोग की, दिन-रात ।। 178

(आर्या छंद)[42]

1.17 सुद्धान्तदहर्लभमिदं वपुराश्रमवासिनो यदि पनस्य ।
दूरीकृताः खलु गुणैरुद्यानलाता वनलताभिः ।।

दोहा॰ **विपिन तपोवन की लता, पायी तन लावण्य ।**
ललना आश्रमवासिनी, पायी है प्राविण्य ।। 179

(राजा दुष्यंत)

📖 यावदिमां छायामाश्रित्य प्रतिपालयामि ।

दोहा॰ **सखियों का आलाप वो, सुन थे रहे तुरंत ।**
छूपे हुए तरु के तले, आर्यपुत्र दुष्यंत ।। 180

सुना रही थी प्रेम से, शकुन्तला अनुराग ।
आर्यपुत्र नृप के लिये, उसके मन का झाग ।। 181

तभी हुआ इक भृंग को, शाकुन्त से लगाव ।
आँचल कर से छुट गया, करते हुए बचाव ।। 182

एक हवा के झोंक से, शकुन्तला की छोर ।

---

[42] आर्या छंद की व्याख्या के लिए देखिए शकुन्तला पद्य 1.2

तभी अचानक उड़ गई, आर्यपुत्र की ओर ।। 183

दौड़ी आँचल पकड़ने, शकुन्तला उस ओर ।
देख भूप को सामने, आपा हुआ विभोर ।। 184

समझ न पायी क्या कहूँ, सकुचा उठी हठात् ।
स्तब्ध देखती रह गई, कही न कुछ भी बात ।। 185

📖 कथमियं सा कण्वदुहिता ।

दोहा॰ **सुंदर ललना देख कर, राजा को संदेह ।**
क्या है यही शकुन्तला, कोमल जिसका देह ।। 186

पूजनीय ऋषि कण्व ने, किया न ठीक विचार ।
कोमल ललना को दिया, आश्रम कारज भार ।। 187

(वंशस्थ छंद)[43]

1.18 इदं किलाव्याजमनोहरं वपुस्तपःक्षमं साधयितुं य इच्छति ।
ध्रुवं स नीलोत्पलपत्रधारया शमीलतां छेतुमृषिर्व्यवस्यति ॥

दोहा॰ **नैसर्गिक जो सुंदरी, शकुन्तला अभिराम ।**
कण्व चाहते हैं उसे, करने तापस काम ।। 188

कमल पत्र से ना कटे, शमी पुष्प की बेल ।
रगड़-रगड़ कर सीकता, निकल सके ना तेल ।। 189

शकुन्तला कैसी करे, कठिन तपस्या घोर ।

---

[43] **वंशस्थ छन्द :** इस छन्द के चरणों में बारह वर्ण की 18 मात्रा होती हैं । इसमें ज त ज र गण आते हैं । इसका लक्षण सूत्र ।ऽ।, ऽऽ।, ।ऽ।, ऽ।ऽ इस प्रकार है । पदान्त में विराम होता है ।

लक्षण गीत दोहा॰ **मत्त अठारह से सजा, ज त ज र गण का वृंद ।**
वर्ण बारह का बना, कहा "वंशस्थ" छंद ।।

मृदुल अंगना को दिया, ऋषि ने कर्म कठोर ।। 190

(शकुन्तला)

दोहा॰ नयन झुके, झुक कर उठे, हुए कपोल गुलाल ।
नीरव भाषा हृदय की, बोल गई तत्काल ।। 191

🕮 सखि अनसूये अतिपिनद्धेन वल्कलेन प्रियंवदया नियन्त्रिताऽस्मि ।

दोहा॰ प्रियंवदा ने बाँध दी, चोली है अति तंग ।
ढीली कर दे, हे सखी! जकड़ गए हैं अंग ।। 192

🕮 अत्र पयोधरविस्तारयितृ आत्मनो यौवनं उपालभस्व ।

दोहा॰ अनसूया बोली, सखी! उसको क्यों दो दोष ।
अपने स्तन-विस्तार को, अगर नहीं है होश ।। 193

(मालिनी छंद)[44]

1.19 इदमुपाहितसूक्ष्मग्रन्थिना स्कन्धदेशे
स्तनयुगपरिणहाच्छादिना नल्कलेन ।
वपुरभिनवस्याः पुष्यति स्वां न शोभां
कुसुमिव पिनद्धं पाण्डुपत्रोदरेण ।।

दोहा॰ स्तन हैं वल्कल में ढके, तंग वस्त्र से बाँध ।
रोक रहे विस्तार को, तरुण शरीर अबाध ।। 194

अंग-अंग पुलकित हुआ, तन पर छाया स्वेद ।
मुख पर फिर भी हास्य था, दूर हुआ था भेद ।। 195

(मालिनी छंद)[45]

1.20 सरसिजमनुविद्धं शैवलेनापि रम्यं
मलिनमपि हिमांशोर्लक्ष्म लक्ष्मीं तनोति ।

---

[44] मालिनी छंद की व्याख्या के लिए देखिए - शकुन्तला 1.10

[45] मालिनी छंद की व्याख्या के लिए देखिए - शकुन्तला 1.10

इयमधिकमनोज्ञा वल्कलेनापि तन्वी
किमिव हि मधुराणां मण्डनं नाकृतीनाम् ॥

दोहा॰ **पद्म पुष्प शेवाल से, छादित भी रमणीय ।**
कृष्ण कलंकित चंद्रमा, बादल में कमनीय ।। 196

वल्कलवस्त्र शकुन्तला, मनहरणी स्पृहणीय ।
सुंदर तन पर क्या नहीं, लगता है ग्रहणीय ।। 197

सुंदर तन का ऐब भी, जानिये अलंकार ।
वल्कल ही मृगचर्म हैं, ललना पर मनहार ।। 198

(आर्या छंद)[46]

1.21 अधरः किसलयरागः कोमलविटपानुकारिणौ बाहू ।
कुसुममिव लोभनीयं यौवनमङ्गेषु संनद्धम् ॥

दोहा॰ **शकुन्तला के ओष्ठ है, नव पल्लव से लाल ।**
अंग पुष्प सा कांत है, कोमल गुलाब गाल ।। 199

(शकुन्तला)

📖 लतापादपमिथुनस्य व्यतिकरः संवृत्तः । नवकुसुमयौवना वनज्योत्स्ना स्निग्धपल्लवतयोपभोगक्षमः सहकारः ।

दोहा॰ **आम्रवृक्ष से लिपट कर, करे स्वयंवर आप ।**
वनजोत्स्ना की मल्लिका, नहीं करत है पाप ।। 200

यौवन नवीन पुष्प का, वनजोत्स्ना पर योग ।
आम्रवृक्ष की यह वधू, करती है संभोग ।। 201

(हे अनसूये!)

📖 अनसूये जानासि किं शकुंतला वनज्योत्स्नामतिमात्रं पश्यतीति ।

दोहा॰ **वनजोत्स्ना क्यों लाड़ली, शकुन्तला की खास ।**

---

[46] आर्या छंद की व्याख्या के लिए देखिए शकुन्तला पद्य 1.2

कोई "तरु" मुझको मिले, उसके मन में आस ।। 202

जीवनसंगी "वृक्ष" वो, दे मुझको घन छाँव ।
मैं भी उसको लिपट कर, तृप्त करूँ मन भाव ।। 203

(राजा दुष्यंत)

📖 अपि नाम कुलपतेरियमसवर्णक्षेत्रसम्भवा स्यात् ।

दोहा॰ क्या यह संभव है कभी, शकुन्तला का जन्म ।
द्विज माता से ना हुआ, असवर्णा आजन्म ।। 204

(वंशस्थ छंद)[47]

1.22 असंशयं क्षत्रपरिग्रहक्षमा यदार्यमस्यामभिलाषि मे मनः ।
सतां हि संदेहपदेषु वस्तुषु प्रमाणमन्तःकरण प्रवृत्तयः ॥

दोहा॰ क्षत्रिय की पत्नी बने, शकुन्तला है योग्य ।
श्रेष्ठचित्त नृप के लिए, प्रमाण जो है भोग्य ।। 205

(राजा दुष्यंत)

📖 तथापि तत्त्वत एनामुपलस्ये ।

दोहा॰ मन में जब संदेह है, सुनूँ हृदय–आवाज ।
शकुन्तला का जन्म क्या, पता लगाऊँ आज ।। 206

(नटखट भ्रमर)

📖 अम्भो । सलिलसेकसम्भ्रमोद्गतो नवमालिकामुज्झित्वा वदनं मे मधुकरोभिवर्तते ।

दोहा॰ भ्रमर एक उड़ कर तभी, पुष्प चमेली छोड़ ।
आया गुंजन नाद से, शकुन्तला की ओर ।। 207

(शिखरिणी छंद)[48]

---

[47] वंशस्थ छंद की व्याख्या के लिए देखिए – शकुन्तला 1.18

1.23 चलपाङ्गां दृष्टिं स्पृशसि बहुशो वेपथुमतीं
रहस्याख्यायीव स्वनसि मृदु कर्णान्तिकचरः ।
करौ व्याधुन्वत्याः पिबसि रतिसर्वस्वमधरम्
वयं तत्त्वान्वेषान्मधुकर हतास्त्वं खलु कृती ॥

दोहा॰ **अभिलाषा से देख कर, बोले नृप दुष्यंत ।**
भृंगराज! तुम धन्य हो, तुमरा स्तवन अनंत ।। 208

नटखट भी हो तुम बड़े, करते स्त्री को तंग ।
बार–बार तन चूमने, छूते उसके अंग ।। 209

शकुन्तला के कान में, करते गुंजन बात ।
कभी चूमते होट भी, कभी चूमते गात ।। 210

मैं तो उसको देखता, रह कर इतनी दूर ।
तुम तो उसको चूमते, कितने हो तुम शूर ।। 211

(शकुन्तला)

📖 परित्रायेथां मामनेन दुर्विनीतेन मधुकरेणाभिभूयमानाम् ।

दोहा॰ **"मुझे बचाओ भृंग से, काट न ले बदमाश ।**
पीड़ा मुझको दे रहा, दुष्ट भ्रमर यमपाश" ।। 212

रक्षा करता भूप है, जो है नृप दुष्यंत ।
आकर वो रक्षा करे, करे भृंग का अंत ।। 213

हड़बड़ाई शकुन्तला, धीरज चकनाचूर ।
भगा रहे दुष्यंत हैं, उस भौंरे को दूर ।। 214

(आर्या छंद)[49]

---

[48] स्त्रग्धरा छद की व्याख्या के लिए देखिए – रघुवंश, (हनुमान, सीता का शोध)

[49] आर्या छंद की व्याख्या के लिए देखिए शकुन्तला पद्य 1.2

1.24 कः पौरवे वसुमतीं शासति शासितरि दुर्विनीतानाम्
अयमाचरत्यविनयं मुग्धासु तपस्विकन्यासु॥

(हे भृंगराज!)

दोहा॰ पुरुकुल के राजा यहाँ, विद्यमान हैं आप ।
उसी भूप के सामने, तुम करते यह पाप ।। 215

भू-मंडल को दंड दे, राजा वो है वीर ।
तापसियों को छू रहे, और दे रहे पीर ।। 216

ललनाओं के साथ ये, अशिष्टता व्यवहार ।
बाज न आए तुम अगर, तुम्हें पड़ेगी मार ।। 217

(सखियाँ)

दोहा॰ लज्जा प्राप्त शकुन्तला, खड़ी रही चुपचाप ।
बोली अनसूया उसे, शांत करो संताप ।। 218

कुटिया में जा कर अभी, लाओ पूजा थाल ।
सत्कार अतिथि का करें, पाँव प्रथम प्रक्षाल ।। 219

पूजा-अर्चा प्रेम से, करके बहु सम्मान ।
बैठी नृप के साथ वो, करने प्रश्न प्रदान ।। 220

(अनसूया)

📖 कतम आर्येण राजर्षिवंशोऽलंक्रियते कतमो वा विरहपर्युत्सुकजनः कुतो देशः किन्निमित्तं वा सुकुमारतरोऽपि तपोवनगमनपरिश्रमस्यात्मा पदमुपनीतः

दोहा॰ अनसूया ने भूप से, मधुर शब्द के साथ ।
आप कौन, किस राज्य से, किस कुल के हैं नाथ ।। 221

आए हैं किस गाँव से, आए है किस काम ।
किसने भेजा आपको, क्या है उनका नाम ।। 222

(राजा दुष्यंत)

शकुन्तला

📖 कथमिदानीं आत्मानं निवेदयामि कथं वात्मापहारं करोमि।

दोहा॰ पुरुकुल-नृप दुष्यंत ने, मुझको किया नियुक्त ।
धर्म क्रियाएँ जानने, मुझको किया प्रयुक्त ॥ 223

यहाँ सभी निर्विघ्न हैं, तपस्वियों के काम ।
इसी कार्य को जानने, आया हूँ इस धाम ॥ 224

📖 वयमपि तावद्भवत्योः सखीगतं किमपि पृच्छामः।

दोहा॰ कहा सखी से भूप ने, क्या हम पूछें बात ।
शकुन्तला किस की सुता, को है उसके तात ॥ 225

📖 भगवान्काश्यपः शाश्वते ब्रह्मणि स्थित इति प्रकाशः। इयं च वः सखी तदात्मजेति कथमेतत्।

दोहा॰ कश्यप-द्विजकुल में हुए, पूज्य कण्व भगवान ।
ब्रह्मचर्य आजन्म है, उनका धर्म महान ॥ 226

फिर यह सखी शकुन्तला, ऋषिवर जिसके तात ।
कैसे कन्या कण्व की, समझ न आयी बात ॥ 227

(अनसूया)

दोहा॰ अनसूया ने तब कहा, करूँ आपको ज्ञात ।
शकुन्तला देवी, प्रभो! है क्षत्रिय-कुलजात ॥ 228

फिर भी प्रभुवर! जानिये, कण्व कहे हैं तात ।
पालन-पोषण है किया, प्रेम दिया दिन-रात ॥ 229

मातु-पिता परित्यक्त है, शकुन्तला नवजात ।
पालन ऋषिवर ने किया, आश्रम में पश्चात् ॥ 230

(राजा दुष्यंत)

📖 उज्झितशब्देन जनितं मे कौतूहलम्।

शकुन्तला

दोहा॰ **भाव-अर्थ परित्यक्त का, जानूँ सह-विस्तार ।**
कहिये सब प्रारंभ से, सारासार विचार ।। 231

(अनसूया)

📖 शृणोत्वार्यः ।

दोहा॰ **पुराकाल की बात है, कौशिक विश्वामित्र ।**
निमग्न जब थे ध्यान में, जैसे स्थावर चित्र ।। 232

तप से डर कर इंद्र ने, करन साधना भंग ।
स्वर्ग-अप्सरा मेनका, भेजी छूने अंग ।। 233

वसंत ऋतु के काल में, लेकर मादक रूप ।
सफल होगई मेनका, पाने गर्भ प्ररूप ।। 234

(अनुष्टुभ् श्लोक छंद)[50]

1.25 मानुषीषु कथं वा स्यादस्य रूपस्य सम्भवः ।
न प्रभातरलं ज्योतिरुदेति वसुधातलात् ॥

दोहा॰ **कौशिक विश्वामित्र की, किए तपस्या भंग ।**
छोड़ गई वह नाथ को, सुता नाथ के संग ।। 235

माता उसकी अप्सरा, सुता स्वर्ग की आप ।
सुरेंद्र के आदेश पर, किया भूमि पर पाप ।। 236

रमणी स्त्री को रम्यता, नहीं भूमि से प्राप्त ।
दामिनियों की दमकता, करती उनको व्याप्त ।। 237

(वसंततिलका छंद)[51]

(राजा दुष्यंत)

---

[50] अनुष्टुभ् श्लोक छद की व्याख्या के लिए देखिए शकुन्तला पद्य 1.5

[51] वसंततिलका छंद की व्याख्या के लिए देखिए शकुन्तला पद्य 1.8

1.26 वैखानसं किमनया व्रतमाप्रदानाद् -
व्यापाररोधि मदनस्य निषेवितव्यम् ।
अत्यन्तमात्मसदृशेक्षणवल्लभाभिराहो
निवत्स्यति समं हरिणाङ्गनाभि ॥

दोहा॰ ब्रह्मचारिणी है अभी, तपस्वियों के साथ ।
शकुन्तला के कब कहाँ, पीले होंगे हाथ ।। 238

जीवन भर तो ना रहे, मृग से करती प्यार ।
कभी तो मिलेगा उसे, कोई राजकुमार ।। 239

(प्रियंवदा)

(आर्या छंद)[52]

1.27 भव हृदय साभिलाषं सम्प्रति संदेहनिर्णयो जातः ।
आशङ्कसे यदग्निं तदिदं स्पर्शक्षमं रत्नम् ॥

(राजा दुष्यंत)

दोहा॰ पिता कण्व लभने गए, करके दृढ़ संकल्प ।
शकुन्तला के योग्य जो, वर हो बिना विकल्प ।। 240

"शकुन्तला है द्विज-सुता," हम समझे थे चूक ।
वह तो कन्या क्षात्र की, अब है ज्ञात अचूक ।। 241

कण्व स्वयं हैं चाहते, करने उसका ब्याह ।
क्षत्रिय राजकुमार से, यथा सुता की चाह ।। 242

द्विज कन्या है समझ कर, नहीं लगाया हाथ ।
क्षत्रिय-कन्यारत्न को, ग्रहण करें सुखसाथ ।। 243

(आर्या छंद)[53]

---

[52] आर्या छंद की व्याख्या के लिए देखिए शकुन्तला पद्य 1.2

[53] आर्या छंद की व्याख्या के लिए देखिए शकुन्तला पद्य 1.2

1.28 अनुयास्यन्मुनितनयां सहसा विनयेन वारितप्रसरः ।
स्थानादनुच्चलन्नपि गत्वेव पुनः प्रतिनिवृत्तः ॥

दोहा॰ **द्विज-कन्या से शिष्ट ही, करने को व्यवहार ।**
शकुन्तला से दूर थे, अपने मन को मार ।। 244

(प्रियंवदा)

📖 वृक्षसेचने द्वे धारयसि मे ।

दोहा॰ **प्रियंवदा ने तब कहा, शकुन्तले! सुन फर्ज ।**
जल सींचन दो वृक्ष का, तुझ पर मेरा कर्ज ।। 245

प्रथम चुका दे कर्ज तू, दे कर तरु को नीर ।
फिर तू उठ कर जा सके, इतनी न हो अधीर ।। 246

(शार्दूलविक्रीडित छंद)[54]

(राजा दुष्यंत)

1.29 स्रस्तांसावतिमात्रलोहिततलौ बाहू घटोत्क्षेपणाद्
अद्यापि स्तनवेपथुं जनयति श्वासः प्रमाणाधिकः ।
बद्धं कर्णशिरीषरोधि वदने धर्माम्भसां जालकं
बन्धे स्रंसिनि चैकहस्तयमिताः पर्याकुला मूर्धजाः ॥

(जल सींचन के बाद, दुष्यंत)

दोहा॰ **शकुन्तला को देख कर, राजा के मन प्यार ।**
पौधों को सींचन किए, गीला था तन भार ।। 247

जल-घट धर कर काँध पर, थके हुए हैं हाथ ।
करतल दोनों लाल हैं, स्तन-कम्पन भी साथ ।। 248

मुख पर आकर स्तब्ध हैं, मोती के अनुरूप ।

---

[54] शार्दूलविक्रीडित छंद की व्याख्या के लिए देखिए - रघुवंश (हनुमान, सीता का शोध)

स्वेद बिंदु हैं चमकते, कर्णाभूषण रूप ।। 249

एक हाथ से हैं धरे, सिर के गीले बाल ।
रेशम फीता शिथिल है, रंग जिसे है लाल ।। 250

📖 तदहमेनानृणां करोमि ।

दोहा॰ जल सींचन से भीग कर, थकी प्रेयसी देख ।
मुदित हुआ दुष्यंत का, सिक्त अंग प्रत्येक ।। 251

नृप ने अपनी मुद्रिका, अंगुली से उतार ।
शकुन्तला को दे दियी, उतारने ऋण भार ।। 252

राजमुद्रिका देख कर, शकुन्तला को हर्ष ।
शकुन्तला के हृदय को, सम्मोहन का स्पर्श ।। 253

शकुन्तला को देख कर, राजा को विश्वास ।
अभिलाषा मम सफल हो, लक्षण दिखते खास ।। 254

(वसंततिलका छंद)[55]

(राजा दुष्यंत)

1.30 वाचं न मिश्रयति यद्यपि मद्वचोभिः
कर्णं ददात्यभिमुखं मयि भाषमाणे ।
कामं न तिष्ठति मदाननसम्मुखीना
भूयिष्ठमन्यविषया न तु दृष्टिरस्याः ॥

दोहा॰ करे न बात शकुन्तला, मुझे लगे यह स्वाँग ।
बाहर से निर्लिप्त है, भीतर है अनुराग ।। 255

मुख से ना बोले मगर, सुनती देकर कान ।
नजरें चंचल से सदा, रखती मुझ पर ध्यान ।। 256

---

[55] वसंततिलका छंद की व्याख्या के लिए देखिए शकुन्तला पद्य 1.8

(उतने में, नेपथ्य में)

📖 प्रत्यासन्नः किल मृगयाविहारी पार्थिवो दुष्यन्तः ।

दोहा॰ **उतने में नेपथ्य में, आयी थी आवाज ।**
"वन की रक्षा के लिए, मिल जाओ सब आज ।। 257

"संरक्षक दुष्यंत हैं, आज हमारे साथ ।
रक्षण करने सत्त्व का, आए हैं पुरुनाथ" ।। 258

(राजा दुष्यंत)

(पुष्पिताग्रा छंद)[56]

1.31 तुरगखुरहतस्तथा हि रेणुर्विटपविषक्तजलार्द्रवल्कलेषु ।
पतति परिणतारुणप्रकाशः शलभसमूह इवाश्रमद्रुमेषु ॥

दोहा॰ **सुन वाणी नेपथ्य की, राजा के सब दास ।**
लौट चले वापस सभी, आने नृप के पास ।। 259

धूल उड़ी जो अश्व से, सूर्य कांति सम लाल ।
टिड्डी दल की भाँति सब, वृक्षों पर तत्काल ।। 260

(जंगली हाथी)

(मंदाक्रांता छंद)[57]

1.32 तीव्राघातप्रतिहततरुस्कन्धलग्नैकदन्तः
पादाकृष्टव्रततिवलयासङ्गसंजातपाशः ।
मूर्तो विघ्नस्तपस इव नो भिन्नसारङ्गयूथो

---

[56] **पुष्पिताग्रा छन्द :** जिस छंद के (1) प्रथम और तृतीय चरण में क्रमशः न न र य गण आते हैं; (2) द्वितीय और चतुर्थ चरण में ज ज र ग गण आते हैं वह पुष्पिताग्रा छंद है.

लक्षण दोहा॰ **विषम पदों में गण रहें, क्रमशः न न र य चार ।**
सम में ज ज र ग छंद वो, पुष्पिताग्रा प्रकार ।।

[57] मंदाक्रांता छंद की व्याख्या के लिए देखिए – मेघदूत, भूमिका

धर्मारण्यं प्रविशति गजः स्यन्दनालोकभीतः ॥

दोहा॰ **भयाक्रांत उस आकांत से, जंगली हाथी एक ।**
तोड़-फोड़ करने लगा, पथ के तरु प्रत्येक ।। 261

तापसियाँ डर कर चली, लौट मचाती शोर ।
लौटे नृप दुष्यंत भी, निज पड़ाव की ओर ।। 262

(आर्या छंद)[58]

1.33 गच्छति पुरः शरीरं धावति पश्चादसंस्तुतं चेतः ।
चीनांशुकमिव केतोः प्रतिवातं नीयमानस्य ॥

(राजा दुष्यंत)

दोहा॰ **राजा आगे चल रहे, राजध्वजा की तौर ।**
दौड़ रहा मन वापसी, शकुन्तला की ओर ।। 263

इति प्रथमोऽङ्कः ।

द्वितीय अंक
आश्रम निवेश
शकुन्तला के सौंदर्य का वर्णन

द्वितीयोऽङ्कः ।

(विदूषक)

दोहा॰ **विदूषक हास्य पात्र है, नाम जिसे "माधव्य" ।**
मित्र भूप दुष्यंत का, गुण जिसके ज्ञातव्य ।। 264

---

[58] आर्या छंद की व्याख्या के लिए देखिए शकुन्तला पद्य 1.2

सदा सहायक भूप का, राजनीति विद्वान ।
राजा के हित में उसे, विविध विषय का ज्ञान ।। 265

आज विदूषक सुस्त है, थका हुआ है गात ।
रात न सोया ठीक से, जगा निशांत प्रभात ।। 266

बहेलियों का शोर था, करने वन्य शिकार ।
जंगल को था घेरना, यथा कहे सरकार ।। 267

सारा दिन है चीखना, "करो न बिलकुल देर ।
वो है सूअर जा रहा, वो है मृग, वो शेर" ।। 268

खाने को ना ढंग का, पीने कदुष्ण नीर ।
बैठ अश्व पर भटकना, वन गिरि नदिया तीर ।। 269

पहले ही दुष्यंत को, शिकार का उन्माद ।
ऊपर से उनको सदा, शकुन्तला की याद ।। 270

(राजा दुष्यंत)

(आर्या छंद)[59]

2.1. कामं प्रिया न सुलभा मनस्तु तद्भावदर्शनाश्वासि ।
अकृतार्थेऽपि मनसिजे रतिमुभयप्रार्थना कुरुते ॥

दोहा॰ शकुन्तला का है बना, मेरा हिरदय धाम ।
बैठा ले मन में मुझे, तभी बनेगा काम ।। 271

और समस्या दूसरी, पिता कण्व स्वीकार ।
उनकी अनुमति के बिना, असफल होगा काम ।। 272

(शार्दूलविक्रीडित छंद)[60]

---

[59] आर्या छंद की व्याख्या के लिए देखिए शकुन्तला पद्य 1.2

2.2 स्निग्धं वीक्षितमन्यतोऽपि नयने यत्प्रेरयन्त्या तया
यातं यच्च नितम्बयोर्गुरुतया मन्दं विलासादिव।
मा गा इत्युपरुद्धया यदपि सा सासूयमुक्ता सखी
सर्वं तत्किल मत्परायणमहो कामी स्वतां पश्यति॥

दोहा॰ **चंचलता से नैन की, मुझको रही निहार ।**
पैने नैन-कटाक्ष से, डाल रही है मार ।। 273

नितंब अरु स्तन भार से, अदा दिखाती चाल ।
लीलापूर्वक मंद है, गति में मादक ताल ।। 274

सत्य कहीं यह तो नहीं, दिखता सो मन भाय ।
मन आसक्त मनुष्य का, मन दर्पण कहलाय ।। 275

(विदूषक प्रवेश)

दोहा॰ **उसी समय पर आगया, सेवक विदूषकार ।**
स्वामी नृप दुष्यंत की, करता जय जयकार ।। 276

(यद्यपि)

दोहा॰ **उसे न भाता भूप का, शिकार से दृढ़ प्यार ।**
शकुन्तला से भूप की, प्रीत न थी स्वीकार ।। 277

अतः विदूषक ने कहा, तज कर मृगया बान ।
करें प्रभो! आराम हम, करने दूर थकान ।। 278

(दुष्यंत, स्वगत)

दोहा॰ **मेरा भी अब मन नहीं, करने वन्य शिकार ।**
शकुन्तला का है मुझे, अब तो इन्तेजार ।। 279

---

[60] शार्दूलविक्रीडित छंद की व्याख्या के लिए देखिए – रघुवंश (हनुमान, सीता का शोध)

(पुष्पिताग्रा छंद)[61]

2.3 न नमयितुमधिज्यमस्मि शक्तो धनुरिदमाहितसायकं मृगेषु।
सहवसतिमुपेत्य यैः प्रियायाः कृत इव मुग्धविलोकितोपदेशः॥

दोहा॰ **जिन हरिणों से है मिला, हमें दया का ज्ञान ।**
शकुन्तला से मिलन का, मिला हमें अवदान ।। 280

शकुन्तला को मौन से, निहारने का भान ।
मृगनयनी के नैन के, भोलेपन का मान ।। 281

जिन हरिणों ने है भरी, हमरे हृदय रुझान ।
उन हरिणों पर अब कभी, चलाऊँ न मैं बाण ।। 282

(दुष्यंत प्रतिभा)

(मालिनी छंद)[62]

2.4 अनवरतधनुर्ज्यास्फालनक्रूरपूर्व
रविकिरणसहिष्णु स्वेदलेशैरभिन्नम्।
अपचितमपि गात्रं व्यायतत्वादलक्ष्यं
गिरिचर इव नागः प्राणसारं बिभर्ति॥

दोहा॰ **पर्वत के हाथी यथा, होते तगड़े पुष्ट ।**
वैसे नृप दुष्यंत थे, तनदुरुस्त संतुष्ट ।। 283

खींच-खींच कर धनुष की, प्रत्यंचा दिन रात ।
बलिष्ठ था नृपराज का, आगे वाला गात ।। 284

सूर्यताप में विचर कर, करके युद्ध-शिकार ।
नृप के शरीर की त्वचा, सहनशील दमदार ।। 285

कष्ट निरंतर झेल कर, तन था हुआ कठोर ।

---

[61] पुषिताग्रा छंद की व्याख्या के लिए देखिए - शकुन्तला 1.31

[62] मालिनी छंद की व्याख्या के लिए देखिए - शकुन्तला 1.10

शकुन्तला

स्वेद न टपके देह से, करके भी श्रम घोर ।। 286

होकर भी कृष यष्टि के, राजा थे बलवान ।
विशाल-चौड़े अंग के, नर थे प्रतिभावान ।। 287

(शार्दूलविक्रीडित छंद)[63]

2.5 मेदश्छेदकृशोदरं लघु भवत्युत्थानयोग्यं वपुः
सत्त्वानामपि लक्ष्यते विकृतिमच्चित्तं भयक्रोधयोः ।
उत्कर्षः स च धन्विनां यदिषवः सिध्यन्ति लक्ष्ये चले
मिथ्यैव व्यसनं वदन्ति मृगयामीदृग्विनोदः कुतः ॥

दोहा॰ लोह कलेवर था बना, युद्ध निरंतर झेल ।
शरीर की चरबी घटी, वन में शिकार खेल ।। 288

पतला सपाट पेट था, उर आगे की ओर ।
भुजा भयंकर थी भरीं, बहुबली की तौर ।। 289

खौफनाक पशु देख कर, क्रूर, क्रोध से युक्त ।
क्षुब्ध वृत्ति के ज्ञान से, होता व्याध वियुक्त ।। 290

धनुधर योद्धा मारता, चलता-फिरता लक्ष्य ।
निपुण शिकारी बेधता, शब्दवेध से भक्ष्य ।। 291

मृगया को जग मानता, व्यसन दुर्गुणी शौक ।
आखेटक की दृष्टि से, मनरंजन है थोक ।। 292

बात विदूषक की सुनी, राजा ने कर गौर ।
विरक्त मृगया से हुए, शांति दूत की तौर ।। 293

(शार्दूलविक्रीडित छंद)[64]

---

[63] शार्दूलविक्रीडित छंद की व्याख्या के लिए देखिए – रघुवंश (हनुमान, सीता का शोध)

2.6 गाहन्तां महिषा निपानसलिलं शृङ्गैर्मुहुस्ताडितम्
छायाबद्धकदम्बकं मृगकुलं रोमन्थमभ्यस्यतु ।
विश्रब्धं क्रियतां वराहततिभिर्मुस्ताक्षतिः पल्वले
विश्रामं लभतामिदं च शिथितलज्याबन्धमस्मद्धनुः ॥

दोहा॰ **नृप का अब आदेश है, लौटें सैनिक धाम ।**
बंद करें वन जीव की, शिकार के सब काम ।। 294

गँदलाना जल झील का, भैसों का है पंथ ।
चारा खा कर बाद में, करते पशु रोमंथ ।। 295

विरत हो गया भूप जब, पथ शांति का निहार ।
भैंसे–मृग निर्भय करें, अब आहार–विहार ।। 296

(उपजाती छंद)[65]

2.7 शमप्रधानेषु तपोधनेषु गूढं हि दाहात्मकमस्ति तेजः ।
स्पर्शानुकूला इव सूर्यकान्तास्तदन्यतेजोऽभिभवाद्वमन्ति ॥

(राजा दुष्यंत ने कहा)

दोहा॰ **शाँतिप्रधान यतिंद्र में, होता तेज महान ।**

---

[64] शार्दूलविक्रीडित छंद की व्याख्या के लिए देखिए – रघुवंश (हनुमान, सीता का शोध)

[65] **उपजाति छन्द** : यह एक मिश्र छन्द है । **उपेन्द्रवज्रा छन्द** में **इन्द्रवज्रा छन्द** को मिला कर **उपजाति छन्द** बनता है । **उपेन्द्रवज्रा छन्द** में ज त ज के तीन गण (। ऽ।, ऽ ऽ।, । ऽ।) और दो गुरु मात्रा आतीं हैं । उपेन्द्रवज्रा छंद की चारों चरणों की प्रथम मात्रा लघु होतीं हैं । **उपेन्द्रवज्रा** के चारों चरण की प्रथम मात्रा गुरु करके (ऽ ऽ।, ऽ ऽ।, । ऽ।, ऽ ऽ) त त ज ग ग गण से **इन्द्रवज्रा छन्द** होता है । **उपजाति छन्द** में विषम चरणों की प्रथम मात्रा दीर्घ और सम चरणों में प्रथम मात्रा लघु ही रखी जाती हैं ।

लक्षण गीत दोहा॰ **त त ज गण हों विषम में, दो गुरु मात्रा अंत ।**
सम पद में ज त ज ग ग, कहा उपजाति छंद ।।

सुप्त रहे सामान्यतः, बिन बाहरी निशान ।। 297

सूर्यकांत मणि की तरह, स्पृष्ट बहिर्गत अंग ।
भस्म कर सके विघ्न को, जभी साधना भंग ।। 298

तपस्वियों की ना कभी, करो साधना भंग ।
बोले राजा सैन्य को, लौटो सुख के संग ।। 299

📖 अपनयन्तु भवत्यो मृगयावेशम् ।

दोहा॰ उतार दो आखेट का, सब सैनिक अब वेश ।
लौटो तुम सब शांति से, वापस अपने देश ।। 300

📖 कृतं भवता निर्मक्षिकम् ।

दोहा॰ विघ्न शून्य है कर दिया, तुमने यह परिवेश ।
सब विध अब एकांत है, निर्मल शांत प्रदेश ।। 301

शिला-खंड पर वृक्ष की, छाया यहाँ अनूप ।
आओ बैठें अमन में, बोले नृपवर भूप ।। 302

📖 त्वया दर्शनीयं न दृष्टम् ।

दोहा॰ फिर बोले माधव्य को, देखो तुम दृष्टव्य ।
जो तुमने देखा नहीं, हो कर भी अति दिव्य ।। 303

📖 ते तापसकन्यकाभ्यर्थनीया दृश्यते ।

दोहा॰ तज देते हैं त्याज्य को, पुरुकुल के नृप लोग ।
ऋषि कन्या तजनी नहीं, परिणय का है योग ।। 304

(आर्या छंद)[66]

2.8 सुरयुवतिसम्भवं किल मुनेरपत्यं तदुज्झिताधिगतम् ।
अर्कस्योपरि शिथिलं च्युतमिव नवमालिकाकुसुमम् ॥

---

[66] आर्या छंद की व्याख्या के लिए देखिए शकुन्तला पद्य 1.2

(राजा दुष्यंत)

दोहा॰ **फूल चमेली के झरे, कुम्हला कर सुकुमार ।**
मंदार वृक्ष पर गिरे, मिला नया आधार ।। 305

मंदाररूप कण्व ने, लिया पुष्प वह गोद ।
जूहीरूप शकुन्तला, पली वहाँ सह मोद ।। 306

ऐसी सुंदर मल्लिका, आज हमें है प्राप्त ।
यह मेरा सौभाग्य है, शुभ लक्षण से व्याप्त ।। 307

(विदूषक माधव्य)

तभी न भायी बात वो, बोल पड़ा माधव्य ।
उपमा यह सजती नहीं, ना ही है यह श्राव्य ।। 308

📖 पिण्डखर्जूरैरुद्वेजितस्य तिण्ड्यां तिन्तिण्यां अभिलाषो भवेत्तथा

दोहा॰ **मीठे पिंड खजूर के, जी भर कर खा कर बाद ।**
कच्ची इमली का लगे, अच्छा खट्टा स्वाद ।। 309

रत्नों का उपभोग है, जिस नृप को उपलब्ध ।
सुंदर मणि को चाहना, कैसा यह प्रारब्ध ।। 310

माना सही शकुन्तला, सुंदर रूप अतीव ।
बात सौंदर्य की नहीं, रखिये न्याय सजीव ।। 311

(वसंततिलका छंद)[67]

2.9 चित्रे निवेश्य परिकल्पितसत्त्वयोगा
रूपोच्चयेन मनसा विधिना कृता नु ।
स्त्रीरत्नसृष्टिरपरा प्रतिभाति सा मे
धातुर्विभुत्वमनुचिन्त्य वपुश्च तस्याः ॥

(अनुपम शकुन्तला)

---

[67] वसंततिलका छंद की व्याख्या के लिए देखिए शकुन्तला पद्य 1.8

दोहा॰ ब्रह्मा का निर्माण है, चारु विलक्षण चित्र ।
जिससे शोभन और ना, ना सुघटित न पवित्र ।। 312

शकुन्तला कमनीय है, कांतिमान नमकीन ।
मनभावन प्रियदर्शनी, सुगठित सरस हसीन ।। 313

मृगनयनी मृदुभाषिणी, पिकवचनी रमणीक ।
मनमोहिनी सुहासिनी, मंजु लता है नीक ।। 314

सृजन परम लावण्य है, ब्रह्मा का ही काम ।
और न कोई कर सके, रूप देदीप्यमान ।। 315

निष्कलंक सौंदर्य है, शकुन्तला का रूप ।
उत्तर में माधव्य को, बोल पड़े थे भूप ।। 316

(शिखरिणी छंद)[68]

2.10 अनाघ्रातं पुष्पं किसलयमलूनं कररुहैरनाविद्धं
रत्नं मधु नवमनास्वादितरसम् ।
अखण्डं पुण्यानां फलमिव च तद्रूपमनघं न जाने
भोक्तारं कमिह समुपस्थास्यति विधिः ॥

दोहा॰ शकुन्तला सौरभ भरा, अन-सूँघा है फूल ।
जिस पर न ही कलंक है, ना ही कोई धूल ।। 317

रस जिसका पीया नहीं, मधु का घट है शुद्ध ।
अखोट-अक्षत रत्न है, अनुपम अमल विशुद्ध ।। 318

फल ताजा यह पक्व है, कौन करे उपभोग ।
मात्र विधाता जानता, जहाँ लिखा संजोग ।। 319

(द्रुतविलंबित छंद)[69]

---

[68] स्त्रग्धरा छद की व्याख्या के लिए देखिए – रघुवंश, (हनुमान, सीता का शोध)

2.11 अभिमुखे मयि सम्हृतमीक्षितं हसितमन्यनिमित्तकृतोदयम् ।
विनयवारितवृत्तिरतस्तया न विवृतो मदनो न च संवृतः ॥

दोहा॰ **खड़ी सामने हो जभी, शकुन्तला बिन चैन ।**
नीचे करके दृष्टि को, मुझे निहारे नैन ।। 320

मुख पर जिसके हास्य है, विनयशील स्वभाव ।
उसके मधु मुस्कान में, हिरदय-हरण प्रभाव ।। 321

आनंदित वह है सदा, जगमग करता हेम ।
प्रकट न करती स्नेह है, छिपा न सकती प्रेम ।। 322

(वसंततिलका छंद)[70]

2.12 दर्भाङ्कुरेण चरणः क्षत इत्यकाण्डे तन्वी
स्थिता कतिचिदेव पदानि गत्वा ।
आसीद्विवृत्तवदना च विमोचयन्ती
शाखासु वल्कलमसक्तमपि द्रुमाणाम् ॥

दोहा॰ **किये बहाना स्वाँग वो, मुझे बुलाती पास ।**
कभी कहे है चुभ गई, अंकुर कुश की घास ।। 323

पग मेरा है क्षत हुआ, या अटका है वस्त्र ।
पास बुला कर छोड़ती, माया रमणीअस्त्र ।। 324

करे प्रकट अनुराग वो, बिना दिखाए स्पष्ट ।

---

[69] **द्रुतविलंबित छन्द :** इस बारह वर्ण, 16 मात्रा वाले छन्द में चरण में न भ भ र गण आते हैं । इसका लक्षण सूत्र ।।।, ऽ।।, ऽ।।, ऽ। ऽ इस प्रकार होता है । इसके पदान्त में विराम होता है ।

लक्षण गीत दोहा॰ **सोलह मात्रा चरण में, न भ भ र गण का वृंद ।**
नाम "द्रुतविलंबित" जिसे, बारह अक्षर छंद ।।

[70] वसंततिलका छंद की व्याख्या के लिए देखिए शकुन्तला पद्य 1.8

मेरी संगति के लिए, चेष्टाओं का कष्ट ।। 325

(तभी, विदूषक)

दिया तभी माधव्य ने, नृप को अनृत ज्ञान ।
करें बहाना आप भी, मिलने को आसान ।। 326

आए हैं हम माँगने, छठा भाग नीवार ।
आश्रम से भुगतान को, आये हम-सरकार ।। 327

(अनुष्टुभ् श्लोक छंद)[71]

2.13 यदुत्तिष्ठति वर्णेभ्यो नृपाणां क्षयि तत्फलम् ।
तपःषड्भागमक्षय्यं ददत्यारण्यका हि नः ॥

(राजा दुष्यंत)

दोहा॰ द्विज देते "कर" शब्द से, शाश्वत जिनका दान ।
तपस्वियों ने जो दिया, आत्म परम का ज्ञान ।। 328

अन्य वर्ण देते छठा, "कर" जो नश्वर रूप ।
राजाओं के कोष में, बोले दुष्यंत भूप ।। 329

(ऋषिकुमार)

📖 एतौ द्वौ ऋषिकुमारौ प्रतीहारभूमिमुपस्थितौ ।

दोहा॰ उतने में ही आगए, द्वार पर ऋषिकुमार ।
बोले, नृप दुष्यंत हैं, तेजस्वी भरतार ।। 330

इतने महान भूप भी, आश्रम करत निवास ।
अपनी आँखों देख कर, होत नहीं विश्वास ।। 331

(ऋषिकुमार)

(मंदाक्रांता छंद)[72]

---

[71] अनुष्टुभ् श्लोक छद की व्याख्या के लिए देखिए शकुन्तला पद्य 1.5

2.14 अध्याक्रान्ता वसतिरमुनाप्याश्रमे सर्वभोग्ये
रक्षायोगादयमपि तपः प्रत्यहं संचिनोति ।
अस्यापि द्यां स्पृशति वशिनश्चारणद्वन्द्वगीतः
पुण्यःशब्दो मुनिरिति मुहुः केवलं राजपूर्वः ॥

दोहा॰ प्रजा–सुरक्षा के लिए, अर्पण हो जो भूप ।
उसको मिलता स्वर्ग है, शाश्वत दिव्य स्वरूप ।। 332

चारण गाते हैं स्तुति, करके शुभ उच्चार ।
भूप इंद्र के मित्र हैं, बोले ऋषिकुमार ।। 333

(मंदाक्रांता छंद)[73]

2.15 नैतच्चित्रं यदयमुदधिश्यामसीमां धरित्रीमेकः
कृत्स्नां नगरपरिघप्रांशुबाहुर्भुनक्ति ।
आशंसन्ते समितिषु सुरा बद्धवैरा हि दैत्यैरस्याधिज्ये
धनुषि विजयं पौरुहूते च वज्रे ॥

(ऋषिकुमार)

दोहा॰ नगर द्वार की अर्गली, रक्षण करती दुर्ग ।
राजा यह पालन करे, भूमंडल से स्वर्ग ।। 334

सुर–असुरों के युद्ध में, इंद्र देव को आस ।
मिले मदद दुष्यंत की, जिन पर दृढ़ विश्वास ।। 335

📖 --तत्रभवतः कण्वस्य महर्षेरसांनिध्याद्रक्षांसि न इष्टिविघ्नमुत्पादयन्ति । तत्कतिपयरात्रं सारथिद्वितीयेन भवता सनाथीक्रियतामाश्रम इति ।

(ऋषिकुमार)

दोहा॰ आकर नृप के सामने, दोनों ऋषिकुमार ।
बोले नृप दुष्यंत को, करके जय–जयकार! ।। 336

---

[72] मंदाक्रांता छंद की व्याख्या के लिए देखिए – मेघदूत, भूमिका

[73] मंदाक्रांता छंद की व्याख्या के लिए देखिए – मेघदूत, भूमिका

अनुपस्थिति में कण्व की, हम हैं हुए अनाथ ।
नृपवर! रक्षा कीजिए, करके हमें सनाथ ।। 337

असुर हमारे यज्ञ को, कर देते हैं भग्न ।
विनाश असुरों का किए, दूर हटाओ विघ्न ।। 338

सुन कर उनकी प्रार्थना, राजा हुए तयार ।
धनुष बाण रथ को लिए, करन असुर संहार ।। 339

(अनुष्टुभ् श्लोक छंद)[74]

2.16 अनुकारिणि पूर्वेषां युक्तरूपमिदं त्वयि ।
आपन्नाभयसत्रेषु दीक्षिताः खलु पौरवाः ॥

दोहा॰ पुरु कुल की ये रीत है, यज्ञरूप सत्कार ।
मुनिजन के आदेश को, करो सदा स्वीकार ।। 340

(उसी समय, करभक)

दोहा॰ रथ आगे बढ़ना हि था, करने मुनि का काम ।
दूत नगर से आगया, करभक जिसका नाम ।। 341

पहुँचाना संदेश था, राजा को अति खास ।
जल्दी से घर आइये, माता की अरदास ।। 342

(राजा दुष्यंत)

दोहा॰ तपस्वियों का काम है, जो न सकूँ मैं टाल ।
माता को भी ना दुखी, करूँ किसी भी हाल ।। 343

(अनुष्टुभ् श्लोक छंद)[75]

2.17 कृत्ययोर्भिन्नदेशत्वाद् द्वैधीभवति मे मनः ।

---

[74] अनुष्टुभ् श्लोक छद की व्याख्या के लिए देखिए शकुन्तला पद्य 1.5

[75] अनुष्टुभ् श्लोक छद की व्याख्या के लिए देखिए शकुन्तला पद्य 1.5

शकुन्तला

पुरः पतिहतं शैले स्रोतः स्रोतोवहो यथा॥

दोहा॰ रक्षा करना यज्ञ की, मेरा है कर्तव्य ।
माता का उपवास भी, अनुष्ठान मंतव्य ॥ 344

दुविधा में नृप पड़ गए, दोनों पावन काम ।
राजा व्याकुल होगए, ढूँढने समाधान ॥ 345

(समाधान)

दोहा॰ चिंतन करके भूप ने, किया एक विचार ।
भेजूँ मैं माधव्य को, जिससे माँ को प्यार ॥ 346

जा कर कहना मातु को, नम्र जोड़ कर हस्त ।
आ नहिं सकता पुत्र तव, कामों में है व्यस्त ॥ 347

तपस्वियों के काम हैं, करने हैं अविलंब ।
काम यशस्वी हों जभी, आऊँ बिना विलंब ॥ 348

(और)

दोहा॰ शकुन्तला के विषय में, रानी को कछु बात ।
बतलाना मत भूल से, पाएगी आघात ॥ 349

(हस्तिनापुर नगर में माधव्य)

दोहा॰ राज नगर में पहुँच कर, यथा भूप आदेश ।
राजमहल में आगया, देने को संदेश ॥ 350

दुःख व्यक्त करते हुए, दिया पुत्र-संदेश ।
माता को माधव्य ने, करके प्रकट क्लेश ॥ 351

पुत्र अभी ना आ सके, उन्हें बहुत है खेद ।
पूर्ण किए कर्तव्य को, आएँगे निर्वेद ॥ 352

(रानी वसुमती)

शकुन्तला

दोहा॰ अधीर रानी वसुमती, कीन्हा उसे सवाल ।
असली क्या है माजरा, मुझे कहो तत्काल ।। 353

दुविधा में था पड़ गया, क्या बतलाऊँ बात ।
स्पष्ट कहूँ या ना कहूँ, शकुन्तला वृत्तांत ।। 354

एक ओर आदेश है, अपर ओर है सत्य ।
पतिव्रता के प्रश्न पर, कैसे कहूँ असत्य ।। 355

मित्र-द्रोह का दोष भी, नहीं मुझे स्वीकार ।
असत्य वाणी पाप है, मुझे नहीं अधिकार ।। 356

कल जब खुलनी बात है, होगा मम परिहास ।
असत्य कह कर भंग है, रानी का विश्वास ।। 357

(तब)

दोहा॰ मौन देख माधव्य को, रानी को संदेह ।
बोली फिर माधव्य को, कहो बात सस्नेह ।। 358

नारी धर्म निभाउगी, जो कुछ भी है बात ।
अभी जान लूँ तो, सखे! कम होगा आघात ।। 359

(माधव्य)

दोहा॰ गए हुए थे भूप जब, करने को आखेट ।
मृगनयनी के बाण से, स्वयं हो गए भेंट ।। 360

(रानी वसुमती)

दोहा॰ कर न सकी विश्वास वो, पहले तो कुछ देर ।
नीर नैन का पोंछती, खड़ी रही मुख फेर ।। 361

फिर बोली वह शाँति से, मेरा ही है दोष ।
सूनी मेरी कोख है, राजा हैं खामोश ।। 362

उनकी जीवन संगिनी, उनसे मुझको प्यार ।
वंचित वे संतान से, उनका यह अधिकार ।। 363

रानी बोली फिर, सखे! बोलो सह विस्तार ।
कौन कहो मृगलोचना, जिसके भूप शिकार ।। 364

सुन कर फिर माधव्य से, रानी ने सब बात ।
बोली, नृप से मत कहो, मुझे हुआ जो ज्ञात ।। 365

(वरना)

दोहा॰ मिला सकेंगे नैन ना, मुझसे नृप दुष्यंत ।
उनकी जो भी चाह है, होगी मुझे पसंद ।। 366

(सुंदरी छंद)[76]

(राजा दुष्यंत, तपोवन में)

2.18 क्व वयं क्व परोक्षमन्मथो मृगशावैः सममेधितो जनः ।
परिहासविजल्पितं सखे परमार्थेन न गृह्यतां वचः ॥

दोहा॰ भोग-विलासी लोग हम, कहाँ हमारा स्थान ।
काम-कर्म आसक्त हम, हमें नहीं है भान ।। 367

काम-भोग से दूर जो, पली मृगों के संग ।
उसके आगे मैं कहाँ, मैं तो हूँ व्रतभंग ।। 368

इति द्वितीयोऽङ्कः ।

---

[76] **सुंदरी छन्द :** जिस छंद के विषम चरणों में स स ज ग गण आते हैं और सम चरणों में स भ र ल ग गण हों वह सुंदरी छंद है.

लक्षण गीत दोहा॰ विषम पदों में स स ज गुरु, गण क्रम जहाँ पसंद ।
सम चरणों में स भ र ल ग, वहाँ सुंदरी छंद ।।

शकुन्तला

तृतीय अंक
मिलन

दुष्यंत और शकुन्तला के मिलन का वर्णन

तृतीयोऽङ्कः ।

(अनुष्टुभ् श्लोक छंद)[77]

3.1 का कथा बाणसंधाने ज्याशब्देनैव दूरतः ।
हुंकारेणेव धनुषः स हि विघ्नानपोहति ॥

(यजमान कण्व का शिष्य)

दोहा॰   शिष्य कण्व यजमान का, आया तत्पश्चात् ।
गौरव से कहने लगा, अपने मन की बात ॥ 369

प्रभावशाली हैं बड़े, राजा जी दुष्यंत ।
वीरश्री में भूप का, प्रभाव है अत्यंत ॥ 370

आश्रम के व्यवधान सब, शीघ्र हुए हैं अंत ।
यज्ञ कर्म निर्विघ्न हैं, अभय हुए ऋषि-संत ॥ 371

प्रत्यंचा के शब्द से, असुर गए हैं भाग ।
बाधाएँ सब दूर हैं, सफल हमारे याग ॥ 372

(और)

दोहा॰   लाए हम कुश दर्भ हैं, पुरोहितों के काम ।
वेदी पर आसन बने, ऋत्विज को आराम ॥ 373

📖 कस्यिदमुशीरानुलेपनं मृणालवन्ति च नलिनीपत्राणि नीयन्ते ।

---

[77] अनुष्टुभ् श्लोक छद की व्याख्या के लिए देखिए शकुन्तला पद्य 1.5

आतपलङ्घनाद्बलवदस्वस्था शकुंतला तस्याः शरीरनिर्वापणायेति । तर्हि यत्नादुपचर्यताम् ।

(प्रियंवदा, हे शिष्य!)

दोहा॰ **और कहो यह उशीर औ, दूर्वा है किस काम ।**
पर्ण–नाल–दल कमल से, करना क्या निष्काम ।। 374

(शिष्य)

दोहा॰ **आतप से अस्वस्थ है, शकुन्तला दो याम ।**
कमलदलों के लेप से, मिले उसे आराम ।। 375

मातु गौतमी ला रही, बाकी का सामान ।
ऋषिवर कुलपति कण्व की, शकुन्तला है प्राण ।। 376

प्रयंवदा को शिष्य ने, कहा सोच विचार ।
शकुन्तला की व्याधि का, उत्तम हो उपचार ।। 377

(आर्या छंद))[78]

(राजा दुष्यंत)

3.2 जाने तपसो वीर्यं सा बाला परवतीति मे विदितम् ।
अलमस्मि ततो हृदयं तथापि नेदं निवर्तयितुम् ॥

दोहा॰ **शकुन्तला आधीन है, यथा पिया की चाह ।**
जिनकी अनुमति के बिना, होगा नहीं विवाह ।। 378

राजा को अहसास है, एकाकी उनका प्यार ।
मिलन हमारा हो सके, दिख न रहे आसार ।। 379

फिर भी मन आसक्त है, बना हुआ लाचार ।
उपाय अब क्या हो सके, करने को उपचार ।। 380

[78] आर्या छंद की व्याख्या के लिए देखिए शकुन्तला पद्य 1.2

(मालिनी छंद)[79]

(हे कामदेव!)

3.3 तव कुसुमशरत्वं शीतरश्मित्वमिन्दोर्द्वयमिदमयथार्थं दृश्यते मद्विधेषु।
विसृजति हिमगर्भैरग्निमिन्दुर्मयूखैस्त्वमपि कुसुमबाणान्वज्रसारीकरोषि॥

दोहा० **पुष्प बाण कन्दर्प के, लगते आज कठोर ।**
शीतल चंदा चाँदनी, चंड आग की तौर ।। 381

आज लगे विपरीत है, हुई यहाँ हे बात ।
काम–वासना दे रही, कष्ट मुझे दिन–रात ।। 382

(आर्या छंद)[80]

3.4 शक्यमरविन्दसुरभिः कणवाही मालिनीतरङ्गाणाम्।
अङ्गैरनङ्गतप्तैरविरलमालिङ्गितुं पवनः॥

दोहा० **ऐसे पीड़ित देह को, भाता है यह वात ।**
सौरभ लेकर बह रहा, बाष्प बिंदु के साथ ।। 383

शीतल सरिता मालिनी, जिसमें खिले सरोज ।
सुगंध से सुख स्त्रोत के, हरते मन का बोझ ।। 384

(आर्या छंद)[81]

(उधर, शकुन्तला)

3.5 अभ्युन्नता पुरस्तादवगाढा जघनगौरवात्पश्चात्।
द्वारेऽस्य पाण्डुसिकते पदपङ्क्तिर्दृश्यतेऽभिनवा॥

दोहा० **बेली के मँडवे तले, बनी पुष्प की सेज ।**
फैली चारों ओर है, पीली रेत सतेज ।। 385

---

[79] मालिनी छंद की व्याख्या के लिए देखिए – शकुन्तला 1.10

[80] आर्या छंद की व्याख्या के लिए देखिए शकुन्तला पद्य 1.2

[81] आर्या छंद की व्याख्या के लिए देखिए शकुन्तला पद्य 1.2

नजर आरहे रेत पर, ताजा पैर निशान ।
जिन्हें देख कर हो रहा, पथिक व्यक्ति का ज्ञान ।। 386

एड़ी बालू में धँसी, नितंब का है भार ।
हलके पाँव निशान हैं, नारी है सुकुमार ।। 387

(राजा दुष्यंत)

📖 यावद्विटपान्तरेणावलोकयामि।

दोहा॰ लगते इन पदचिन्ह से, शकुन्तला के पाँव ।
लेटी शिलाखंड पर, जहाँ लता की छाँव ।। 388

छिप कर झाड़ी में यहाँ, देखूँ क्या है बात ।
क्यों लेटी है सेज पर, दोनों सखियाँ साथ ।। 389

हवा झल रही है सखी, कमलपत्र के साथ ।
एक सखी है मल रही, उसके कोमल हाथ ।। 390

राजा छिप कर सुन रहे, उनका वार्तालाप ।
शकुन्तला को लख रहे, राजा हैं चुपचाप ।। 391

📖 तत्किमयमातपदोषः स्यादुत यथा मे मनसि वर्तते।

दोहा॰ शकुन्तला अस्वस्थ है, क्षीण हुई अत्यंत ।
क्या यह लू की वजह है, या कारण दुष्यंत ।। 392

(शिखरिणी छंद)[82]

(राजा दुष्यंत)

3.6 स्तनन्यस्तोशीरं प्रशिथिलमृणालैकवलयं
प्रियायाः साबाधं किमपि कमनीयं वपुरिदम्।
समस्तापः कामं मनसिजनिदाघप्रसरयोर्न

---

[82] स्त्रग्धरा छद की व्याख्या के लिए देखिए – रघुवंश, (हनुमान, सीता का शोध)

तु ग्रीष्मस्यैवं सुभगमपराद्धं युवतिषु ॥

दोहा॰ स्तन पर खस का लेप है, रखता शीत शरीर ।
जैसे कमलिनी नाल को, देत हिलोर समीर ।। 393

प्रेम बाण कन्दर्प का, देता है अनुताप ।
लू के भी संचार से, होता है तनु ताप ।। 394

कामदेव के बाण में, शोभनीय प्रभाव ।
लू के जलते ताप में, मार्दव्य का अभाव ।। 395

(प्रियंवदा)

📖 अनसूये तस्य राजर्षेः प्रथमदर्शनारभ्यपर्युत्सुकेव शकुंतला ।

दोहा॰ प्रियंवदा थी कह रही, अनसूये! यह रोग ।
लगता है नृपराज के, वियोग का है सोग ।। 396

प्रबल दिख रही है व्यथा, तप्त लग रहा गात ।
शकुन्तला से पू कर, देखूँ क्या है बात ।। 397

📖 कथय किंनिमित्तं ते संतापः ।

दोहा॰ बतला सखी शकुन्तले! क्यों है यह दुखभार ।
हम सखियाँ ना जानती, काम-प्रेम व्यापार ।। 398

क्षीण तुम्हारा अंग है, हलका लगता रंग ।
मगर काँति सौंदर्य की, नहीं तज रही संग ।। 399

जब जानेंगे ठीक से, क्या है रोग-विकार ।
तभी चिकित्सा हो सके, करने को उपचार ।। 400

(शकुन्तला, मन में)

दोहा॰ राजा के प्रति प्रेम का, उत्कट है अनुराग ।
मगर न इनको दे सकूँ, कुछ भी अभी सुराग ।। 401

(शार्दूलविक्रीडित छंद)[83]

3.7 क्षामक्षामकपोलमाननमुरः काठिन्यमुक्तस्तनं
मध्यःक्लान्ततरः प्रकामविनतावंसौ छविः पाण्डुरा ।
शोच्या च प्रियदर्शना च मदनक्लिष्टेयमालक्ष्यते
पत्राणामिव शोषणेन मरुता स्पृष्टा लता माधवी ॥

(राजा दुष्यंत)

दोहा॰ **शकुन्तला का दिख रहा, मुखमंडल है क्षीण ।**
कपोल दोनों गड़ गए, अशक्त सर्वांगीण ।। 402

स्तनमंडल भी झुक गया, पतला है कटिभाग ।
काँति पीत है पड़ गई, फिर भी दिल में आग ।। 403

काम पीड़ित शकुन्तला, झुलसाई है नार ।
फिर भी सुंदर लग रही, कृश सुषमा शृंगार ।। 404

(वसंततिलका छंद)[84]

3.8 पृष्टा जनेन समदुःखसुखेन बाला
नेयं न वक्ष्यति मनोगतमाधिहेतुम् ।
दृष्टो विवृत्य बहुशोऽप्यनया सतृष्ण
मत्रान्तरे श्रवणकातरतां गतोऽस्मि ॥

दोहा॰ **शकुन्तला को देख औ, सुन कर सब आलाप ।**
सोचा नृप दुष्यंत ने, अपने मन चुपचाप ।। 405

सुख-दुख में वह एक-सी, सदा रहे निष्पक्ष ।
सुनने सत्य अधीर हूँ, मिल कर उसे समक्ष ।। 406

(शकुन्तला)

---

[83] शार्दूलविक्रीडित छंद की व्याख्या के लिए देखिए - रघुवंश (हनुमान, सीता का शोध)

[84] वसंततिलका छंद की व्याख्या के लिए देखिए शकुन्तला पद्य 1.8

शकुन्तला

📖 तत आरभ्य तद्गतेनाभिलाषेणैतदवस्थास्मि संवृत्ता ।

दोहा॰ सखियों से बोली तभी, शकुन्तला मन-बात ।
जब से देखा भूप को, पागल हूँ दिन-रात ।। 407

(राजा दुष्यंत)

📖 सहर्षम्, श्रुतं श्रोतव्यम् ।

दोहा॰ शकुन्तला के वचन सुन, राजा हुए प्रसन्न ।
जो सुनना था सुन लिया, चित्त हुआ संपन्न ।। 408

(प्रसन्न राजा दुष्यंत)

(आर्या छंद)[85]

3.9 स्मर एव तापहेतुर्निर्वापयिता स एव मे जातः ।
दिवस इवाभ्रश्यामस्तपात्यये जीवलोकस्य ॥

दोहा॰ मेरे भी दुख की वजह, कामदेव का कोप ।
ग्रीष्म काल के अंत में, होत व्यथा का लोप ।। 409

प्रेमबाण कन्दर्प के, जो लगते थे वज्र ।
आज लग रहे पुष्प से, दुख है लोप समग्र ।। 410

(शकुन्तला)

📖 तस्य राजर्षेरनुकम्पनीया भवामि । अन्यथावश्यं सिञ्चत मे तिलोदकम् ।

दोहा॰ शकुन्तला दुख में अभी, तड़प रही थी खूब ।
आर्यपुत्र के विरह से, गई शोक में डूब ।। 411

बोली सखियों से, मुझे, नृप का हो दीदार ।
तभी बचूँगी, अन्यथा, दुख डालेगा मार ।। 412

तिल-तिल में मर जाउगी, मेरा दु:ख अपार ।
कृपापात्र नृप की बनूँ, यही एक उपचार ।। 413

---

[85] आर्या छंद की व्याख्या के लिए देखिए शकुन्तला पद्य 1.2

(राजा दुष्यंत)

📖 सत्यमित्थम्भूत एवास्मि ।

दोहा॰ **शकुन्तला के वचन सुन, राजा को अहसास ।**
मेरी भी स्थिति है वही, मुझे भी वही आस ।। 414

(हरिणी छंद)[86]

3.10 इदमशिशिरैरन्तस्तापाद्विवर्णमणीकृतं
निशि निशि भुजन्यस्तापाङ्गप्रसारिभिरश्रुभिः ।
अनभिलुलितज्याघाताङ्कं मुहुर्मणिबन्धनात्
कनकवलयं स्रस्तं स्रस्तं मया प्रतिसार्यते ॥

दोहा॰ **कर पर माथा टेक कर, बहती आँसू धार ।**
कर का कंगन भीग कर, मोती धुमिल तुषार ।। 415

बाजू पतली होगई, वलय खिसक गिर जाय ।
राजा भी कृश होगए, जो थे बलिष्ठ काय ।। 416

पुनः पुनः सरका रहे, कंगन ऊपर, भूप ।
राजा दुर्बल होगए, भक्त सुदामा रूप ।। 417

(शकुन्तला)

दोहा॰ **प्रियंवदा ने आखरी, दीन्हा एक सुझाव ।**
शकुन्तला से भूप को, प्रेम पत्र लिखवाय ।। 418

छिपाय फूलों में, सखी! दे आऊँ मैं पत्र ।
झाड़ी में मुझको दिखे, नृप हैं बैठे तत्र ।। 419

---

[86] **हरिणी छन्द :** जिस छंद के प्रत्येक चरण में न स म र स ल ग गण आते हैं और यति 6. 4, 7 पर हो वह हरिणी छंद होता है.

लक्षण दोहा॰ **न स म र स ल ग जहाँ सजे, हरिणी वह है छंद ।**
यति छह चौथे सात में, देता है आनंद ।।

शकुन्तला

📖 ...उपन्यासपूर्वं चिन्तय तावत्किमपि ललितपदबन्धनम्।

दोहा॰   अनसूया बोली, सखी! लिखो हृदय की बात ।
          शकुन्तले! उल्लेख से, ललित पदों के साथ ॥ 420

          जिससे तुम अपनी व्यथा, तथा प्रेम का भाव ।
          कह कर, मधुतर मिलन का, दो उनको प्रस्ताव ॥ 421

(वंशस्थ छंद)[87]

3.11 अयं स ते तिष्ठति संगमोत्सुको
      विशङ्कसे भीरु यतोऽवधीरणाम्।
      लभेत वा प्रार्थयिता न वा श्रियं
      श्रिया दुरापः कथमीप्सितो भवेत् ॥

दोहा॰   मन के दृढ़ विश्वास से, लिखो बिना संदेह ।
          नृप के भी है चित्त में, तुम्हारे लिए स्नेह ॥ 423

          लक्ष्मी की पाने कृपा, आया है वह द्वार ।
          उसको तुम स्वीकार लो, या कर दो इनकार ॥ 424

📖 ...सस्मितम्! नियोजितेदानीमस्मि।

दोहा॰   सखियों के वच मान कर, स्नेहभाव के साथ ।
          शकुन्तला लिखने लगी, देख रहे पुरुनाथ ॥ 425

(आर्या छंद)[88]

(राजा दुष्यंत)

3.12 उन्नमितैकभ्रूलतमाननमस्याः पदानि रचयन्त्याः।
      कण्टकितेन प्रथयति मय्यनुरागं कपोलेन ॥

दोहा॰   पद्म पर्ण पर प्रेम से, लिखती नख के साथ ।

---

[87] वंशस्थ छंद की व्याख्या के लिए देखिए - शकुन्तला 1.18
[88] आर्या छंद की व्याख्या के लिए देखिए शकुन्तला पद्य 1.2

शकुन्तला

एक भौंह ऊपर उठी, कपोल पर है हाथ ॥ 426

रोमांचित मुख पर दिखा, मेरे प्रति अनुराग ।
देख रहे राजन् उसे, पड़ा हौंसला जाग ॥ 427

(शकुन्तला का पत्र)

(उद्गाथा छंद)[89]

3.13 तव न जाने हृदयं मम पुनः कामो दिवाऽपि रात्रावपि ।
निर्घृण तपति बलीयस्त्वयि वृत्तमनोरथाया अङ्गानि ॥

दोहा॰   मैं ना जानूँ आपके, निष्ठुर दिल का हाल ।
मेरा तन कन्दर्प ने, किया हुआ बेहाल ॥ 428

तुमरे प्रति उत्पन्न है, मेरे मन अभिलाष ।
जल्दी से मैं मिल सकूँ, मेरे मन में आश ॥ 429

(राजा दुष्यंत, समीप जा कर)

(आर्या छंद)[90]

3.14 तपति तनुगात्रि मदनस्त्वामनिशं मां पुनर्दहत्येव ।
ग्लपयति यथा शशाङ्कं न तथा हि कुमुद्वतीं दिवसः ॥

दोहा॰   शकुन्तले! अविरल तुम्हें, मदन दे रहा ताप ।
मुझे कर रहा भस्म है, वियोग का संताप ॥ 430

क्षीण बनाता इंदु को, दिन का सूर्य प्रकाश ।
इंदीवर खिलता रहे, बिना लिए अवकाश ॥ 431

(आर्या छंद)[91]

---

[89] उद्गाथा छंद की व्याख्या के लिए देखिए – शकुन्तला 1.4
[90] आर्या छंद की व्याख्या के लिए देखिए शकुन्तला पद्य 1.2
[91] आर्या छंद की व्याख्या के लिए देखिए शकुन्तला पद्य 1.2

3.15 संदष्टकुसुमशयनान्याशुक्लान्तबिसभङ्गसुरभीणि ।
गुरुपरितापानि न ते गात्राण्युपचारमर्हन्ति ॥

दोहा॰ **सुमन सेज संलग्न से, सुरभि सुगंधित स्नेह ।**
शिष्टाचार न अब सहे, शोकाकुल तव देह ।। 432

📖 ... भद्रे नैतत्परिहार्यम् । विवक्षितं ह्यनुक्तमनुतापं जनयति ।

दोहा॰ **जो कहना है सो कहो, बिना किसी अनुताप ।**
मन में रख कर बात को, होगा पश्चाताप ।। 433

कष्ट प्रजा के मैं हरूँ, मेरा है कर्तव्य ।
नृप पर प्रेम करे प्रजा, यह भी है स्मर्तव्य ।। 434

(द्रुतविलंबित छंद)[92]

3.16 इदमनन्यपरायणमन्यथा हृदयसंनिहिते हृदयं मम ।
यदि समर्थयसे मदिरेक्षणे मदनबाणहतोऽस्मि हतः पुनः ॥

दोहा॰ **शकुन्तले! मम हृदय में, तुम हो विराजमान ।**
जो तुम पर आसक्त है, एकाक्ष के समान ।। 435

कामदेव के बाण से, जो खाया था चोट ।
वो घायल तुमरे बिना, मर जाय गला घोट ।। 436

(अनसूया)

📖 ... बहुवल्लभा राजानः श्रूयन्ते । यथा नौ प्रियसखी बन्धुजनशोचनीया न भवति तथा निर्वाहय ।

दोहा॰ **बहुपत्निक नृप हैं सुने, समाज में बदनाम ।**
शकुन्तला का हो न त्यों, सोचनीय परिणाम ।। 437

(राजा दुष्यंत)

(पथ्यावक्त्र छांद)[93]

---

[92] द्रुतविलंबित छंद की व्याख्या के लिए देखिए – शकुन्तला 2.11

3.17 परिग्रहबहुत्वेऽपि द्वे प्रतिष्ठे कुलस्य मे ।
समुद्ररसना चोर्वी सखी च युवयोरियम् ॥

दोहा॰ पुरुकुल नृप बहुदार भी, रखते दो आधार ।
समुद्रवसना मेदिनी, पतिव्रता का प्यार ।। 438

पृथ्वी और शकुन्तला, दोनों का ही क्षेम ।
पालन–रक्षण मैं करूँ, मान सहित सह प्रेम ।। 439

सुन कर राजा का कहा, सखियों को आनंद ।
चिंता उनकी मिट गई, शकुन्तला सानंद ।। 440

(सखियाँ चली गईं, तब)

दोहा॰ डरो न, सखियाँ हैं गई, मैं हूँ तुमरे पास ।
घबड़ाने का काम ना, यहाँ तिहारा दास ।। 441

(राजा दुष्यंत)

(वसंततिलका छंद)[94]

3.18 किं शीतलैः क्लमविनोदिभिरार्द्रवातान्सञ्चारयामि नलिनीदलतालवृन्तैः ।
अङ्के निधाय करभोरु यथासुखं ते संवाहयामि चरणावुत पद्मताम्रौ ॥

दोहा॰ पद्मपर्ण के पंख से, कर दूँ हवा प्रदान ।
शीतल वात सुगंध से, कर दूँ दूर थकान ।। 442

या, करभोरु–शकुन्तले!, चरणकमल सुकुमार ।
रख कर अपनी गोद में, मल दूँ मैं सुखकार ।। 443

(शकुन्तला)

---

[93] **पथ्यावक्त्र छन्द :** जिस अनुष्टुभ् छंद के चतुर्थ वर्ण के बाद य गण आता है, दूसरे और चौथे चरण में म गण और एक गुरु वर्ण आता है और सम चरणों के चौथे वर्ण के बाद ज गण आता है वह पथ्यावक्त्र छंद होता है.

[94] वसंततिलका छंद की व्याख्या के लिए देखिए शकुन्तला पद्य 1.8

शकुन्तला

(आर्या छंद)[95]

3.19 उत्सृज्य कुसुमशयनं नलिनीदलकल्पितस्तनावरणम् ।
कथमातपे गमिष्यसि परिबाधापेलवैरङ्गैः ॥

दोहा॰ सुन कर राजा का कहा, शकुन्तला अस्वस्थ ।
जाने को उठने लगी, अप्रसन्न अन्तस्थ ।। 444

(शकुन्तला)

📖 ... पौरव रक्ष विनयम् । मदनसंतप्तापि न खल्वात्मनः प्रभवामि ।

दोहा॰ बोली, पुरुवंशी प्रभो! सीमा ना हो भंग ।
पीड़ित हूँ यदि, काम से, स्वतंत्र ना मम अंग ।। 445

पितुवर मेरे कण्व का, मुझ पर है अधिकार ।
उनकी अनुमति के बिना, ना होगा आचार ।। 446

(पथ्यावक्त्र छंद)[96]

(राजा दुष्यंत)

3.20 गान्धर्वेण विवाहेन बह्व्यो राजर्षिकन्यकाः ।
श्रूयन्ते परिणीतास्ताः पितृभिश्चाभिनन्दिताः ॥

दोहा॰ सुन कर, नृप दुष्यंत ने, शकुन्तला की बात ।
समझाने उसको कहा, बहुत स्नेह के साथ ।। 447

राजा-ऋषियों ने कई, कीन्हे हैं सोत्साह ।
वैध कहे इतिहास में, शुभ गांधर्व विवाह ।। 448

ययाति राजा ने किया से, गांधर्व का विवाह ।
शर्मिष्ठा पत्नी बनी, जैसी उसकी चाह ।। 449

---

[95] आर्या छंद की व्याख्या के लिए देखिए शकुन्तला पद्य 1.2
[96] पथ्यावक्त्र छंद की व्याख्या के लिए देखिए - शकुन्तला 3.17

नीलध्वज नृप की सुता, स्वाहा ने सोत्साह ।
अग्निदेव से था किया, कर गांधर्व विवाह ।। 450

वज्रनाभ की नंदिनी, प्रभावती सोत्साह ।
ब्याही थी प्रद्युम्न से, शुभ गांधर्व विवाह ।। 452

बाणासुर की आत्मजा, उषावती सोत्साह ।
ब्याही थी अनिरुद्ध से, कर गांधर्व विवाह ।। 453

इतना कह कर भूप वे, शकुन्तला का हाथ ।
थामने लगे हाथ में, हलके से पुरुनाथ ।। 454

(शकुन्तला-दुष्यंत)

📖 ... मुञ्च तावन्माम् । मोक्ष्यामि । कदा ।

दोहा॰ **बोली लज्जित शकुन्तला, छोड़ो हमरा हाथ ।**
अच्छा बाबा! छोड़ता, कब छोड़ोगे नाथ! ।। 455

(राजा दुष्यंत)

(मालभारिणी छंद)[97]

3.21 अपरिक्षतकोमलस्य यावत्कुसुमस्येव नवस्य षट्पदेन ।
अधरस्य पिपासता मया ते सदयं सुन्दरि गृह्यते रसोऽस्य ॥

दोहा॰ **छोड़ूँगा मैं, सुंदरी! जब कर लूँ रसपान ।**
कोमल तुमरे होंठ का, जी भर कर अनुदान ।। 456

प्यासा भौंरा पुष्प के, चुंबन में तल्लीन ।
रहता अक्षत-फूल पर, स्वभाव के आधीन ।। 457

---

[97] **मालभारिणी छन्द :** जिस छंद के विषम पदों में स स ज ग ग गण आते हैं और सम चरणों में स भ र य गण हों वह मालभारिणी छंद होता है.

लक्षण दोहा॰ **विषम पदों में स स ज ग ग, पाँच गणों का वृंद ।**
सम में स भ र य गण वही, मालभारिणी छंद ।।

(उतने में, साध्वी माता गौतमी)

दोहा॰ **उसी समय माँ गौतमी, आती हुईं निहार ।**
नृप झाड़ी में छिप गए, शाखाओं के आड़ ।। 458

(राजा दुष्यंत)

📖 ... पूर्वस्थानमुपेत्य । सनिःश्वासम् ...

दोहा॰ **शकुन्तला को लेगईं, माता धर कर हाथ ।**
अवाक् राजा रह गए, दीर्घ साँस के साथ ।। 459

(राजा दुष्यंत, फिर)

(मालभारिणी छंद)[98]

3.22 मुहुरङ्गुलिसंवृताधरोष्ठं प्रतिषेधाक्षरविक्लवाभिरामम् ।
मुखमंसविवर्ति पक्ष्मलाक्ष्याः कथमप्युन्नमितं न चुम्बितं तु ॥

दोहा॰ **आकर बैठे सेज पर, राजा उसके बाद ।**
बार-बार मुस्कान से, शकुन्तला कर याद ।। 460

अभिष्ट पाने के लिए, विघ्न भरी यदि राह ।
बाधाओं को लाँघ कर, मिलती मन की चाह ।। 461

सुंदर वदन शकुन्तला, बोल रही अस्पष्ट ।
बार-बार रख तर्जनी, ढकती थी अधरोष्ठ ।। 462

चुंबन को करती मना, मुख को लेती मोड़ ।
काँधे के पीछे किये, लज्जा लेती जोड़ ।। 463

मुख मैंने ऊपर किया, हलके अपनी ओर ।
फिर भी चूमा ना मिला, चंचल है चितचोर ।। 464

📖 क्व नु खलु सम्प्रति गच्छामि । अथ वा इहैव प्रियापरिभुक्तमुक्ते लतावलये

---

[98] मालभारिणी छंद की व्याख्या के लिए देखिए – शकुन्तला 3.21

मुहूर्तं स्थास्यामि ।

दोहा॰ **जाऊँ भी मैं अब कहाँ, रुकूँ यहीं कुछ देर ।**
शिलाखंड पर बैठ कर, जप लूँ माला फेर ।। 465

शकुन्तला के अंग से, मर्दित प्रसून सेज ।
पद्मपर्ण का पत्र ये, मुझे सकी ना भेज ।। 466

(शार्दूलविक्रीडित छंद)[99]

(राजा दुष्यंत)

3.23 तस्याः पुष्पमयी शरीरलुलिता शय्या शिलायामियं
क्लान्तो मन्मथलेख एष नलिनीपत्रे नखैरर्पितः ।
हस्ताद्भ्रष्टमिदं बिसाभरणमित्यासज्यमानेक्षणो
निर्गन्तुं सहसा न वेतसगृहाच्छक्नोमि शून्यादपि ॥

दोहा॰ **शकुन्तला के हाथ से, गिरा हुआ शृंगार ।**
कमल-नाल का कंगना, जगा रहा है प्यार ।। 467

मीठी यादें हैं यहाँ, जिनको तजा न जाय ।
शकुन्तला से मिलन की, मुझको याद दिलाय ।। 468

बेली-मंडप से कहीं, दूर न जाऊँ और ।
लगाव मुझको होगया, अपने घर की तौर ।। 469

(वसंततिलका छंद)[100]

(और)

3.24 सायंतने सवनकर्मणि सम्प्रवृत्ते
वेदिं हुताशनवतीं परितः प्रयस्ताः ।
छायाश्चरन्ति बहुधा भयमादधानाः

---

[99] शार्दूलविक्रीडित छंद की व्याख्या के लिए देखिए - रघुवंश (हनुमान, सीता का शोध)

[100] वसंततिलका छंद की व्याख्या के लिए देखिए शकुन्तला पद्य 1.8

संध्यापयोदकपिशाः पिशिताशनानाम् ॥

दोहा॰ अब तो संध्या होगई, छटा गगन में लाल ।
ज्वाला वेदी-यज्ञ की, चारों ओर मशाल ।। 470

इसी समय आकाश से, गरजी वाणी घोर ।
"भयप्रद छाया बढ़ रही, इस आश्रम की ओर" ।। 471

सुन कर नभवाणी मचा, आश्रम में था शोर ।
राजा विघ्न निवारने, चले उधर की ओर ।। 472

इति तृतीयोऽङ्कः ।

चतुर्थ अंक
विदाई
शकुन्तला की हस्तिनापुर को विदाई

चतुर्थोऽङ्कः ।।

(साध्वी माता गौतमी)

दोहा॰ शकुन्तला-दुष्यंत का, करने को गांधर्व ।
किया गौतमी मातु ने, प्रबंध सर्व अपूर्व ।। 473

आश्रम फूलों से सजा, वरमाला अभिराम ।
सकल सजावट दिव्य की, सबने बिन विश्राम ।। 474

सजा दिये दुष्यंत पर, विवाह के शृंगार ।
शकुन्तला को देख कर, विद्युत का संचार ।। 475

सब मिल कर मंदिर गए, करने मंत्रोच्चार ।

फेरों से संपन्न था, विवाह का संस्कार ।। 476

नव दंपति फिर आगए, शयन कक्ष की ओर ।
मंगलमय मधु मिलन में, मुग्ध हुई नवभोर ।। 477

(राजा दुष्यंत)

दोहा॰ बीते दिन मधुचंद्र के, जब थे सुख के साथ ।
जाना होगा घर, सखी! बोले श्री पुरुनाथ ।। 478

जाने को तो मन नहीं, पर मैं हूँ सम्राट ।
घर के जन, जनता सभी, देख रही है बाट ।। 479

भारी मन तुम मत करो, शीघ्र कटेगा काल ।
फिर से होंगे साथ हम, होगे हम खुशहाल ।। 480

राज मुंद्रिका स्नेह से, रख लो तुमरे पास ।
प्रेम निशानी देख कर, होंगी नहीं उदास ।। 481

देगा अनुचर आपको, नित्यशः समाचार ।
कुशल-क्षेम सब पूछ कर, देगा हमें तिहार ।। 482

लेकर आश्रम से विदा, मिष्ट हृदय में याद ।
भूप दुष्यंत चल दिए, करके मधुर संवाद ।। 483

(अनसूया)

📖 प्रियंवदे! यद्यपि गान्धर्वेण विधिना निर्वृत्तकल्याणा शकुंतलाऽनुरूपभर्तृगामिनी संवृत्तेति निर्वृतं मे हृदयं तथाप्येतावच्चिन्तनीयम् ।

दोहा॰ अनसूया बोली, सखी! प्रश्न मुझे है एक ।
शकुन्तला गांधर्व से, पति पायी है नेक ।। 484

भूप नगर हैं जा रहे, तो क्या उसके बाद ।
शकुन्तला से लग्न यह, उन्हें रहेगा याद? ।। 485

(प्रियंवदा)

📖 तात इदानीमिमं वृत्तान्तं श्रुत्वा न जाने किं प्रतिपत्स्यत इति।

दोहा॰ **क्यों न रहेगा याद ये, मगर प्रश्न है और ।**
पिता कण्व की स्वीकृति, मिले क्या बिना शोर ।। 486

(अनसूया)

📖 गुणवते कन्यका प्रतिपादनीयेत्ययं तावत्प्रथमः संकल्पः।

दोहा॰ **कन्या सद्‌गुण व्यक्ति को, देना बिना विकल्प ।**
मातु-पिता का काम है, यही प्रथम संकल्प ।। 487

पाकर आशिष कन्यका, होगी जग में स्तुत्य ।
पिता कण्व भगवान भी, होजाएँ कृतकृत्य ।। 488

(दुर्वासा मुनि)

📖 ...अतिथीनामिव निवेदितम्।

दोहा॰ **उसी समय पर आगए, दुर्वासा मुनिराज ।**
शकुन्तला मनमग्न थी, सुनी नहीं आवाज ।। 489

दुर्वासा क्रोधित हुए, दिया उन्हों ने शाप ।
पहचानेंगे ना तुझे, तेरे स्वामी आप ।। 490

(वंशस्थ छंद)[101]

(नेपथ्य में)

4.1 विचिन्तयन्ती यमनन्यमानसा तपोधनं वेत्सि न मामुपस्थितम्।
स्मरिष्यति त्वां न स बोधितोऽपि सन्कथां प्रमत्तः प्रथमं कृतामिव॥

दोहा॰ **"एकचित्त आसक्त तुम, जिस प्रितम के नाम ।**
स्मरण रखेगा ना वही, जाकर उसके धाम" ।। 491

(अनसूया)

---

[101] वंशस्थ छंद की व्याख्या के लिए देखिए – शकुन्तला 1.18

शकुन्तला

📖 ...अस्ति तेन राजर्षिणा सम्प्रस्थितेन स्वनामधेयाङ्कितमङ्गुलीयकं
स्मरणीयमिति स्वयं पिनद्धम् ।

दोहा॰ अनसूया ने तब कहा, हूँ ना अधिक उदास ।
अंगूठी है भूप की, शकुन्तला के पास ।। 492

(कुलपति पितामह कण्व ऋषि)

चलो बात अच्छी हुई, शकुन्तला के साथ ।
पिता लौट कर आगए, आश्रम कल ही रात ।। 493

(वसंततिलका छंद)[102]
(कण्वशिष्य)

4.2 यात्येकतोऽस्तशिखरं पतिरोषधीनामाविष्कृतारुणपुर:सर एकतोऽर्कः ।
तेजोद्वयस्य युगपद्व्यसनोदयाभ्यां लोको नियम्यत इवात्मदशान्तरेषु ॥

दोहा॰ एक ओर है चंद्रमा, पौधों का प्रतिपाल ।
सूरज दूजी ओर है, लाता दिन का काल ।। 494

दो आभा संसार में, चंद्र-सूर्य के नाम ।
करती शाश्वत-चक्र में, परिवर्तन का काम ।। 495

अस्ताचल जब चंद्रमा, तब है प्रात:काल ।
उदयाचल तब सूर्य है, जानी वही सकाल ।। 496

आश्रम के संसार में, चंद्ररूप दुष्यंत ।
जाते, आए कण्व हैं, दिनकर का दृष्टांत ।। 497

(और भी)

(वसंततिलका छंद)[103]

4.3 अन्तर्हिते शशिनि सैव कुमुद्वती मे

---

[102] वसंततिलका छंद की व्याख्या के लिए देखिए शकुन्तला पद्य 1.8
[103] वसंततिलका छंद की व्याख्या के लिए देखिए शकुन्तला पद्य 1.8

शकुन्तला

वृष्टिं न नन्दयति संस्मरणीयशोभा ।
इष्टप्रवासजनितान्यबलाजनस्य
दुःखानि नूनमतिमात्रसुदुःसहानि ॥

दोहा॰ ओषधीश के अस्त पर, नलिनी होत उदास ।
जाने पर दुष्यंत के, शकुन्तला भग्नास ॥ 498

इंदु भूप-दुष्यंत भी, यद्यपि हैं सकलंक ।
शकुन्तला है कुमुदिनी, पतिव्रता अकलंक ॥ 499

नभवाणी ने कण्व को, दिया शुभसमाचार ।
शकुन्तला है परिणिता, दुष्यंत नृप भरतार ॥ 500

शकुन्तला है गर्भिणी, विवाह से गांधर्व ।
साक्षी थीं माँ गौतमी, आश्रम के जन सर्व ॥ 501

(पिता कण्व)

दोहा॰ मातु-गौतमी ने कही, पिता-कण्व से बात ।
नभवाणी से आज ही, मुझे हुआ है ज्ञात ॥ 502

अब तो करना एक है, जल्दी से शुभ काम ।
कन्या को हम भेज दें, उसके पति के धाम ॥ 503

भाग्यवान है कन्यका, पति मिला दुष्यंत ।
सुखी रहे ससुराल में, सुत होगा गुणवंत ॥ 504

...लज्जावनतमुखीं परिष्वज्य तातकाश्यपेनैवमभिनन्दितम् ।

दोहा॰ लज्जित वदन शकुन्तला, आयी शीश झुकाय ।
पिया कण्व ने प्रेम से, लीन्हा गले लगाय ॥ 505

(पिता कण्व)

दोहा॰ सुयोग्य वर को ढूँढना, यही पिता का काम ।
सुपात्र पति जो पा गई, कन्या वह कृतकाम ॥ 506

कन्या वह निज तात को, करती है निश्चिंत ।
सुता उस पिता के लिए, अशोचनीय निश्चित ।। 507

(अनुष्टुभ् छांद)[104]
(प्रियंवदा)

4.4 दुष्यन्तेनाहितं तेजो दधानां भूतये भुवः ।
अवेहि तनयां ब्रह्मन्नग्निगर्भां शमीमिव ॥

दोहा॰ बोया जो दुष्यंत ने, शकुन्तला में बीज ।
पृथ्वी के हित के लिए, परम भाग्य की चीज ।। 508

पाले जो निज पेट में, पृथ्वी का सौभाग्य ।
शमीलता के भाँति वो, पाले अंदर आग ।। 509

📖 ...सखि प्रियं मे । किं त्वद्यैव शकुंतला नीयत इत्युत्कण्ठासाधारणं परितोषमनुभवामि ।

दोहा॰ आज जा रही है सखी, शकुन्तला पति-धाम ।
दुखमिश्र आनंद है, मेरे मन परिणाम ।। 510

(शार्दूलविक्रीडित छंद)[105]
(कण्वशिष्य)

4.5 क्षौमं केनचिदिन्दुपाण्डु तरुणा माङ्गल्यमाविष्कृतं
निष्ठ्यूतश्चरणोपभोगसुलभो लाक्षारसः केनचित् ।
अन्येभ्यो वनदेवताकरतलैरापर्वभागोत्थितै-
र्दत्तान्याभरणानि तत्किसलयोद्भेदप्रतिद्वन्द्विभिः ॥

दोहा॰ उसको शुभ आशीष दो, जिसने सींचे वृक्ष ।
पूजी है वनदेवता, माता के सदृक्ष ।। 511

---

[104] अनुष्टुभ् श्लोक छद की व्याख्या के लिए देखिए शकुन्तला पद्य 1.5

[105] शार्दूलविक्रीडित छंद की व्याख्या के लिए देखिए - रघुवंश (हनुमान, सीता का शोध)

वृक्षों ने हमको दिया, वल्कल रेशम वस्त्र ।
शुभ्र धवल सम-चंद्रमा, मंगल द्रव्य पवित्र ।। 512

चरणन सुंदर रंगने, महावर दिया लाल ।
सजने आभूषण दिए, पुष्प दल कँवल-नाल ।। 513

निसर्ग से है जुड़ गए, शकुन्तला के प्राण ।
तरु तृण खग मृग तितलियाँ, मिट्टी भी बेजान ।। 514

(प्रियंवदा)

दोहा॰ मेरी सखी शकुन्तले! अनुकम्पा के साथ ।
वनदेवी ने है दिया, तुमको आशीर्वाद ।। 515

राज करोगी तुम, सखी! जाकर कल ससुराल ।
लक्ष्मी के भंडार का, भोग तुम्हें चिरकाल ।। 516

(शार्दूलविक्रीडित छंद)[106]

4.6 यास्यत्यद्य शकुन्तलेति हृदयं संस्पृष्टमुत्कण्ठया
कण्ठः स्तम्भितबाष्पवृत्तिकलुषश्चिन्ताजडं दर्शनम् ।
वैक्लव्यं मम तावदीदृशमिदं स्नेहादरण्यौकसः
पीड्यन्ते गृहिणः कथं नु तनयाविश्लेषदुःखैर्नवैः ॥

(काश्यप ऋषि कण्व)

दोहा॰ निकली आज शकुन्तला, जाने पति के धाम ।
उत्कण्ठा से है भरा, मेरा हृदय तमाम ।। 517

कण्ठ रुका है अश्रु से, दृष्टि हुई है स्तब्ध ।
चिंता मुझको है लगी, व्याकुल हूँ निःशब्द ।। 518

---

[106] शार्दूलविक्रीडित छंद की व्याख्या के लिए देखिए - रघुवंश (हनुमान, सीता का शोध)

(माँ गौतमी)

📖 जाते एष ते आनन्दपरिवाहिणा चक्षुषा परिष्वजमान इव गुरुरुपस्थितः । आचारं तावत्प्रतिपद्यस्व ।

दोहा॰ बोली फिर माँ गौतमी, बेटी! तुम सुखधाम ।
ताता के लग कर गले, उनको करो प्रणाम ।। 519

नव दुल्हन सदृश्य ही, सखियों तुम कमनीय ।
शकुन्तला को भूष से, सजवा दो रमणीय ।। 520

पुष्प-पर्ण भूषण बने, रंग-सुगंध अनेक ।
नखशिखांत सुंदर सजे, अंग-अंग प्रत्येक ।। 521

(और)

दोहा॰ शकुन्तला को फिर दिए, माता ने उपदेश ।
सही चलन क्या, क्या नहीं, जाकर पति के देश ।। 522

पति की वंश परंपरा, पालन हो हरवक्त ।
पतिकुल नित संवृद्ध हो, संयम रहे प्रयुक्त ।। 523

पति के चराणों में सदा, अर्पण हो सर्वस्व ।
पति के प्रति प्रण प्रेम हो, पतिव्रता वर्चस्व ।। 524

व्रत पूजन उपवास के, सफल सकल हों पर्व ।
धर्म सभ्यता संस्कृति, पालन-पोषण सर्व ।। 525

(और भी)

दोहा॰ पति से सविनय वचन हो, गुरुजन से मृदु भाष ।
वाणी सुमधुर हो सदा, कर्कशता कर नाश ।। 526

कभी किसी के सामने, पति से न हो विवद ।
कुल के किसी सदस्य का, मन में न हो विषाद ।। 527

स्वागत हो सब अतिथि का, दीन दुखी को दान ।
अपमानित कोई न हो, सबका हो स्म्मान ।। 528

(तथा ही)-

दोहा॰ पति के रुचि का वेश हो, अंगाभूषण केश ।
सब से वर्तन सभ्य हो, दर्प न हो लवलेश ।। 529

स्वर्थ अहम लिप्सा न हो, सेवा प्रेम स्वभाव ।
पति से बढ़ कर और ना, कोई योग्य लगाव ।। 530

संयम सत्य सहिष्णुता, समता संग सदैव ।
सहचर सुख की संपदा, समझो सदा सुदैव ।। 531

तन-मन से सेवा करो, पति हो हिरदय-ईश ।
पालन पातिव्रत्य हो, पति जानो जगदीश ।। 532

जागो पति के प्रथम तुम, सोना उनके बाद ।
पर स्तुति-निंदा से परे, रखना सदैव याद ।। 533

(अनुष्टुभ् श्लोक छंद)[107]

(ताता कण्व)

4.7 ययातेरिव शर्मिष्ठा भर्तुर्बहुमता भव ।
सुतं त्वमपि सम्राजं सेव पूरुमवाप्नुहि ॥

दोहा॰ बोले पिता, शकुन्तले! भूप श्रेष्ठ दुष्यंत ।
तुम उनकी बन प्रियतमा, करो प्रेम अत्यंत ।। 534

जैसी शर्मिष्ठा हुई, ययाति की प्रिय दार ।
उसके सुत सम्राट थे, यही रखो सुविचार ।। 535

मेरा सदा, शकुन्तले! तुझ पर शुभवरदान ।

---

[107] अनुष्टुभ् श्लोक छद की व्याख्या के लिए देखिए शकुन्तला पद्य 1.5

तेरा सुत सम्राट हो, जन्मभूमि की शान ।। 536

(त्रिष्टुप् छंद)[108]

(काश्यप ऋषि कण्व)

4.8 अमी वेदिं परितः क्लृप्तधिष्ण्याः समिद्वन्तः प्रान्तसंस्तीर्णदर्भाः ।
अपघ्नतो दुरितं हव्यगन्धैर्वैतानास्त्वां वह्नयः पावयंतु ॥

दोहा॰ वेदी की सब ओर है, समिधाओं की ज्योत।
सुगंध हवियों का यहाँ, पावन है शुभ स्त्रोत ।। 537

होम समापन हो चुका, प्रस्थान का प्रसंग ।
शार्गंरव चला साथ है, शारद्वत भी संग ।। 538

(शार्दूलविक्रीडित छंद)[109]

(पिता कण्व ऋषि)

4.9 पातुं न प्रथमं व्यवस्यति जलं युष्मास्वपीतेषु या
नादत्ते प्रियमण्डनापि भवतां स्नेहेन या पल्लवम् ।
आद्ये वः कुसुमप्रसूतिसमये यस्या भवत्युत्सवः
सेयं याति शकुंतला पतिगृहं सर्वैरनुज्ञायताम् ॥

दोहा॰ पहले जल को सींच कर, फिर पीती थी आप ।
अंकुर नए न तोड़ती, लग ना जाए पाप ।। 539

वृक्ष अचेतन भी जिसे, चेतन बंधु समान ।
छोड़ तपोवन जा रही, अनुमति दो यजमान ।। 540

---

[108] **त्रिष्टुभ् छन्द :** यह एक सुवर्णमय वैदिक छंद है

लक्षण दोहा॰ चारों चरणों में जहाँ, होते ग्यारह वर्ण ।
चतुर्थ-पंचम यति रहे, त्रिष्टुभ् छंद सुवर्ण ।।

[109] शार्दूलविक्रीडित छंद की व्याख्या के लिए देखिए - रघुवंश (हनुमान, सीता का शोध)

तरु खग मृग में जो सुखी, वह निकली ससुराल ।
वन उसको आशीष दे, करने उसे निहाल ।। 541

(अपरवक्त्र छंद)[110]

(यजमान ऋषि कण्व)

4.10 अनुमतगमना शकुंतला तरुभिरियं वनवासबन्धुभिः ।
परिभृतविरुतं कलं यथा प्रतिवचनीकृतमेभिरीदृशम् ॥

दोहा॰ **कोयल की मधु कूक ने, अनुमति करी प्रदान ।**
वनदेवी का है यही, आशीर्वाद प्रधान ।। 542

शकुन्तला के विरह से, वनदेवी है म्लान ।
शकुन्तला के हर्ष में, उसको हर्ष महान ।। 543

(वसंततिलका छंद)[111]

(आकाश वाणीं)

4.11 रम्यान्तरः कमलिनीहरितैः सरोभिश्छायाद्रुमैर्नियमितार्कमयूखतापः ।
भूयात्कुशेशयरजोमृदुरेणुरस्याः शान्तानुकूलपवनश्च शिवश्च पन्थाः ॥

दोहा॰ **शकुन्तला के गमन का, सुखकर है सब मार्ग ।**
वनज्योत्स्ना ने राह में, बिखरा पद्म पराग ।। 544

सूर्य किरण के ताप से, पादप करत बचाव ।
पवन वेग अनुकूल है, पथ पर शीतल छाँव ।। 545

---

[110] **अपरवक्त्र छन्द :** जिस छंद के विषम चरणों में क्रमशः न न र ल ग गणों के ग्यारह वर्ण आते हैं और सम चरणों में न ज ज र गणों के बारह वर्ण आते हैं वह अपरवक्त्र छंद होता है.

लक्षण दोहा॰ **सम चरणों में चार हैं, न ज ज र गण का वृंद ।**
विषम पदों में न न र ल ग, अपरवक्त्र है छंद ।

[111] वसंततिलका छंद की व्याख्या के लिए देखिए शकुन्तला पद्य 1.8

(आर्या छंद)[112]
(प्रियंवदा)

4.12 उद्गलितदर्भकवला मृग्यः परित्यक्तनर्तना मयूराः।
अपसृतपाण्डुपत्रा मुञ्चन्त्यश्रूणीव लताः॥

दोहा॰ दुखी हुए शिशु-हरिण ने, दीन्हा खाना छोड़ ।
त्यागा नृत्य मयूर ने, तुमसे नाता जोड़ ।। 546

लता-पर्ण हैं गिर रहे, यथा अश्रु की धार ।
सकल तपोवन है दुखी, वियोग भागीदार ।। 547

(वसंततिलका छंद)[113]
(कण्व ऋषि)

4.13 संकल्पितं प्रथममेव मया तवार्थे
भर्तारमात्मसदृशं सुकृतैर्गता त्वम्।
चूतेन संश्रितवती नवमालिकेयमस्यामहं
त्वयि च सम्प्रति वीतचिन्तः॥

दोहा॰ मेरा जो संकल्प था, उसके ही अनुरूप ।
बेटी! तुम निज पुण्य से, पाई हो पति भूप ।। 548

मिली आम्र से मल्लिका, प्रेम भाव से युक्त ।
तुमको नृप पति मिल गया, मैं हूँ चिंता मुक्त ।। 549

(वसंततिलका छंद)[114]
(शकुन्तला)

4.14 यस्य त्वया व्रणविरोपणमिङ्गुदीनां
तैलं न्यषिच्यत मुखे कुशसुचिविद्धे।

---

[112] आर्या छंद की व्याख्या के लिए देखिए शकुन्तला पद्य 1.2

[113] वसंततिलका छंद की व्याख्या के लिए देखिए शकुन्तला पद्य 1.8

[114] वसंततिलका छंद की व्याख्या के लिए देखिए शकुन्तला पद्य 1.8

श्यामाकमुष्टिपरिवर्धितको जहाति
सोऽयं न पुत्रकृतकः पदवीं मृगस्ते ॥

दोहा॰ **चलते-चलते रुक गई, शकुन्तला सस्नेह ।**
मृग शावक अनमन हुआ, रोक रहा है राह ।। 550

माता तुमरे जन्म पर, गई जगत को छोड़ ।
पाला मैंने है तुम्हें, तुमसे प्रीती जोड़ ।। 551

जाना है ससुराल को, मुझको तज यह गेह ।
पिता कण्व रक्षा करें, तुम सबको सस्नेह ।। 552

(वसंततिलका छंद)[115]

(पिता कण्व)

4.15 उत्पक्ष्मणोर्नयनयोरुपरुद्धवृत्तिं
बाष्पं कुरु स्थिरतया विरतानुबन्धम् ।
अस्मिन्नलक्षितनतोन्नतभूमिभागे
मार्गे पदानि खलु ते विषमीभवन्ति ॥

दोहा॰ **आँखों में आँखू भरे, कोई नहीं इलाज ।**
लड़खड़ा रहे पाँव हैं, शकुन्तला के आज ।। 553

शकुन्त को कहने विदा, साथ चल रहे लोग ।
सीमा तक वे जा रहे, कम करने को सोग ।। 554

सीमा पर जन रुक गए, बरगद की है छाँव ।
शकुन्तला आगे बढ़ी, जाने पति के गाँव ।। 555

(आर्या छंद)[116]

(अनसूया)

---

[115] वसंततिलका छंद की व्याख्या के लिए देखिए शकुन्तला पद्य 1.8

[116] आर्या छंद की व्याख्या के लिए देखिए शकुन्तला पद्य 1.2

4.16 एषापि प्रियेण विना गमयति रजनीं विषाददीर्घतराम् ।
गुर्वपि विरहदुःखमाशाबन्धः साहयति ॥

दोहा॰ आसानी–आराम से, सुख में कटती रात ।
दुख में लंबी रैन है, लगती मुश्किल बात ।। 556

(कण्व उवाच)

📖 शाङ्र्गरव! इति त्वया मद्वचनात्स राजा शकुंतलां पुरस्कृत्य वक्तव्यः ।

दोहा॰ शार्गंरव को कण्व ने, दिया गूढ़ संदेश ।
देने नृप दुष्यंत को, जीवन का उपदेश ।। 557

(शार्दूलविक्रीडित छंद)[117]

(काश्यप ऋषि कण्व)

4.17 अस्मान्साधु विचिन्त्य संयमधनानुच्चैः कुलं
चात्मनस्त्वय्यस्याः कथमप्यबान्धवकृतां स्नेहप्रवृत्तिं च ताम् ।
सामान्यप्रतिपत्तिपूर्वकमियं दारेषु दृश्या त्वया
भाग्यायत्तमतः परं न खलु तद्वाच्यं वधूबन्धुभिः ॥

(कण्व ऋषि का उपदेश, हे नृप दुष्यंत!)

(सानुप्रास)

दोहा॰ संयम सब से श्रेष्ठ है, सदाचार सद्भाव ।
साधु–संत की संपदा, सत्त्वशील स्वभाव ।। 558

शकुन्तला की चूक से, अगर घड़े कुछ भूल ।
विशाल–मन सुविचार कर, मत देना तुम शूल ।। 559

सपत्नियों में एक–सा, मिले उसे सम्मान ।
सब में सदा समानता, सो ही सच श्रीमान ।। 560

---

[117] शार्दूलविक्रीडित छंद की व्याख्या के लिए देखिए – रघुवंश (हनुमान, सीता का शोध)

सदस्य सारे सदन के, समझे उसे समान ।
कोई कहे न वह कभी, जिसमें हो अवमान ।। 561

कभी न कोई कष्ट हो, ना ही लगे कलंक ।
सौम्य सितारा सुखद जो, सुंदर शीत मयंक ।। 562

कालिदास महाकाव्य गीतमाला, पुष्प 49

नारी जग की रखवारी

स्थायी

नारी जग की रखवारी, कुल की मंगल फुलवारी ।
रे-ध- पप म- गगम-प-, सांसां निध प-निनि धपमगम- ।

अंतरा-1

माई बहिना बेटी प्यारी, पत्नी गोरी या न्यारी ।
फिर भी स्वर्ग से है प्यारी ।।
सा-ग- ममम- प-ध- पमप-, सां-नि- ध-प- म- पधप- ।
गग ग- म-म म धप मगम- ।।

अंतरा-2

देवी देवता जानो वनिता, कवि कोविद की कोमल कविता ।
भूमि पर स्वर्ग उतारी ।।

अंतरा-3

सुमन सुगंधित रंगीन वाला, मंजुल मोहक संगीत माला ।
मंगल सुंदर सारी ।।

दोहा॰ पत्नी हो गृह स्वामिनी, लक्ष्मी का वरदान ।
पत्नी हो सहधर्मिणी, सहयोगिनी समान ।। 563

पत्नी है सौदामिनी, दूर करे अँधकार ।

पत्नी शीतल यामिनी, स्वामी की सुखकार ।। 564

सर्व समर्पित हो सदा, पत्नी को सन्मान ।
पत्नी गृह की स्वामिनी, पत्नी दे संतान ।। 565

(शार्दूलविक्रीडित छंद)[118]

(कण ऋषि)

4.18 शुश्रूषस्व गुरून्कुरु प्रियसखीवृत्तिं सपत्नीजने
भर्तुर्विप्रकृतापि रोषणतया मा स्म प्रतीपं गमः ।
भूयिष्ठं भव दक्षिणा परिजने भाग्येष्वनुत्सेकिनी
यान्त्येवं गृहिणीपदं युवतयो वामाः कुलस्याधयः ॥

(और भी)

दोहा॰ गुरुजन की सेवा करो, सपत्नियों से प्यार ।
अन्य जनों से भी सदा, सादर हो व्यवहार ।। 566

पति यदि पाते क्रोध हैं, तुम्हें चढ़े न बुखार ।
दास-सेविका के प्रति, कोमल रहो उदार ।। 567

पति के प्रति अनुकूल हो, मृदु आचार-विचार ।
पति के मत प्रतिकूल को, सह लो सोच-विचार ।। 568

गृह में सब विध शांति हो, गृहिणी का है काम ।
गर्व-दर्प-छल से परे, कुशल उसी का नाम ।। 569

📖 त्वया सह गौतमी यास्यति ।

दोहा॰ साथ तुम्हारे गौतमी, आवे पति के देश ।
आवे यदि विपदा कभी, देगी सत् उपदेश ।। 570

(कण्व ऋषि)

---

[118] शार्दूलविक्रीडित छंद की व्याख्या के लिए देखिए – रघुवंश (हनुमान, सीता का शोध)

(हरिणी छंद)[119]

4.19 तो भर्तुः श्लाघ्ये स्थिता गृहिणीपदे
गुरुभिः कृत्यैस्तस्य प्रतिक्षणमाकुला ।
मचिरात्प्राचीवार्कं प्रसूय च पावनं
विरहजां न त्वं वत्से शुचं गणयिष्यसि ॥

(बेटी शकुन्तले! दुखी मत रहना)

दोहा॰ श्रेष्ठ कुलज दुष्यंत है, हुआ तुम्हें पति प्राप्त ।
तुम रानी उसकी बनो, वधू प्रतिष्ठा व्याप्त ॥ 571

सुत तुमरा सम्राट हो, पूर्व दिशा का सूर्य ।
अक्षर अक्षय स्तुत्य हो, जग में उसका शौर्य ॥ 572

(वसंततिलका छंद)[120]

4.20 भूत्वा चिराय चतुरन्तमहीसपत्नी
दौष्यन्तिमप्रतिरथं तनयं निवेश्य ।
भर्त्रा तदर्पितकुटुम्बभरेण सार्धं
शान्ते करिष्यसि पदं पुनराश्रमेऽस्मिन् ॥

(और, हे शकुन्तले!)

दोहा॰ पृथ्वीपति दुष्यंत की, पटरानी तुम ज्ञात ।
पुत्र तुम्हारा सूर्य-सा, श्रेष्ठ बने सम्राट ॥ 573

राज्य भार फिर सौंप कर, सुत को सह विश्वास ।
आकर आश्रम में इसी, पति सह करो निवास ॥ 574

(आर्या छंद)[121]

---

[119] हरिणी छंद की व्याख्या के लिए देखिए - शकुन्तला 3.10
[120] वसंततिलका छंद की व्याख्या के लिए देखिए शकुन्तला पद्य 1.8
[121] आर्या छंद की व्याख्या के लिए देखिए शकुन्तला पद्य 1.2

4.21 शममेष्यति मम शोकः कथं नु वत्से त्वया रचितपूर्वम् ।
उटजद्वारविरूढं नीवारबलिं विलोकयतः ॥

दोहा॰ **गुजरी बातें याद कर, रखो न हृदय विषाद ।**
आगे बढ़ना योग्य है, रखो ध्येय को याद ।। 575

शोक न देता शांति है, ना देत समाधान ।
मैं भी तजूँ वियोग को, तभी मिटे तूफान ।। 576

पीड़ा मेरे हृदय की, माया पाश सकाम ।
ममता से जा कर परे, लगूँ यज्ञ के काम ।। 577

(मंदारमाला छंद)[122]

4.22 अर्थो हि कन्या परकीय एव तामद्य सम्प्रेष्य परिग्रहीतुः ।
जातो ममायं विशदः प्रकामं प्रत्यर्पितन्यास इवान्तरात्मा ॥

दोहा॰ **धन पराया है सुता, पत्नी हो पति-पास ।**
जिसका उसको सौंप कर, चिंता हुई विनास ।। 578

कही धरोहर है सुता, रखी पिता के पास ।
स्वामी को वापस दिए, स्वर्ग पिता का वास ।। 579

जहाँ बसाए सदन वो, गृहलक्ष्मी कहलाय ।
वह उसका परिवार है, मन कुल का बहलाय ।। 580

इति चतुर्थोऽङ्कः ।

---

[122] **मन्दारमाला छन्द :** इस 22 वर्ण, 37 मात्रा वाले छन्द के चरण में सात त गण और एक गुरु वर्ण आता है । इसका लक्षण सूत्र ऽ ऽ।, ऽ ऽ।, ऽ ऽ।, ऽ ऽ।, ऽ ऽ।, ऽ ऽ।, ऽ ऽ।, ऽ इस प्रकार है । इसके 4, 10, 16, 22 वर्ण पर यति विकल्प से आता है ।

लक्षण गीत दोहा॰ **मत्त सैंतीस का बना, गुरु कल से हो अंत ।**
"मंदारमाला" कहा, सप्त स गण का छंद ।।

पंचम अंक
प्रत्याख्यान
दुष्यंत-शार्ङ्गरव आलाप

पञ्चमोऽङ्कः ।

(पूर्ववृत्त)

दोहा० पटरानी है वसुमती, हंसपदीका प्रीत ।
पटरानी के सामने, प्रीत न पाई जीत ।। 581

भूल गए राजा उसे, बहुत समय के बाद ।
गाई गीति प्रीत ने, देने उनको याद ।। 582

प्रीत ने दिया गीत में, शकुन्तला का ख्याल ।
राजा जिसमें भृंग हैं, शकुन्तला है फूल ।। 583

सुंदरतम यह पद्य है, दो अर्थों का गीत ।
जिसके दूजे अर्थ में, फूल आप है प्रीत ।। 584

राजा हैं दरबार में, और विदूषक पास ।
नृप बोले माधव्य को, गीत बहुत है खास ।। 585

(अपरवक्त्र छंद)[123]

(हंसपदीका)

5.1 अभिनवमधुलोलुपस्त्वं तथा परिचुम्ब्य चूतमञ्जरीम् ।
कमलवसतिमात्रनिर्वृतो मधुकर विस्मृतोऽस्येनां कथम् ॥

दोहा० भ्रमरराज! तुम लालची, नये पुष्प रस पान ।

---

[123] अपरवक्त्र छंद की व्याख्या के लिए देखिए – शकुन्तला 4.10

आम्र मंजरी चूस कर, भूल गए पहचान ।। 586

पद्म पुष्प की पंखुड़ी, देती निवास स्थान ।
तुमरा मन संतुष्ट है, जूठे फूल विरान ।। 587

(राजा)

गूढ़ गीत का जान कर, राजा को अहसास ।
उलाहना मुझको दिया, गा कर गीत झकास ।। 588

हंसपदीका भट्टिनी, पहले थी मम प्रीत ।
पटरानी अब वसुमती, जो है मेरी मीत ।। 589

भूल गए नृपराज अब, शकुन्तला की प्रीत ।
दुर्वासा के शाप से, विस्मृत हुआ अतीत ।। 590

(वसंततिलका छंद)[124]

5.2 रम्याणि वीक्ष्य मधुरांश्च निशम्य शब्दान्
पर्युत्सुको भवति यत्सुखितोऽपि जन्तुः ।
तच्चेतसा स्मरति नूनमबोधपूर्वं
भावस्थिराणि जननान्तरसौहृदानि ॥

दोहा॰ दुर्वासा ने था दिया, शकुन्तला को शाप ।
क्यों की मुनि को था लगा, कीन्हा उसने पाप ।। 591

बैठी थी मायूस वो, सँभाल अपनी लाज ।
मुनिवर उसको ना दिखे, न ही सुनी आवाज ।। 592

भावित हो कर शाप से, भूल गए दुष्यंत ।
शकुन्तला से प्रणय का, स्मरण होगया अंत ।। 593

याद न आया उस समय, उन्हें प्रणय व्यापार ।

---

[124] वसंततिलका छंद की व्याख्या के लिए देखिए शकुन्तला पद्य 1.8

विद्यमान जो हृदय में, बन कर दृढ़ संस्कार ।। 594

वही विस्मृति जग पड़े, निहार कर प्रिय रूप ।
जब देखेंगे मुंद्रिका, भविष्य में वह भूप ।। 595

(शकुन्तला अगमन)

(वसंततिलका छंद)[125]

5.3 आचार इत्यवहितेन मया गृहीता
या वेत्रयष्टिरवरोधगृहेषु राज्ञः ।
काले गते बहुतिथे मम सैव जाता
प्रस्थानविक्लवगतेरवलम्बनार्था ॥

(कंचुकी)

दोहा॰ राजा के दरबार के, नियमों के अनुसार ।
धारण की थी जो छड़ी, लिबास के आधार; ।। 596

वही वेत्र अब बन गया, चलने का आलंब ।
वृद्धावस्था में वही, आवश्यक अवलंब ।। 597

बेंत टेकता कंचुकी, आया नृप के पास ।
सूचित करने, कण्व के, आए हैं जन खास ।। 598

शयन कक्ष में भूप थे, करत रहे विश्राम ।
प्रजा कर्म के सामने, नृप न करे आराम ।। 599

(क्यों कि)

(उपेंद्रवज्रा छंद)[126]

---

[125] वसंततिलका छंद की व्याख्या के लिए देखिए शकुन्तला पद्य 1.8

[126] **उपेन्द्रवज्रा छन्द** : इस छन्द के चरणों में ग्यारह वर्ण, 17 मात्रा होती हैं । इसमें ज त ज गण और दो गुरु वर्ण आते हैं । इसका लक्षण सूत्र । ऽ।, ऽ ऽ।, । ऽ।, ऽ ऽ इस प्रकार होता है । **इन्द्रवज्रा** छन्द का पहला वर्ण लघु करके यह

5.4 भानुः सकृद्युक्ततुरङ्ग एव रात्रिन्दिवं गन्धवहः प्रयाति ।
शेषः सदैवाहितभूमिभारः षष्ठांशवृत्तेरपि धर्म एषः ॥

दोहा॰ रथ के घोड़े सूर्य के, दौड़ रहे अविराम ।
सर्जन के प्रारंभ से, विना किए विश्राम ।। 600

वायु निरंतर बह रहा, चला स्थान से स्थान ।
शेषनाग धारण करे, धरती बिना थकान ।। 601

उसी मान से भूप भी, करे प्रजा के कार्य ।
"कर" के बदले कर्म हो, यही धर्म है आर्य ।। 602

(उपजाति छंद)[127]

5.5 प्रजाः प्रजाः स्वा इव तन्त्रयित्वा निषेवते श्रान्तमना विविक्तम् ।
यूथानि संचार्य रविप्रतप्तः शीतं दिवा स्थानमिव द्विपेन्द्रः ॥

दोहा॰ दिनमणि रश्मि समेट कर, कर देता है शाम ।
तभी उसे अवसर मिले, करने को आराम ।। 603

प्रजा भूप-संतान है, पालन-कर्ता तात ।
समाज की सेवा किए, सेवन तब एकांत ।। 604

(उसी समय)

दोहा॰ तभी कंचुकी आगया, देने को संदेश ।
बोला, नृपवर! क्या करूँ, चाहूँ मैं आदेश ।। 605

कण्वाश्रम से आगए, यती स्त्रियों के साथ ।
मिलना चाहे आपसे, प्रभो! जोड़ कर हाथ ।। 606

छन्द सिद्ध होता है ।

लक्षण गीत दोहा॰ मात्रा सत्रह का बना, आदि ज त ज, ग ग अंत ।
अक्षर ग्यारह से सजा, "उपेन्द्रवज्रा" छंद ।।

[127] उपजाति छंद की व्याख्या के लिए देखिए - शकुन्तला 2.7

लाए हैं संदेश वे, ऋषिवर से कुछ खास ।
नृपवर! आज्ञा दीजिए, क्या बोले यह दास ।। 607

(राजा दुष्यंत)

(वसंततिलका छंद)[128]

5.6 औत्सुक्यमात्रमवसाययति प्रतिष्ठा
क्लिश्नाति लब्धपरिपालनवृत्तिरेव ।
नातिश्रमापनयनाय यथा श्रमाय
राज्यं स्वहस्तधृतदण्डमिवातपत्रम् ॥

दोहा॰ अनाधिगत्य के लाभ को, कहा गया है योग ।
रक्षा लब्ध पदार्थ की, क्षेम कहत हैं लोग ।। 608

अर्जित होता योग से, क्षेम कहा है क्लिष्ट ।
राजा बनना योग है, भोग कहा है श्लिष्ट ।। 609

राजा का दायित्व है, अखिल राज्य का क्षेम ।
कार्यभार नृप का बृहत्, प्रजा जनों से प्रेम ।। 610

(उसी समय)
(दो वैतालिक)

दोहा॰ उसी समय पर आगए, दो वैतालिक भाट ।
नृप की स्तुति हैं गा रहे, श्लोक शिल्प का ठाट ।। 611

(प्रथम भाट)

(मालिनी छंद)[129]

5.7 स्वसुखनिरभिलाषः खिद्यसे लोकहेतोः
प्रतिदिनमथवा ते वृत्तिरेवंविधैव ।

---

[128] वसंततिलका छंद की व्याख्या के लिए देखिए शकुन्तला पद्य 1.8
[129] मालिनी छंद की व्याख्या के लिए देखिए - शकुन्तला 1.10

अनुभवति हि मूर्ध्ना पदपस्तीव्रमुष्णं
शमयति परितापं छायया संश्रितानाम् ॥

(महाराज की जय हो!)

दोहा॰ **पादप तप कर प्रति प्रहर, प्रखर धूप में आप ।**
प्रदान पथिकन को करे, परछाया बिन–माप ।। 612

राजा भी उस भाँति से, अपने सुख को मार ।
जनता की चिंता करे, बन सुख का आधार ।। 613

(द्वितीय भाट)

(मालिनी छंद)[130]

5.8 नियमयसि विमार्गप्रस्थितानात्तदण्डः
प्रशमयसि विवादं कल्पसे रक्षणाय ।
अतनुषु विभवेषु ज्ञातयः सन्तु नाम
त्वयि तु परिसमाप्तं बन्धुकृत्यं प्रजानाम् ॥

दोहा॰ **वैभव अतुलित हो जहाँ, वहाँ बंधु की भीड़ ।**
परिस्थिति विपरीत में, निर्जन होता नीड़ ।। 614

मधु मँडराती मक्खियाँ, सभी सधन के दास ।
निर्धन का कोई नहीं, भाई होता पास ।। 615

(परंतु)

दोहा॰ **परंतु नृप दुष्यंत का, प्रजा सगा परिवार ।**
सबके संकट का सदा, करते स्वयं निवार ।। 616

संरक्षण सबका सदा, सुख संपति का स्रोत ।
सब विध नृप दुष्यंत हैं, सविनय सोज्ज्वल ज्योत ।। 617

(शार्दूलविक्रीडित छंद)[131]

---

[130] मालिनी छंद की व्याख्या के लिए देखिए – शकुन्तला 1.10

(राजा दुष्यंत)

5.9 किं तावद्व्रतिनामुपोढतपसां विघ्नैस्तपो दूषितं
धर्मारण्यचरेषु केनचिदुत प्राणिष्वसच्चेष्टितम्।
आहोस्वित्प्रसवो ममापचरितैर्विष्टम्भितो
वीरुधामित्यारूढबहुप्रतर्कमपरिच्छेदाकुलं मे मनः॥

दोहा॰ "आश्रमवासी आगए," सुन कर यह संदेश ।
मन में नृप दुष्यंत के, सृष्ट हुए संदेह ॥ 618

क्या आश्रम को है पुनः, असुर दे रहे ताप ।
यज्ञ तपस्या भंग का, दुष्ट कर रहे पाप ॥ 619

हरिण तपोवन के कहीं, हो न रहे हो त्रस्त ।
वृक्ष-लताएँ तो नहीं, पीड़ा से हैं ग्रस्त ॥ 620

अनेक शंकाएँ हुई, नृप के मन उत्पन्न ।
कैसे ऋषिवर कण्व को, कीन्हा जाय प्रसन्न ॥ 621

(प्रतिहारी)

सुचरितनन्दिन ऋषयो देवं सभाजयितुमागता इति तर्कयामि।

दोहा॰ नृप को व्याकुल देख कर, शंका लेकर मात्र ।
प्रतिहारी बोला, प्रभो! कलपाइये न गात्र ॥ 622

हो सकता है आश्रमी, आए हों साभार ।
मंगल चरित्र आप का, करने को सत्कार ॥ 623

आज्ञा पा कर भूप की, लाने को महमान ।
लेने आया कंचुकी, उनको सह सम्मान ॥ 624

---

[131] शार्दूलविक्रीडित छंद की व्याख्या के लिए देखिए – रघुवंश (हनुमान, सीता का शोध)

(शिखरिणी छंद)[132]

(शार्गरव)

5.10 महाभागः कामं नरपतिरभिन्नस्थितिरसौ
न कश्चिद्वर्णानामपथमपकृष्टोऽपि भजते ।
तथापीदं शश्वत्परिचितविविक्तेन मनसा
जनाकीर्णं मन्ये हुतवहपरीतं गृहमिव ॥

(हे शारद्वत!)

दोहा॰ शार्गरव ने चित्त की, सुन आवाज, हठात् ।
कहा मुझे है लग रहा, कुछ है गड़बड़ बात ।। 625

राजा सज्जन श्रेष्ठ हैं, प्रजा जन समझदार ।
फिर अनुभव हो रही, अशुभ चिन्ह फटकार ।। 626

(शारद्वत)

📖 ...भवान्पुरप्रवेशादित्थम्भूतः संवृत्तः ।

दोहा॰ शारद्वत ने फिर कहा, आश्रमवासी आप ।
प्रथम बार हो नगर में, अतः चुभ रहा ताप ।। 627

(और)

5.11 अभ्यक्तमपि स्नातः शुचिरशुचिमिव प्रबुद्ध इव सुप्तम् ।
बद्धमिव स्वैरगतिर्जनमिह सुखसङ्गिनमवैमि ॥

(शारद्वत)

दोहा॰ सुख में जो आसक्त हैं, नगरी वाले लोग ।
वन्य जनों की नजर में, ओछे उनके भोग ।। 628

आँखें जिसकी है खुली, उसे दिखे सब सुप्त ।
वन में जो स्वातंत्र्य है, नगरी में वह गुप्त ।। 629

(शार्गरव)

---

[132] स्त्रग्धरा छद की व्याख्या के लिए देखिए – रघुवंश, (हनुमान, सीता का शोध)

(वंशस्थ छंद)[133]

5.12 भवन्ति नम्रास्तरवः फलागमैर्नवाम्बुभिर्दूरविलम्बिनो घनाः ।
अनुद्धताः सत्पुरुषाः समृद्धिभिः स्वभाव एवैष परोपकारिणाम् ॥

(हे श्रेष्ठ राजपुरोहित!)

दोहा॰ राजा ने हमको दिया, आदर से सम्मान ।
और हमें आलाप का, अवसर किया प्रदान ।। 630

नृप का प्रशंसनीय है, अद्भुत शिष्टाचार ।
इस से हम नतशीर्ष हैं, पा कर यह उपकार ।। 631

(जैसे)

दोहा॰ वृक्ष फलों के भार से, झुक जाते हैं नम्र ।
बादल जल के भार से, होजाते हैं निम्न ।। 632

सज्जन भी समृद्ध जो, विनम्र जिसका भाव ।
परोपकारी लोग का, होता यही स्वभाव ।। 633

(राजा दुष्तंत)

(वंशस्थ छंद)[134]

5.13 का स्विदवगुण्ठनवती नातिपरिस्फुटशरीरलावण्या ।
मध्ये तपोधनानां किसलयमिव पाण्डुपत्राणाम् ॥

(शकुन्तला को देख कर)

दोहा॰ पीले पत्तों में छुपा, किसलय जो है मौन ।
तपस्वियों में सुंदरी, घूँघट में है कौन? ।। 634

तन थोड़ा सा दिख रहा, यद्यपि ना है स्पष्ट ।
निश्चित लगती है परी, ब्रह्मा ने की सृष्ट ।। 635

---

[133] वंशस्थ छंद की व्याख्या के लिए देखिए – शकुन्तला 1.18

[134] वंशस्थ छंद की व्याख्या के लिए देखिए – शकुन्तला 1.18

(यद्यपि)

पर नारी को ध्यान से, नहीं देखना ठीक ।
पर नारी माता कही, यही संस्कृति नीक ।। 636

(फिर)

📖 अपि निर्विघ्नतपसो मुनयः ।

दोहा॰ फिर राजा दुष्यंत ने, पूछी उनसे बात ।
क्या आश्रम निर्विघ्न है, बिना किसी उत्पात ।। 637

क्या वन के मृग स्वैर हैं, विरहित अत्याचार ।
कोई अब करता नहीं, पशु की वन्य शिकार ।। 638

(ऋषि लोग)

(अनुष्टुभ् श्लोक छंद)[135]

5.14 कुतो धर्मक्रियाविघ्नः सतां रक्षितरि त्वयि ।
तमस्तपति धर्मांशौ कथमाविर्भविष्यति ॥

दोहा॰ ऋषियों ने नृप से कहा, विनयशील हैं आप ।
राजा जब दुष्यंत हैं, कौन करेगा पाप ।। 639

सज्जन रक्षक आप हैं, धर्मध्वजा रखवार ।
तपता जब आदित्य है, कैसे हो अँधकार ।। 640

(राजा दुष्यंत)

📖 किमाज्ञापयति भगवान् ।

दोहा॰ कहो, महाऋषि-कण्व ने, क्या भेजा संदेश ।
मेरे पालन के लिए, क्या उनका आदेश? ।। 641

(शार्गरव)

📖 यन्मिथःसमयादिमां मदीयां दुहितरं भवानुपायंस्त तन्मया प्रीतिमता

---

[135] अनुष्टुभ् श्लोक छद की व्याख्या के लिए देखिए शकुन्तला पद्य 1.5

युवयोरनुज्ञातम् । कुतः --

(कण्वकथन)

दोहा० कण्वशिष्य ने तब कहा, अति आदर के साथ ।
आशा है नृप स्वस्थ हैं, जय जय हे पुरुनाथ! ।। 642

आश्रम में जब आप थे, करुणानिधे अथाह! ।
शकुन्तला से था किया, गांधर्व विधि विवाह ।। 643

उस विवाह को तात ने, प्रसन्न मन के साथ ।
दी है अनुमति स्वेच्छया, कन्या देख सनाथ ।। 644

(क्यों कि ...)

(वंशस्थ छंद)[136]

5.15 त्वमर्हतां प्राग्रसरः स्मृतोऽसि नः शकुंतला मूर्तिमती च सत्क्रिया ।
समानयंस्तुल्यगुणं वधूवरं चिरस्य वाच्यं न गतः प्रजापतिः ॥

(कण्वकथन, मुनिजन बोले)

दोहा० पूजनीय जो हैं हमें, अग्रगण्य हैं आप ।
शकुन्तला है सत्क्रिया, पूजा सम निष्पाप ।। 645

समान गुण के वर-वधू, मिलना है सौभाग्य ।
पावन यह संजोग है, श्लाघा करने योग्य ।। 646

ब्रह्मा का यह सृजन है, प्रशंसनीय सत्कार्य ।
लौकिक यह संगम नहीं, दैवी कृति अनिवार्य ।। 647

(और)

दोहा० शकुन्तला है गर्भिणी, पिता आप सरकार! ।
धर्मवधू है आपकी, इसे करें स्वीकार ।। 648

---

[136] वंशस्थ छंद की व्याख्या के लिए देखिए – शकुन्तला 1.18

(माता गौतमी)

📖 आर्य किमपि वक्तुकामास्मि । न मे वचनावसरोऽस्ति ।

दोहा॰ काण्वकथन के बाद में, ऋषिजन के उपरांत ।
बोली माता गौतमी, मैं कुछ कह दूँ बात? ।। 649

(आर्या छंद)[137]

5.16 नापेक्षितो गुरुजनोऽनया त्वया पृष्टो न बन्धुजनः ।
एकैकस्मिन्नेव चरिते भणामि किमेकैकम् ॥

(माता गौतमी)

दोहा॰ शकुन्तला ने आपसे, जब था किया विवाह ।
अनुमति उसने ली नहीं, न ही किया आगाह ।। 650

ना ही उसने थी करी, और किसी से बात ।
ना कुछ बतलाया कभी, प्रेमबंध वृत्तांत ।। 651

अब जब विवाह होगया, तब क्या कह कर लाभ ।
और न मैं कुछ कह सकूँ, और न मुझको लोभ ।। 652

(राजा दुष्यंत)

📖 किमिदमुपन्यस्तम् ।

दोहा॰ नृप असमंजस में पड़े, समझ न पाए बात ।
बोले, यह क्या कह रहे, आप सभी, अज्ञात ।। 653

(शार्गरव)

📖 कथमिदं नाम । भवन्त एव सुतरां लोकवृत्तान्तनिष्णाताः ।

दोहा॰ राजन्! बोलो आप क्यों, अनजाने, सरकार! ।
आप न्याय के ईश हैं, फिर क्यों यह व्यवहार? ।। 654

(शार्गरव)

---

[137] आर्या छंद की व्याख्या के लिए देखिए शकुन्तला पद्य 1.2

(वंशस्थ छंद)[138]

5.17 सतीमपि ज्ञातिकुलैकसंश्रयां
जनोऽन्यथा भर्तृमतीं विशङ्कते।
अतः समीपे परिणेतुरिष्यते।
प्रियाऽप्रिया वा प्रमदा स्वबन्धुभिः ॥

(हे नृपराज!)

दोहा॰ सधवा स्त्री यदि सर्वदा, रहे पिता के धाम ।
चाहे जितनी हो सती, होती है बदनाम ।। 655

लोग कहे व्यभिचारिणी, बुरी नजर से देख ।
कोई कहै कलंकिनी, हिरदय लागे मेख ।। 656

उसे सगे सब चाहते, रखना पति के पास ।
उसका पति परितुष्ट हो, या हो बहुत उदास ।। 657

(राजा दुष्यंत)

📖 किमत्रभवती मया परिणीतपूर्वा।

दोहा॰ होकर उनके सामने, शकुन्तला साक्षात् ।
भूल गए दुष्यंत थे, विवाह वाली बात ।। 658

बोले, क्या मैंने किया, विवाह इनके साथ ।
मैंने परिणय कब किया, कब थे पीले हाथ? ।। 659

(शार्गंरव)

(आर्या छंद)[139]

5.18 मूर्च्छन्त्यमी विकाराः प्रायेणैश्वर्यमत्तेषु ॥

---

[138] वंशस्थ छंद की व्याख्या के लिए देखिए – शकुन्तला 1.18

[139] आर्या छंद की व्याख्या के लिए देखिए शकुन्तला पद्य 1.2

शकुन्तला

दोहा॰ क्या यह धन का दोष है, क्यों यह चित्त विकार ।
क्यों धर्मात्मा भूप भी, करता असत् विचार ।। 660

(माता गौतमी)

📖 ...अपनेष्यामि तावत्तेऽवगुण्ठनम्। ततस्त्वां भर्ताभिज्ञास्यति।

दोहा॰ बोली माता गौतमी, बेटी को, सह प्यार ।
एक निमिष के वासते, घूँघट रखो उतार ।। 661

देखेंगे नृप आपको, तभी पड़ेगा याद ।
रूप शोभना देख कर, दूर हटे अवसाद ।। 662

(मालिनी छंद)[140]

(राजा दुष्यंत, स्वगत)

5.19 इदमुपनतमेवं रूपमक्लिष्टकान्ति
प्रथमपरिगृहीतं स्यान्न वेत्यव्यवस्यन्।
भ्रमर इव विभाते कुन्दमन्तस्तुषारं
न च खलु परोभोक्तुं नापि शक्नोमि हातुम्॥

(शकुन्तला को देख कर)

दोहा॰ देख अतुल सौंदर्य को, त्रिभुवन में जो स्तुत्य ।
राजा भ्रम में पड़ गए, कहाँ छिपा है सत्य ।। 663

निश्चित मैं ना कर सकूँ, करूँ इसे स्वीकार ।
इतने सुंदर रूप को, या कर दूँ इनकार? ।। 664

यह महिला है गर्भिणी, मृदुल कुन्द का फूल ।
इसको मैं दुतकार कर, कैसे दूँ मैं शूल ।। 665

(मालिनी छंद)[141]

---

[140] मालिनी छंद की व्याख्या के लिए देखिए – शकुन्तला 1.10

[141] मालिनी छंद की व्याख्या के लिए देखिए – शकुन्तला 1.10

(शार्गरव)

5.20 कृताभिमर्शामनुमन्यमानः सुतां त्वया नाम मुनिर्विमान्यः ।
मुष्टं प्रतिग्राहयता स्वमर्थं पात्रीकृतो दस्युरिवासि येन ॥

(हे राजन्!)

दोहा॰ **उपभुक्ता जो आपसे, कण्व की सुता मौन ।**
पत्नी है नृप आपकी, समझाएगा कौन ।। 666

ऋषिवर ने दी मान्यता, उनका यह अपमान ।
अमान्य करना सत्य को, इसमें क्या अभिमान ।। 667

(शकुन्तला)

📖 इदमवस्थान्तरं गते तादृशेऽनुरागे किं वा स्मारितेन ... ।

दोहा॰ **आश्रम के पावित्र्य में, पालित-पोषित नार ।**
निष्कपटी को कपट से, ठगा रहे, सरकार! ।। 668

पुरुकुल के सम्राट भी, करते ऐसा काम ।
करके प्रेम प्रगाढ़ फिर, भोलेपन को थाम ।। 669

करके पूज्य विवाह फिर, कहना मुझे न याद ।
ऐसा पा कर घात, क्या, कहना उसके बाद? ।। 670

(राजा दुष्यंत)

📖 कर्णौ विधाय, शान्तं पापम् ।

दोहा॰ **कान पकड़ कर भूप ने, कहा शब्द में साफ ।**
ऐसी वाणी मत कहो, कर दो हमको माफ ।। 671

(आर्या छंद)[142]

(राजा)

---

[142] आर्या छंद की व्याख्या के लिए देखिए शकुन्तला पद्य 1.2

5.21 व्यपदेशमाविलयितुं किमीहसे जनमिमं च पातयितुम् ।
कूलंकषेव सिन्धुः प्रसन्नमम्भस्तटतरुं च ॥

दोहा॰ शकुन्तले! तुम दे रही, मुझ पर क्यों इलजाम ।
स्वच्छ नीर को मलिन है, करने का यह काम ।। 672

कलंक अपने वंश पर, देकर तुम बेकार ।
मेरे कुल पर कर रही, क्यों तुम यह अपकार ।। 673

(शकुन्तला)

📖 ... यदि परमार्थतः परपरिग्रहशङ्किना त्वयैवं प्रवृत्तं तदभिज्ञानेनानेन तवाशङ्कामपनेष्यामि ।

दोहा॰ अंगूठी है आपकी, प्रमाण मेरे पास ।
अभी दिखाऊँ आपको, तब होगा विश्वास ।। 674

मुँदरी ऊँगली पर न थी, जभी दिखाया हाथ ।
विस्मित हुई शकुन्तला, हैरानी के साथ ।। 675

(माँ गौतमी)

📖 नूनं ते शक्रावताराभ्यन्तरे शचीतीर्थसलिलं वन्दमानायाः प्रभ्रष्टमङ्गुलीयकम्

दोहा॰ झट से बोली गौतमी, शचितीर्थ के तीर ।
वंदन करते, हो गिरी, शक्रावतार नीर ।। 676

(राजा, मुस्कुरा कर)

📖 सस्मितम्, इदं तत्प्रत्युत्पन्नमति स्त्रैणमिति यदुच्यते ।

दोहा॰ कहते हैं नारी सदा, होती तुरत जवाब ।
मुख पर उसके हास्य भी, जैसे फूल गुलाब ।। 677

(राजा दुष्यंत)

(वसंततिलका छंद)[143]

---

[143] वसंततिलका छंद की व्याख्या के लिए देखिए शकुन्तला पद्य 1.8

5.22 स्त्रीणामशिक्षितपटुत्वममानुषीषु
संदृश्यते किमुत याः प्रतिबोधवत्यः ।
प्रागन्तरिक्षगमनास्त्वमपत्यजातमन्यैर्द्विजैः
परभृताः खलु पोषयन्ति ॥

(हे तापसी!)

दोहा॰ स्त्री की प्राकृत चतुरता, खग में देखी जाय ।
क्या कहने फिर नार जो, सरस्वती कहलाय ।। 678

कोयल के शावक यथा, पालन करते काग ।
मेनका ने शकुन्तला, दी थी वन में त्याग ।। 679

(वसंततिलका छंद)[144]

(राजा)

5.23 मय्येव विस्मरणदारुणचित्तवृत्तौ
वृत्तं रहः प्रणयमप्रतिपद्यमाने ।
भेदाद्भ्रुवोः कुटिलयोरतिलोहिताक्ष्या
भग्नं शरासनमिवातिरुषा स्मरस्य ॥

दोहा॰ विस्मृत करना सत्य को, अनुचित मेरा भाव ।
प्रणय पुराना भूल कर, मेरा परुष स्वभाव ।। 680

जिसके वजह शकुन्तला, क्षुब्ध हुई है लाल ।
भौंहें उसकी हैं चढ़ी, सोजिश उसके गाल ।। 681

(उपजाति छंद)[145]

(शार्गरव)

5.24 अतः परीक्ष्य कर्तव्यं विशेषात्संगतं रहः ।
अज्ञातहृदयेष्वेवं वैरीभवति सौहृदम् ॥

---

[144] वसंततिलका छंद की व्याख्या के लिए देखिए शकुन्तला पद्य 1.8

[145] उपजाति छंद की व्याख्या के लिए देखिए – शकुन्तला 2.7

(कण्वशिष्य)

दोहा॰ **अतः कहा है शास्त्र में, छानबीन दरकार ।**
विवाह के संबंध को, करना सोच विचार ।। 682

जिसका चरित्र कुल तथा, जाना शील स्वभाव ।
ज्ञात किया है पूर्णतः, उससे परिणय भाव ।। 683

(और)

(उपजाति छंद)[146]

5.25 आ जन्मनः शाठ्यमशिक्षितो यस्तस्याप्रमाणं वचनं जनस्य ।
परातिसंधानमधीयते यैर्विद्येति ते सन्तु किलाप्तवाचः ॥

दोहा॰ **प्रामाणिक आजन्म जो, असत्य जिन्हें न ज्ञात ।**
सत्य वचन वे जानते, विशुद्ध उनकी जात ।। 684

(अब)

दोहा॰ **पहुँचाया संदेश है, कण्व तात का आज ।**
चलो लौट कर हम चलें, पूर्ण हमारा काज ।। 685

(और भी)

(अनुष्टुभ् श्लोक छंद)[147]

5.26 तदेषा भवतः कान्ता त्यज वैनां गृहाण वा ।
उपपन्ना हि दारेषु प्रभुता सर्वतोमुखी ॥

दोहा॰ **शकुन्तला तव दार है, ग्रहण करें या त्याग ।**
पत्नी तव अर्धांगिनी, स्वामी उसे सुहाग ।। 686

(और आगे)

(द्रुतविलंबित छंद)[148]

---

[146] उपजाति छंद की व्याख्या के लिए देखिए – शकुन्तला 2.7

[147] अनुष्टुभ् श्लोक छद की व्याख्या के लिए देखिए शकुन्तला पद्य 1.5

(शकुन्तला वेपते।)

5.27 यदि यथा वदति क्षितिपस्तथा त्वमसि किं पितुरुत्कुलया त्वया।
अथ तु वेत्सि शुचि व्रतमात्मनः पतिकुले तव दास्यमपि क्षमम् ॥

दोहा॰ **यदि नृप तुमको त्याग दे, कुलकलंकिनी नाम ।**
पितु के तुम ना आ सको, तुम्हें न पितु का धाम ।। 687

शीलवती हो तुम अगर, पर्याय तुम्हारे पास ।
पति के गृह में तुम करो, दासी बन कर वास ।। 688

(आर्या छंद)[149]

(राजा दुष्यंत)

5.28 कुमुदान्येव शशाङ्कः सविता बोधयति पङ्कजान्येव।
वशिनां हि परपरिग्रहसंश्लेषपराङ्मुखी वृत्तिः ॥

दोहा॰ **विकसित करता कुमुद को, शीतल चंद्र प्रकाश ।**
कुसुमित करता कमल को, सूर्य युक्त आकाश ।। 689

इंद्रजीत नर के लिए, पर स्त्री मातु समान ।
सभी स्त्रियों का सर्वदा, करता है सम्मान ।। 690

(अनुष्टुभ् श्लोक छंद)[150]

5.29 मूढः स्यामहमेषा वा वदेन्मिथ्येति संशये।
दारत्यागी भवाम्याहो परस्त्रीस्पर्शपांसुलः ॥

दोहा॰ **अब भी विवेकहीन हूँ, अवितथ से अनभिज्ञ ।**
या मम सत्य विवेक है, और विचार अभिज्ञ ।। 691

शकुन्तला को छोड़ कर, करूँ त्याग का पाप ।

---

[148] द्रुतविलंबित छंद की व्याख्या के लिए देखिए – शकुन्तला 2.11

[149] आर्या छंद की व्याख्या के लिए देखिए शकुन्तला पद्य 1.2

[150] अनुष्टुभ् श्लोक छद की व्याख्या के लिए देखिए शकुन्तला पद्य 1.5

शकुन्तला

या पर स्त्री को छेड़ कर, बनूँ पातकी आप ।। 692

(राजपुरोहित)

📖 ...चेत् त्वं साधुभिरादिष्टपूर्वः प्रथममेव चक्रवर्तिनं पुत्रं जनयिष्यसीति ... ।

दोहा॰ नृप का विभ्रम जान कर, देने अपनी राय ।
राजपुरोहित ने कहा, सुनें एक पर्याय ।। 693

(पर्याय)

दोहा॰ शकुन्तला को महल में, दिया जाय निवास ।
जब तक उसका पुत्र हो, तब तक रख विश्वास ।। 694

अगर पुत्र का जन्म हो, राजचिन्ह के साथ ।
रानी का पद दें उसे, गौराव से, पुरुनाथ! ।। 695

अगर न हो दौहित्र वो, चक्रवर्ती कुमार ।
शकुन्तला को भेज दें, पिता कण्व के द्वार ।। 696

(राजा दुष्यंत)

दोहा॰ सुन कर उस प्रस्ताव को, आशीर्वाद अनंत ।
शकुन्तला को दे दिए, प्रसन्न थे दुष्यंत ।। 697

(आश्रमवासी लोग)

दोहा॰ आश्रमवासी लोग भी, पा कर मन को चैन ।
लौट गए आनंद से, जब भी बीती रैन ।। 698

(राजपुरोहित)

(शालिनी छंद)[151]

---

[151] **शालिनी छन्द :** जिस छंद के विषम चरणों में म त त ग ग गण आते हैं और सम पदों में म त त ग ल गण आते हैं वह शालिनी छंद है।

लक्षण दोहा॰ विषम पदों में म त त ग ग, पाँच गणों का वृंद ।

5.30 स्त्रीसंस्थानं चाप्सरस्तीर्थमारादुत्क्षिप्यैनां ज्योतिरेकं जगाम ॥

दोहा॰ **आश्रमवासी जब गए, अपने आश्रम लौट ।**
शकुन्तला रोने लगी, पा कर मन को चोट ।। 699

कहा पुरोहित ने उसे, चलो दिखाऊँ खास ।
राजमहल में कक्ष वो, जहाँ तिहारा वास ।। 700

चलते-चलते होगई, एक अचानक बात ।
प्रकट होगई अप्सरा, तेजोमय था गात ।। 701

शकुन्तला के साथ वो, ओझल हुई हठात् ।
शकुन्तला को लेगई, देवी अपने साथ ।। 702

(आर्या छंद)[152]

(राजा दुष्यंत)

5.31 कामं प्रत्यादिष्टां स्मरामि न परिग्रहं मुनेस्तनयाम् ।
बलवत्तु दूयमानं प्रत्याययतीव मां हृदयम् ॥

दोहा॰ **स्मरण होगया भूप को, दुर्वासा का शाप ।**
बोले, मैंने है किया, अनजाने में पाप ।। 703

इति पञ्चमोऽङ्कः ।

सम चरणों में म त त ग ल, वहीं शालिनी छंद।।

[152] आर्या छंद की व्याख्या के लिए देखिए शकुन्तला पद्य 1.2

शकुन्तला

छठा अंक
प्रश्चाताप
राजा दुष्यंत का शोक

षष्ठोऽङ्कः ।

(पूर्ववृत्त)

दोहा० शकुन्तला थी हो गई, जब से अंतर्धान ।
   भूप हुए अस्वस्थ थे, मन में था तूफान ॥ 704

   तभी नगर में एक दिन, पड़ा हुआ था शोर ।
   मुखिया थानेदार ने, "पकड़ा है इक चोर" ॥ 704

   सिपाहियों ने चोर को, पूछा तू है कौन ।
   बोले, उसको पीट कर, तेरा मुँह क्यों मौन ॥ 706

(मछुआ)

दोहा० मछियारा हूँ मैं, प्रभो!, मछुआ मेरा नाम ।
   माँस मीन का बेचना, परंपरागत काम ॥ 707

📖 ...अहं शक्रावताराभ्यन्तरवासी धीवरः ।

दोहा० चोरी मेरा काम ना, मैं हूँ इज्जतदार ।
   धीवर हूँ मैं कर्म से, जीवन का आधार ॥ 708

   शक्रावतार तीर्थ में, रहता हूँ, सरकार! ।
   उसी नीर के मीन पर, जीता मम परिवार ॥ 709

(धीवर)

(सुंदरी छंद)[153]

---

[153] सुंदरी छंद की व्याख्या के लिए देखिए – शकुन्तला 2.18

शकुन्तला

6.1 सहजं किल यद्विनिन्दितं न खलु तत्कर्म विवर्जनीयम्।
पशुमारणकर्मदारुणोऽनुकम्पामृदुरेव श्रोत्रियः॥

दोहा॰ किया कर्म जो धर्म के, चतुर्वर्ण अनुसार ।
वह ना जाना गौण है, स्वभाव के अधार ॥ 710

स्वाभाविक उस कार्य को, तजो न कह कर हीन ।
बतलाते यह शास्त्र हैं, रहो उसी में लीन ॥ 711

(एक सिपाही)

दोहा॰ चोरी करके रौब से, हमें दे रहा ज्ञान ।
मृत्यु दंड देंगे इसे, तब देगा ये ध्यान ॥ 712

दूजे ने पहना दिया, उसको वध का वेश ।
गल में माला डाल कर, बाँधे उसके केश ॥ 713

📖 ...अङ्गुलीयकदर्शनमस्य विमर्शयितव्यम्। राजकुलमेव गच्छामः।

दोहा॰ चलो ले चलें अब इसे, राजा के दरबार ।
राजा मुंद्री देख कर, डालें इसको मार ॥ 714

(राजदरबार में)

दोहा॰ खड़ा किया दरबार में, उसको रस्सी बाँध ।
लटक रहा था मौत का, बोझा उसके काँध ॥ 715

राजा ने उसको कहा, क्या है तेरा दोष ।
धीवर बोला, हे प्रभो! मैं बिलकुल निर्दोष ॥ 716

मैं मछुआ हूँ जनम से, परंपरागत काम ।
शक्रावतार तीर्थ है, पवित्र मेरा धाम ॥ 717

शचीतीर्थ के नीर में, पकड़ रहा था मीन ।
उस दिन मेरे जाल में, फँसी मछलियाँ तीन ॥ 718

रोहू झष जो थी बड़ी, काटा मैंने पेट ।
भीतर निकली अंगूठी, अद्भुत था आखेट ।। 719

गया बेचने मुंदरी, परखैया के पास ।
मुझे पकड़ कर लेगए, प्रभो! आपके दास ।। 720

(और)

दोहा॰ मुझे मृत्यु का दंड है, दिया उन्हों ने आज ।
विवरण मेरा है यही, न्याय करो, पुरुराज! ।। 721

सुन कर धीवर का कहा, नृप को आया ज्ञात ।
यही मुझे माँ गौतमी, बता चुकी है बात ।। 722

राजमुद्रिका देख कर, नृप के नैनन नीर ।
दी है मैंने भूल से, शकुन्तला को पीर ।। 723

📖 एष भर्त्राङ्गुलीयकमूल्यसम्मितः प्रसादोऽपि दापितः ।

दोहा॰ पछता कर नृप ने दिया, प्रतिवादी को छोड़ ।
धन मुंद्री के दाम का, दिया साथ में जोड़ ।। 724

मुंद्री नृप को मिल गई, पूर्ण सचाई साथ ।
शकुन्तला को खो दिया, दुखी हुए पुरुनाथ ।। 725

📖 ...मुहूर्तं प्रकृतिगम्भीरोऽपि पर्यश्रुनयन आसीत् ।

दोहा॰ आँसू पूरित हो गए, पुरुराजा के नैन ।
बोल न पाई और कुछ, स्तब्ध होगई बैन ।। 726

(उधर, प्रमदनवन में)

दोहा॰ प्रमदनवन उद्यान में, सानुमती सुरनार ।
परी मेनका की सखी, आयी थी इस बार ।। 727

राजा की दो दासियाँ, करने लगी बखान ।

शकुन्तला

सानुमती थी सुन रही, होकर अंतर्धान ।। 728

(पहली सखी)

(आर्या छंद)[154]

6.2 आताम्रहरितपाण्डुर जीवितसर्वं वसन्तमासस्य यो: ।
दृष्टोऽसि चूतकोरक ऋतुमङ्गल त्वां प्रसादयामि ॥

(वसंत ऋतु)

दोहा॰ वसंत ऋतु का काल है, आम्र वृक्ष पर मौर ।
लाल-हरे कुछ श्वेत हैं, मोर पंख की तौर ।। 729

निसर्ग सुंदर है सजा, कुसुमाकर परिणाम ।
मंगल ऋतु की देवता, सादर तुम्हें प्रणाम ।। 730

(दूसरी सखी)

(आर्या छंद)[155]

6.3 त्वमसि मया चूताङ्कुर दत्त: कामाय गृहीतधनुषे ।
पथिकजनयुवतिलक्ष्य: पञ्चाभ्यधिक: शरो भव ॥

दोहा॰ आम्रवृक्ष-की-मंजरी! ललनाओं-की-प्राण! ।
पाँच शरों के मदन के, सर्वश्रेष्ठ तुम बाण ।। 731

शकुन्तला के गमन का, सब पर है आघात ।
वसंत ऋतु भी है दुखी, भटकी है हर बात ।। 732

(और)

(शार्दूलविक्रीडित छंद)[156]

---

[154] आर्या छंद की व्याख्या के लिए देखिए शकुन्तला पद्य 1.2

[155] आर्या छंद की व्याख्या के लिए देखिए शकुन्तला पद्य 1.2

[156] शार्दूलविक्रीडित छंद की व्याख्या के लिए देखिए – रघुवंश (हनुमान, सीता का शोध)

6.4 चूतानां चिरनिर्गतापि कलिका बध्नाति न स्वं रजः
सन्नद्धं यदपि स्थितं कुरबकं तत्कोरकावस्थया ।
कण्ठेषु स्खलितं गतेऽपि शिशिरे पुंस्कोकिलानां रुतं
शङ्के संहरति स्मरोऽपि चकितस्तूणार्धकृष्टं शरम् ॥

दोहा॰ **खिले आम्र पर बौर हैं, मगर उन्हें न पराग ।**
बहार कुरबक पुष्प का, किधर गया है भाग ।। 733

बीत गया है शिशिर भी, मगर न कोयल कूक ।
केका है मुख में रुकी, पीक हुई है मूक ।। 734

तरकस में कंदर्प के, फँसे हुए हैं बाण ।
कर न पा रहा मदन है, प्रेमी का कल्याण ।। 735

(कंचुकी)

दोहा॰ **जब से मुंद्री है मिली, दीप्त हुआ परिताप ।**
सत्य जान कर हो रहा, नृप को पश्चाताप ।। 736

(कंचुकी)

(शार्दूलविक्रीडित छंद)[157]

6.5 रम्यं द्वेष्टि यथा पुरा प्रकृतिभिर्न प्रत्यहं सेव्यते
शय्याप्रान्तविवर्तनैर्विगमयत्युन्निद्र एव क्षपाः ।
दाक्षिण्येन ददाति वाचमुचितामन्तःपुरेभ्यो यदा गोत्रेषु
स्खलितस्तदा भवति च व्रीडाविलक्षश्चिरम् ॥

दोहा॰ **राजा पश्चाताप में, डूबे हैं दिन-रात ।**
मंत्रीगण से आजकल, करते हैं कम बात ।। 737

जनता से मिलते नहीं, ना करते संवाद ।
रोचक चीजें भी उन्हें, लगती नहीं सवाद ।। 738

---

[157] शार्दूलविक्रीडित छंद की व्याख्या के लिए देखिए - रघुवंश (हनुमान, सीता का शोध)

बिस्तर पर भी करवटें, बदलें सारी रात ।
रानी जो भी संग हो, शकुन्तला की बात ।। 739

आता है जब ध्यान में, की है मैंने चूक ।
लज्जा से कुछ देर तक, हो जाते हैं मूक ।। 740

(कंचुकी)

(शार्दूलविक्रीडित छंद)[158]

6.6 प्रत्यादिष्टविशेषमण्डनविधिर्वामप्रकोष्ठार्पितं
बिभ्रत्काञ्चनमेकमेव वलयं श्वासोपरक्ताधरः ।
चिन्ताजागरणप्रतान्तनयनस्तेजोगुणादात्मनः
संस्कारोल्लिखितो महामणिरिव क्षीणोऽपि नालक्ष्यते ॥

दोहा॰ राजभूषण त्याग कर, करके खिन्न विवेक ।
केवल बाएँ हाथ पर, पहना कंगन एक ।। 741

साँस उष्ण है चल रही, अधर हुए हैं लाल ।
रात-रात भर जाग कर, लोचन हुए गुलाल ।। 742

शरीर दुर्बल होगया, मुख पर फिर भी तेज ।
काम भोग में रस नहीं, विलास से परहेज ।। 743

राजा का दुख सोच कर, शकुन्तला को कष्ट ।
सानुमती अदृश्य ही, देख रही थी स्पष्ट ।। 744

(राजा दुष्यंत)

(आर्या छंद)[159]

---

[158] शार्दूलविक्रीडित छंद की व्याख्या के लिए देखिए – रघुवंश (हनुमान, सीता का शोध)

[159] आर्या छंद की व्याख्या के लिए देखिए शकुन्तला पद्य 1.2

6.7 प्रथमं सारङ्गाक्ष्या प्रियया प्रतिबोध्यमानमपि सुप्तम् ।
अनुशयदुःखायेदं हतहृदयं सम्प्रति विबुद्धम् ॥

दोहा॰ मुझे जगाती है सदा, मृगनयनी की याद ।
हृदय भरा अनुताप से, पाया हुआ विषाद ।। 745

(राजा दुष्यंत)

(द्रुतविलंबित छंद)[160]

6.8 मुनिसुताप्रणयस्मृतिरोधिना मम च मुक्तमिदं तमसा मनः ।
मनसिजेन सखे प्रहरिष्यता धनुषि चूतशरश्च निवेशितः ॥

(हे विदूषक!)

दोहा॰ नृप बोले माधव्य को, अब हूँ भ्रम से मुक्त ।
शकुन्तला के प्रेम से, हृदय हुआ है युक्त ।। 746

स्मरण हो गई है मुझे, शकुन्तला से प्रीत ।
प्रणय काल की याद भी, रति से भरा अतीत ।। 747

कामदेव करने लगा, अब है बाण प्रहार ।
शकुन्तला कैसी सुने, मेरी आर्त पुकार ।। 748

(विदूषक)

दोहा॰ देख उदासी भूप की, देने उन्हें रुझान ।
कहा उन्हें माधव्य ने, चलो चलें उद्यान ।। 749

माधवी-लता-कुंज में, चतुरिका के हाथ ।
शकुन्तला का चित्र है, देखेंगे पुरुनाथ ।। 750

चित्र देख कर भूप के, नैनन छलका नीर ।
शकुन्तला की याद में, होकर बहुत अधीर ।। 751

---

[160] द्रुतविलंबित छंद की व्याख्या के लिए देखिए - शकुन्तला 2.11

(राजा दुष्तंत।

(शिखरिणी छंद)[161]

6.9 इतः प्रत्यादेशात्स्वजनमनुगन्तुं व्यवसिता
स्थिता तिष्ठेत्युच्चैर्वदति गुरुशिष्ये गुरुसमे ।
पुनर्दृष्टिं बाष्पप्रसरकलुषामर्पितवती मयि
क्रूरे यत्तत्सविषमिव शल्यं दहति माम् ॥

दोहा० **उस दिन मुझ पर रूठ कर, डाली नजर कठोर ।**
उसने मेरे हृदय पर, घाव कर दिया घोर ।। 752

उसको अस्वीकार कर, मैंने कीन्हा पाप ।
अग्नि पश्चाताप की, मुझे जलाती आप ।। 753

मुझको घायल कर रहे, तीक्ष्ण विरह के बाण ।
शकुन्तला के याद में, निकल रहे हैं प्राण ।। 754

मुझको लगता है, उसे, परी लेगई स्वर्ग ।
जाकर माता से मिली, इंद्रलोक के वर्ग ।। 755

(सानुमती)

दोहा० **सानुमती थी सुन रही, और रही थी देख ।**
मंडप के पीछे छिपी, मन में रखती लेख ।। 756

शकुन्तला को जा कर कहे, आखों देखा हाल ।
बोलेगी जा कर मिलो, राजा से तत्काल ।। 757

(माधव्य)

(हे राजन्!)

दोहा० **शकुन्तला ने अगर ली, अपनी माँ की ओट ।**
हाल आपका जान कर, आवेगी वह लौट ।। 758

---

[161] स्त्रग्धरा छद की व्याख्या के लिए देखिए – रघुवंश, (हनुमान, सीता का शोध)

(राजा दुष्यंत)

(उपजाति छंद)[162]

6.10 स्वप्नो नु माया नु मतिभ्रमो नु क्लिष्टं नु तावत्फलमेव पुण्यम् ।
असन्निवृत्त्यै तदतीतमेते मनोरथा नाम तटप्रपाताः ॥

(हे विदूषक!)

दोहा॰ **शकुन्तला से प्रणय क्या, सपने की थी बात? ।**
या वह माया जाल था, या भ्रम का आघात? ।। 759

या वह मेरा पुण्य था, जिसका फल था स्वल्प ।
करने को साकार वो, क्या है कहो विकल्प ।। 760

या हम दो तट सरित के, चलते रहते संग ।
मगर न मिलते हैं कभी, जीवित रहे उमंग ।। 761

(विदूषक)

दोहा॰ **मिलना खोयी मुद्रिका, मछुआरे के पास ।**
पुनर्मिलाप प्रमाण है, नृप! रखिये विश्वास ।। 762

(राजा दुष्यंत)

(पुष्पिताग्रा छंद)[163]

6.11 तव सुचरितमङ्गुलीय नूनं प्रतनु ममेव विभाव्यते फलेन ।
अरुणनखमनोहरासु तस्याश्च्युतमसि लब्धपदं यदङ्गुलीषु ॥

दोहा॰ **शकुन्तला के हाथ पर, पा कर सुंदर स्थान ।**
च्युत हो कर तुम, मुद्रिके! गिरी, कहाँ था ध्यान? ।।

न्यून लग रहा, मुद्रिके!, मुझे तुमरा पुण्य ।
तुमरा भी दुर्भाग्य है, जैसे मेरा शून्य ।। 764

---

[162] उपजाति छंद की व्याख्या के लिए देखिए – शकुन्तला 2.7

[163] पुषिताग्रा छंद की व्याख्या के लिए देखिए – शकुन्तला 1.31

(राजा दुष्यंत)

(वसंततिलका छंद)[164]

6.12 एकैकमत्र दिवसे दिवसे मदीयं नामाक्षरं गणय गच्छसि यावदन्तम् ।
तावत्प्रिये मदवरोधगृहप्रवेशं नेता जनस्तव समीपमुपैष्यतीति ॥

दोहा॰ शकुन्तला को था कहा, रहो न अधिक उदास ।
ले आऊँगा मैं तुम्हें, जल्दी अपने पास ।। 765

मुंद्री पर जो है लिखा, पढ़ो रोज इक वर्ण ।
लेने भेजूँ दास मैं, पढ़ने तक संपूर्ण ।। 766

पढ़ न सकी थी पूर्ण वो, खो जाने से पूर्व ।
कैसा यह दुर्भाग्य है, लगता मुझे अपूर्व ।। 767

(राजा दुष्यंत)

(वंशस्थ छंद)[165]

6.13 कथं नु तं बन्धुरकोमलाङ्गुलिं करं विहायासि निमग्नमम्भसि ।
अचेतनं नाम गुणं न लक्षयेन्मयैव कस्मादवधीरिता प्रिया ॥

(हे मुद्रिके!)

दोहा॰ सुंदर उँगली से गिरी, मुंद्री तुम दुर्भाग ।
वस्तु अचेतन तुम, अतः, तुम्हें नहीं अनुराग ।। 768

चेतन होकर भी मुझे, हुआ नहीं संज्ञान ।
शकुन्तला के सत्य को, नहीं सका पहिचान ।। 769

(पथ्यावक्त्र छंद)[166]

---

[164] वसंततिलका छंद की व्याख्या के लिए देखिए शकुन्तला पद्य 1.8
[165] वंशस्थ छंद की व्याख्या के लिए देखिए – शकुन्तला 1.18
[166] पथ्यावक्त्र छंद की व्याख्या के लिए देखिए – शकुन्तला 3.17

6.14 यद्यत्साधु न चित्रे स्यात्क्रियते तत्तदन्यथा ।
तथापि तस्या लावण्यं रेखया किञ्चिदन्वितम् ॥

(सानुमती अप्सरा)

दोहा॰ सानुमती को चित्र से, हुआ यही अहसास ।
शकुन्तला ही है खड़ी, मानो नृप के पास ।। 770

(राजा दुष्यंत की चित्रकारी)

दोहा॰ चित्र बनाया भूप ने, लगता यथा सजीव ।
रही चित्र में है त्रुटि, सुंदर रूप अतीव ।। 771

(हे विदूषक!)

दोहा॰ केवल आशय चित्र का, दरसाता है चित्र ।
सुषमा चित्रित चित्र में, हो न सके, मम मित्र! ।। 772

(राजा दुष्यंत)

(आर्या छंद)[167]

6.15 स्विन्नाङ्गुलिविनिवेशो रेखाप्रान्तेषु दृश्यते मलिनः ।
अश्रु च कपोलपतितं दृश्यमिदं वर्णिकोच्छ्वासात् ॥

दोहा॰ रेखाओं पर चित्र की, स्वेद बिंदु अभिज्ञान ।
रंग-फूल-कर-गाल पर, होत अश्रु का ज्ञान ।। 773

(राजा दुष्यंत)

(वसंततिलका छंद)[168]

6.16 साक्षात्प्रियामुपगतामपहाय पूर्वं चित्रार्पितां पुनरिमां बहु मन्यमानः ।
स्त्रोतोवहां पथि निकामजलामतीत्य जातः सखे प्रणयवान्मृगतृष्णिकायाम्॥

(हे मित्र!)

दोहा॰ नृप बोले माधव्य को, विडंबना है घोर ।

---

[167] आर्या छंद की व्याख्या के लिए देखिए शकुन्तला पद्य 1.2

[168] वसंततिलका छंद की व्याख्या के लिए देखिए शकुन्तला पद्य 1.8

मिली हुई साक्षात् जो, दिया उसी को छोड़ ।। 774

चित्र बना कर अब उसे, समझ रहा हूँ ठीक ।
भरी निर्झरी पार कर, मृगजल पीऊँ नीक ।। 775

मृगतृष्णा से ना बुझे, प्यासे मृग की प्यास ।
चित्र बना कर चित्रिता, शकुन्तला की आस ।। 776

(सानुमती)

दोहा० जिस-जिस सुंदर स्थान में, शकुन्तला का प्यार ।
उन सबको संपूर्ण तुम, करो भूप! साकार ।। 777

(और)

(शार्दूलविक्रीडित छंद)[169]

6.17 कार्या सैकतलीनहंसमिथुना स्रोतोवहा मालिनी
पादास्तामभितो निषण्णहरिणा गौरीगुरोः पावनाः ।
शाखालम्बितवल्कलस्य च तरोर्निर्मातुमिच्छाम्यधः
शृङ्गे कृष्णमृगस्य वामनयनं कण्डूयमानां मृगीम् ॥

(हे राजा दुष्यंत!)

दोहा० चित्रित हो नद मालिनी, तट पर जिसके रेत ।
जिस पर सुंदर हंसिनी, बैठी हंस समेत ।। 778

दोनों तट पर सरित के, पावन खड़े पहाड़ ।
पहाड़ पर मृग हिरण हैं, तरु-बेली की आड़ ।। 779

शाखाओं पर पेड़ कीं, लटके वल्कल वस्त्र ।
नीचे काले हरिण हैं, ऐसा दृश्य पवित्र ।। 780

एक हरिण खुजला रहा, सुंदर हरिणी नैन ।

---

[169] शार्दूलविक्रीडित छंद की व्याख्या के लिए देखिए - रघुवंश (हनुमान, सीता का शोध)

धीरे-धीरे श्रृंग से, हरिणी पाती चैन ।। 781

विनय और सुकुमारता, रहे चित्र में दृष्ट ।
सही दृश्य वनवास का, करे चित्त संतुष्ट ।। 782

(राजा दुष्यंत)

(वंशस्थ छंद)[170]

6.18 कृतं न कर्णार्पितबन्धनं सखे शिरीषमागण्डविलम्बिकेसरम् ।
न वा शरच्चन्द्रमरीचिकोमलं मृणालसूत्रं रचितं स्तनान्तरे ॥

दोहा॰ **दिखाया नहीं चित्र में, शिरस कर्ण-का-फूल ।**
लटक रहे हों गाल पर, जिसके केसर स्थूल ।। 783

ना ही चित्रित है यहाँ, पद्म पुष्प का हार ।
दो उरजों के बीच में, नहीं हार की तार ।। 784

(विदूषक)

📖 ...कुसुमरसपाटच्चरस्तत्रभवत्या वदनकमलमभिलङ्घते मधुकरः ।

दोहा॰ **देखो नटखट भृंग वो, स्वभाव के अनुसार ।**
शकुन्त के मुखकमल का, रस चूसने उतार ।। 785

(राजा दुष्यंत)
(हे भृंगराज)

दोहा॰ **प्रेमी पुष्प पराग के, तुम्हें पद्म से प्रीत ।**
शकुन्तला पर, भ्रमर! क्यों, तुमरा कहो प्रतीत ।। 786

(और)

(आर्या छंद)[171]

---

[170] वंशस्थ छंद की व्याख्या के लिए देखिए – शकुन्तला 1.18

[171] आर्या छंद की व्याख्या के लिए देखिए शकुन्तला पद्य 1.2

6.19 एषा कुसुमनिषण्णा तृषितापि सती भवन्तमनुरक्ता
प्रतिपालयति मधुकरी न खलु मधु विना त्वया पिबति ॥

दोहा॰ **भ्रमरी है उस पुष्प पर, तकत तिहारी बाट ।**
भ्रमर! तुमरे संग वो, मधुरस लेगी बाँट ।। 787

(और भी)

(वसंततिलका छंद)[172]

6.20 अक्लिष्टबालतरुपल्लवलोभनीयं पीतं मया सदयमेव रतोत्सवेषु ।
बिम्बाधरं स्पृशसि चेद्भ्रमर प्रियायास्त्वां कारयामि कमलोदरबन्धनस्थम् ॥

(हे भ्रमर!)

दोहा॰ **मेरा कहा न मान कर, भ्रमर! अगर तुम और ।**
शकुन्तला के अधर को, चूमोगे, चितचोर! ।। 788

तुम्हें पकड़ कर मैं करूँ, पद्म पुष्प में बंद ।
शकुन्तला मेरी सखी, मेरी रति का छंद ।। 789

शकुन्तला के चित्र को, कल्पित कर साक्षात् ।
मुझे मिले आनंद है, करते–करते बात ।। 790

(माधव्य)

(हे नृप दुष्यंत!)

दोहा॰ **मगर कहा माधव्य ने, करना मुझको माफ ।**
यह तो केवल चित्र है, देख रहे हम साफ ।। 791

और कहा माधव्य ने, सुंदर होकर चित्र ।
असली कहाना चित्र को, लगता मुझे विचित्र ।। 792

(राजा दुष्यंत)

(पथ्यावक्त्र छंद)[173]

---

[172] वसंततिलका छंद की व्याख्या के लिए देखिए शकुन्तला पद्य 1.8

6.21 दर्शनसुखमनुभवतः साक्षादिव तन्मयेन हृदयेन ।
स्मृतिकारिणा त्वया मे पुनरपि चित्रीकृता कान्ता ॥

दोहा॰ **दिखती मुझको चित्र में, शकुन्तला साक्षात् ।**
करके अनुभव दर्श का, होती मुलाकात ।। 793

शकुन्तला के चित्र को, कह कर केवल चित्र ।
तुमने उसको चित्र ही, बना दिया है, मित्र! ।। 794

(राजा दुष्यंत)

(पथ्यावक्त्र छंद)[174]

6.22 प्रजागरात्खिलीभूतस्तस्याः स्वप्ने समागमः ।
बाष्पस्तु न ददात्येनां द्रष्टुं चित्रगतामपि ॥

दोहा॰ **चित्र बता कर चित्र को, मुझे दिया तू कष्ट ।**
चित्रित चित्रा चित्र की, कर दी तुमने नष्ट ।। 795

अब नैनन के नीर से, दिखता चित्र न स्पष्ट ।
अब हो मुझे शकुन्तला, सपने में ही दृष्ट ।। 796

(राजा दुष्यंत)

(अनुष्टुभ् श्लोक छंद)[175]

6.23 येन येन वियुज्यन्ते प्रजाः स्निग्धेन बन्धुना ।
स स पापादृते तासां दुष्यन्त इति घुष्यताम् ॥

दोहा॰ **जिसका प्रियजन है गया, उसका रक्षक भूप ।**
प्रिय जब जाए भूप का, राजा दुखी अनूप ।। 797

(राजा दुष्यंत)

---

[173] पथ्यावक्त्र छंद की व्याख्या के लिए देखिए - शकुन्तला 3.17

[174] पथ्यावक्त्र छंद की व्याख्या के लिए देखिए - शकुन्तला 3.17

[175] अनुष्टुभ् श्लोक छद की व्याख्या के लिए देखिए शकुन्तला पद्य 1.5

(उपजाति छंद)[176]

6.24 संरोपितेऽप्यात्मनि धर्मपत्नी त्यक्ता मया नाम कुलप्रतिष्ठा ।
कल्पिष्यमाणा महते फलाय वसुंधरा काल इवोप्तबीजा ॥

दोहा॰ बोया मैंने बीज था, मगर होगई भूल ।
वधू गर्भिणी त्याग कर, खोया कुल का फूल ॥ 798

(राजा दुष्यंत)

(वसंततिलका छंद)[177]

6.25 अस्मात्परं बत यथाश्रुति सम्भृतानि को नः कुले निवपनानि नियच्छतीति ।
नूनं प्रसूतिविकलेन मया प्रसिक्तं धौताश्रुशेषमुदकं पितरः पिबन्ति ॥

दोहा॰ कुल का दीपक पुत्र है, जिसके बिन अँधकार ।
निपुत्र यदि मैं रह गया, कौन करे संस्कार ॥ 799

पुरु कुल का इस वंश में, दीपक मैं दुष्यंत ।
शकुन्तला आए बिना, होगा कुल का अंत ॥ 800

(राजा दुष्यंत)

(उपजाति छंद)[178]

6.26 अहन्यहन्यात्मन एव तावज्ज्ञातुं प्रमादस्खलितं न शक्यम् ।
प्रजासु कः के पथा प्रयातीत्यशेषतो वेदितुमस्ति शक्तिः ॥

दोहा॰ हो कर नृप अति सबल भी, जागरूक भी भूप ।
सकल प्रजा की विपद का, जान न पाए रूप ॥ 801

(विदूषक)

दोहा॰ तभी अचानक आगया, योद्धा "मातलि" नाम ।

---

[176] उपजाति छंद की व्याख्या के लिए देखिए – शकुन्तला 2.7
[177] वसंततिलका छंद की व्याख्या के लिए देखिए शकुन्तला पद्य 1.8
[178] उपजाति छंद की व्याख्या के लिए देखिए – शकुन्तला 2.7

मार–पीट करने लगा, छेड़ दिया संग्राम ।। 802

इंद्र सारथी मातलि, किया आक्रमण घोर ।
सभी ओर था मच गया, "हमें बचाओ शोर" ।। 803

सुनी खबर जब समर की, ले कर अपना तीर ।
भूप दुष्यंत चल पड़े, युद्ध भूमि पर वीर ।। 804

(राजा दुष्यंत)

(प्रहर्षिणी छंद)[179]

6.27 एष त्वामभिनवकण्ठशोणितार्थी शार्दूलः पशुमिव हन्मि चेष्टमानम् ।
आर्तानां भयमपनेतुमात्तधन्वा दुष्यन्तस्तव शरणं भवत्विदानीम्॥२७॥

दोहा॰ टूट पड़ा वह सारथी, माधव्य पर प्रचंड ।
राजा ने शर मार कर, दिया दुष्ट को दंड ।। 805

(राजा दुष्यंत)

(अनुष्टुभ् श्लोक छंद)[180]

6.28 यो हनिष्यति वध्यं त्वां रक्ष्यं रक्षिष्यति द्विजम् ।
हंसो हि क्षीरमादत्ते तन्मिश्रा वर्जयत्यपः ॥

दोहा॰ राजा के उन बाण में, भरा दोहरा भाव ।
मातलि को भी च्युत किया, माधव्य का बचाव ।। 806

यथा पारखी हंस वो, प्राशन करके दूध ।
नीर शुद्ध को छोड़ता, शोषण कर हर बूँद ।। 807

(मातलि)

---

[179] **प्रहर्पिणी छन्द :** जिस छंद के प्रत्येक चरण में 13 वर्ण के म न ज र ग गण आते हैं और 3–10 पर यति होता है वह प्रहर्षिणी छंद है.

लक्षण दोहा॰

[180] अनुष्टुभ् श्लोक छद की व्याख्या के लिए देखिए शकुन्तला पद्य 1.5

(वंशस्थ छंद)[181]

6.29 कृता शरव्यं हरिणा तवासुराः शरासनं तेषु विकृष्यतामिदम् ।
प्रसादसौम्यानि सतां सुहृज्जने पतन्ति चक्षूंषि न दारुणाः शराः ॥

(हे राजन्!)

दोहा॰ परास्त हो कर सारथी, बना भूप–हितकार ।
बोला, मुझको इंद्र ने, भेजा है, सरकार! ।। 808

असुर मारने हैं हमें, करना है सुर–त्राण ।
काम इस तरह दोहरा, करें आपके बाण ।। 809

📖 अस्ति कालनेमिप्रसूतिर्दुर्जयो नाम दानवगणः ।

दोहा॰ दुर्जय नामक असुर है, कालनेमि संतान ।
हिरणकशिपु का पुत्र था, कालनेमि तूफान ।। 810

सौ सिर, सौ कर प्राप्त थे, और प्राप्त वरदान ।
कालनेमि को विष्णु ने, मार किया कल्याण ।। 811

नारद मुनि ने थी कही, कथा युद्ध की पूर्व ।
सुनी सभी ने पूर्ण थी, रोमांच की अपूर्व ।। 812

(मातलि)

(प्रहर्षिणी छंद)[182]

6.30 सख्युस्ते स किल शतक्रतोरजय्य स्तस्य त्वं रणशिरसि स्मृतो निहन्ता ।
उच्छेत्तुं प्रभवति यन्न सप्तसप्तिस्तन्नैशं तिमिरमपाकरोति चन्द्रः ॥

दोहा॰ दुर्जयराक्षस के असुर, हैं इंद्र से अजेय ।
अतः बुलाया आपको, सार्थक करने ध्येय ।। 813

---

[181] वंशस्थ छंद की व्याख्या के लिए देखिए – शकुन्तला 1.18

[182] प्रहर्षिणी छंद की व्याख्या के लिए देखिए – शकुन्तला 6.27

रात्री के अँधकार का, करने पूर्ण विनाश ।
सूर्य जहाँ असमर्थ है, समर्थ चंद्र प्रकाश ।। 814

ना सूरज ना दीप भी, करे निशा का अंत ।
निशाचरों का नाश है, कर सकते दुष्यंत ।। 815

ना ही सुर, न सुरेंद्र भी, ना सुर-सैन्य अनंत ।
प्राप्त कर सके विजय जो, पा सकते दुष्यंत ।। 816

(मातलि)

(आर्या छंद)[183]

6.31 ज्वलति चलितेन्धनोऽग्निर्विप्रकृतः पन्नगः फणां कुरुते ।
प्रायः स्वं महिमानं क्षोभात्प्रतिपद्यते हि जनः ॥

दोहा॰ हिला-डुला कर काष्ठ को, होत प्रखर है आग ।
छेड़-छाड़ से नाग का, फन पड़ता है जाग ।। 817

शूर-वीर जो शाँत है, स्वावलंबी स्वभाव ।
पा कर वह उत्तेजना, करता प्रकट प्रभाव ।। 818

शाँत मनस् दुष्यंत थे, वियोग दुःख उदास ।
छेड़ उन्हें दुर्जेय ने, कीन्हा आत्मविनाश ।। 819

(राजा दुष्यंत)

(अनुष्टुभ् श्लोक छंद)[184]

6.32 त्वन्मतिः केवला तावत् परिपालयतु प्रजाः ।
अधिज्यमिदमन्यस्मिन्कर्मणि व्यापृतं धनुः ॥

दोहा॰ पाने जय दुर्जेय पर, सौंप दिया अधिकार ।

---

[183] आर्या छंद की व्याख्या के लिए देखिए शकुन्तला पद्य 1.2

[184] अनुष्टुभ् श्लोक छद की व्याख्या के लिए देखिए शकुन्तला पद्य 1.5

पिशुन नाम के सचिव को, राजा ने व्यवहार ।। 820

जब तक मैं हूँ समर में, करो प्रजा के काम ।
आता हूँ मैं जीत कर, इंद्रदेव के नाम ।। 821

इति षष्ठो अङ्कः ।

सप्तम अंक
पुनर्मिलन
शकुन्तला से पुनः मिलन

सप्तमोऽङ्कः ।

(मातलि)

(सुंदरी छंद)[185]

7.1 प्रथमोपकृतं मरुत्वतः प्रतिपत्त्या लघु मन्यते भवान् ।
गणयत्यवदानविस्मितो भवतः सोऽपि न सत्क्रियागुणान् ॥

दोहा० सुन कर वार्ता विजय की, और असुर संहार ।
स्वर्ग में किया इंद्र ने, राजा का सत्कार ।। 822

पर्व में कहे इंद्र ने, राजा को आभार ।
दियी विदाई भूप को, समेत शिष्टाचार ।। 823

वापस रथ में लौटते, बोला मातलि बात ।
किया मान है इंद्र ने, प्रमोद के पश्चात् ।। 824

देख आपकी वीरता, बहुत इंद्र को गर्व ।
स्वामी ने आदर दिया, करके प्रयत्न सर्व ।। 825

---

[185] सुंदरी छंद की व्याख्या के लिए देखिए – शकुन्तला 2.18

इंद्र के लिए आपने, कीन्हा काम महान ।
धरती से अब स्वर्ग तक, हुआ आपका नाम ।। 826

(राजा दुष्यंत)

दोहा॰ ठीक कहा है, मातलि! गौरव हुआ महान ।
अपने आसन पर मुझे, दिया इंद्र ने स्थान ।। 827

(राजा दुष्यंत)

(उपजाति छंद)[186]

7.2 अन्तर्गतप्रार्थनमन्तिकस्थं जयन्तमुद्वीक्ष्य कृतस्मितेन ।
आमृष्टवक्षोहरिचन्दनाङ्का मन्दारमाला हरिणा पिनद्धा ॥

(इंद्रपुत्र जयंत)

दोहा॰ माला पहनाने मुझे, आया जभी जयंत ।
उसके पहले इंद्र का, उबला हर्ष अनंत ।। 828

हरिचंदन से युक्त जो, हार पुष्प मंदार ।
मुझे पिनाया शक्र ने, निज वक्ष से उतार ।। 829

(मातलि)

(द्रुतविलंबित छंद)[187]

7.3 सुखपरस्य हरेरुभयैः कृतं त्रिदिवमुद्धृतदानवकण्टकम् ।
तव शरैरधुना नतपर्वभिः पुरुषकेसरिणश्च पुरा नखैः ॥

दोहा॰ द्विविध प्रभावी आपके, "झुकी-गाठ" के बाण ।
प्रत्यंचा से निकल कर, लेते दानव प्राण ।। 830

पुरा काल नरसिंह के, जैसे थे नख शस्त्र ।
वैसे ही अब आपके, घातक हैं शर अस्त्र ।। 831

---

[186] उपजाति छंद की व्याख्या के लिए देखिए - शकुन्तला 2.7

[187] द्रुतविलंबित छंद की व्याख्या के लिए देखिए - शकुन्तला 2.11

शकुन्तला

(राजा दुष्यंत)
(वसंततिलका छंद)[188]

7.4 सिध्यन्ति कर्मसु महत्स्वपि यन्नियोज्याः ।
सम्भावनागुणमवेहि तमीश्वराणाम् ।
किं वाऽभविष्यदरुणस्तमसां विभेत्ता
तं चेत्सहस्रकिरणो धुरि नाकरिष्यत् ॥

दोहा॰ योद्धा करता युद्ध में, जो भी यश है प्राप्त ।
गौरव सब उस विजय का, स्वामी गहे समस्त ।। 832

अरुण रथी का रथ जभी, नष्ट करे अँधकार ।
तिमिरविनाशक शीर्ष पर, सूरज का अधिकार ।। 833

सूरज यदि ना अरुण को, देता सारथि स्थान ।
अरुण कहाँ अँधकार का, कर सकता अवसान? ।। 833

(मातलि)
(उपजाति छंद)[189]

7.5 विच्छित्तिशेषैः सुरसुन्दरीणां वर्णैरमी कल्पलतांशुकेषु ।
विचिन्त्य गीतक्षममर्थजातं दिवौकसस्त्वच्चरितं लिखन्ति ॥

(हे राजन्!)

दोहा॰ हे राजन्! वे देखिये, देव-देवता संघ ।
गेय पद्य हैं गा रहे, विविध राग के रंग ।। 835

कल्पवृक्ष के रेशमी, वस्त्रों पर सानंद ।
चरित आपका लिख रहे, रच कर नाना छंद ।। 836

सप्त प्रसाधन दिव्य से, बेल-बूटे सुरेख ।

---

[188] वसंततिलका छंद की व्याख्या के लिए देखिए शकुन्तला पद्य 1.8
[189] उपजाति छंद की व्याख्या के लिए देखिए – शकुन्तला 2.7

सुरसुंदरियाँ गठ रही, नृप गरिमा के लेख ।। 837

(राजा दुष्यंत)

📖 मातले! असुरसम्प्रहारोत्सुकेन पूर्वेद्युर्दिवमधिरोहता मया न लक्षितः स्वर्गमार्गः। कतमस्मिन्मरुतां पथि वर्तामहे।

दोहा॰ **राजा बोले, मातलि! जब हम आए स्वर्ग ।**
करने आक्रम असुर पर, देख रहा था भर्ग ।। 838

उत्कण्ठा से युद्ध की, मैंने दिया न ध्यान ।
आए हम किस मार्ग से, कहाँ हमारा यान ।। 839

वापस हम किस मार्ग से, जाना हो निर्भीक ।
सात पवन के मार्ग हैं, हमें कौनसा ठीक? ।। 840

(मातलि)

(वसंततिलका छंद)[190]

7.6 त्रिस्रोतसं वहति यो गगनप्रतिष्ठां ज्योतींषि वर्तयति च प्रविभक्तरश्मिः।
तस्य द्वितीयहरिविक्रमनिस्तमस्कं वायोरिमं परिवहस्य वदन्ति मार्गम्॥

दोहा॰ **तीन स्त्रोत में जो बहे, "भोगवती" है नाम ।**
गंगा वह आकाश की, "परिवह" जिसका धाम ।। 841

परिवह वायु वरेण्य है, वही हमारा मार्ग ।
सप्तर्षिचक्र को करे, धारण वही सुमार्ग ।। 842

नारायण ने जब लिया, वामन का अवतार ।
द्वितीय पद विन्यास से, नष्ट हुआ अँधकार ।। 843

उस ही उज्ज्वल मार्ग का, "परिवह"जाना नाम ।

---

[190] वसंततिलका छंद की व्याख्या के लिए देखिए शकुन्तला पद्य 1.8

"वायुमार्ग" जाना वही, लें हम, जाने धाम ।। 844

(राजा दुष्यंत)

📖 मातले! अतः खलु सबाह्यान्तःकरणो ममान्तरात्मा प्रसीदति रथाङ्ग-
मवलोक्य, मेघपदवीमवतीर्णौ स्वः ।

दोहा॰ कहा भूप ने, मातले! रथ के पहिये देख ।
लगता रथ है जा रहा, अधः उतर कर मेघ ।। 845

अमृतमय इस वायु से, पुलकित देह तमाम ।
श्वास-श्वास में हो रहा, प्रसन्न आत्माराम ।। 846

(राजा दुष्यंत)

(मालिनी छंद)[191]

7.7 अयमरविवरेभ्यश्चातकैर्निष्पतद्भिर्हरिभिरचिरभासां तेजसा चानुलिप्तैः ।
गतमुपरि घनानां वारिगर्भोदराणां पिशुनयति रथस्ते शीकरक्लिन्ननेमिः ॥

दोहा॰ रथचक्रों की परिधि है, जल के तुषार व्याप्त ।
विद्युतगति के अश्व हैं, नमी मेघ से प्राप्त ।। 847

चातक देखो पी रहे, रथ से उड़े तुषार ।
जो पीते नभ नीर हैं, कभी न भू-जल धार ।। 848

(राजा दुष्यंत)

(शार्दूलविक्रीडित छंद)[192]

7.8 शैलानामवरोहतीव शिखरादुन्मज्जतां मेदिनी ।
पर्णाभ्यन्तरलीनतां विजहति स्कन्धोदयात्पादपाः ।
संतानैस्तनुभावनष्टसलिला व्यक्तिं भजन्त्यापगाः ।

---

[191] मालिनी छंद की व्याख्या के लिए देखिए – शकुन्तला 1.10

[192] शार्दूलविक्रीडित छंद की व्याख्या के लिए देखिए – रघुवंश (हनुमान, सीता का शोध)

केनाप्युत्क्षिपतेव पश्य भुवनं मत्पार्श्वमानीयते ॥

दोहा॰ **गगनचुंबी पहाड़ हैं, लगते कितने पास ।**
लगे शिखर गिरि के हमें, छूने करत प्रयास ।। 849

पृथ्वी सुंदर लग रही, नभ से विशाल गोल ।
नैनन को रमणीय है, दृश्य दिखे अनमोल ।। 850

शिखर हरे हैं लग रहे, वृक्ष सघन सब ओर ।
पृथ्वी लगती है ढ़की, हरित गिलिम की तौर ।। 851

वृक्ष तने जो थे छिपे, घन पत्तों के बीच ।
कुछ-कुछ अब दिखने लगे, तरु के बीचोबीच ।। 852

नदियाँ अब दिखने लगी, पतली सर्पाकार ।
भूमंडल है आ रहा, निकट समीर सवार ।। 853

(हेमकूट पर्वत)

दोहा॰ **नृप ने पूछा, मातलि! इस गिरि का क्या नाम ।**
पूरब से पश्चिम तना, है किसका यह धाम? ।। 854

(मातलि)

दोहा॰ **हेमकूट यह शैल है, सिद्ध तपस्या स्थान ।**
हिमगिरि पर कैलास तक, पर्वत यही प्रधान ।। 855

(मातलि)

(पथ्यावक्त्रा छंद)[193]

7.9 स्वायम्भुवान्मरीचेर्यः प्रबभूव प्रजापतिः ।
सुरासुरगुरुः सोऽत्र सपत्नीकस्तपस्यति ॥

दोहा॰ **यहाँ तपस्या कर रहे, कश्यप मरीचिपुत्र ।**

---

[193] पथ्यावक्त्रा छंद की व्याख्या के लिए देखिए - शकुन्तला 3.17

देव-दानवों के पिता, ब्रह्माजी के पौत्र ।। 856

राजा बोले, मातले! चल कर करें प्रणाम ।
दर्शन कश्यप-अदिति के, जा कर उनके धाम ।। 857

(राजा दुष्यंत)

(वंशस्थ छंद)[194]

7.10 उपोढशब्दा न रथाङ्गनेमयः प्रवर्तमानं न च दृश्यते रजः ।
अभूतलस्पर्शनतयाऽनिरुद्धतस्तवावतीर्णोऽपि रथो न लक्ष्यते ॥

दोहा॰ **नभ से धरती पर रुका, मातलि का जब यान ।**
ना पहियों के स्पर्श का, शब्द सुन सके कान ।। 858

ना रथचक्रों से उड़ी, तनिक कहीं भी धूल ।
ना रुकना जाना गया, जैसे गिरता फूल ।। 859

ना कोई झटका लगा, ना कोई आवाज ।
यान रुका है की नहीं, कर न सके अंदाज ।। 860

यही इंद्र के यान की, विशेष लगती बात ।
भाग रहा है की रुका, नहीं हो सके ज्ञात ।। 861

कोई ध्वनि ना स्पंदना, ना कोई आघात ।
शाँत स्तब्ध सुखमय लगे, घोड़े हो कर सात ।। 862

कहा भूप दुष्यंत ने, मातलि! रथि गुणवान्! ।
कश्यप आश्रम है कहाँ, निर्जन लगता स्थान ।। 863

(मातलि)

(शार्दूलविक्रीडित छंद)[195]

---

[194] वंशस्थ छंद की व्याख्या के लिए देखिए - शकुन्तला 1.18

शकुन्तला

7.11 वल्मीकार्धनिमग्नमूर्तिरुरसा संदष्टसर्पत्वचा
कण्ठे जीर्णलताप्रतानवलयेनात्यर्थसम्पीडितः ।
अंसव्यापि शकुन्तनीडनिचितं बिभ्रज्जटामण्डलं
यत्र स्थाणुरिवाचलो मुनिरसावभ्यर्कबिम्बं स्थितः ॥

दोहा॰ ठूँठे जैसा है जहाँ, निश्चल ऋषि का ध्यान ।
नीड़ जटाओं में बने, पंछी करत उड़ान ॥ 864

बिमोट दीमक के बने, शरीर पर अर्धांग ।
जड़ें लताएँ-पेड़ की, लिपटी हैं ऊर्ध्वांग ॥ 865

मुख पूरब में है किया, अरुणोदय की ओर ।
आश्रम ऋषि का है वहीं, वही अदिति का ठौर ॥ 866

(राजा दुष्यंत।

दोहा॰ कश्यप-आश्रम में खड़े, करके उन्हें प्रणाम ।
बोले, ऋषिवर आपका, स्वर्गतुल्य है स्थान ॥ 867

(शार्दूलविक्रीडित छंद)[196]

7.12 प्राणानामनिलेन वृत्तिरुचिता सत्कल्पवृक्षे वने
तोये काञ्चनपद्मरेणुकपिशे धर्माभिषेकक्रिया ।
ध्यानं रत्नशिलातलेषु विबुधस्त्रीसन्निधौ संयमो
यत्काङ्क्षन्ति तपोभिरन्यमुनयस्तस्मिंस्तपस्यन्त्यमी ॥

(कश्यप ऋषि)

दोहा॰ राजा ने देखे वहाँ, कल्पवृक्ष उद्यान ।
वायु किए भक्षण, चले, ऋषि का जीवन यान ॥ 868

---

[195] शार्दूलविक्रीडित छंद की व्याख्या के लिए देखिए – रघुवंश (हनुमान, सीता का शोध)

[196] शार्दूलविक्रीडित छंद की व्याख्या के लिए देखिए – रघुवंश (हनुमान, सीता का शोध)

सुवर्ण–पद्म पराग के, जल से धार्मिक स्नान ।
रत्नशिला पर बैठ कर, मगन लगाते ध्यान ।। 869

रह कर परियों के निकट, संयम सदा अभंग ।
इंद्रिय–निग्रह हैं किए, जप–तप कभी न भंग ।। 870

(राजा दुष्यंत)

दे कर अनुमति सूत को, भेजा उसे तुरंत ।
कहने ऋषि मारीचि को, "आए नृप दुष्यंत" ।। 971

अशोक तरु की छाँव में, बैठे जब दुष्यंत ।
घटी बात आश्चर्य की, देने शुभ दृष्टांत ।। 872

(राजा दुष्यंत)

(अनुष्टुभ् श्लोक छंद)[197]

7.13 मनोरथाय नाशंसे किं बाहो स्पन्दसे वृथा ।
पूर्वावधीरितं श्रेयो दुःखं हि परिवर्तते ॥

दोहा॰ भुजा भूप की दाहिनी, देने शुभ संकेत ।
फड़कने लगी ज्ञापने, संदेश अभिप्रेत ।। 873

पता चला ना भूप को, क्या हो सकती बात ।
मैंने जो चाही कभी, वही हुई अज्ञात ।। 874

उसकी ना संभावना, मिलने की दो बार ।
हो न सके उससे कभी, अब तो नैना चार ।। 875

(उतने में)

📖 अये को नु खल्वयमनुबध्यमानस्तपस्विनीभ्यामबालसत्त्वो बालः ।

दोहा॰ उतने में नृप को दिखा, बालक एक अनूप ।

---

[197] अनुष्टुभ् श्लोक छद की व्याख्या के लिए देखिए शकुन्तला पद्य 1.5

कौन है शिशु वीर ये, सोचने लगे भूप ।। 876

(राजा दुष्यंत)

(अनुष्टुभ् श्लोक छंद)[198]

7.14 अर्धपीतस्तनं मातुरामर्दक्लिष्टकेसरम् ।
प्रक्रीडितुं सिंहशिशुं बलात्कारेण कर्षति ॥

(बालक सर्वदमन)

दोहा॰ शावक को जब सिंहनी, पिला रही थी दूध ।
यह बालक उस सिंह को, खींच रहा था दूर ।। 877

बालक यह डरता नहीं, खेंच रहा आयाला ।
शावक के उस सिंह के, बिगड़ रहे हैं बाल ।। 878

सर्वदमन शुभ नाम का, बालक यह बलवान ।
पराक्रमी निर्भीक है, नृप दुष्यंत समान ।। 879

📖 जृम्भस्व सिंह दन्तांस्ते गणयिष्ये ।

दोहा॰ बालक बोला सिंह को, खोलो अपने गाल ।
मुख में कितने दंत हैं, गिनूँ हाथ को डाल ।। 880

(राजा दुष्यंत)

📖 किं नु खलु बालेऽस्मिन्नौरस इव पुत्रे स्निह्यति मे मनः । नूनमनपत्यता मां वत्सलयति ।

दोहा॰ इस बालक को देख कर, मुझको क्यों आभास ।
जैसे मेरा पुत्र हो, करत स्नेह अरदास ।। 881

मेरी वारिसहीनता, कलपाती मम देह ।
मेरे हिरदय से वही, लगा रही है स्नेह ।। 882

(राजा दुष्यंत)

---

[198] अनुष्टुभ् श्लोक छद की व्याख्या के लिए देखिए शकुन्तला पद्य 1.5

(अनुष्टुभ् श्लोक छंद)[199]

7.15 महतस्तेजसो बीजं बालोऽयं प्रतिभाति मे ।
स्फुलिङ्गावस्थया वह्निरेधापेक्ष इव स्थितः ॥

दोहा० **महातेज का बीज ये, बालक वीर्य स्वरूप ।**
दावानल के आग की, चिनगारी का रूप ।। 883

समीप जाकर भूप ने, देखे शिशु पद-हाथ ।
चिन्ह देख कर मांगलिक, अवाक् थे पुरुनाथ ।। 884

अँगुलियाँ कर की घनी, अंकुश अंकित हाथ ।
धनुष चिन्ह भी था बना, पद्म-चक्र के साथ ।। 885

कर-पग लक्षण देख कर, और देख ललाट ।
लगा चक्रवर्ती बने, राजा यह सम्राट ।। 886

(और)

(वंशस्थ छंद)[200]

7.16 प्रलोभ्यवस्तुप्रणयप्रसारितो विभाति जालग्रथिताङ्गुलिः करः ।
अलक्ष्यपत्रान्तरमिद्धरागया नवोषसा भिन्नमिवैकपङ्कजम् ॥

दोहा० **कर फैलाया सामने, अभिलाषा के संग ।**
घनी सुग्रथित उँगलियाँ, लाल-गुलाबी रंग ।। 887

बालक का कर देख कर, जैसा कमल ललाम ।
जिसकी कोमल पँखुड़ी, अद्वितीय अभिराम ।। 888

लक्षण जिस पर थे सजे, हस्तरेखा स्वरूप ।
जाना नृप दुष्यंत ने, यह है भावी भूप ।। 889

---

[199] अनुष्टुभ् श्लोक छद की व्याख्या के लिए देखिए शकुन्तला पद्य 1.5

[200] वंशस्थ छंद की व्याख्या के लिए देखिए - शकुन्तला 1.18

(मृत्तिका मयूर)

दोहा॰ **दासी ने शिशु को दिया, जब मिट्टी का मोर ।**
खिड़खिड़ कर हँसने लगा, बालक वह चितचोर ।। 890

नटखट राजकुमार को, लेलूँ अपनी गोद ।
करूँ लाड़ अब पुत्रवत्, राजा के मन मोद ।। 891

(राजा दुष्यंत)

(वसंततिलका छंद)[201]

7.17 आलक्ष्यदन्तमुकुलाननिमित्तहासैरव्यक्तवर्णरमणीयवचःप्रवृत्तीन् ।
अङ्काश्रयप्रणयिनस्तनयान्वहन्तो धन्यास्तदङ्गरजसा मलिनीभवन्ति ॥

दोहा॰ **बालक जब था हँस पड़ा, चमका अंकुर दंत ।**
और तोलले बोल से, गदगद थे दुष्यंत ।। 892

लालायित था लाड़ला, चढ़ने नृप की गोद ।
उसके पद की धूल से, नृप को मिला प्रमोद ।। 893

(राजा दुष्यंत)

(रथोद्धता छंद)[202]

7.18 एवमाश्रमविरुद्धवृत्तिना संयमः किमिति जन्मतस्त्वया ।
सत्त्वसंश्रय सुखोऽपि दूष्यते कृष्णसर्पशिशुनेव चन्दनः ॥

दोहा॰ **बालक को नृप ने कहा, सहित पितावत् प्यार ।**
आश्रम के प्रतिकूल है, सुत! तुमरा आचार ।। 894

---

[201] वसंततिलका छंद की व्याख्या के लिए देखिए शकुन्तला पद्य 1.8

[202] **रथोद्धता छन्द :** इस छन्द के चरणों में ग्यारह वर्ण, 16 मात्रा होती हैं । इसमें र न र गण और अन्त में लघु-गुरु वर्ण आते हैं । इसके पद के अन्त में विराम होता है । इसका लक्षण सूत्र ऽ। ऽ, ।।।, ऽ। ऽ, । ऽ इस प्रकार होता है ।

लक्षण गीत दोहा॰ **सोलह कल से जो सजा, आदि र न र, ल ग अंत ।**
ग्यारह अक्षर की कला, "रथोद्धता" है छंद ।।

संग मृगादिक के पले, सर्वभूत से प्रेम ।
तक्षक चंदन वृक्ष का, जैसे करता क्षेम ।। 895

तुमरी आकृति कह रही, तुम नहि ऋषि के पुत्र ।
लक्षण तुमरे कह रहे, तुम हो राजसुपुत्र ।। 896

(राजा दुष्यंत)

(उपजाति छंद)[203]

7.19 अनेन कस्यापि कुलाङ्कुरेण स्पृष्टस्य गात्रेषु सुखं ममैवम् ।
कां निर्वृतिं चेतसि तस्य कुर्याद्यस्यायमङ्कात्कृतिनः प्ररूढः ॥

दोहा॰ **केवल इसके स्पर्श ने, दिया मुझे यों मोद ।**
जितना सुख उसको दिया, जन्मा यह जिस गोद ।। 897

(तपस्विनी दासी)

📖 अस्य बालकस्य तेऽपि संवादिन्याकृतिरिति विस्मिताऽस्मि ।
अपरिचितस्यापि तेऽप्रतिलोमः संवृत्त इति ।

दोहा॰ **शिशु को नृप की गोद में, प्रसन्नचित्त निहार ।**
दासी बोली भूप को, लगता पुत्र तिहार ।। 898

गढ़न आपसे मिल रही, परस्पर सम स्वरूप ।
रंग-रूप अरु नक्श से, लगता यह भी भूप ।। 899

देखा शिशु ने आपको, यद्यपि पहली बार ।
फिर भी हैं आराम से, आप इसे स्वीकार ।। 900

(राजा दुष्यंत)

दोहा॰ **सुन कर दासी का कहा, नृप के मन सुविचार ।**
क्या यह मेरा अंश है, पुरुवंशीय कुमार! ।। 901

---

[203] उपजाति छंद की व्याख्या के लिए देखिए – शकुन्तला 2.7

शकुन्तला

(राजा दुष्यंत)

(मालभारिणी छंद)[204]

7.20 भवनेषु रसाधिकेषु पूर्वं क्षितिरक्षार्थमुशन्ति ये निवासम् ।
नियतैकव्रतियतानि पश्चात्तरुमूलानि गृहीभवन्ति तेषाम् ॥

दोहा॰   भवनों में रहते युवा, गृहस्थाश्रमी लोग ।
वृद्धावस्था में उन्हें, वानप्रस्थ का भोग ॥ 902

यति का व्रत लेकर उन्हें, वृक्ष छाँव आवास ।
पौरव कुल का व्रत यही, वन में उन्हें निवास ॥ 903

(दासी तपस्विनी)

📖 यथा भद्रमुखो भणति । अप्सरःसम्बन्धेनास्य जनन्यत्र देवगुरोस्तपोवने प्रसूता ।

दोहा॰   दासी ने नृप से कहा, ऋषि सुत यह न कुमार ।
ऋषि आश्रम में जन्म कर, मिले इसे सुविचार ॥ 904

नानी इसकी अप्सरा, माता है सुखधाम ।
जन्मा आश्रम में इसी, सर्वदमन है नाम ॥ 905

पिता ने किया त्याग था, माता का निष्पाप ।
कश्यप-आश्रम में मिला, उसे सुकून अमाप ॥ 906

(राजा दुष्यंत, स्वगत)

📖 इयं खलु कथा मामेव लक्ष्यीकरोति । यदि तावदस्य शिशोर्मातरं नामतः पृच्छामि ।

दोहा॰   लगता दासी कह रही, मेरी ही है बात ।
फिर भी पूछूँ, कौन हैं, इसके माता-तात ॥ 907

(दासी तपस्विनी)

---

[204] मालभारिणी छंद की व्याख्या के लिए देखिए – शकुन्तला 3.21

शकुन्तला

(मिट्टी के मोर उद्देश्य)

दोहा॰ देखो बालक! रूप यह, शकुन्त का मनहार ।
बालक बोला, ना दिखी, मेरी माँ इस पार ।। 908

(राजा दुष्यंत)

दोहा॰ बालक है भ्रम पा गया, सुन कर शब्द "शकुन्त" ।
शकुन्तला माँ तो नहीं? इस शिशु की गुणवंत ।। 909

(रक्षासूत्र)

📖 अलमावेगेन। नन्विदमस्य सिंहशावविमर्दात्परिभ्रष्टम् ।

दोहा॰ उतने में नीचे गिरा, शिशु का रक्षासूत्र ।
उठा लिया वह भूप ने, ज्यों ही चीखा पुत्र ।। 910

दासी बोली मत छुओ, मौली पर है मंत्र ।
मातु-पिता को छोड़ कर, कोई छुए न सूत्र ।। 911

किसी अन्य के स्पर्श से, मौली बनती साँप ।
साँप ना बना सूत्र वो, नृप को लगा न शाप ।। 912

दासी ने वह देख कर, सूत्र का चमत्कार ।
शकुन्तला को दे दिया, संपूर्ण समाचार ।। 913

(शकुन्तला)

दोहा॰ सुन कर शुभ वृत्तांत वो, शकुन्तला को आस ।
लगता है नृप आगए, उसे हुआ विश्वास ।। 914

घोर तपों से कृश हुई, शकुन्तला थी मौन ।
स्वयं देखने आगई, नृप हैं, या है कौन ।। 915

(पुनर्मिलन)

(मालभारिणी छंद)[205]

7.21 वसने परिधूसरे वसाना नियमक्षाममुखी धृतैकवेणिः ।
अतिनिष्करुणस्य शुद्धशीला मम दीर्घं विरहव्रतं बिभर्ति ॥

(राजा दुष्यंत)

दोहा॰ शकुन्तला को देख कर, पहने वस्त्र पुराण ।
दुबली पतली सी हुई, दुखमय नृप के प्राण ।। 916

केवल वेणी एक में, विना किसी श्रृंगार ।
शकुन्तला को देख कर, नृप पर शोक प्रहार ।। 917

(शकुन्तला)

📖 पश्चात्तापविवर्णं राजानं दृष्ट्वा, न खल्वार्यपुत्र इव ।

दोहा॰ राजा को भी देख कर, विरही दैन्य स्वरूप ।
शकुन्तला मन सोचती, यह ना लगते भूप ।। 918

मेरे मंगल पुत्र को, उठाए हुए गोद ।
कौन अमंगल पुरुष ये, मना रहा है मोद? ।। 919

(राजा दुष्यंत)

📖 प्रिये क्रौर्यमपि मे त्वयि प्रयुक्तमनुकूलपरिणामं संवृत्तं ...

दोहा॰ क्रूर कृत्य मैंने किया, प्रिये! तुम्हारे साथ ।
क्षमस्व हो मम दोष ये, विनति करे पुरुनाथ ।। 920

(शकुन्तलाा)

📖 परित्यक्तमत्सरेणानुकम्पितास्मि दैवेन । आर्यपुत्रः खल्वेषः ।

दोहा॰ द्वेष छोड़ कर आज ये, खड़े यहाँ पर नम्र ।
आर्यपुत्र पतिदेव हैं, मैं भी रहूँ विनम्र ।। 921

(राजा दुष्यंत)

---

[205] मालभारिणी छंद की व्याख्या के लिए देखिए – शकुन्तला 3.21

(आर्या छंद)[206]

7.22 स्मृतिभिन्नमोहतमसो दिष्ट्या प्रमुखे स्थितासि मे सुमुखि ।
उपरागान्ते शशिनः समुपगता रोहिणी योगम् ॥

(हे सुंदरी शकुन्तले!)

दोहा॰ आज खड़ी हो सामने, यह सौभाग्य हमार ।
विमुक्त हम अज्ञान से, दूर हुआ अँधकार ।। 922

यथा ग्रहण के अंत में, प्राप्त चंद्र की ज्योत ।
प्रिया चंद्र की रोहिणी, लब्ध चंद्र को होत ।। 922

पुनर्मिलन हमरा प्रिये! आज हुआ संपन्न ।
चंद्र-चंद्रिका एक हैं, विरह हुआ उच्छिन्न ।। 924

(राजा दुष्यंत)

(अनुष्टुभ् श्लोक छंद)[207]

7.23 बाष्पेण प्रतिषिद्धेऽपि जयशब्दे जितं मया ।
यत्ते दृष्टमसंस्कारपाटलोष्ठपुटं मुखम् ॥

दोहा॰ मुख से मैं कह ना सका, भर आया था कण्ठ ।
विजय प्राप्त अब होगया, देख लाल तव ओंठ ।। 925

जयतु! जयतु! अब कह सकूँ, दूर हुआ अवरोध ।
आँसू अब हैं रुक गए, होकर सत्य सुबोध ।। 926

(सर्वदमन)

दोहा॰ देख प्रेम का दृश्य वो, बालक जो था मौन ।
बोला, कुतुहल से, कहो, माँ यह सज्जन कौन? ।। 927

---

[206] आर्या छंद की व्याख्या के लिए देखिए शकुन्तला पद्य 1.2

[207] अनुष्टुभ् श्लोक छद की व्याख्या के लिए देखिए शकुन्तला पद्य 1.5

शकुन्तला

माता बोली पुत्र को, वत्स! तुम्हें वरदान ।
पूछो अपने भाग्य से, तब पाओगे जान ।। 928

(राजा दुष्यंत)

(हरिणी छंद)[208]

7.24 सुतनु हृदयात्प्रत्यादेशव्यलीकमपैतु ते
किमपि मनसः सम्मोहो मे तदा बलवानभूत् ।
प्रबलतमसामेवम्प्रायाः शुभेषु हि वृत्तयः
स्रजमपि शिरस्यन्धः क्षिप्तां धुनोत्यहिशङ्कया ॥

(शकुन्तला के पैरों में गिर कर)

दोहा॰ शकुन्तला की शरण में, छू कर चरणन नाथ ।
बोले, पाप क्षमस्व हो, स्निग्ध हृदय के साथ ।। 929

परित्याग मैंने किया, वह था मम अज्ञान ।
जानबूझ कर ना हुआ, मुझसे तव अवमान ।। 930

जब आती दुर्घट घटी, मति खाती है मार ।
शुभ पर सत्ता अशुभ की, अधर्म का अधिकार ।। 931

होनी जब भी हानि हो, आते गलत विचार ।
हरदम विनाश काल में, होता मनोविकार ।। 932

शंका आवे स्वजन पर, बैरी लगता मीत ।
हित भी तब हानि लगे, सुजन लगे विपरीत ।। 933

(शकुन्तला)

📖 उत्तिष्ठत्वार्यपुत्रः ...

दोहा॰ शकुन्तला दुष्यंत को, बोली "उठिये आर्य!" ।
मुझको ऐसा फल दिया, मेरा ही गत कार्य ।। 934

---

[208] हरिणी छंद की व्याख्या के लिए देखिए – शकुन्तला 3.10

शकुन्तला

भूप दयामय आप ने, कीन्हा निर्दय काम ।
यथा समय प्रतिफल तथा, भाग्य इसी का नाम ॥ 935

(राजा दुष्यंत)

(वसंततिलका छंद)[209]

7.25 मोहान्मया सुतनु पूर्वमुपेक्षितस्ते
यो बद्धबिन्दुरधरं परिबाधमानः ।
तं तावदाकुटिलपक्ष्मविलग्नमद्य
बाष्पं प्रमृज्य विगतानुशयो भवेयम् ॥

दोहा॰ शकुन्तले! हे सुंदरी! पा कर वह अज्ञान ।
त्याग तुम्हारा कर दिया, और किया अपमान ॥ 936

नीर तुम्हारे नैन से, बह कर गीले गाल ।
आँसू पी कर रह गए, अधर तिहारे लाल ॥ 937

अब मैं तुमरी पलक के, अश्रु बिंदु को पोंछ ।
पछतावे से मुक्त हूँ, यही रहा हूँ सोच ॥ 938

(शकुन्तला)

📖 ...इदं तदङ्गुलीयकम् ।

दोहा॰ देख मुद्रिका भूप की, शकुन्तला को याद ।
मुझे दिखी ये आज है, बहुत दिनों के बाद ॥ 939

ऐन समय पर खो गई, जब था इसका काम ।
अब मैं इसका क्या करूँ, मुझे न इसका दाम ॥ 940

इसको रखिये आप ही, मुझको किया निरास ।
अब इसके आशीष पर, मुझे नहीं विश्वास ॥ 941

---

[209] वसंततिलका छंद की व्याख्या के लिए देखिए शकुन्तला पद्य 1.8

(राजा दुष्यंत)

📖 ...मातले न खलु विदितोऽयमाखण्डलेन वृत्तान्तः स्यात्।

दोहा॰ **राजा बोले, मातले! आज हुआ जो प्राप्त ।**
खबर मिली जब इंद्र को, हर्ष हुआ क्या व्याप्त? ।। 942

(मातलि)

📖 किमीश्वराणां परोक्षम्। एत्वायुष्मान्। भगवान्मारीचस्ते दर्शनं वितरति।

दोहा॰ **उनको क्या अज्ञात है, जो सर्वत्र सुजान ।**
दर्शन देने आरहे, कश्यप ऋषि भगवान ।। 943

(मातलि)

(वसंततिलका छंद)[210]

7.26 पुत्रस्य ते रणशिरस्ययमग्रयायी
दुष्यन्त इत्यभिहितो भुवनस्य भर्ता।
चापेन यस्य विनिवर्तितकर्म जातं
तत्कोटिमत्कुलिशमाभरणं मघोनः॥

(कश्यप-अदिति)

दोहा॰ **बोला मातलि अदिति को, पुत्र तिहारा इंद्र ।**
सुर-असुर के युद्ध में, विजयी बना सुरेंद्र ।। 944

मुदित हुए हैं आप औ, ऋषि कश्यप भगवान ।
पुत्र तिहारे इंद्र ने, पाया विजय महान ।। 945

(और)

दानव दुर्जय दुष्ट पर, चला नहीं ब्रह्मास्त्र ।
रण पर नृप दुष्यंत थे, चला रहे शर अस्त्र ।। 946

जिनके दैवी धनुष ने, विजय किया संपन्न ।
और किया है इंद्र का, स्वर्गलोक प्रसन्न ।। 947

---

[210] वसंततिलका छंद की व्याख्या के लिए देखिए शकुन्तला पद्य 1.8

इंद्रवज्र अब रह गया, बन कर भूषण मात्र ।
त्रिभुवन रक्षा के लिए, नृप के शर हैं पात्र ।। 948

(राजा दुष्यंत)

(शार्दूलविक्रीडित छंद)[211]

7.27 प्राहुर्द्वादशधा स्थितस्य मुनयो यत्तेजसः कारणं
भर्तारं भुवनत्रयस्य सुषुवे यद्यज्ञभागेश्वरम् ।
यस्मिन्नात्मभवः परोऽपि पुरुषश्चक्रे भवायास्पदं
द्वन्द्वं दक्षमरीचिसम्भवमिदं तत्स्रष्टुरेकान्तरम् ॥

(हे मातलि!)

दोहा॰ **माता बारह रुद्र की, देवी अदिति सुजान ।**
सोता सूरज-तेज के, कश्यप ऋषि भगवान ।। 949

पिता-मातु हैं इंद्र के, कश्यप-अदिति महान ।
मुनिजन उनको पूजते, देकर बहु सम्मान ।। 950

अदिति अंगजा दक्ष की, कश्यप मारीच पुत्र ।
उनके दो सुर पुत्र हैं, शंकर-विष्णु अमुत्र ।। 951

(हे अदिति-कश्यप प्रभो!)

दोहा॰ **सेवक मैं देवेंद्र का, करता तुम्हें प्रणाम ।**
पालक बन कर भूमि का, करता सबका त्राण ।। 952

(शकुन्तला)

चरण वंदना मैं करूँ, पति औ सुत के साथ ।
भगवन कश्यप-अदिति को, युगल जोड़ कर हाथ ।। 953

(कश्यप ऋषि)

---

[211] शार्दूलविक्रीडित छंद की व्याख्या के लिए देखिए – रघुवंश (हनुमान, सीता का शोध)

(अनुष्टुभ् श्लोक छंद))[212]

7.28 आखण्डलसमो भर्ता जयन्तप्रतिमः सुतः ।
आशीरन्या न ते योग्या पौलोमीसदृशी भव ॥

दोहा० **बेटी शकुन्तले! तुम्हें, पति है मिला महान ।**
पति तुमरा दुष्यंत है, पावन इंद्र समान ।। 954

कश्यप ऋषि ने फिर कहा, बेटी! तुमरा पुत्र ।
जयंत जैसा, इंद्र के, सर्वदमन है पात्र ।। 955

शकुन्तले! तुम भी बनो, शची समान प्रधान ।
और तुम्हें क्या दे सकूँ, वरिष्ठ मैं वरदान? ।। 956

मातु अदिति ने फिर दिया, मंगल आशीर्वाद ।
पुत्री! तुम सेवा करो, सुत की पति के बाद ।। 957

(कश्यप ऋषि)

(वंशस्थ छंद)[213]

7.29 दिष्ट्या शकुंतला साध्वी सदपत्यमिदं भवान् ।
श्रद्धा वित्तं विधिश्चेति त्रितयं तत्समागतम् ॥

दोहा० **कश्यप ऋषि ने फिर कहा, पराक्रमी दुष्यंत ।**
सर्वदमन गुणयुक्त है, शकुन्तले श्रीमंत! ।। 958

एक स्थान में मेल है, तीनों का गुणवान ।
बोले अभिनंदन उन्हें, ऋषि कश्यप भगवान ।। 959

(राजा दुष्यंत)

(वंशस्थ छंद)[214]

---

[212] अनुष्टुभ् श्लोक छद की व्याख्या के लिए देखिए शकुन्तला पद्य 1.5

[213] वंशस्थ छंद की व्याख्या के लिए देखिए – शकुन्तला 1.18

7.30 उदेति पूर्वं कुसुमं ततः फलं घनोदयः प्राक्तदनन्तरं पयः ।
निमित्तनैमित्तिकयोरयं क्रमस्तव प्रसादस्य पुरस्तु सम्पदः ॥

दोहा॰ उगता पहले फूल है, फिर फल मिलता, तात! ।
उद्गम पहले मेघ का, फिर होती बरसात ।। 960

क्रम यह कारण-कार्य का, सर्वकाल है ज्ञात ।
मगर कृपा से आपकी, कारण कार्य-पश्चात् ।। 961

शकुन्तला नृप को मिली, सर्वदमन सुत साथ ।
बाद अदिति-कश्यप कृपा, पाएँ है पुरुनाथ ।। 962

(राजा दुष्यंत)

(उपजाति छंद)[215]

7.31 यथा गजो नेति समक्षरूपे तस्मिन्नपक्रामति संशयः स्यात् ।
पदानि दृष्ट्वा तु भवेत्प्रतीतिस्तथाविधो मे मनसो विकारः ॥

दोहा॰ दुर्वासा के शाप से, मुझसे हुआ प्रमाद ।
शकुन्तला को भूल कर, किया घोर अपराध ।। 963

अंगूठी को देख कर, आया मुझको याद ।
अब वह वियोग सोचकर, होता मुझे विषाद ।। 964

हाथी जब हो सामने, लगे नहीं है पास ।
पद चिन्हों को देख कर, होता है विश्वास ।। 965

(कश्यप ऋषि)

(वसंततिलका छंद)[216]

---

[214] वंशस्थ छंद की व्याख्या के लिए देखिए - शकुन्तला 1.18

[215] उपजाति छंद की व्याख्या के लिए देखिए - शकुन्तला 2.7

[216] वसंततिलका छंद की व्याख्या के लिए देखिए शकुन्तला पद्य 1.8

7.32 शापादसि प्रतिहृता स्मृतिरोधरूक्षे, भर्तर्यपेततमसि प्रभुता तवैव ।
छाया न मूर्छति मलोपहतप्रसादे, शुद्धे तु दर्पणतले सुलभावकाशा ॥

दोहा॰ **स्मरणशक्ति–अवरोध से, किया गया तब त्याग ।**
स्मृति विभ्रम दुष्यंत का, गया हुआ है भाग ।। 966

शकुन्तले! अब भूप पर, तुमरा है अधिकार ।
सपत्नियों से उच्च है, पति तुमरा पतवार ।। 967

दर्पण ढक कर धूल से, होता बिंब विलुप्त ।
धूल हटा कर मुकुर में, साफ दिखे पर्याप्त ।। 968

(कश्यप ऋषि)

(शिखरिणी छंद)[217]

7.33 रथेनानुद्धातस्तिमितगति0ना तीर्णजलधिः
पुरा सप्तद्वीपां जयति वसुधामप्रतिरथः ।
इहायं सत्त्वानां प्रसभदमनात्सर्वदमनः
पुनर्यास्यत्याख्यां भरत इति लोकस्य भरणात् ॥

दोहा॰ **कश्यप बोले भूप को, लख कर पुत्र ललाट ।**
तुमरा पुत्र महारथी, होगा नृप सम्राट ।। 969

जीतेगा वह भूमि को, द्वीपों वाली सात ।
रथ से सागर पार वो, करके शर बरसात ।। 970

(भरत)

दोहा॰ **दमन करे अरि सर्व जो, सर्वदमन कृतकाम ।**
भरण करे संसार का, "भरत" मिले शुभ नाम ।। 971

भरत भूप का राष्ट्र जो, "भारत" उसका नाम ।
आओ सब मिल आज हम, गाएँ उसका गान ।। 972

---

[217] स्रग्धरा छद की व्याख्या के लिए देखिए – रघुवंश, (हनुमान, सीता का शोध)

कालिदास महाकाव्य गीतमाला, पुष्प 50

भारत राष्ट्र

स्थायी

भारतं कर्मभूमिरस्माकं, भारतं स्वर्गभूमिरस्माकम् ।

म-गम- म-मप-म-गम-प-, म-पध- ध-निसां-नि-धप-म- ।

अंतरा-1

अस्ति राष्ट्रं समृद्धं सुवर्णं, यस्य तुङ्गो हिमाद्रिः किरीटम् ।

पीयूषं हि नदीषु च नीरं, पावनं पादयोः सिन्धुतोयम् ।।

सां-सां नि-सां- नि-ध-नि- धप-म-, सां-सां नि-सां- निध-नि- धप-म-।

म-गम- म पध-प- ग म-प-, ग-मप- प-पध- नि-धप-म-।।

अंतरा-2

रविरश्मिः प्रभा यस्य उक्ता, कुण्डले तारका यस्य मुक्ता ।

दर्शनम् अस्य देशस्य रम्यं, वर्णनं सुन्दरं ज्ञानगम्यम् ।।

अंतरा-3

यत्र सिंहा हरिणा अटन्ति, शुकाः पिका मयूरा रटन्ति ।

सर्वभूतेषु प्रीतिश्च सख्यं, प्रकृतेः रक्षणं कर्म मुख्यम् ।।

अंतरा-4

परनारी मता यत्र माता, परपुमान् तथा स्वस्य भ्राता ।

यत्र शाँतिरहिंसा नरत्वं, अनुकम्पा सदाचारतत्त्वम् ।।

अंतरा-5

यस्य पुत्राश्च कन्याश्च वीराः, ज्ञानक्षेत्रे रणे ये च धीराः ।

वेदवाक्यं मतं यत्र मन्त्रं, वाङ्मये भारतं पञ्चतन्त्रम् ।।

अनुपदम्

नमो नमो नमो जन्मभूमे! नमो नमो नमो मातृभूमे! ।

नमो नमो नमो पुण्यभूमे! नमो नमो नमो पूज्यभूमे! ।।

शकुन्तला

दोहा॰ वन्दे भारत मातु को, पूर्ण भक्ति के साथ ।
सादर शीश झुकाइके, जोडूँ दोनों हाथ ।। 973

जग में सबसे पूज्य जो, पावन भूमि महान ।
उसके जन सौजन्य से, जाना धन्य जहान ।। 974

हिमगिरि सिर पर मुकुट है, पग में सागर तीर ।
गंगा जमुना नर्मदा, मंगल अमृत नीर ।। 975

ब्रह्मा विष्णु महेश जी, ऋषि-मुनि जन का देश ।
वाङ्मय वेद पुराण का, रचना कियो गणेश ।। 976

दुर्गा राधा जानकी, जिनकी भारत मात ।
राम कृष्ण हनुमान हैं, सुपुत्र जिसके ज्ञात ।। 977

मिट्टी सोना है जहाँ, जल है अमृत धार ।
ऐसे भारत देश को, कीन्हा है करतार ।। 978

पर महिला मानी जहाँ, कन्या बहिना मात ।
अन्य पुरुष भाई जहाँ, पुत्र, पिता या तात ।। 979

पुण्य भूमि यह भारती, कर्मभूमि है नाम ।
मातृभूमि यह वंद्य है, स्वर्गभूमि सम धाम ।। 980

कालिदास महाकाव्य गीतमाला, पुष्प 51

वन्दे भारत-मातरम्

श्लोक छन्द

स्थायी

वामे च दक्षिणे यस्या रत्नाकरः पदे तथा ।
हिमाद्रिर्मुकुटो शुभ्रो वन्दे भारतमातरम् ।।

प-प- प- प-मप- ध-प-, प-प-पध- निध- पम- ।
गम-म-ममम- प-म-, ध-प- म-गमग-रेसा- ।।

अंतरा-1

राधा सीता सुकन्यासु कालिन्दी जाह्नवी तथा ।
नर्मदा ब्रह्मपुत्रा च वन्दे भारतमातरम् ।।

रे-रे- रे-ग- गग-म-म-, प-प-प- ध-निध- पम- ।
म-गम- प-पप-ध- प-, ध-प- म-गमग-रेसा- ।।

अंतरा-2

रामकृष्णौ सुपुत्रेषु भीमोऽर्जुनश्च मारुतिः ।
वाल्मीकिः पाणिनिर्व्यासो वन्दे भारतमातरम् ।।

अंतरा-3

परस्त्री मातृवद्यत्र परकन्या स्वकन्यका ।
स्वसाऽपराऽऽत्मवद्यत्र वन्दे भारतमातरम् ।।

अंतरा-4

यस्या हि वाङ्मये वेदा रामायणं च भारतम् ।
पञ्चतन्त्रं निघण्टुश्च वन्दे भारतमातरम् ।।

अंतरा-5

भूमिः स्वर्णमयी यत्र जलममृतवत्तथा ।
वायोर्मध्ये च सौजन्यं वन्दे भारतमातरम् ।।

अंतरा-6

कर्मभूमिं धर्मभूमिं रणभूमिं तपोधराम् ।
पुण्यभूमिं मातृभूमिं वन्दे भारतमातरम् ।।

दोहा॰ **रक्षण करना, हे प्रभो! हमरा भारत देश ।**
सबको गुण धन धान्य हों, सबको मिले निवेश ।। 981

वीर हमारे पूत हों, कन्या देवी रूप ।
सभी हमारे मीत हों, सबमें प्रीत अनूप ।। 982

जग में उज्ज्वल नाम हों, उत्तम हों सब काम ।
मुख में हमरे नाम हों, जय सीता! जय राम! ।। 983

(रत्नाकर)

दोहा॰ भारत माते! आपका, यह सुंदर इतिहास ।
रत्नाकर है लिख रहा, राग छन्द में खास ।। 984

माते! तेरा पूत मैं, मेरा यह सौभाग ।
तूने मुझको है दिया, गीत-कला अनुराग ।। 985

हिन्दी भाषा सुगम है, कहते संत सुजान ।
चारु मनोरम सुखद है, जिन्हें काव्य का ज्ञान ।। 986

सुरस सुलभ सुखकार है, जग में भाषा एक ।
हिन्दी वह शुभ नाम है, जानत हैं जन नेक ।। 987

हिन्दी में जो शान है, और न पायी जाय ।
हिन्दी जो है जानता, वही समझ यह पाय ।। 988

अलंकार से जो भरी, तुमने, हे वागीश! ।
हिन्दी भाषा दी हमें, धन्यवाद, जगदीश! ।। 989

(अदिति)

🕮 ...अस्या दुहितृमनोरथसम्पत्तेः कण्वोऽपि तावत्च्छ्रुतविस्तारः क्रियताम् ।

दोहा॰ कहा अदिति ने हर्ष से, कश्यप जी जग-तात! ।
पहुँचानी होगी हमें, कण्वाश्रम में बात ।। 990

शकुन्तला को प्रेम से, पाए हैं दुष्यंत ।
ऋषिवर! अब सब आपकी, चिंता का हो अंत ।। 991

माता उसकी मेनका, यहीं हमारे पास ।
सबकी सेवा में लगी, लेकर मुख पर हास ।। 992

शकुन्तला

(शकुन्तला)

📖 ...मनोरथः खलु मे भणितो भगवत्या ।

दोहा॰ माते! बोली आपने, मेरे मन की बात ।
परम यह समाचार हो, कण्व पिता को ज्ञात ।। 993

(कश्यप ऋषि)

📖 तपःप्रभवात्प्रत्यक्षं सर्वमेव तत्रभवतः ।

दोहा॰ सब बातें प्रत्यक्ष हैं, जब हो दिव्य प्रभाव ।
कण्व महात्मा जानते, सब कुछ महानुभाव ।। 994

(राजा दुष्यंत)

📖 --अतः खलु मम नातिक्रुद्धो मुनिः ।

दोहा॰ कण्व तात को था सभी, पहले से ही ज्ञात ।
तभी हुए ना क्रुद्ध वे, सुन विवाह की बात ।। 995

(कश्यप ऋषि)

📖 वत्स त्वमपि स्वापत्यदारसहितः सख्युराखण्डलस्य रथमारुह्य ते राजधानीं प्रतिष्ठस्व ।

दोहा॰ कश्यप बोले भूप से, जाओ अब निज धाम ।
लेकर पत्नी-पुत्र को, करो प्रजा के काम ।। 996

जाओ लेकर भूप! तुम, दिव्य इंद्र का यान ।
विद्युत गति से जा सको, आज करो प्रस्थान ।। 997

(और)

(मालिनी छंद)[218]

7.34 तव भवतु बिडौजाः प्राज्यवृष्टिः प्रजासु
त्वमपि विततयज्ञो वज्रिणं प्रीणयस्व ।

---

[218] मालिनी छंद की व्याख्या के लिए देखिए – शकुन्तला 1.10

युगशतपरिवर्तानेवमन्योन्यकृत्यै-
र्नयतमुभयलोकानुग्रहश्लाघनीयैः ॥

दोहा॰ **इंद्र तिहारी भूमि पर, वर्षा करे यथेष्ट ।**
प्रजा सुखी समृद्ध हो, सबविध हो संतुष्ट ।। 998

पृथ्वी-स्वर्ग प्रसन्न हैं, देख तिहारे काम ।
शंसनीय जग में रहे, जुग-जुग तुमरा नाम ।। 999

(राजा दुष्यंत)

📖 भगवन् यथाशक्ति श्रेयसे यतिष्ये ।

दोहा॰ **राजा बोले, हे प्रभो! दो मुझको वरदान ।**
यथाशक्ति दिन-रात मैं, करूँ प्रजाकल्याण ।। 1000

(राजा दुष्यंत)

(रुचिरा छंद)[219]

7.35 प्रवर्ततां प्रकृतिहिताय पार्थिवः
सरस्वती श्रुतमहतां महीयताम् ।
ममापि च क्षपयतु नीललोहितः
पुनर्भवं परिगतशक्तिरात्मभूः ॥

दोहा॰ **राजा प्रयत्नशील हो, जन हित में दिन-रात ।**
सत्य स्निग्ध वाणी सदा, धार्मिक हो हर बात ।। 1001

सबहितकारी मैं रहूँ, सर्वगुणों से युक्त ।
शिवशंकर मुझको करें, पुनर्जन्म से मुक्त ।। 1002

कालिदास महाकाव्य गीतमाला, पुष्प 52

---

[219] **रुचिरा छन्द :** इस 30 मात्रा वाले महायौगिक छन्द के अन्त में एक गुरु मात्रा आती है । इसका लक्षण सूत्र 14, 14 + ऽ इस प्रकार होता है ।

लक्षण गीत दोहा॰ **तीस मत्त का जो हुआ, गुरु मात्रा से अंत ।**
कल चौदह पर यति जहाँ, वह है "रुचिरा" छंद ।।

ब्रह्म, विष्णु, शिव

स्थायी

आदि ब्रह्म है, मध्य विष्णु है, अन्त सबका महेश है ।
कर्म राम है, धर्म कृष्ण है, ज्ञान सबका गणेश है ।।
रे-ध प-म ग-, रे-प म-ग म-, सांनि धपम- गम-ग रे- ।
म-ग प-म ग-, ध-प म-ग म-, नि-ध पमग- गम-ग रे ।।

अंतरा-1

ब्रह्मा है लाता, विष्णु जगाता, सबको लेजाता महेश है ।
राम रमाता, मन में समाता, ज्ञान का सोता गणेश है ।।
निसा रे सा-नि-, गम पम-ग-, ध-नि सांनि-ध- पम-ग रे- ।
गम पम-ग-, पप ध निध-प-, नि-ध प ध-म- गम-ग रे- ।।

अंतरा-2

ब्रह्म विधाता, विष्णु है धाता, मुक्ति का दाता महेश है ।
राम निभाता, श्याम है भाता, बुद्धि बढ़ाता गणेश है ।।

अंतरा-3

ब्रह्म अनंता, विष्णु नियंता, विश्व का अंता महेश है ।
रघु बलवंता, हरि भगवंता, एकदंता गणेश है ।।

अंतरा-4

ब्रह्मा है मंडन, विष्णु है स्पंदन, जगत निकंदन महेश है ।
राम रघुनंदन, हरि जगवन्दन, सब स्वर व्यंजन गणेश है ।।

इति सप्तमोऽङ्कः ।
समाप्तमिदमभिज्ञानशकुंतलं नाम नाटकम् ।

कालिदास के आठ महाकाव्य
पात्र परिचय संदर्भ सूची

अंगद : किष्किंधा के राजा बाली और रानी तारादेवी का पुत्र. श्रीराम का दूत - रघुवंश

अंगीरा : अंगीरस, सप्तर्षियों में एक - कुमारसंभव

अग्नि = अग्निदेव, अग्नि की देवता

अग्निदेव : बृहस्पति के पुत्र - कुमारसंभव

अग्निमित्र = शुंग वंशीय राजा, सम्राट पुष्यमित्र के पुत्र - मालविकाग्निमित्र

अग्निवर्ण : अयोध्या के राजा सुदर्शन के पुत्र. एक व्यसनी राजा जिनका राज्य उनकी पटरानी ने सँभाला. राजा शीघ्र के पिता - रघुवंश

अज : अयोध्या के राजा रघु के पुत्र. राजा दशरथ के पिता - रघुवंश

अतिथि : अयोध्या के महाराजा कुश और महारानी कुमुदवती के पुत्र - रघुवंश

अदिति : कश्यप की पत्नी, दक्ष की कन्या - कुमारसंभव

अदिति : दाक्षायणी. मारीच ऋषि की धर्मपत्नी - शकुन्तला

अनसूया : शकुन्तला की दूसरी सखी - शकुन्तला

अयोध्या : सूर्यवंश की सनातन काल से राजधानी - रघुवंश

अरुंधती : प्रजापति कर्दम की कन्या, वसिष्ठ मुनि की पत्नी - कुमारसंभव

अशोक : वसंत ऋतु में खिलने वाला लाल रंग के पुष्पों का एक वृक्ष - विक्रमोर्वशी

अहिल्या देवी : एक साध्वी स्त्री. गौतम मुनि की पत्नी - रघुवंश

अहीनग : राजा देवनीक के पुत्र. राजा पारियात्र के पिता - रघुवंश

आयु : राजा पुरुरवा और उर्वशी का पुत्र. चंद्रवंश के आदि प्रचालक

- विक्रमोर्वशी

इंदुमती : विदर्भ की राजकुमारी. राजा भोज की भगिनी - रघुवंश

इंद्र : देवताओं के राजा - विक्रमोर्वशी

इंद्र : देवताओं के राजा. इनका शस्त्र है वज्र - कुमारसंभव

इंद्र : देवों के राजा - रघुवंश

इक्ष्वाकु : मनु वैवस्वत के महान पुत्र. अयोध्या के प्रथम सार्वभौम राजा. आदि योग के प्रवर्तक - रघुवंश

इन्द्र = देवताओं के राजा

इन्द्रसेन =राजा नल और दमयंती का पुत्र - नलोदय

इन्द्रसेना = राजा नल और दमयंती की कन्या - नलोदय

इरावती = राजा अग्निमित्र की छोटी रानी - मालविकाग्निमित्र

उन्नाभ : अयोध्या के राजा वज्रबाण के पुत्र. राजा शंखण के पिता - रघुवंश

उर्मिला : सौमित्र लक्ष्मण की पत्नी - रघुवंश

उर्वशी : देवलोक की प्रमुख अप्सरा. अन्य मुख्य परियाँ : चित्रलेखा, रंभा, मेनका, तिलोत्तमा, पुष्पगंधा, सुकेशिनी, मनोरमा, महेश्वरी, प्रमद्वरा, घ्रताची, चंद्रप्रभा, कांचनमाला, वि^uन्माला, सोमा, अंबुजाक्षी, . . . आदि - विक्रमोर्वशी

ऋतुपर्ण = अयोध्या के राजा - नलोदय

ऐरावत : इंद्र का हाथी - कुमारसंभव

कंचुकी : सेवक - विक्रमोर्वशी

कण्व ऋषि : मेधातिथि के पुत्र, कश्यप ऋषि. इन्हों ने शकुन्तला को पाला था - शकुन्तला

कण्वाश्रम : हस्तिनापुर की ईशान्य दिशा में स्थित मालिनी नदी के तट पर कण्व मुनि का आश्रम स्थान - शकुन्तला

कबंध : एक रामायणीय असुर - रघुवंश

कम्बोज : कम्बोज देश के राजा - रघुवंश

करभक : राजमाता का संदेश राजा दुष्यंत को पहुँचाने वाल संदेशवाहक - शकुन्तला

कर्कोटक = एक सर्पराज, नाग - नलोदय

कलि = कलियुग की देवता, कलिमल - नलोदय

कल्पतरु : स्वर्ग की मनोरथ पूरक पाँच वस्तुओं में एक वृक्ष. अन्य चार वस्तु हैं - मंदार, पारिजात, संतान और हरिचंद्र - कुमारसंभव

कल्पवृक्ष : देवलोक का पाँच में से एक इच्छापूरक वृक्ष. अन्य चार इच्छा पूरक वृक्ष थे : हरिचंदन, मंदार, पारिजात, संतान और कल्पवृक्ष (कल्पवृक्ष) - रघुवंश

कश्यप : प्रजापति - कुमारसंभव

कश्यप ऋषि : हस्तिनापुर के राजगुरु - शकुन्तला

कामदेव : अनंग, कन्दर्प, ब्रह्म का मानसपुत्र - कुमारसंभव

कामधेनु : एक इच्छापूरक गाय. अन्य नाम सुरभी - रघुवंश

कार्तिकेय : कुमार, षडानन, शिव-पार्वती पुत्र, तारकसूदन - कुमारसंभव

कार्तिकेय : शिव पुत्र - विक्रमोर्वशी

कुबेर : यक्ष धन-देवता - विक्रमोर्वशी

कुबेर : यक्षपति. रावण के बंधु - रघुवंश

कुबेर : रावण बंधु. वाहन पुष्पक यान - कुमारसंभव

कुमार वन : गंधमादन पर्वत पर एक उद्यान - विक्रमोर्वशी

कुमुद : एक नाग - रघुवंश

कुमुदवती : अयोध्या के राजा कुश की पत्नी. कुमुद की भगिनी - रघुवंश

कुम्भकर्ण : रावण का भाई - रघुवंश

कुम्भोदर : शिवजी का एक सेवक - रघुवंश

कुरबक : वसंत ऋतु में खिलने वाला लाल रंग के पुPपों का एक वृक्ष - विक्रमोर्वशी

कुश : श्रीराम के पुत्र - रघुवंश

कुशध्वज : राजा जनक के भाई - रघुवंश

केशी : एक दैत्य - विक्रमोर्वशी

केसर : मौलश्री. एक वृक्ष - शकुन्तला

कैकेयी : अयोध्या के राजा दशरथ की पटरानी. भरत और शत्रुघ्न की माता - रघुवंश

कौत्स : वरतंतु मुनि का जन्मेजय कालीन (महा. आदि. 53.6) शिष्य - रघुवंश

कौशल्य : राजा हिरण्यनाभ के पुत्र. राजा ब्रह्मिष्ठ के पिता - रघुवंश

कौशल्या : अयोध्या के राजा दशरथ की महारानी. श्रीराम की माता - रघुवंश

कौशिकी = महारानी धारिणी की योगिनी सखी - मालविकाग्निमित्र

क्षेमधन्वा : राजा पुंडरीक के पुत्र. राजा देवनीक के पिता - रघुवंश

खर : रावण का एक सेवक सेनापति - रघुवंश

गंगा : पावनतम नदी - रघुवंश

गंधमादन : एक पर्वत - विक्रमोर्वशी

गणदास = नृत्य कला के एक गुरु - मालविकाग्निमित्र

गालव : मारीच ऋषि का शिष्य - शकुन्तला

गुह निषाद : शृंगेवरपुर का भिल राजा - रघुवंश

गौतम = राजा अग्निमित्र के दरबार का कौशिक ब्रह्मण विदूषक - मालविकाग्निमित्र

गौतमी नदी : विश्वमित्र मुनि जिस के तट पर तपस्या कर रहे थे - शकुन्तला

गौतमी माँ : काण्व ऋषि के आश्रम की वृद्ध तापसी - शकुन्तला

चतुरिका : राजा दुष्यंत की सेविका - शकुन्तला

चारण : स्तुति गीत गाने वाले भाट लोग - विक्रमोर्वशी

चित्रकूट : एक पर्वत जहाँ श्रीराम ने वनवास गमन में प्रथम आश्रय लिया था - रघुवंश

पात्र परिचय संदर्भ सूची

चित्ररथ : गंधर्वों के राजा - विक्रमोर्वशी

चित्रलेखा : उर्वशी की सखी अप्सरा - विक्रमोर्वशी

चूड़ामणि : महाकवि कालिदास - शकुन्तला

च्यवन : एक महाऋषि - विक्रमोर्वशी

जटायु : एक नीतिभक्त वीर खगराज जिसको रावण ने मार डाला - रघुवंश

जनक : सीता के पिता. मिथिलेश - रघुवंश

जनकपुरी : राजा जनक की राजधानी - रघुवंश

जयंत : इंद्र देव का पुत्र - शकुन्तला

जयसेना = राजा अग्निमित्र और रानी धारिणी की दासी - मालविकाग्निमित्र

जानुक : हस्तिनापुर का एक सिपाही - शकुन्तला

जामवंत : सुग्रीव का एक कपि सेनापति - रघुवंश

तक्ष : भरत का पुत्र. तक्षशिला का राजा - रघुवंश

तपोवन : कण्व ऋषि का आश्रम क्षेत्र - शकुन्तला

ताड़का : एक दुष्ट राक्षसी - रघुवंश

तारक : तारकासुर, असुराधिपति - कुमारसंभव

दम = विदर्भ नरेश भीम का पुत्र - नलोदय

दमन = विदर्भ नरेश भीम का पुत्र - नलोदय

दमयंती = विदर्भ नरेश भीम की कन्या. महाकाव्य की नायिका - नलोदय

दशरथ : रघुपति. अवधपति. श्रीराम के पिताश्री - रघुवंश

दाँत = विदर्भ नरेश भीम का पुत्र - नलोदय

दिलीप : अयोध्या के राजा मूलक के पुत्र. राजा रघु के पिता. महारानी सुदक्षिणा के पति - रघुवंश

दुर्वासा : एक महा क्रोधी ऋषि - शकुन्तला

दुर्वासा : एक महाक्रोधी मुनि - रघुवंश

पात्र परिचय संदर्भ सूची

दुष्यन्त : चंद्रवंशीय राजा. हस्तिनापुर के सम्राट. इस नाटक के नायक - शकुन्तला

दूषण : रावण का एक सेवक सेनापति - रघुवंश

देवदूत : आकाशवाणी - विक्रमोर्वशी

देवानीक : अयोध्या के राजा क्षेमधन्वा के पुत्र. राजा अहिनाग के पिता - रघुवंश

धारिणी = राजा अग्निमित्र की पटरानी - मालविकाग्निमित्र

धीवर : एक मछुआ - शकुन्तला

ध्रुवसंधि : अयोध्या के राजा पुष्य के पुत्र. राजा सुदर्शन के पिता - रघुवंश

नंदिनी : देवताओं की एक एच्छापूरक गाय. कामधेनु की कन्या - रघुवंश

नंदी : शिवजी का वाहन - कुमारसंभव

नभ : अयोध्या के राजा नल के पुत्र. धनुषधारी राजा पुंडरीक के पिता - रघुवंश

नर्मदा : विंध्य और सातपुड़ा के बीच बहने वाली पवित्र नदी - रघुवंश

नल : राजा निषद के महान पुत्र. राजा नभ के पिता - रघुवंश

नल = राजा वीरसेन के पुत्र. महाकाव्य के नायक - नलोदय

नारद : देवर्षि - कुमारसंभव

नारद : देवर्षि मुनिवर - विक्रमोर्वशी

नारद : देवर्षि. महामुनि - रघुवंश

निपुणिका : महारानी की दासी - विक्रमोर्वशी

निषद : अयोध्या के राजा अतिथि के पुत्र. महाराजा नल के पिता - रघुवंश

पंचवटी : वनवास गमन में जहाँ श्रीराम की कुटिया थी - रघुवंश

परशुराम : भार्गव योद्धा - रघुवंश

पवन देव : वायु देवता. पवन का वाहन है हरिण - कुमारसंभव

पात्र परिचय संदर्भ सूची

पारिजात : देव लोक की इच्छापूरक पाँच वस्तुओं में पुष्पवृक्ष - कुमारसंभव

पारियात्र : अयोध्या के राजा अहीनाग के पुत्र. राजा शिल के पिता - रघुवंश

पार्वती : शिवजी की पत्नी. उमा, अंबा - रघुवंश

पार्वती : हिमालय कन्या, शिवपत्नी - कुमारसंभव

पुंडरीक : अयोध्या के राजा नभ के पुत्र. राजा क्षेमधन्वा के पिता - रघुवंश

पुत्र : अयोध्या के राजा ब्रह्मिष्ठ के पुत्र. राजा पुष्य के पिता - रघुवंश

पुरुरवा : प्रतिस्थान के विक्रमी चंद्रवंशी राजा. बुध और इला के सुपुत्र - विक्रमोर्वशी

पुष्कर = राजा नल का भाई - नलोदय

पुष्कल : अयोध्या के राजा भरत के पुत्र. पुष्कलावती के राजा - रघुवंश

पुष्पक : कुबेर का विमान जो रावण ने छीन लिया था - रघुवंश

पुष्य : अयोध्या के राजा पुत्र के पुत्र. राजा ध्रुवसंधि के पिता - रघुवंश

पुष्यमित्र = विदिशा देश के शुंग वंशीय सम्राट - मालविकाग्निमित्र

प्रतिष्ठान : प्रतिस्थान, पैठन राज्य - विक्रमोर्वशी

प्रतिहारी : राजा दुष्यंत का एक सेवक द्वारपाल - शकुन्तला

प्राग्ज्योतिष : सनातन असम की राजधानी - रघुवंश

प्रियंवदा : शकुन्तला की एक सखी - शकुन्तला

प्रियदर्शन : एक गंधर्व राजा - रघुवंश

प्रियवंद : गंधर्वराज प्रियदर्शन का पुत्र - रघुवंश

बकुलावलिका = मालविका की सखी - मालविकाग्निमित्र

बाली : सुग्रीव कपीश का भाई. किष्किंधा का राजा. तारादेवी का पति - रघुवंश

पात्र परिचय संदर्भ सूची

बाहुक = राजा नल का अवध देश में नाम, सारथी के वेश में - नलोदय
बृहस्पति : देवताओं के गुरु, अंगीरस पुत्र - कुमारसंभव
ब्रह्म : त्रिमूर्ति में एक. प्रजापति पिता - कुमारसंभव
ब्रह्मिष्ठ : अयोध्या के राजा कौशल्य के पुत्र. राजा पुत्र के पिता - रघुवंश
भरत : राजा दुष्यन्त और शकुन्तला के सम्राट पुत्र - शकुन्तला
भरत : श्रीराम के भाई. कैकेयी के पुत्र - रघुवंश
भरत मुनि : नाट्यशास्त्र कर्ता, लक्ष्मी-स्वयंवर नाटक के रचेता - विक्रमोर्वशी
भीम = विदर्भ देश के राजा - नलोदय
भोज : विदर्भ के राजा. इंदुमती के भाई - रघुवंश
मणिकण्ठक : कुमार आयु का मोर - विक्रमोर्वशी
मतंग : शबरी के गुरु - रघुवंश
मधुपुरी : यमुना किनारे एक गाँव - रघुवंश
महारानी : काशी नरेश की कन्या - विक्रमोर्वशी
मांडवी : अयोध्या के राजा भरत की पत्नी - रघुवंश
माणवक : काशी नरेश का एक विदूषक - विक्रमोर्वशी
मातलि : इंद्र देव का सारथी और योद्धा - शकुन्तला
माधवसेन = विदर्भ के राजा यज्ञसेन का चचेरा भाई - मालविकाग्निमित्र
माधव्य : राजा दुष्यन्त के मित्र. विदूषक - शकुन्तला
मारीच : कश्यप ऋषि - शकुन्तला
मारीच : ताड़का का पुत्र - रघुवंश
मालविका = विदर्भ देश की राजकुमारी, माधवसेन की छोटी बहन - मालविकाग्निमित्र
मालिनी : जिस नदी पर कण्व ऋषि का आश्रम स्थित था - शकुन्तला

पात्र परिचय संदर्भ सूची

मेघनाद : रावण का ज्येष्ठ पुत्र - रघुवंश
मेनका : एक अप्सरा - विक्रमोर्वशी
मेनका : विश्वमित्र महामुनि की पत्नी. एक अप्सरा - शकुन्तला
मेना : गिरिराज हिमालय की पत्नी - कुमारसंभव
मैनाक : राजा हिमालय और रानी मेना का पुत्र - कुमारसंभव
मौर्य सचिव = विदर्भराज यज्ञसेन का साला - मालविकाग्निमित्र
यज्ञसेन = विदर्भ के राजा - मालविकाग्निमित्र
यम = यमराज, मृत्यु की देवता - नलोदय
यमराज : मृत्यु की देवता - रघुवंश
यमराज : मृत्यु देवता. इनका वाहन है भैंसा - कुमारसंभव
यवनी : राजा दुष्यंत की एक सेविका - शकुन्तला
योगिनी माँ : तपोवन की एक तपस्विनी - शकुन्तला
रंभा : एक अप्सरा - विक्रमोर्वशी
रघु : अयोध्या के राजा दिलीप के पुत्र. राजा अज के पिता - रघुवंश
रति : कामदेव की पत्नी, दक्ष प्रजापति की पत्नी - कुमारसंभव
राजमाता = चेदी नरेश सुबाहु की पत्नी, दमयंती की मौसी - नलोदय
राम : राजा दशरथ के पुत्र. विष्णु के अवतार. सीतापति - रघुवंश
रावण : लंकापति. विभीषण और कुम्भकर्ण का बंधु. मेघनाद के पिता - रघुवंश
रुद्र : अदिति के बारह पुत्र - कुमारसंभव
रैवतक : राजा दुष्यंत का एक दरबान - शकुन्तला
लक्ष्मण : श्रीराम के भाई. सुमित्रा के पुत्र - रघुवंश
लवणासुर : एक राक्षस जिसे शत्रुघ्न ने मारा था. असुर मधु का पुत्र - रघुवंश
लौहित्य नदी : हिमालय से निकली हुई एक नदी - रघुवंश
वज्रनाभ : राजा शिल के पुत्र. राजा उन्नाभ के पिता - रघुवंश
वद्याधर : गंधर्व - कुमारसंभव

पात्र परिचय संदर्भ सूची

वनज्योत्स्ना : आम का पेड़, सहकार का पेड़ - शकुन्तला
वरतंतु मुनि : कौत्स मुनि के गुरु - रघुवंश
वरुण = जल देवता - नलोदय
वरुण देव : कश्यप पुत्र, जल देवता. वाहन घड़ियाल (नक्र) - कुमारसंभव
वशिष्ठ : रघुकुल के राजगुरु - रघुवंश
वसुमती : राजा दुष्यन्त की पत्नी - शकुन्तला
वसुमित्र = राजा अग्निमित्र और रानी धारिणी का पुत्र - मालविकाग्निमित्र
वसुमित्र = राजा अग्निमित्र और रानी धारिणी का पुत्र - मालविकाग्निमित्र
वसुलक्ष्मी = राजा अग्निमित्र और रानी धारिणी की कन्या - मालविकाग्निमित्र
वातायन : राजा दुष्यंत का कंचुकी - शकुन्तला
वार्ष्णेय = राजा नल और दमयंती का एक सारथी - नलोदय
वाल्मीकि : श्लोक कर्ता. रामायण रचेता. महामुनि - रघुवंश
वासुकी = नागराज - नलोदय
विजित्वर : इंद्र का रथ - कुमारसंभव
विभीषण : रावण का सदाचारी भाई - रघुवंश
विवस्वान मनु : प्रजापति कश्यप और अदिति के पुत्र. रविकुल के संस्थापक - रघुवंश
विश्वमित्र : कौशिक महामुनि - शकुन्तला
विश्वमित्र : श्रीराम के गुरु - रघुवंश
विश्ववसु : गंधर्व - कुमारसंभव
विश्वसह : अयोध्या के राजा व्युषिताश्व के पुत्र. राजा हिरण्यनाभ के पिता - रघुवंश
विष्णु : त्रिमूर्ति में एक. लक्ष्मीपति - कुमारसंभव
वीरसेन = निषध देश के राजा - नलोदय

वीरसेन = राजा अग्निमित्र का दूर का भाई - मालविकाग्निमित्र
वेत्रवती : राजा दुष्यंत की एक द्वारपालिकां प्रतिहारी - शकुन्तला
वैखानस : कण्वाश्रम के तपोवन के एक महातपस्वी - शकुन्तला
वैवस्वत : प्रजापति मनु विवस्वान के पुत्र. इक्ष्वाकु के पिता - रघुवंश
व्युषिताश्व : अयोध्या के राजा शंखण के पुत्र. राजा विश्वसह के पिता - रघुवंश
शंकर : शिवजी. कैलासपति - रघुवंश
शंखण : अयोध्या के राजा उन्नाभ के पुत्र. राजा व्युषिताश्व के पिता - रघुवंश
शकुन्तला : विश्वमित्र महामुनि और अप्सरा मेनका की कन्या. इस नाटक की नायिका - शकुन्तला
शची : इंद्र पत्नी, पुलोमा की कन्या - कुमारसंभव
शत्रुघ्न : श्रीराम के भाई. कैकेयी के पुत्र - रघुवंश
शरयू : गंगा की उपनदी जिस पर अयोध्या बसी है - रघुवंश
शार्ङ्गरव : कण्व ऋषि के एक शिष्य - शकुन्तला
शारद्वत : कण्व ऋषि के एक शिष्य - शकुन्तला
शिल : अयोध्या के राजा परियात्र के पुत्र. राजा वज्रनाभ के पिता - रघुवंश
शिव : त्रिमूर्ति में एक. कैलासपति, पार्वतीपति - कुमारसंभव
शूर्पणखा : रावण की भगिनी - रघुवंश
शृंगी : एक ऋषि. राजा दशरथ के एक मार्गदर्शक - रघुवंश
श्याल : राजा दुष्यंत का साला - शकुन्तला
श्रवण कुमार : एक महान पितृ सेवक बालक - रघुवंश
श्रुतकीर्ति : शत्रुघ्न की पत्नी - रघुवंश
संपाति : एक खगराज. जटायु का बंधु. राजा दशरथ का सेवक - रघुवंश
सती : शिवजी की पूर्व जन्म में पहली पत्नी - कुमारसंभव
सप्त ऋषि : अंगीरस, अत्री, क्रतु, पुलस्त्य, पुलह, मारीचि और

संदर्भग्रंथ

वसिष्ठ – कुमारसंभव
सरस्वती : ज्ञान-कला की देवी – विक्रमोर्वशी
सरस्वती : ब्रह्मपुत्री – कुमारसंभव
सर्वदमन : राजा भरत – शकुन्तला
सीता : रामचंद्र की पत्नी. जनककुमारी. वैदेही, जानकी – रघुवंश
सुग्रीव : बाली का भाई. ऋष्यमुक का राजा – रघुवंश
सुदक्षिणा : महाराजा दिलीप की पत्नी. मगधराज की कन्या – रघुवंश
सुदर्शन : राजा ध्रुवसंधि के पुत्र. राजा अग्निवर्ण के पिता – रघुवंश
सुदामा = दशार्ण देश के राजा, दमयंती के नाना – नलोदय
सुदेव = चेदी देश में एक ब्राह्मण गुप्तचर – नलोदय
सुनंदा : विदर्भ राजकुमारी इंदुमती की एक दासी – रघुवंश
सुनंदा = चेदी नरेश सुबाहु की कन्या – नलोदय
सुबाहु : ताड़का का पुत्र – रघुवंश
सुबाहु = राजा नल और दमयंती का एक सारथी – नलोदय
सुमति = विदर्भ नरेश यज्ञसेन के मंत्री, साध्वी कौशिकी के भाई – मालविकाग्निमित्र
सुमित्रा : राजा दशरथ की पत्नी. लक्ष्मण की माता – रघुवंश
सूचक : हस्तिनापुर का एक सिपाही – शकुन्तला
सूत : राजा दुष्यंत का सारथी – शकुन्तला
सोन : गंगा की एक उपनदी – रघुवंश
सोमतीर्थ : कण्व ऋषि जिस तीर्थ स्थल गए थे – शकुन्तला
सोमरात : राजा दुष्यंत के पुरोहित – शकुन्तला
हनुमान : रामदास. कपीश – रघुवंश
हरदत्त = नृत्य कला के दूसरे गुरु – मालविकाग्निमित्र
हिमालय : गिरिवर. पार्वती के पिता. राजधानी है ओषधिप्रस्थ – कुमारसंभव
हिरण्यनाभ : अयोध्या के राजा विश्वसह के पुत्र. राजा कौशल के पिता – रघुवंश

संदर्भग्रंथ

1. **महावीरचरितम्**, आचार्य: श्रीरामचन्द्रमिश्र:
   चौखंबा विद्याभवन, वाराणसी-1, 2016

2. **उत्तररामचरितम्**
   आनंदस्वरूप:, मोतीलाल बनारसीदास, नई दिल्ली, 2014

3. **संस्कृत साहित्य सौरभ, खंड 1, 2**
   संपादक : विष्णु प्रभाकर, सस्ता साहित्य मंडल प्रकाशन, दिल्ली, 2010

4. **संगीत श्रीरामायण**, डा. रत्नाकर नराले,
   पुस्तक भारती प्रकाशन, टोरंटो, कनाडा, 2017

5. **Malvikagnimitra**, Pt. Shankar P.
   Govt. Cetnral Book Depot, Bombay, 1869.

6. https://sanskratisangam.home.blog/2019/09/19/%E0%A4%85%E0%A4%AD%E0%A4%BF%E0%A4%9C%E0%A5%8D%E0%A4%9E%E0%A4%BE%E0%A4%A8-%E0%A4%B6%E0%A4%BE%E0%A4%95%E0%A5%81%E0%A4%82%E0%A4%A4%E0%A4%B2%E0%A4%AE-%E0%A4%B6%E0%A4%95%E0%A5%81%E0%A4%82%E0%A4%A4/

7. **ऋतुसंहार**, शास्त्री व्यंकटाचार्य उपाध्याय, MLBD, New Delhi, 1967

8. **कुमारसम्भवम्** C.R. Devadhar, MLBD, New Delhi, 1985

9. **रघुवंशमहाकाव्यम्**, पं श्री ब्रह्मशंकरमिश्र: साहित्यशास्त्री, चौखंबा प्रकाशन, बनारस, 1956

10. शकुन्तला नाटक, प्रयाग : हिन्दी साहित्य सम्मेलन, 2006

प्रो. रत्नाकर नराले, संक्षिप्त परिचय

नाम : डॉ. रत्नाकर नराले

प्रो. हिन्दी, रायर्सन विश्वविद्यालय, टोरंटो कनाडा

51 वर्ष से कनाडा में हिंदी का प्रसार

शैक्षणिक :

एम. एस्-सी. पुणे विश्वविद्यालय,

पीएच.डी. (आई. आई टी. खड़गपुर),

पीएच.डी. कालीदास संस्कृत विश्वविद्यालय, नागपुर.

औद्योगिक :

प्रो. हिन्दी, रायर्सन विश्वविद्यालय, टोरंटो कनाडा

पूर्ववर्ती प्रो. हिन्दी, यार्क विश्वविद्यालय, टोरंटो कनाडा

पूर्ववर्ती प्रो. हिन्दी, टोरंटो विश्वविद्यालय, टोरंटो कनाडा

अध्यापक हिन्दी, टोरंटो स्कूलबोर्ड, टोरंटो, कनाडा
अध्यापक संस्कृत, टोरंटो स्कूलबोर्ड, टोरंटो, कनाडा

अध्यक्ष, संस्कृत हिन्दी रिसर्च इन्स्टिट्यूट, टोरंटो, कनाडा
अध्यक्ष, पुस्तक भारती, टोरंटो, कनाडा

प्रधानानार्य, हिंदु इन्स्टिट्यूट, टोरंटो, कनाडा 1995 से
प्रमुख संपादक, पुस्तक भारती रिसर्च जर्नल, त्रैमासिक, टोरंटो, कनाडा
मुख्य संपादक, साहित्य सौरभ त्रैमासिक, टोरंटो, कनाडा

मुख्य पुरस्कार:

"संगीताचार्य सम्मान" कनेडियन हिंदू मिशन, स्कारबरो (2020)

"विश्व हिंदी सम्मान" भारतीय विदेश मंत्रालय (मारीशस 2018)

"सरस्वती सम्मान" हिंदी राइटर्स गिल्ड, टोरंटो, कनाडा, 2018

"कला वारिधि सम्मान" अखिल विश्व हिंदी समिति, टोरंटो, 2018

"हिन्दू रत्न" पुरस्कार, कनाडा के 150-वी जयंती महोत्सव पर, 2017
"Artist of the Year Award" Panwar Music and Dance Produ. टोरंटो, कनाडा, 2016

"Author, Linguist and Accomplished Scholar Award" HIL, टोरंटो, कनाडा, 2010

रुची : काव्य, प्रकाशन, संगीत, चित्रकला

भाषाएँ :

हिन्दी, संस्कृत, मराठी, बंगाली, पंजाबी, तमिल, उर्दू, अंग्रेज़ी, फ्रेंच

www.ingramcontent.com/pod-product-compliance
Lightning Source LLC
Chambersburg PA
CBHW021422070526
44577CB00001B/8
9781989416235